国内外经典教材辅导系列·管理类

张成福《公共管理学》（修订版）

笔记和考研真题详解

（第2版）

主编：圣才考研网

www.100xuexi.com

中国石化出版社

HTTP://WWW.SINOPEC-PRESS.COM

内 容 提 要

国内外经典教材辅导系列是一套全面解析当前国内外各大院校权威教科书的学习辅导资料。张成福、党秀云著的《公共管理学》是国内最受欢迎的标准公共管理学教材之一。本书遵循该教材修订版的章目编排，共分为15章，每章由三部分组成：第一部分为复习笔记(含知识框架)，总结本章的重难点内容；第二部分是课(章)后习题详解，对该教材的所有课后习题都进行了详细的分析和解答；第三部分为考研真题详解，精选部分名校近年的考研真题，并提供了详细的参考答案。

圣才考研网(www.100xuexi.com)提供张成福《公共管理学》网授精讲班【教材精讲+考研真题串讲】、电子书、题库。购书即可免费享受一年大礼包增值服务【本书电子书(手机版、电脑版)+名校考研真题汇编电子书】，另提供一对一专职顾问全程咨询服务。手机扫码(本书封面右上角)免费领取本书大礼包。

图书在版编目(CIP)数据

张成福《公共管理学》(修订版)笔记和考研真题详解/圣才考研网主编.—2版.—北京:中国石化出版社，2018.5

国内外经典教材辅导系列

ISBN 978-7-5114-4877-4

Ⅰ.①张… Ⅱ.①圣… Ⅲ.①公共管理-研究生-入学考试-自学参考资料 Ⅳ.①D035

中国版本图书馆CIP数据核字(2018)第095588号

中国石化出版社出版发行

地址:北京市朝阳区吉市口路9号

邮编:100020 电话:(010)59964500

发行部电话:(010)59964526

http://www.sinopec-press.com

E-mail:press@sinopec.com

武汉市新华印刷有限责任公司印刷

全国各地新华书店经销

*

787×1092毫米16开本18.5印张466千字

2018年7月第2版 2018年7月第1次印刷

定价:68.00元

国内外经典教材辅导系列·管理类

编　委　会

序　言

我国各大院校一般都把国内外通用的权威教科书作为本科生和研究生学习专业课程的参考教材，这些教材甚至被很多考试(特别是硕士和博士研究生入学考试)和培训项目作为指定参考书。这些国内外优秀教材的内容一般都有一定的广度和深度，但其课(章)后习题一般没有答案或者答案简单，这给广大读者学习专业教材带来了一定的困难。为了帮助读者更好地学习专业课，我们有针对性地编写了一套与国内外教材配套的复习资料，并提供配套的名师讲堂和题库。

张成福、党秀云著的《公共管理学》(修订版)是我国高校采用较多的公共管理学权威教材之一。作为该教材的学习辅导书，本书具有以下几个方面的特点：

1. 整理名校笔记，浓缩内容精华。本书每章的复习笔记均对该章的重难点进行了整理，并参考了国内名校名师讲授该教材的课堂笔记。因此，本书的内容几乎浓缩了该教材的所有知识精华。

2. 解析课后习题，提供详尽答案。本书参考大量公共管理学相关辅导资料，对每章的课(章)后习题都进行了详细的分析和解答。

3. 精选考研真题，巩固重难点知识。为了强化读者对重要知识点的理解，本书精选了部分名校近年的公共管理学考研真题，这些学校大都以该教材作为考研参考教材。所选考研真题基本涵盖了每章的考点和难点，特别注重理论联系实际，凸显当前热点。

与本书相配套，圣才考研网提供张成福《公共管理学》网授精讲班【教材精讲＋考研真题串讲】、电子书、题库。

要深深牢记：考研不同一般考试，概念题(名词解释)要当作简答题来回答，简答题要当作论述题来解答，而论述题的答案要像是论文，多答不扣分。有的论述题的答案简直就是一份优秀的论文(其实很多考研真题就是选自一篇专题论文，完全需要当作论文来回答)！

购书即可免费享受一年大礼包增值服务！手机扫码(本书封面右上角)免费领取本书大礼包。具体包括：①本书电子书(手机版、电脑版)；②全国名校公共管理学历年考研真题汇编电子书。

圣才考研网(www.100xuexi.com)是圣才学习网旗下的考研考博专业网站，提供考研公共课和全国各高校公共管理类专业考研考博辅导班【一对一辅导(面授/网授)、网授精讲班等】、电子书、题库(免费下载，送手机版)、全套资料(历年真题及答案、笔记讲义等)、国内外经典教材名师讲堂、考研教辅图书等。

考研辅导： kaoyan.100xuexi.com(圣才考研网)
资格考试： www.100xuexi.com(圣才学习网)

圣才学习网编辑部

目　录

第1章　公共管理导论

1.1　复习笔记

【知识框架】

- 公共管理导论
  - 公共管理的意义
    - 公共管理的含义
    - 公共管理的性质
  - 公共管理学的发展与研究途径
    - 公共管理的发展
      - 公共管理发展的学科背景
      - 公共管理发展的时代背景
    - 公共管理的研究途径以及特质
      - P途径
      - B途径
    - 公共管理学的特质
  - 公共管理与私部门管理的区别
    - 政治权威与经济权威
    - 多元制衡与自主性
    - 公共利益与私人利益
    - 法的支配与意思自治
    - 政府与市场
    - 多元理性与经济理性
  - 新公共管理内涵
    - 新公共管理运动
    - 新公共管理的七个要点
    - 新公共管理的特征
  - 公共管理在现时代面临的挑战

【重点难点归纳】

一、公共管理的意义

1. 公共管理的含义

公共管理是指以政府为核心的公共部门整合社会的各种力量，广泛运用政治的、经济的、管理的、法律的方法，强化政府的治理能力，提升政府绩效和公共服务品质，从而实现公共的福祉与公共利益的过程。

2. 公共管理的性质

(1)公共管理承认政府部门治理的正当性。

(2)公共管理强调政府对社会治理的主要责任。

(3)公共管理强调政府、企业、公民社会的互动以及在处理社会及经济问题中的责任共负。

(4)公共管理强调多元价值。

(5)公共管理强调政府绩效的重要性。

(6)公共管理既重视法律、制度，更关注管理战略、管理方法。

(7)公共管理以公共的福祉和公共利益为目标。

(8)公共管理将公共行政视为一种职业，而将公共管理者视为职业的实践者。

二、公共管理学的发展与研究途径

1. 公共管理的发展

(1)公共管理发展的学科背景

公共行政学的发展，经历了四个时期的典范变迁：

①第一阶段：政治与行政二分法(1900—1926)

以行政学者古德诺、怀特为代表，主张政治与行政二分法的观点，主张政治是国家意志的表现，而行政是国家意志的执行，政治不要干扰行政，行政应维持价值中立，以追求经济与效率为目标。

②第二阶段：行政原则(1927—1937)

在这一阶段，许多行政学者关注建构“行政原则”。魏劳毕于1929年出版的《公共行政的原则》，特别强调有一些科学的行政原则存在，并且这些原则能被认识，PDSDCORB就是行政原则的最佳体现。

③第三阶段：公共行政即政治学(第二次世界大战之后)

公共行政具有强烈的规范取向，这个时期的公共行政以建立规范理论为目的，为知识而追求知识，对改进公共行政实务助益不多。

④第四阶段：公共行政即管理学(从1960年—20世纪70年代初期)

这一时期行政的部分学者不满政治取向的公共行政研究，从而转向管理领域寻求发展。这一时期公共行政的基本假设基础包括：

a. 公共行政与私部门的行政没有本质的区别；

b. 强调一般管理或类同管理；

c. 企业绩效优于政府绩效，而主张师法企业，提高政府绩效。

公共行政即管理学的发展，形成了有管理无公共的窘境，完全忽略了公共管理所处的政治环境和公私管理之差异，由于大环境之差异，私部门管理的知识、技能、概念与工具，在引入政府部门运用后，产生格格不入甚至失灵的情形。

(2)公共管理发展的时代背景

①政府规模的扩大和政府角色的膨胀以及社会对政府之不满

二战后，在福利国家观念的推动下，政府的权力不断扩张，政府的职能范围扩大，政府的角色日益多样化，这导致政府必须投入大量的资源以提供公共服务。同时，为支付大量公共开支所采取的重税政策也导致经济竞争力的下降和民众的不满。

②经济因素与财政压力

a. 工业化国家朝着福利国家的方向发展，造成政府每年必须负担庞大的转移性财政支出，拖垮了政府的预算和经济，造成经济衰退、失业率的上升，形成了政治、经济的不稳定。

b. 国际经济的自由化趋势所造成的竞争压力逐渐加剧，对各国政府均造成巨大的改革压力。促进国内经济发展、节省政府施政成本、提升国际竞争力成为各国执政者面临的核心课题。

③社会问题与政府不可治理性的增加

a. 随着工业化和科技发展，在社会进步的同时，也引发了诸多的社会问题，如人口膨胀问题、都市化问题等。政府所面临的公共问题的复杂性、动荡性和多元性环境，导致政府不可治理性的增加。

b. 传统的政府功能已不足以应对日益复杂的社会问题，加之官僚体系本身的缺陷引发了民众对政府的信任危机，使政府的存在充满了合法性危机。让公共服务回归社会、市场的呼声日渐高涨，缩小政府职能成为一股潮流和趋势。

④新右派学说与保守主义政治意识形态的巨大影响

从20世纪70～80年代起，具有保守主义政治倾向的政党在西方执政，新右派的政治主张抨击60年代盛行的社会福利国家和政治的缺点，并认为政府失灵比市场失灵更为严重，应将私部门管理引进公部门之中。在这种意识形态下，亲市场、反国家的信念大行其道，公共行政求助于市场或者类似市场的解决之道，几乎成为一种不可置疑的选择。

2. 公共管理的研究途径以及特质

(1)P途径下的公共管理

P途径下的公共管理是指以公共政策为研究途径的公共管理理论研究。该理论研究认为，公共管理必须与公共政策的形成与制定密切相关。P途径研究的公共管理一般将公共管理者界定为高层次的政策管理职位，而非日常行政事务的管理者，同时特别强调具有政策制定权的高级行政主管的管理策略，并相当重视公共管理的政治面向。以研究取向而言，P途径十分重视非理论性的、非量化的，以实务为基础的规范取向；在研究方法上，大多是采用个案研究法，因此，P途径代表公共事务管理的“柔性面”，政策分析则代表公共事务管理的“硬性面”。

公共政策取向的公共管理有三个基本特点：

①视公共管理为政策分析的互补之物，成为这些学院教学课程的方向；

②在教学研究上十分重视个案研究，以从事实务工作者的经验为素材；

③以高层管理者，特别是政治性任命官员为教学研究对象，致力于促进此类人员与学界之间的沟通对话。

(2)B途径下的公共管理

B途径的公共管理是指以企业管理为研究途径的公共管理理论研究。B途径的公共管理与P途径的公共管理的区别如下：

①P途径的公共管理试图摆脱传统公共行政，形成独立的管理领域；B途径的公共管理则试图与公共行政合流。

②P途径的公共管理认为公私部门管理有别；B途径的公共管理者则认为公私部门的管理没有质的差异，应以较严谨的态度发展实证理论来描述与解释公私部门的异同。在此前提下，B途径的公共管理者偏好、认同并接受企业管理的概念与工具，并将之引入运用于公共部门的管理。

③P途径的公共管理几乎完全依赖案例研究为获取知识的工具；B途径的公共管理兼采案例研究与量化研究作为教学研究的方法。

④P途径的公共管理长于个案的处理与分析；B途径的公共管理比较重视学术的研究与理论的建构，长于从不同的学术领域中吸取有用的理论、技术与方法。

⑤P途径的公共管理以高层管理者，特别是政治性任命人员为主要教学研究对象；B途径的公共管理以具备文官资格的公共管理者为主要教学研究对象。

3. 公共管理学的特质

(1)公共管理基本上是一个整合性的概念，基本上是一种介于企业管理与公共行政之间的“第三条道路”。

(2)公共管理是将私部门的管理手段运用于公共部门，但并未改变公共部门的主体性。公共管理并不否定公共部门的特性，主张在维持“公共”性格的基础上，运用私部门的管理手段或管理精神以解决公共问题，满足民众的需求。

(3)公共管理重视与外部环境的关系，强调以最高管理者的战略设计、政策设计为焦点。任何公共事务的管理必须解决两大问题，即内部技术问题和外部整合问题。当代公共管理非常重视外部整合问题。

(4)公共管理不完全等于“政府管理”，而意味着一种新治理。它强调治理，即由众多行动者组成的一个关系网络和众多行动者之间的合作伙伴关系。

(5)公共管理强调价值调和与责任。公共管理强调价值的调和，不仅重视“三 E”，即经济、效率、效能，同时也重视公平、正义和民主。

(6)公共管理关注和重视政府改革与再造。政府部门的改革、变革、再造、创新一直是公共管理研究的主体。这反映了公共管理理论与实务之间结合的特性。

(7)公共管理是一个科际整合的研究领域。随着社会事务的多样化和复杂化，公共问题的解决日益依赖于多学科的共同努力。

三、公共管理与私部门管理的区别

(1)政治权威与经济权威

①公共管理在本质上是国家的活动，不可避免地包括政治权威的作用。

②私部门或组织的管理是非公权力的行使，即市场的权威或经济的权威的行使。这种权威非制度与法律所授予，往往不能以国家的强制力为后盾，是来自经济性的市场力量。

(2)多元制衡与自主性

①公共管理是在国家民主宪政的框架下进行的，在民主宪政国家，公共管理的权威是割裂的。政治越民主的国家越注意政治权威的分立与制衡。

②私部门的管理固然也受外在各种权威的影响，受政治环境的影响，但仍具有相对充分的管理自主权。

(3)公共利益与私人利益

①政府具有促进和实现公共利益的义务和责任。公共管理应当将公共利益作为自己行动的出发点。

②私人企业和组织往往是个人利益最大化的追求者，经济利润不仅仅是其管理的底线，而且往往被视为积极的经济和社会的善。

(4)法的支配与意思自治

①为实现政府任务，达成政府的目的，政府部门可依不同的具体情况，采取不同的行政作用，但是应在法律允许的范围内，受到法的支配。

②私领域的管理更多的遵循的是契约自由和意思自治，拥有高度的管理裁量权，其内部管理和外部的交易活动完全可以按照自己的意愿行事。

(5)政府与市场

①垄断与市场。私部门所提供的产品和服务通常都有竞争者；公部门所提供的服务往往只能有一个行使治权的治理部门，公共部门缺乏竞争的压力。

②公共产品与私人产品。政府部门提供的是公共产品或准公共产品，这些产品和服务具有不可分割性、非排他性；而私部门提供的产品和服务是私人产品，是可以分割的、排他的，价格也是可以衡量的。

③自由与依赖。消费者在购买私人产品时，可以自由选择；而公共部门所提供的产品或服务，公民没有自主决定的权利。

④利润与支持。私部门大都以利润为导向，而利润的多少取决于顾客的满意度，顾客导向很容易成为其经营的目标；而政府往往缺乏服务的动机。

(6)多元理性与经济理性

①公共部门处在社会各种力量作用的中心，政府治理中的理性也往往是多元理性，政府往往需要在多元的甚至是冲突的利益和价值之间作出平衡和抉择。

②私部门的管理，因其组织属性所定，加之职能有限，其管理大多为工具的经济理性的考虑，而往往不顾及或少顾及其他理性的考虑。

四、新公共管理内涵

1. 新公共管理运动

(1)西方各国改革的共同趋势

①企业管理技术的应用；

②服务及顾客导向的强化；

③公共行政体系内市场机制及竞争功能的引介。

(2)共同特征

主要表现在引进公共管理的理念、技术及模型。

2. 新公共管理的七个要点

著名的公共管理专家胡德(C. Hood)曾归纳了新公共管理的七个要点：

(1)即时的专业管理。这意味着让公共管理者管理并承担责任。

(2)标准明确与绩效衡量。管理的目标必须明确，绩效目标能被确立并加以衡量。

(3)强调产出控制。用项目与绩效预算取代传统的预算，重视实际成果甚于重视程序。

(4)转向部门分权。打破公部门的本位主义，破除单位与单位之间的藩篱，建构网络型组织。

(5)转向竞争机制。引进市场竞争机制，降低成本及提高服务品质。

(6)强调运用私营部门的管理风格、方法和实践。

(7)强调资源的有效利用。

3. 新公共管理的特征

法汉姆及霍顿(Farnham and Horton)综合其他各家的看法，提出了新公共管理的特征：

(1)采取理性途径的方式处理问题，亦即在设定政策目标及阐明政策议题时特别强调战略管理所扮演的角色及作用。

(2)重新设计组织结构，其目的在于使政策制定与执行相分离，并且对服务的传输都必须建立起一个赋予责任的行政单位。

(3)改变组织结构，促进官僚体制更为扁平化，授权给管理人员，以利绩效目标的实现。

(4)依据经济、效率、效能等标准来衡量组织成就；发展绩效指标，使组织的成就能够被加以比较和测量，并据此进一步提供信息来作为未来决策的参考。

(5)改变现行的政策，使公共组织能在被传统公共服务价值所支配的文化中，转换成为“新公共服务模式”，强调与市场及企业价值相适合的文化。

(6)运用人力资源管理技术，其目的在于淡化集体主义的色彩而采取个人主义的途径，包括寻求动员员工的支持和承诺，来持续地进行结构与组织的变革。

(7)试图建立一种弹性、回应性及学习的公共组织，并发展一种将大众视为顾客、消费者及市民的“公共服务导向”，公共服务不再由专业的供给者来支配，而是以回应人民真正的需求来提供公共服务。

(8)以契约关系来取代传统的信托关系。

从总体上来看，新公共管理以自利人为假设，基于公共选择代理人理论及其交易成本理论，以传统的管理主义和新泰罗主义为基点而发展起来的一种公共管理范式。其核心点在于：强调经济价值的优先性、强调市场机能、强调大规模使用企业管理的哲学与技术、强调顾客导向的行政风格。

五、公共管理在现时代面临的挑战

(1)关于回应维持宪政秩序和政府稳定问题

作为公共管理者，如何防止政府的崩溃，建立和发展宪政秩序并在此基础上实现良好的政府治理至为关键。

(2)关于如何在公共管理领域维系并发展民主法治社会的基本价值问题

公共管理的一个重要使命在于要扮演执行与捍卫民主宪政的角色，公共管理对民主宪政基本价值的回应和落实，关系到政府治理的合法性问题，关系到政府的权威和公信力的问题，也关系到公共管理作为一门科学的合法性问题。

(3)关于平衡政府与市场的作用，以促进政府治理的有效性问题

政府与市场不是谁取代谁的问题，而是二者有机地配合和协调的问题。必须辩证地思考二者之间的关系，抛弃意识形态上的偏见，发展公域与私域的对话与沟通，平衡二者的作用，才能达到提高国家竞争力和人民生活质量的目标。

(4)关于回应全球化的挑战问题

对于政府治理而言，全球化是机会，也是挑战。在全球化的时代，一个政府如何维护自己的国家的主权与独立；如何在推动经济发展的同时，维护经济的安全；如何在学习多元文化的同时，维护自己的文化传统和民族认同等，都是21世纪公共管理需要面临的新议题。

(5)关于如何平衡目前及最近未来与较长远未来的需要问题

可持续发展要求：

①政府治理要更具前瞻性、更具战略规划；

②公共政策的制定、评估标准应更符合和体现以人为中心，人口、资源、环境、经济社会协调发展的思想；

③政府治理应突破传统的工具理性，发展更具人文色彩的价值取向；

④在政府的引导下，发展建立新的伦理标准。

(6)关于如何应对科学技术革命带来的挑战问题

科技革命正在改变着政府自身的组织结构、运行方式、工作行为，如何回应科技发展、利用科技创新政府正成为世界性的潮流。新的技术革命也要求每一个公共管理者发展适应技术发展和各自管理岗位需求的技术能力。

(7)如何应付越来越多的官僚腐败，重振公民对政府的信任问题

对于任何一个国家来说，限制政府权力，使政府能够控制其自身是一个永恒的挑战。政府治理者必须采取各种战略和有效措施，如政治的、立法的、司法的策略和方法等，加大对

腐败的治理力度，重振公民对政府的信任。

(8)关于重振政府的治理能力问题

重振政府的治理能力，取决于政治环境的改善、重塑政府体制、公民与社会的参与、政府管理技术和方法的创新、公共管理者的知识和技能。

(9)关于如何发展有效的组织体制问题

如何建构适应新时代发展的组织，并使之适应新环境的需要，是21世纪公共管理面临的挑战。

(10)如何构建国家与社会的共同治理模式问题

政府部门已经无法成为唯一的政府治理者，必须依靠与民众、企业、非营利部门共同治理与共同管理。问题在于政府是否能够给社会提供这样的机会以及政府是否能够改变自己传统的优势感、自我中心意识。

(11)公共管理如何应付复杂、不确定与变革的管理问题

未来需要的是新的集体行为模型。管理的复杂性，需要改变传统的机械的管理思维方式，发展一种有机的、整体的、生态的管理方式。

(12)重建公共管理的道德秩序问题

公共管理不仅关乎专业技术，也重视公共服务的道德追求。新时代的公共管理面临着道德秩序重建的挑战。

1.2 课后习题详解

一、概念题

1. 公共管理

答：参见本章复习笔记相关内容。

2. 公共管理学

答：公共管理学是指运用管理学、政治学、经济学等多学科理论与方法研究公共组织，尤其是政府组织的管理活动及其规律的一门学科体系。它是一个科际整合的交叉学科群，是以解决公共问题为导向的应用科学。这一学科的目的在于帮助公共管理者获取解决公共问题，处理公共事务所需的知识、技能与策略。

公共管理作为一门学科或研究途径，其特征包括：

(1)公共管理学是整合性概念，是介于公共行政和企业管理之间的研究领域。

(2)强调将私部门的管理手段运用于公共部门，但并未改变公共部门的主体性。

(3)重视与外部环境的关系，强调以最高管理者的战略设计、政策设计为焦点。

(4)公共管理不完全等于“政府管理”，而意味着一种新治理，即由众多行动者组成的一个关系网络，和众多行动者之间的合作伙伴关系。

(5)公共管理强调价值调和与责任。

(6)公共管理关注和重视政府改革与再造。

(7)公共管理是一个科际整合的研究领域，从政治学、经济学、社会学、心理学、管理学借用了许多理论与方法。

3. 新公共管理

答：新公共管理是指以自利人为假设，基于公共选择代理人理论及其交易成本理论，以传统的管理主义和新泰罗主义为基点而发展起来的一种公共管理范式。新公共管理的前提假

设是：通过引入自由市场的竞争运行机制，政府能像私人组织一样合理利用资源，注重投入产出，提高效率。

新公共管理理论认为政府改革和发展的方向是通过行政改革进行自我解构，全面引进私营部门的管理模式，塑造企业型政府。这一理论的核心在于，强调经济价值的优先性、强调市场机能、强调大规模使用企业管理的哲学与技术、强调顾客导向的行政风格。

新公共管理的特点主要有：①即时的专业管理；②标准明确与绩效衡量；③强调产出控制；④转向部门分权；⑤转向竞争机制；⑥强调运用私营部门的管理风格、方法和实践；⑦强调资源的有效利用。

4. P途径的公共管理

答：参见本章复习笔记相关内容。

5. B途径的公共管理

答：B途径的公共管理是指以企业管理为研究途径的公共管理理论研究。B途径即企业管理途径，B途径不强调公共与私人组织的差异性，重视策略与组织间的管理，主张采用量化分析，如集群资料分析、实验设计。B途径受管理主义的影响，主张效法企业，以企业管理的方法来提升公共部门的服务质量。

B途径的公共管理的特征主要包括：

(1)偏爱企业管理的原则；

(2)对公、私部门的差异不作严格区分；

(3)除了重视策略管理及组织间的管理外，还强调对公共管理的过程进行管理；

(4)在研究方法上偏爱量化方法。

二、思考题

1. 何谓公共管理？公共管理与公共行政有何异同？

答：(1)公共管理的含义

公共管理是指以政府为核心的公共部门整合社会的各种力量，广泛运用政治的、经济的、管理的、法律的方法，强化政府的治理能力，提升政府绩效和公共服务品质，从而实现公共的福祉与公共利益的过程。

(2)公共管理与公共行政的异同

公共管理是在公共行政基础上衍生而来的，公共管理作为公共行政和公共事务广大领域的一个组成部分，其重点在于将公共行政视为一门职业，而将公共管理者视为这一职业的实践者。公共管理除包括公共行政的许多内涵外，还具有以最低的成本取得目标以及管理者为取得结果负责的内涵。具体来说，公共管理与公共行政的区别包括以下几个方面：

①传统公共行政相当程度是规范取向的。指关切民主与行政之间的关系且重视公平、正义、代表性等价值观念的实现；公共管理则企图结合规范取向与一般管理。除重视公平、正义、代表性等价值观念实现的问题之外，也重视政府机关内部管理层面的问题。

②公共管理的研究重点包括一般管理的计划、组织、控制职能；而公共行政的研究重点是讨论社会价值以及官僚与民主的冲突。

③公共管理以研究问题为主，举凡政府机关如何有效执行公共政策，公经理人如何运用规划、组织、控制、评估等方法来提升政府服务质量等管理层面的问题，都是公共管理研究的主要课题；公共行政之研究范围包括所有足以影响政府运作之政治、法律、社会、文化等

层面的问题。

④公共管理着重政府机关内部的运作情形，即着重于公经理人在执行公共政策上的表现；公共行政着重行政、立法、私法体系间之互动关系，即着重于行政人员在政策方案设计、执行及改变过程中的角色与功能。

⑤公共管理倾向于视管理为同类管理，或者至少使公共和私营部门的管理差异极小化；而公共行政更多地是夸大公共部门和私营部门的差异。

⑥公共管理更多地是对中层管理者的实用关注；而公共行政是政治或政策精英统治的观点。

2．公共管理兴起的时代背景和学科背景为何？

答：参见本章复习笔记相关内容。

3．公共管理研究的途径为何？你认为公共管理的研究还有哪些途径可以开拓？

答：(1)公共管理研究的途径

新公共管理的研究可以分为两种研究途径，即公共政策的途径(简称P途径)以及企业管理(简称B途径)。具体分析如下：

①P途径下的公共管理

P途径下的公共管理是指以公共政策为研究途径的公共管理理论研究。该理论研究认为，公共管理必须与公共政策的形成与制定密切相关。P途径研究的公共管理一般将公共管理者界定为高层次的政策管理职位，而非日常行政事务的管理者，同时特别强调具有政策制定权的高级行政主管的管理策略，并相当重视公共管理的政治面向。

②B途径的公共管理

在20世纪70年代，企业行政管理学院受管理思潮的影响，开始重视工商政策与管理战略，不再着重于内部行政管理的机制与过程，一些公共管理学者发展起B途径的公共管理。B途径受管理主义的影响，主张效法企业，以企业管理的方法来提升公共部门的服务质量。B途径的公共管理的特征主要包括：a．偏爱企业管理的原则；b．对公、私部门的差异不作严格区分；c．除了重视策略管理及组织间的管理外，还强调对公共管理的过程进行管理；d．在研究方法上偏爱量化方法。

(2)公共管理研究的其他途径

除了公共政策的途径(P途径)和企业管理(B途径)外，公共管理的研究还可以开拓经济学研究途径、伦理学研究途径等。公共管理研究的经济学途径主要是采用经济学的理论假定、概念框架、分析方法及技术来分析和看待公共问题。当代的公共管理学科中，最有影响的经济学途径是公共选择理论和新制度学派。公共管理研究的伦理学途径则主要研究公共管理中的伦理关系，公共管理伦理中的伦理规定，公共管理者的道德存在、责任义务以及对责任义务的论述，公共管理者的德性、道德行为选择等。

4．何谓新公共管理？如何评价新公共管理？有学者认为新公共管理是新瓶装旧酒，你同意这一看法吗？

答：(1)新公共管理的含义

新公共管理是指以泰罗古典主义管理原则为基础，强调在公共管理中应用商业管理的理论、方法、技术及模式的一种理论和相关的政策、实践活动。新公共管理的前提假设是：通过引入自由市场的竞争运行机制，政府能像私人组织一样合理利用资源，注重投入产出，提高效率。新公共管理理论认为政府改革和发展的方向是通过行政改革进行自我解构，全面引进私营部门的管理模式，塑造企业型政府。这一理论的核心在于，强调经济价值的优先性、强调市场机能、强调大规模使用企业管理的哲学与技术、强调顾客导向的行政风格。

（2）对新公共管理的评价

①正面评价

a. 新公共管理既是西方特定的社会、政治、经济条件的产物，又在一定程度上凸显出公共行政发展的规律和趋势。

b. 新公共管理调整政府与社会、市场之间的关系，将竞争机制引入政府公共服务领域，如实行“政府业务合同出租”“竞争性招标”，鼓励私人投资和经营公共服务行业，打破政府的垄断，提高了公共服务的效率和质量，同时也缓解了政府财政困难。

c. 新公共管理由注重遵守既定的法律和规章制度向注重实际工作绩效，特别是顾客（社会公众）的满意程度方向发展。

d. 新公共管理把一些科学的企业管理方法，如目标管理、绩效评估、成本核算等引入公共行政领域，对提高政府工作效率是有促进作用的。

②负面评价

新公共管理在西方各国日趋流行的同时，也遭受到许多批评和指责，主要有以下几方面：

a. 新公共管理无视公营部门与私营部门的根本差别，盲目采用私营部门的管理方法，但两者在根本目标上并不相同，前者是提供公共服务，后者则以利润为最终目的。

b. 新公共管理用经济学的眼光看待公共服务的供给，是不适当的，把政府与公众的关系完全等同于供方与顾客的市场关系，实际上是把前者简单化。

c. 新公共管理强调对产出或绩效目标进行精确的界定、测量和评估，但政府的许多服务项目，其产出、成本以及绩效都是难以量化的，因而也就难以准确测量和评估。

d. 新公共管理主张公营部门私有化，实际上是放弃政府的公共服务职能，逃避提供社会福利的责任。

e. 新公共管理强调目标管理、绩效管理，实际上是一种“新泰罗主义”。

f. 新公共管理主张对高级文官实行政治任命，以加强对他们的政治控制，这种做法破坏了传统的文官政治中立原则，在一定程度上会导致政治上的腐败和滥用职权。

g. 新公共管理强调的所谓“顾客导向”、长期计划和预算总量控制很难付诸实施。

（3）对认为“新公共管理是新瓶装旧酒”的看法

我同意“新公共管理是新瓶装旧酒”这一说法。具体分析如下：

首先应明确官僚制与政治行政二分原则的关系。一般来说，西方理论界所讨论的理性官僚制的基本原则（即科层化、专业化、非人格化、等级化）的理论基石来自威尔逊与古德诺的“政治与行政二分”原则，把它与韦伯的理性官僚制理论联系起来，在政治与行政二分的前提下来思考韦伯的工具理性化的官僚制，才有可能对行政进行技术性的设计。由此，也可以看出此二者之间极其重要的联系。

新公共管理学派强调了对顾客授予权能并把官僚服务变成个人授权，它主张创新和企业家行为，主张企业型政府，主张效率与效果的公共服务，并且认为理性的官僚制已经瓦解，而后工业时代及其影响的后官僚制时代已经来临。可见，新公共管理强调的是工具理性，主张的也是政治与行政的分离，未来的发展方向仍是更大的生产力。之所以说新公共管理是新瓶装旧酒，是因为其内部核心的部分并没有得到改变。

5. 公共管理与私部门管理有何异同？你认为私部门的管理可以应用到公共部门的管理吗？为什么？

答：(1)公共管理与私部门管理的异同

①公共管理与私部门管理相同之处

a. 都需要政策管理，包括制定目标规划、实施方案、执行与评估问题；

b. 都要涉及内部资源的整合与管理问题，如人力资源、财政资源、信息资源、组织资源等，都要处理和管理外部关系等。

②公共管理与私部门管理的差异

a. 政治权威与经济权威

公共管理在本质上是国家的活动，不可避免地包括政治权威的作用；私部门或组织的管理是非公权力的行使，即市场的权威或经济的权威的行使。这种权威非制度与法律所授予，往往不能以国家的强制力为后盾，是来自经济性的市场力量。

b. 多元制衡与自主性

公共管理是在国家民主宪政的框架下进行的，在民主宪政国家，公共管理的权威是割裂的。政治越民主的国家越注意政治权威的分立与制衡；私部门的管理固然也受外在各种权威的影响，受政治环境的影响，但仍具有相对充分的管理自主权。

c. 公共利益与私人利益

政府具有促进和实现公共利益的义务和责任。公共管理应当将公共利益作为自己行动的出发点；私人企业和组织往往是个人利益最大化的追求者，经济利润不仅仅是其管理的底线，而且往往被视为积极的经济和社会的善。

d. 法的支配与意思自治

为实现政府任务，达成政府的目的，政府部门可依不同的具体情况，采取不同的行政方式，但是应在法律允许的范围内，受到法的支配；私领域的管理更多的遵循的是契约自由和意思自治，拥有高度的管理裁量权，其内部管理和外部的交易活动完全可以按照自己的意愿行事。

e. 政府与市场

公共管理与私部门的管理的一个最重要的差异之处在于政府与市场的区别与差异。这种差异具体表现在：

第一，垄断与市场。私部门所提供的产品和服务，多有竞争者；而公部门所提供的服务，往往是只有一家，公共部门往往缺乏竞争的压力。

第二，公共产品与私人产品。政府部门提供的是公共产品或准公共产品，这些产品和服务具有不可分割性、非排他性；而私部门提供的产品和服务为私人产品，是可以分割的、排他的，价格也是可以衡量的。

第三，自由与依赖。消费者在购买私人产品时，可以自由选择；而公共部门所提供的产品或服务，公民没有自主决定的权利。

第四，利润与支持。私部门大都以利润为导向，利润的多少取决于顾客的满意，顾客导向很容易成为其经营的目标；而政府往往缺乏服务的动机。

f. 多元理性与经济理性

公共部门处在社会各种力量作用的中心，政府治理中的理性也往往是多元理性，政府往往需要在多元的甚至是冲突的利益和价值之间作出平衡和抉择；私部门的管理，因其组织属性所定，加之职能有限，其管理大多为工具的经济理性的考虑，而往往不顾及或少顾及其他理性的考虑。

(2)对借鉴私部门管理方法的看法

我认为公共部门管理可以借鉴私部门的一些管理方法，如民营化、顾客导向、引入竞争机制、引入市场机制等，从而提高公共部门的工作效率。具体分析如下：

①提高政府绩效。传统的政府管理模式导致公共服务的效率低下和高额成本，因此，以市场化的方式来生产和提供公共物品和公共服务就成为优先选择，通过竞争机制来提高效率，降低成本，进而改进政府绩效。

②私部门的管理理念和技术优于公共部门，并可用于公共部门，公共部门与私部门管理之间没有实质性差别，移植私部门的管理技术和方法可以使公共部门更加贴近市场。

所以，在新公共管理改革运动中，可以借鉴和利用私部门的管理方法。

6. 有学者认为“一切组织都是公共组织”，因此公共管理与私部门的管理没有本质的差异，你同意这一观点吗？为什么？

答：我不同意这种观点。并不是一切组织都是公共组织，还存在着私人组织。公共管理与私部门的管理存在着本质的差异，具体参见本章复习笔记相关内容。

7. 以中国为例，分析中国公共管理现在面临的主要挑战。

答：当前，我国公共管理面临的挑战主要包括以下几个方面：

(1)非政府组织的发展

改革开放以来，非政府组织越来越多的介入到公共管理中。政府对公共事务的决策仍起着主导的作用，但非政府组织在其间的角色作用也逐渐增强，虽然这种增强还不够。同时，政府对第三部门(NGO)的管理，既存在着管理过死的制度剩余现象，又存在着管理不足的制度匮乏现象，亟需尽快转变这种管理模式。

(2)透明化管理

行政化管理的模式应该是服务化的，只是提供服务的一种模式。这要求充分的透明化，减短中间过程中由于官僚体制而造成的资源占有，同时减少由于信息流转过多造成的信息损耗。如何缩短管理中间环节，缩短管理者和管理对象接触的距离，已成为现在政府部门改革的方向。

(3)公共管理者的行动研究能力

简单的行政命令式的管理模式对于现代的公共管理已经不适用了。一个公共管理者，除了应有擅长行动的能力外，还要培养行动研究能力。

(4)专业化路线

目前，我国公共管理面临的一个新挑战就是对于政府部门、公共部门和其他的公共管理组织的专业化要求。这就要求管理人员首先要有突出的专业化技能，要有不同于其他人员、其他部门的独特之处。

(5)公共管理和工商管理的互动

工商管理和公共管理二者虽有不同的着眼点，但也存在着一些共性。公共管理在管理理念、管理模式上面，可以更多地向工商管理企业学习，从而使公共管理有更好地发展。

8. 你是如何理解公共利益在公共管理中的地位的？

答：一般来讲，公共利益是具有社会分享性的、为人们生存、享受和发展所需的资源和条件。在公共利益的体系中，既存在着不同层次和不同领域的公共利益，也存在着完全自愿性分享，以及自愿性分享与强制性分享并存等多种形式的公共利益。而公共管理从本质上讲是国家目的之一的国家作用和活动。国家目的，具体而言是指公共利益，政府具有促进和实现公共利益的义务和责任，这是公共管理区别于私管理的一个重要特征。

公共利益是公共管理中的核心目标。具体而言，公共利益在公共管理中的地位主要表现在：

(1)公共利益是公共管理行动的出发点。当代公共管理的一个核心议题便在于保证政府及其管理者能够代表并回应公共利益，这也是民主政治存在的价值。

(2)确保公共利益的增进和分配是公共管理的根本目的。在公平正义理念指引下的公共性，就是要有效地增进和公平地分配社会公共利益。

(3)公共利益是公共部门存在的合法性基础。社会公共需要决定了现代政府应当是责任政府。政府有责任满足社会公共需要，社会公共需要决定了政府的责任范围，也决定了政府的职能、活动范围与活动方式。

(4)公共利益的边界是约束政府利益扩张的保障。可将公共利益的内涵定义在国防、外交、法律等事关国家安全和利益的范围内，而把国家重点扶持的交通、能源、水利等基础设施建设作为“特殊情况下”的“社会公共利益需要”。公共利益是政府在公权限制私权过程中的行为边界，也是公民接受限制的行为边界。

9. 全球化对公共管理带来了什么样的挑战？

答：公共管理一直受到日益发展的复杂的全球化环境的影响，这一国际秩序的特征便在于整个国际社会成为一个相互联系和相互依赖的网络，网络技术的发展、经济的全球化、交通工具的发达，将使这一网络更加加强。全球的、地域的、地方的相互依赖更加紧密，某一国家和地区的行动常常会影响其邻国和其他国家，现代政府治理已经变成一个管理全球和地方相互依赖关系的过程。全球化给公共管理带来的挑战，具体包括以下几个方面：

(1)在全球化的时代，政府仍然拥有各自的管辖权，并有自己独特的内部治理结构或管理系统，但政府再也不能像传统那样独立于其他治体之外，全球相互依赖的明朗化要求以相互联系的观点取代分离的观念。

(2)在全球化的时代，许多公共物品的提高已经变成国际性的，即成为公共物品，如世界和平、可持续发展、地区安全、统一的世界市场等，这便需要更加自觉、协调和合作的努力。

(3)在全球化的时代，传统上被视为国内问题的政府治理，可能会变成一个地区性问题，甚至全球的问题，公共政策传统上那种对外政策和对内政策的界限再也不那么清楚了。

(4)在全球化的时代，一个成功的公共管理需要发展战略思考的能力，需要催化领导力，即与其他治理领域的行动者沟通、合作、互动、结盟，达成一致的目标和战略的能力，同时也需要多元文化的学习能力。

(5)在全球化的时代，一个政府如何维护自己国家的主权与独立；如何在推动经济发展的同时，维护经济的安全；如何在学习多元文化的同时，维护自己的文化传统和民族认同等，都是二十一世纪公共管理需要面临的新议题。

10. 1936年公共行政学家赫林在其名著《公共行政与公共利益》中这样写道：“公共利益这个观念对官僚体系而言，正如程序正义对司法体系而言，有着相同的重要性。”你是如何理解这一观点的？

答：赫林的这句话体现了公共利益在官僚体系中的地位。具体分析如下：

（1）公共利益是公共部门存在的合法性基础。政府有责任满足社会公共需要，社会公共需要决定了政府的责任范围，也决定了政府的职能、活动范围与活动方式。

（2）公共利益决定公共部门活动的基本方向。公共利益是凌驾于一切具体社会利益主体利益之上的最高利益，维护公共利益是政府存在的目的和追求的最高目标。政府利益与其他社会利益主体的利益处于平行的地位，公共权力的属性决定了政府只能用它来谋求公共利益。政府作为利益主体的一员，必须和其他利益主体一样合法、合理地追求自身利益。

（3）公共利益的边界是约束政府利益扩张的保障。公共利益的无限扩大必然导致权力的无限扩大，要对行政权力进行限制，就必须对公共利益进行严格的界定。公共利益是政府在公权限制私权过程中的行为边界，也是公民接受限制的行为边界。

正如程序正义是司法公正的有力保障，是社会正义的内在要求，公共利益在公共部门的公共管理活动中应当充当一种向导作用，其在公共管理中具有核心位置。公共部门在追求公共利益的同时，应体现对私人利益的关怀。如果完全地追求公共利益，而窒息了私人利益应有的生长空间，公共利益也就失去了其存在的基础。因此，在公共管理活动中，公共部门应力求这样一种结果，即以公共利益为核心的社会利益最大化。

1.3 考研真题详解

一、判断题

公共管理和企业管理在一切不重要的层面都是相同的。（人大 2007 年研）

答：这种说法是正确的，具体分析如下：

公共管理与企业管理最大的不同在于其追求的价值理念上：公共管理追求公共利益的实现，而企业管理则关注私人利益的最大化。但是，二者仍有许多相似之处，公共管理和私部门管理都需要政策管理，包括制定目标规划、实施方案、执行与评估问题；都要涉及内部资源的整合与管理问题，如人力资源、财政资源、信息资源、组织资源等，都要处理和管理外部关系等。相比较于二者最大差别的重要层面而言，这些不重要的层面具有许多的共同点。

二、概念题

1. 公共管理（华南师大 2016 年研；湖南师大 2014 年研）

答：参见本章复习笔记相关内容。

2. 新公共管理（中山大学 2018 年研；湖南师大 2016 年研；华中师大 2013 年研；华南师大 2013 年研）

答：参见本章课后习题概念题第 3 题答案。

三、简答题

1. 什么是公共管理？（大连理工 2018 年研）

相关试题：如何理解公共管理的内涵？（首都经贸 2015 年研）

答：公共管理是指以政府为核心的公共部门整合社会的各种力量，广泛运用政治的、经济的、管理的、法律的方法，强化政府的治理能力，提升政府绩效和公共服务品质，从而实现公共的福祉与公共利益的过程。公共管理的特征包括：

（1）承认政府部门治理的正当性。

（2）强调政府对社会治理的主要责任。

（3）强调政府、企业、公民社会的互动以及在处理社会及经济问题中的责任共负。

（4）强调多元价值。

(5)强调政府绩效的重要性。

(6)既重视法律、制度，更关注管理战略、管理方法。

(7)以公共的福祉和公共利益为目标。

(8)公共管理作为公共行政和公共事务广大领域的一个组成部分，重点在于将公共行政视为一门职业，公共管理者则是这一职业的实践者。

公共管理作为公共行政的一个新的领域，其产生和发展较为模糊，公共管理这一名词首次出现在20世纪30年代。

2. 卡尔森和欧尔曼说明的公共管理与公共行政的六点不同。(北邮2013年研)

答：卡尔森和欧尔曼认为，“公共管理是对行政的一般方面科际整合的研究……它将人力、财政、物资、信息和政治资源的管理与管理学的计划、组织、控制职能相融合。”他们还说明了公共管理与公共行政的六点不同：

(1)它包括一般管理的计划、组织、控制职能，以替代讨论社会价值以及官僚与民主的冲突。

(2)对经济和效率标准认同的工具取向，以替代公平、回应或政治特色。

(3)对中层管理者的实用关注，以取代政治或政策精英的观点。

(4)倾向于视管理为类同管理，或者至少使公共和私营部门的管理差异极小化，而不是夸大它们的差异。

(5)以像关注组织内部运作那样的理性态度，关注组织的外部环境，而不是过分关注法律、制度和政治过程。

(6)与科学管理传统的强有力的思辨联系，而不是与政治学或社会学紧密关联。

3. 简述公共管理兴起的时代因素。(武大2012年研)

答：参见本章复习笔记相关内容。

4. 简述新公共管理的7个要点。(人大2014年研)

相关试题：胡德的“新公共管理”的主要内容。(北邮2012年研)

答：参见本章复习笔记相关内容。

5. 新公共管理的观点和主张。(中央民大2013年研)

答：参见本章课后习题思考题第4题答案。

四、论述题

1. 关于公共管理与私人管理的异同，一种观点认为：管理就是管理，不存在什么公共管理和私人管理的差别；另一种观点认为：公共管理和私人管理只有在所有不重要的方面才是相似的。对此，你有何看法？为什么？(中山大学2014年研)

相关试题：简述公共管理与私人管理的区别。(简答题，南昌大学2018年研；浙江财大2017年研；东财2012年研)

答：公共管理是指公共组织提供公共物品和服务的活动，公共管理主要关注的不是过程、程序和遵照别人的指示办事以及内部取向，而更多的是关注取得结果和对结果的获得负个人责任。私人管理是指社会成员对个人事务和私人领域的自主性、自治性管理，比如家庭管理、私人企业管理、私人事务管理等。公共管理与私人管理既有联系，又有区别。

(1)二者的联系主要表现在：无论是公共管理还是私人管理，都属于管理的范畴，从小的方面看，构成要素和职能基本相同；此外，它们的目的都是为了提高效率，取得最大限度的收益。

(2)以政府为核心的公共部门与企业管理是两种不同类型的组织和实体，其组织性质决定了二者之间存在着本质的差别，反映在组织管理和运作中，不可避免地出现差异。两者的区别主要表现为：

①政治权威与经济权威。公共管理是一种活动，这种活动在本质上是国家的活动。公共管理不可避免地包括政治权威的作用。许多公共管理活动本身即有强制性，而其他组织则不具有这种公权力。私部门或组织的管理，在很大程度上也是权威的行使，可称之为市场的权威或经济的权威。这种权威非制度与法律所授予，而是来自经济性的市场力量，不能以国家的强制力为后盾。

②多元制衡与自主性。公共管理是在国家民主宪政的框架下进行的，在民主宪政国家，公共管理的权威是割裂的。一般来讲，政治越民主的国家越注意政治权威的分立与制衡，政府部门虽然较重视层级节制的权威，但大多数情况下，它仍然处在各种政治力量(如立法、司法、政党、利益集团等)相互作用的场之中。因此，公共管理过程充满了政治的气氛，充满着政治的考虑。公共管理只有有限的管理自主权但却有复杂的政治界面，而工商企业或私部门管理则有相对充分的管理自主权。

③公共利益与私人利益。政府具有促进和实现公共利益的义务和责任，这是公共管理区别于私人管理的一个重要特征。相反，私人企业和组织往往是个人利益最大化的追求者，经济利润不仅仅是其管理的底线，而且往往被视为积极的经济和社会的善。当然企业对于经济利益的追求，不能损害社会中其他人的权益和利益。

④法的支配与意思自治。从管理与法的角度来看，由于法律是人民意志的表现，具体执行法律的内容，无异于实现公共利益，因此为完成政府任务，达成政府的目的，政府部门可依不同的具体情况，采取不同的行政作用，但是应在法律允许的范围内，受到法的支配，这是法治国家的基本要求和原则。对于私领域的管理，相比较于公共管理的严格受法的支配而言，其更多地遵循的是契约自由和意思自治，拥有高度的管理裁量权，其内部管理和外部的交易活动完全可以以自己的意思而为之。

⑤政府与市场。公共管理与私部门的管理最重要的一个差别在于政府与市场的区别与差异。与企业组织不同，政府提供的产品以及服务往往面对的不是自由、竞争性的市场。具体而言，这种差异表现在：

a. 垄断与市场。私部门所提供的产品和服务，多有竞争者。反之，公共部门所提供的服务，往往是只有一家，缺乏竞争的压力。

b. 公共产品与私人产品。政府部门提供的是公共产品或准公共产品，这些产品和服务具有不可分割性、非排他性；而私部门提供的产品和服务为私人产品，是可以分割的、排他的，价格也是可以衡量的。

c. 自由与依赖。消费者在购买私人产品时，可以自由选择；而公共部门所提供的产品或服务，公民没有自主决定的权利。

d. 利润与支持。私部门大都以利润为导向，而利润的多少取决于顾客的满意度，顾客导向很容易成为其经营的目标；而政府往往缺乏服务的动机。

⑥多元理性与经济理性。公共部门处在社会各种力量作用的中心，公共管理事实上也承担着社会价值权威性分配的职责。政府往往需要在多元的甚至是冲突的利益和价值之间作出平衡和抉择。因此，政府治理中的理性往往是多元理性，应考虑各种利益和价值的平衡。私部门的管理，因其组织属性所定，加之职能有限，管理问题涉及的标的人口较少，影响面

小，不易形成整体社会作用，其管理大多为工具的经济理性的考虑，而往往不顾及或较少顾及其他理性的考虑。

2．试述新公共管理运动的理论依据、主要内容并加以评析。（华北电力大学2007年研）

答：（1）新公共管理运动的理论依据

①传统公共行政模式日益凸现内在理论缺陷。传统公共行政理论建立在两个全新的理论基础之上：一个是由伍德罗·威尔逊提出并由古德诺系统化的“政治与行政二分”理论；另一个是马克斯·韦伯提出的“官僚制”理论。

②传统公共行政模式在实践中正在遭受日益广泛的抨击。自20世纪80年代初期以来，就出现了对公共部门的规模和能力进行的抨击。人们普遍认为，政府“规模”过于庞大，浪费了过多的紧缺资源。此外，政府的“方法”也受到抨击。人们越来越认为，官僚制的方法必定会造成工作的没有起色和效率低下。

③经济理论的变革对传统公共行政模式提出了严峻的挑战。二战后，西方各国政府普遍采用了“凯恩斯主义”的主张，对社会生活实行全面干预。当政府这只“看得见的手”干预市场并获得巨大成功时，与“市场失灵”相伴随的“政府失灵”也表现得同样明显。

④知识经济以及由此引发的经济全球化的加速，使政府面临更加严峻的“效能”和“合法性”竞争。90年代以来，知识经济的兴起加速了全球经济一体化的进程，并将全球经济一体化水平不断推向更高的新台阶。全球经济一体化程度的日益提高，使全球性的“政府效能”横向竞争的时代成为现实。为迎接这一挑战，对政府治理体系和治理方式进行结构性调整与重塑，无疑将成为各国政府明智的选择。

（2）新公共管理运动的主要内容

①政府的管理职能应是掌舵而不是划桨。与在传统公共行政管理中政府只是收税和提供服务不同，新公共管理主张政府在公共行政管理中应该只是制定政策而不是执行政策，即政府应该把管理和具体操作分开，政府只起掌舵的作用而不是划桨的作用。

②新公共管理应把一些科学的企业管理方法，如目标管理、绩效评估、成本核算等引入公共行政领域，以提高政府工作效率。

③政府应广泛采用授权或分权的方式进行管理。政府组织是典型的等级分明的集权结构，这种结构将政府组织划分为许多层级条块。人们认同自己所属的基层组织，跨组织层次之间的交流极其困难，使得政府机构不能对新情况及时做出反应。政府也应该通过授权或分权的办法来对外界变化迅速做出反应。

④政府应广泛采用私营部门成功的管理手段和经验。与传统公共行政排斥私营部门管理方式不同，新公共管理强调政府广泛采用私营部门成功的管理手段和经验，如重视人力资源管理、强调成本—效率分析、全面质量管理，强调降低成本，提高效率等。

⑤政府应在公共管理中引入竞争机制。传统的观念认为，微观经济领域应该由私营企业承担，而公共服务领域则应该由政府垄断。与传统公共行政排斥私营部门参与管理不同，新公共管理强调政府管理应广泛引进竞争机制，取消公共服务供给的垄断性，让更多的私营部门参与公共服务的供给，通过这种方式将竞争机制引入到政府公共管理中来，从而提高服务供给的质量和效率。

⑥政府应重视提供公共服务的效率、效果和质量。传统的官僚主义政府注重的是投入，而不是结果。由于不衡量效果，所以也就很少取得效果，并且在很多情况下，效果越差，得到的投入反而越多。

⑦政府应放松严格的行政规则，实施明确的绩效目标控制。新公共管理反对传统公共行政重遵守既定法律法规、轻绩效测定和评估的做法，主张放松严格的行政规制，实行严明的绩效目标控制，即确定组织、个人的具体目标，并根据绩效目标对完成情况进行测量和评估。

⑧公务员不必保持中立。在看待公务员与政务官员关系的问题上，新公共管理与传统公共行政存在着明显的分歧。传统公共行政强调政治与行政的分离，强调公务员保持政治中立，不参与党派斗争，不得以党派偏见影响决策等。

(3)对新公共管理运动的评析

新公共管理运动虽然遭到很多批判，但它对我国公共行政管理体制的改革具有借鉴意义：

①新公共管理强调政府的企业化管理，强调管理的高效率。我国政府机构长期以来一直存在效率低下的现象。新公共管理强调政府公共管理应该像企业管理那样，将效率放在首要地位，这一思想是值得借鉴的。

②新公共管理把一些科学的企业管理方法，如目标管理、绩效评估、成本核算等引入公共行政领域，对提高政府工作效率是有促进作用的。

③新公共管理将竞争机制引入政府公共服务领域，打破了政府独家提供公共服务的垄断地位。一方面提高了公共服务的效率和质量，另一方面也缓解了政府的财政压力。

④新公共管理从注重遵守既定的法律和规章制度，向注重实际工作绩效，注重提供优质服务的方向发展。我国目前尚处于法制不健全，制度供给不足的阶段，因此，建立健全法制，完善规章制度仍将是今后一个时期我国行政改革的一项重要任务。

⑤新公共管理重视政治对行政、对公务员的影响。这一点给我们的启发是，行政管理体制改革也需要与政治体制改革的其他方面结合起来进行。公共行政管理体制的绩效与政治体制的基本格局有着密切的关系，如果政治体制不能有效地保证健全的政治责任制度，不能使政府保持一定的政治权威，那么公共行政就有政治失控的危险。

值得指出的是，我国政府在借鉴西方新公共管理思想的某些有价值的见解和做法的同时，也要注意结合本国的国情。因为西方发达国家的公共行政管理体制经过一百多年的发展，已经形成了一整套完善的法制和规章，因而以新公共管理作为改革的指导思想是符合其发展趋势的，而我国目前正处于由计划经济向市场经济转轨时期，市场经济发育还不成熟，法制还不完善，因此对于西方新公共管理的基本思想，只能从实际出发，有选择地借鉴和吸收，而不能全盘照搬。

第2章　公共管理者的角色与知能

2.1　复习笔记

【知识框架】

- 公共管理者的角色与知能
  - 作为一般管理者的角色
    - 公共管理者的定义
    - 管理者的十大角色
    - 奎恩等人的观点
  - 作为公共管理者的特殊角色
    - 执行与捍卫宪法的角色
    - 人民信托者的角色
    - 贤明少数的角色
    - 平衡轮的角色
    - 分析者和教育者的角色
  - 公共管理者的技能
    - 技术性技能
    - 人际关系技能
    - 概念化技能
    - 诊断技能
    - 沟通技能
  - 有效的公共管理者
    - 有效的公共管理者必须是一个良好的自我评估者
    - 有效的公共管理者必须是不令人讨厌的
    - 有效的公共管理者必须追求美好的意志与周全的政治感觉
    - 有效的公共管理者必须具有耐心
    - 有效的公共管理者必须具有多样化的工作经验
    - 有效的公共管理者必须以民众为导向
    - 有效的公共管理者必须善于分析与思考
  - 面向未来的、具有前瞻力的公共管理者

【重点难点归纳】

一、作为一般管理者的角色

1. 公共管理者的定义

公共管理者是指受国家和公民的委托，行使公权力，负责运用资源及指挥公务人员，达成政府施政目标的人。在现代民主国家中，公共管理者是经法定程序进入政府，担任政府公职，行使公权力，并从事公务管理的公职人员。从广义上讲，公共管理者包括民选的与任命的两大类，而任命的公共管理者又可区分为政治性任命人员以及经文官考试录取的常任文官或公务员。按照其职务等级可以分为高级公共管理者、中级公共管理者和基层公共管理者。

2. 管理者的十大角色

(1)管理者的角色的含义

管理者的角色是指管理者在组织体系中从事各种管理活动的立场、行为表现的特征的总和，是特定的管理行为范畴。

"管理者的角色"这一概念，最早是由美国管理学家彼得·F. 德鲁克在1955年提出的。

20世纪60年代末，亨利·明茨伯格创建了管理者角色理论。明茨伯格认为一个管理者在组织体系中的作用和工作可归纳为三个方面：人际关系方面的工作，信息方面的工作和决策方面的工作。

(2)管理者的十大角色

①人际关系方面的角色

a. 挂名首脑。管理者是组织的象征，有责任和义务从事各种活动。

b. 领导者。负责对下属激励和鼓励，负责用人、培训和交际。

c. 联络者。负责同他所领导的组织内外无数个个人和团体维持关系，建立和发展一种特别的联系网络，将组织与环境联结起来。

②信息方面的角色

a. 监听者。其角色是寻求信息，使其能够了解组织内外环境的变化，找出问题和机会。

b. 传播者。将收集到的信息传播给组织的成员。有些信息是关于事实的信息，有些信息是关于价值的信息，目的是指导下属正确决策。

c. 发言者。作为正式的权威，代表组织对外发布信息，以期争取公众、利害关系人的理解与支持，维护组织形象。

③决策方面的角色

a. 企业家。管理者是组织中大多数可控变化的设计者和发起者，即按其意志进行变革的全部活动。

b. 故障排除者。故障排除者角色处理非自愿的情况以及部分的非管理者所能控制的变革。

c. 资源分配者。作为正式权威，管理者必须进行资源分配，这里所说的资源包括时间、金钱、物质材料、人力以及信誉。资源分配主要是安排时间、安排工作、批准行动等。

d. 谈判者。代表组织与相关组织和人士进行协商和谈判，进行资源的交易。

3. 奎恩等人的观点

奎恩等人的竞值框架界定了八种看似相互矛盾又必须兼顾的管理角色：(1)导师；(2)促进者；(3)监督者；(4)协调者；(5)指导者；(6)生产者；(7)掮客；(8)革新者。

二、作为公共管理者的特殊角色

在许多对公共管理者特殊角色的论述中，1983年魏姆斯利(Wamsley)等人在《黑堡宣言》中对公共管理者在民主社会治理中的角色的阐述最具典范性。在他们看来，公共管理者应扮演以下角色：

(1)执行与捍卫宪法的角色。行宪的预期目标是营造一个稳定且有效运作的政治体系，而终极目标则是增加机会、促进平等以及持续地改进和提升全民的生活品质，这是公共管理者的天职。

(2)人民受托者的角色。公共管理者要不畏强权，更不能妄自菲薄，只把自己当成工具，应以追求公共利益为职责。

(3)贤明少数的角色。公共管理者有责任通过吸引民众参与公共事务，使贤明的少数变成多数。

(4)平衡轮的角色。指平衡治理过程中的一种势力。公共管理者必须对外在环境有回应或有反应，公共管理者应以其合法权力及专业判断在治理过程中的各种势力中，扮演平衡轮的角色。

(5)分析者和教育者的角色。公共管理者应扮演分析者与教育者的角色，以增加民选领导、民意代表、所有在治理过程中的参与者，乃至一般民众对公共事务的了解，并向他们灌输公共利益的观念。

三、公共管理者的技能

(1)技术性技能。指从事自己管理范围内所需的技术与方法。

(2)人际关系技能。指在组织目标的实现过程中与人共事的能力，即与人打交道的能力。

(3)概念化技能。指公共管理者所具有的宏观视野、整体考虑、系统思考和大局把握的能力。

(4)诊断技能。指针对特定的情境寻求最佳反应的能力，也就是分析问题、探究原因、因应对策的能力。

(5)沟通技能。指管理者具有收集和发送信息的能力，能通过书写、口头与肢体语言的媒介，有效与明确地向他人表达自己的想法、感受与态度，也能较快、正确地解读他人的信息，从而了解他人的想法、感受与态度。

四、有效的公共管理者

有效性在某种程度上，是经济、效率、效能、公平等的综合体现。波兹曼和史陶斯曼在《公共管理的战略》一书中，曾提出理想的公共管理者有七个基本特质。

(1)有效的公共管理者必须是一个良好的自我评估者。

(2)有效的公共管理者必须是不令人讨厌的。因其必须具备相当丰富的知识并乐于学习，同时愿意与他人分享知识，并有一些工作之外的生活乐趣。

(3)有效的公共管理者必须追求美好的意志与周全的政治感觉。公共管理者应为“政治家型官僚”，在制定策略时，亦能够超越自我利益，甚至于组织利益，以整个社会或国家的利益为着眼点。

(4)有效的公共管理者必须具有耐心。

(5)有效的公共管理者必须具有多样化的工作经验。

(6)有效的公共管理者必须以民众为导向。

(7)有效的公共管理者必须善于分析与思考。

五、面向未来的、具有前瞻力的公共管理者

著名的公共管理大师莫根在其《驾驭变革的浪潮》一书中为变革时代的公共管理者如何进行有效管理提出了许多深刻而又具启迪的见解。

(1)未来的公共管理者必须发展管理者解读和预测环境趋势的能力。面向未来的管理者需要一种“触角”，能够帮助他们感悟组织所面临的重大问题，并发现机会。

(2)未来的公共管理者必须具备前瞻性管理的态度和技能，特别是“前瞻思考”和“由内而外”的管理能力。

①前瞻思考是指向前看，确认问题和机会，寻找重构问题的途径，促使负面向正面转化，开创新的管理道路；掌握、形成、寻找机会，以便不失时机。

②由内而外的管理是指保持与组织环境的关系，强化面对挑战和掌握机会的能力，它与传统的“由内而外”的哲学，即根据组织内部的意愿来行事是不一样的。

(3)未来的公共管理者必须开发自己的领导技能。

(4)在信息社会中，组织的人力资源最为重要，公共管理者必须设法开发和调动组织中每一个人的知识、智慧和创造性潜能。

(5)未来的社会要求组织和成员加强学习、创新和创造性。

(6)组织结构的扁平化要求管理和控制的新路径。公共管理者将通过发展共有的价值，相互理解进行协调并在分权和控制之间寻求恰当的平衡。

(7)信息技术将改变许多组织的性质和结构，以及组织产品和服务的性质与生命周期。未来的公共管理者必须理解如何利用人工智能开发新的产品和服务。

(8)复杂性是管理棋局的代名词。未来的公共管理者必须发展一种能使他们应对混乱和不能界定情势的管理哲学和技术。

(9)除了了解和应对已经出现的变化趋势，未来的公共管理者，特别是高层管理者，必须寻找改变这些趋势的方法，以便于管理。未来的公共管理者需要发展一种"环境知能"，来影响并改变问题。

2.2 课后习题详解

一、概念题

1. 公共管理者

答：公共管理者是指受国家和公民的委托，行使公权力，负责运用资源及指挥公务人员，达成政府施政目标的人。在现代民主国家中，公共管理者是经法定程序进入政府，担任政府公职，行使公权力，并从事公务管理的公职人员。从广义上讲，公共管理者包括民选的与任命的两大类，而任命的公共管理者又可区分为政治性任命人员以及经文官考试录取的常任文官或公务员。按照其职务等级可以分为高级公共管理者、中级公共管理者和基层公共管理者。由于公共管理活动的多元性、政治性以及公共性等特质，公共管理者除扮演一般管理者的角色外，在民主政治中尚扮演着特殊角色，主要包括：执行与捍卫宪法的角色；人民受托者的角色；贤明少数的角色；平衡轮的角色，即平衡治理过程中的一种势力；扮演分析者和教育者的角色。

2. 管理者的角色

答：管理者的角色是指管理者在组织体系中从事各种管理活动的立场、行为表现的特征的总和，是特定的管理行为范畴。亨利·明茨伯格认为一个管理者在组织体系中的作用和工作可归纳为三个方面：即人际关系方面的工作，信息方面的工作和决策方面的工作。而在每一类不同的工作中，他又扮演着不同的角色，共有十种角色，人际关系角色包含了人与人(下级和组织外的人)以及其他具有礼节性和象征性的职责。三种人际关系角色具体包括：挂名首脑、领导者和联络者。信息传递角色包括接受、收集和传播信息。具体包括监听者、传播者和发言人三种角色。决策制定角色是做出抉择，包括企业家、故障排除者、资源分配者和谈判者。实践证明明茨伯格管理者角色分类是有效的。无论是在什么类型组织中或者组织的哪一个层次上，管理者都在扮演着类似的角色，只不过管理者角色的强调重点会随组织的层次不同而变化。

3. 管理技能

答：管理技能是指管理者在管理活动中为实现管理目标、保证管理活动顺利进行所采取的工作方式。管理是否有效，在很大程度上取决于管理人员是否真正具备了一名管理者所必须具备的管理技能。管理技能是管理理论、原理的自然延伸和具体化、实际化，是管理原理指导管理活动的必要中介和桥梁，是实现管理目标的途径和手段，管理职能必须通过管理技能才能在管理实践中发挥作用。管理技能的作用是一切管理理论、原理本身所无法代替的。一名管理者应具备的管理技能包括技术技能、人际技能和概念技能，具体内容是：①技术技能。指使用技术完成组织任务的能力。与一个人所从事的工作有关。对于管理者，应掌握诸如决策技术、计划技术、组织设计技术、评价技术等管理技术。②人际技能。指在组织目标的实现过程中与人共事的能力，即与人打交道的能力。对于管理者，应具备与人共事、激励或指导组织中的各类员工或群体的能力。③概念技能。指一种洞察既定环境复杂程度的能力和减少这种复杂性的能力。对于管理者，需要快速敏捷地从混乱而复杂的环境中辨清各种因素之间的相互关系，抓住问题的实质，并根据形势和问题果断地做出正确的决策。

4. 有效的公共管理者

答：有效的公共管理者是指其在公共管理中的活动产出能够达到所期望的效果或影响的管理者。有效性是经济、效率、效能、公平等的综合体现。有效的公共管理者其基本特质包括：①有效的公共管理者必须是一个良好的自我评估者；②有效的公共管理者必须是不令人讨厌的；③有效的公共管理者必须追求美好的意志与周全的政治感觉；④有效的公共管理者必须具有耐心；⑤有效的公共管理者必须具有多样化的工作经验；⑥有效的公共管理者必须以民众为导向；⑦有效的公共管理者必须善于分析与思考。

5. 前瞻性管理

答：前瞻性管理是指依据未来外界的变化和组织自身的发展，对组织可能面临的机遇和问题进行预期，并利用各种方法抓住机遇解决问题，推动组织前进的活动。“前瞻思考”和“由内而外”的管理能力是前瞻性管理的基本态度和技能。前瞻思考是指向前看；确认问题和机会；寻找重构问题的途径，促使负面向正面转化，开创新的管理道路；掌握、形成、寻找机会，以便不失时机的特性。由内而外的管理是指保持与组织环境的关系，强化面对挑战和掌握机会的能力。

二、思考题

1. 在你看来，作为一名管理者，其最重要的角色是什么？

答：作为管理者，在管理工作中最重要的部分就是担任决策方面角色。管理者对他的组织战略决策系统负有全面的责任，也就是组织的每一项重大决策皆与管理者有关。管理者在决策方面的角色主要包括：

(1)企业家。作为企业家，管理者是组织中大多数可控变化的设计者和发起者，即按其意志进行变革的全部活动，包括发现利用各种机会，促进组织的变革。

(2)故障排除者。企业家角色把注意力集中于可控的变革，而故障排除者角色则处理非自愿的情况以及部分的非管理者所能控制的变革，如对一件未曾预料的事件，一次危机或组织冲突的处理和解决。

(3)资源分配者。作为正式权威，管理者必须进行资源分配，这里所说的资源包括时间、金钱、物质材料、人力以及信誉。资源分配主要是指安排时间、安排工作、批准行动等。

(4)谈判者。代表组织与相关组织和人士进行协商和谈判，进行资源的交易。

2. 你认为在民主政体中，公共管理者应该扮演什么样的角色？你是否同意黑堡宣言的作者对公共管理者角色的描述，为什么？

答：(1)在我看来，公共管理者和一般管理者的角色和职责虽有许多相吻合之处，但公共管理的多元性、政治性以及公共性这些特质，决定了公共管理者要承担与一般管理者不同的角色。在民主政体中，公共管理者除扮演一般管理者的角色外，还扮演着保卫和提倡民主价值与公共利益的特殊角色。

(2)黑堡宣言认为，公共管理者应该扮演的角色有：执行与捍卫宪法的角色；人民受托者的角色；贤明少数的角色；平衡轮的角色；分析者和教育者的角色。

我对黑堡宣言中关于公共管理者角色的描述表示赞同，原因在于，这一描述体现出了公共管理者与一般管理者的差异，这种差异主要是由公共管理活动与一般管理活动的差异决定的。公共管理活动与一般管理活动的差异在于：

①政治权威与经济权威。公共管理在本质上是国家的活动。公共管理不可避免地包括政治权威的作用；私部门或组织的管理，在很大程度上也是权威的行使，但这种权威非政治权威，非公权力的行使，可称之为市场的权威或经济的权威。

②多元制衡与自主性。公共管理是在国家民主宪政的框架下进行的，在民主宪政国家，公共管理的权威是割裂的。一般来讲，政治越民主的国家越注意政治权威的分立与制衡；私部门的管理，也受到外在各种权威的影响，受政治环境的影响，但这种影响与公共管理是不同的。公共管理只有有限的管理自主权但却有复杂的政治界面，而工商企业或私部门管理则有相对充分的管理自主权。

③公共利益与私人利益。公共管理应当将公共利益作为自己行动的出发点，否则，公共管理者便成为私利的谋取者，而不是公益的信托者；私人企业和组织往往是个人利益最大化的追求者，但企业对于经济利益的追求，不能损害社会中其他人的权益和利益。

④法的支配与意思自治。政府施政应受法的约束，确立了法律优位和法律保留的原则。对于私领域的管理而言，其更多遵循的是契约自由和意思自治，拥有高度的管理裁量权。

⑤政府与市场。公共管理与私部门的管理的一个最重要的差异之处在于政府与市场的区别与差异。这种差异具体表现在：

a. 垄断与市场。私部门所提供的产品和服务，多有竞争者；而公部门所提供的服务，往往是只有一家，公共部门往往缺乏竞争的压力。

b. 公共产品与私人产品。政府部门提供的是公共产品或准公共产品，这些产品和服务具有不可分割性、非排他性；而私部门提供的产品和服务为私人产品，是可以分割的、排他的，价格也是可以衡量的。

c. 自由与依赖。消费者在购买私人产品时，可以自由选择；而公共部门所提供的产品或服务，公民没有自主决定的权利。

d. 利润与支持。私部门大都以利润为导向，而利润的多少取决于顾客的满意，顾客导向很容易成为其经营的目标；而政府往往缺乏服务的动机。

⑥多元理性与经济理性。政府治理中的理性往往是多元理性，应考虑各种利益和价值的平衡，而非单一向度的考虑；私部门的管理，因其组织属性所定，加之职能有限，其管理大多为工具的经济理性的考虑，而往往不顾及或少顾及其他理性的考虑。

因此，公共管理者在民主治理中应扮演重要的、有价值的、正当的角色，而不能将自己混同于一般的管理者。黑堡宣言的描述正是对公共管理者在民主宪政治理中角色的准确论述，全面的反映了公共管理者的特殊使命和角色。

3. 在日益复杂的、快速多变的现代社会，公共管理者应该掌握什么样的知识和技能？

答：参见本章复习笔记相关内容。

4. 在你看来，什么样的公共管理者是有效的公共管理者和成功的公共管理者？判断成功的标准是什么？

答：(1)有效的公共管理者和成功的公共管理者的含义

①有效的公共管理者

指公共组织中拥有优秀和忠实的下属以及高绩效团队的管理者。这样的管理者满足两种标准：一是使其工作在量和质上都达到很高的绩效标准；二是使其下属有满意感和奉献精神。有效的公共管理者有七个基本特质，即：a. 是一个良好的自我评估者；b. 不令人讨厌；c. 追求美好的意志与周全的政治感觉；d. 具有耐心；e. 具有多样化的工作经验；f. 以民众为导向；g. 善于分析与思考。

②成功的公共管理者

指在公共部门中相对快速地获得提升的管理者。对这类管理者的界定只有一个标准——晋升的速度。成功的公共管理者花费更多的时间和精力在社交活动上，更多地参与到政治活动及与外界接触的活动中，联络感情，发展关系。相对来说，花费在日常沟通活动上的时间和精力较少，而花费在传统管理和人力资源管理活动上的时间和精力最少。

在具体的管理实践中，两种类型的公共管理者都从事同样的活动：a. 传统管理：计划、决策和控制；b. 日常沟通：交流常规信息和处理案头文件；c. 人力资源管理：激励、奖惩、处理冲突、人员配备和培训；d. 社交活动：社会化活动和与外界交往。

(2)判断成功的标准

根据两者的含义可以看出在公共部门中晋升的速度是判断成功与否的标志。社交活动是成功的关键。有效的公共管理者主要参与的活动是日常沟通和人力资源管理活动，相对来说，传统的管理活动比例较少，社交活动最少。社交活动和管理者的成功有着最强的相关，但是却和管理者的有效性有着最弱的相关。人力资源管理活动和有效性有强相关(仅次于日常沟通活动)，但是却和成功有着很微弱的相关。成功的管理者所表现出的行为和有效的管理者所表现出的行为不仅不吻合，而且可以说是截然相反。

2.3 考研真题详解

一、概念题

公共管理者(北邮2012年研；武大2012年研；人大2010年研)

答：参见本章课后习题概念题第1题答案。

二、简答题

1. 简述明茨伯格关于管理者的十大角色。(人大2012年研)

相关试题：新形势下公共管理者的角色。(河海大学2013年研)

答：参见本章复习笔记相关内容。

2.《黑堡宣言》中的"公共管理者的特殊角色"。(北邮2012年研)

答：在对公共管理者特殊角色的论述中，1983年魏姆斯利(Wamsley)等人在《黑堡宣言》中对公共管理者在民主社会治理中的角色的阐述，最具典范性。他们对公共管理者在民主宪政治理中角色的论述，反映了公共管理者的特殊使命和角色。在他们看来，公共管理者应扮演以下角色：

(1)执行与捍卫宪法的角色。公共管理者在就职时已宣誓要护宪及行宪，行宪的预期目标是营造一个稳定且有效运作的政治体系，而终极目标则是增加机会、促进平等以及持续地改进和提升全民的生活品质。这是公共管理者的天职。

(2)人民受托者的角色。公共管理者受人民的托付，在治理过程中扮演正当与重要的角色，不能屈服于强烈短视的压力，应考虑长远的全民利益。公共管理者要不惧强权，更不能妄自菲薄，只把自己当成工具，应以追求公共利益为职责。

(3)贤明少数的角色。公共管理者要能做到众人皆醉我独醒，不可人云亦云，要扮演贤明的少数，而不是随波逐流追求时尚的“喧嚷的多数”或有权的少数，他们有责任通过吸引民众参与公共事务，使贤明的少数变成多数。

(4)平衡轮的角色。公共管理者必须对外在环境有回应或有反应，但绝不是像地震仪一样忠实地从事刺激反应的记录，或像忠诚的仆人一样只听命行事，也不能只是很有技巧地在各种利益集团间躲闪、求存。公共管理者要肩负专业责任，也就是要以维持公共利益及宪政运作为职志，公共管理者应以其合法权力及专业判断在治理过程中的各种势力中，扮演平衡轮的角色。

(5)扮演分析者和教育者的角色。公共管理者应该或必须能够有意识地了解自己决策的价值体系与假定，为自己的所作所为提出合理说明并尽量将人民纳入治理过程。公共管理者应扮演分析者与教育者的角色，以增加民选领导、民意代表、所有在治理过程中的参与者，乃至一般民众对公共事务的了解，并向他们灌输公共利益的观念。

总之，公共管理者在民主治理中应扮演重要的、有价值的、正当的角色，而不能将自己混同于一般的管理者。

3. 简述公共管理者的技能。(湖南师大 2014 年研；武大 2012 年研)

答：公共管理者为扮演好其角色，必须具备一些基本管理技能。这里的技能是指后天发展起来的，处理特定人、事、物的能力。公共管理者的技能主要应包括以下几个方面：

(1)技术性技能

主要指从事自己管理范围内所需的技术与方法。现代公共管理活动的一个显著特征就在于其日益成为一个专业化的活动，有效的管理者必须拥有完成专业性工作所需的技术和能力。

(2)人际关系技能

公共管理的本质在于其是协作性的人际活动，协作活动的核心在于人际的互动。一个管理者的大部分时间和活动都是与人打交道的：对外要与有关的组织和人员进行联系、接触；对内要联系上下级，特别是要善于激励诱导下属人员的积极性，懂得做人的工作。一个管理者只有拥有人际关系技能才能将人员整合到各种协作性的活动之中。

(3)概念化技能

指公共管理者所具有的宏观视野、整体考虑、系统思考和大局把握的能力，这包含了一个管理者认识到组织是相互依赖的，并能够从大的背景上为组织未来勾画远景。一位优秀的公共管理者必须了解国内外政治、经济、社会、文化发展变化的现状与趋势，从组织中超脱出来，将组织视为大环境的一个有机组成部分，进而构建愿景、发展战略，以保证组织的生存和发展。

(4)诊断技能

诊断技能是指针对特定的情境寻求最佳反应的能力，即分析问题、探究原因、因应对策的能力，要由表及里，从现象上去把握本质。

(5)沟通技能

这里的沟通技能是指管理者具有收集和发送信息的能力，通过媒介，有效明确地向他人表达自己的想法、感受与态度，同时也能较快而又正确地解读他人的信息，从而了解他人的想法、感受与态度。没有沟通就没有组织，管理工作所做的每件事情都包含着沟通。管理者没有信息则不能作出决策，而信息只能通过沟通得到；决策一旦作出，就要进行沟通，否则再好的决策也无人知晓；要处理好人际关系，就要进行广泛的意见沟通。因而，沟通是管理的基础，也是管理者的一项基本技能。

4. 有效公共管理者的特质。（中央民大2012年研）

答：对于一个公共管理者而言，成为一个有效的公共管理者是重要的，但有效性很难得到界定，一般地，有效性是经济、效率、公平、效能等的综合体现。有效的公共管理者应具备以下七个基本特质：

（1）有效的公共管理者必须是一个良好的自我评估者

公共管理可能在某些层次是有效的，但却未必在策略层次上有效；同理，在策略层次上或许是有效的，但却未必在其他层次上有效。因此，自我评估的训练甚为重要，因为公共管理者借此可认识自己，了解自己的优缺点，以便在策略执行时能汰弱留强。

（2）有效的公共管理者必须是不令人讨厌的

有效的公共管理者是绝对不会令人讨厌的，因其必须具备相当丰富的知识并乐于学习，同时愿意与他人分享知识，并有一些工作之外的生活乐趣。公共管理者必须具有创造力，而创造力可能源于与问题无关的理念，而这些想法与概念最后皆能运用于解决问题。假若有效的公共管理者具有创造力，而这些创造力又是以渊博的知识为基础时，那么有效的公共管理者就绝对不会令人讨厌和厌烦。

（3）有效的公共管理者必须追求美好的意志与周全的政治感觉

公共管理者不应是所谓的“狂热家型的官僚”，因为这样的人在积极推动某项运动时，只支持他们自己的狭隘政策而阻止其他任何的发展，常常引起冲突和仇恨，而公共管理者应为“政治家型官僚”，因为他们具有清晰的个人与政策价值，并将其运用于公共管理上，使其拥有远大的目光和高瞻远瞩、开阔的胸怀；在制定政策时，亦能够超越自我利益，甚至于组织利益，以整个社会或国家的利益为重点。

（4）有效的公共管理者必须具有耐心

由于公共部门策略的执行往往旷日费时，甚至于要耗费大笔的经费，这就需要公共管理者必须具有耐心并坚持到底。

（5）有效的公共管理者必须具有多样化的工作经验

策略性的公共管理的推动必须由对机关业务有全盘了解的管理人员掌理。因此，有效的公共管理者最好具有在不同部门，甚至不同机关的工作经验，这样，就可以使其在管理中能够充分了解和掌握各个部门的工作性质，在决策中能够通盘考虑，通盘打算。

（6）有效的公共管理者必须以民众为导向

有效的公共管理者不仅要能与民众和睦相处，还要能了解不同民众的各种需求，并作出适当的反应，这样才可以称得上是一位开放的、具有民主参与意识的管理者。

（7）有效的公共管理者必须善于分析和思考

分析并不等于量化，公共管理者最重要的是具有分析的技巧和能力，这就是说，公共管理者并不是只具有作业研究、推论统计、线性规划等技能，而是必须有逻辑运用与结构性思考的能力。因为，现代公共管理强调分析，尤其是价值、判断、直觉、经验间的分析思考与分析工具的整合。

第3章　公共部门的角色

3.1　复习笔记

【知识框架】

- 公共部门的角色
  - 公共部门的性质和需要
    - 公共部门
      - 公共部门的性质
      - 公共部门与私部门的区别与联系
    - 公共部门存在和需要的原因
  - 市场机制、市场失灵与政府干预
    - 市场机制
    - 完全竞争市场的六项假设
    - 市场失灵
      - 市场失灵的含义及内容
      - 典型的市场失灵的种类
  - 市场经济中政府的经济职能
    - 提供经济发展的基础结构
    - 组织各种各样公共产品与服务的提供
    - 共有资源和自然资源的保护
    - 社会冲突的调整与解决
    - 保护并维持市场竞争
    - 收入和财产分配的调节
    - 宏观经济的稳定
  - 政府治理工具与政府治理工具的选择
    - 政府治理工具
      - 政府治理工具的含义
      - 公共物品和服务的提供方式
      - 政府治理工具的种类
    - 政府治理工具的选择
      - 从经济学的观点分析
      - 从政治的观点分析
      - 治理工具选择时应注意的问题
  - 政府失灵
    - 政府失灵的含义
    - 政府失灵的原因
  - 矫正政府失灵和市场失灵的策略
    - 市场的自由化、促进化和活泼化
    - 诱因机制与政策
    - 政府管制
    - 非市场的供给机制与政策
    - 社会保险及社会救助机制与政策

【重点难点归纳】

一、公共部门的性质与需要

1. 公共部门

(1)公共部门的性质

公共部门是指这样一种提供服务和产品的部门，其所提供服务和产品的范围与种类不是由消费者的直接愿望决定的，而是由政府机构决定的。关键点在于它是公共政治决策的结果，而不是市场运作的结果。公共部门是建立在权威关系之上的，它拥有对一切人或权利要求的权威，并且这种权威具有普遍性和唯一性。公共部门与私部门的核心差异在于其是否拥有合法的强制力，政府是社会中唯一可以合法使用暴力的机关。公共部门存在的主要原因，从经济角度来看乃是市场无法单独地发挥全部经济作用。

(2)公共部门与私部门的区别与联系

①区别。公共部门与私部门的核心差异在于其是否拥有合法的强制力，政府是社会中唯一可以合法使用暴力的机关。

②联系。现代经济和社会的发展是公共部门与私营部门相互作用的产物。任何一个经济和社会，都是二者的有机组合，二者相互依赖。私部门依赖政府部门提供基础结构和法律，政府依赖私部门提供产品和服务，依赖私营部门提供政府运作的基础结构——赋税。

2. 公共部门存在和需要的原因

(1)市场机制导致资源的有效利用的要求是以竞争因素与产品市场的条件为依据的，这意味着自由地进入市场而不存在障碍，要获取这些条件，就需要政府的调节或其他措施。

(2)在那些由于成本降低而使竞争变得无效的地方，也需要政府调节。

(3)没有政府所提供的法律结构的保护与执行，市场活动所需要的契约安排和交易就会无法存在。

(4)某些具有生产特点或消费特色的货物，即使排除了竞争上的障碍，亦无法通过市场得到供应，于是发生外在性问题，需要公共部门解决。

(5)因市场体制与通过财产继承权转移而导致的收入和财富分配，须进行社会价值的调节。

(6)市场机制，尤其在一个高度发达的金融体系中，未必带来高就业率、稳定的物价水平和社会期望的经济增长率，要达到这些目标，需要公共政策。

(7)从公共和私人观点看，估价将来消费所用的贴现率是可能不同的。

二、市场机制、市场失灵与政府干预

1. 市场机制

市场机制是指通过市场供需均衡，使资源配置达到最有效益的方法。价格的决定在多数情况下并不是人为的操纵，而是由“看不见的手”发挥功能的结果。这双“看不见的手”就是供求规律，当某种物品有超额需求时，价格会自动升涨；反之，价格下降。各个市场相互影响，价格会不断变动，而后自动趋于平衡。因此，价格具有自动调节的功能，将市场体系中的经济活动者联在一起，形成相互依赖关系，这种市场的自动调节功能便称之为“市场机制”。

2. 完全竞争市场的六项假设

(1)市场中买卖人数很多，但无人可以影响价格，所以每个人都是价格的接受者。

(2)市场出售的产品，其品质都是一样的，具有同质性。

(3)市场买卖双方，对于市场的相关信息都能充分掌握。

(4)产品的成本与效益都反映在供给与需求线上。

(5)没有任何人为限制，每个人均是追求自利，所以不会有价格协定或勾结情形。

(6)厂商可以自由进出产业。

3. 市场失灵

(1)市场失灵的含义及内容

市场失灵是指因市场缺陷而引起的资源配置的无效率的状况。市场失灵包括两种情况：①市场机制无法将社会资源予以有效配置；②市场经济无法解决效率以外的非经济目标。市场失灵的存在，为政府干预经济和社会提供了强有力的说明。

(2)典型的市场失灵的表现

①公共产品的提供

公共产品是指消费者偏好在市场上无法反映，需要由政府通过财政机制向社会提供，以满足公众的社会性需求的产品或服务。公共产品的基本特征表现为：

a. 不可分割性。指公共产品通常是作为一个整体向社会提供的，其没有一定的计量单位，通常是所有的消费者都消费同样数量的公共产品。

b. 非竞争性。指一个消费者消费公共产品并不影响其他的消费者消费的数量和质量。

c. 非排他性。指任何消费者都可以不付任何代价消费该产品，对公共产品的提供者而言，其无法将拒绝付款者排除在消费范围之外，或者虽然可以排他，但由于排他成本过高以致在经济上不可行。

②市场经济中的垄断。指如果某一行业、某一厂商存在不正当竞争，那么其将很快地扩大规模使其成为整个行业的一个重要部门，该厂商将成为垄断者，而不再听任市场价格的支配，市场调节就会失灵。

③市场经济的外部性。指由于市场活动对他人和社会造成的非市场化的影响。外部性有两种主要的情况，即外部经济与外部不经济。外部经济(外部利益)是指某一经济活动或某一项目所产生的效益被与该项目无关的人所享有。外部不经济(外部损失成本)是指某一企业的经济活动所造成的经济损失而企业并不承担外部成本的情况。外部不经济是市场失灵的主要表现之一。

④市场波动与经济的不稳定性。指市场从来就含有不稳定性，这种不稳定性常常危害到市场机制的有效性，给资源分配、收入分配带来不利的影响。市场经济自身无法实现自动的调节，而需要政府来发挥作用。

⑤市场经济下的收入不平等。指收入分配的不平等，差距的扩大，无论是从社会公正、社会稳定，还是从经济效率来看，均是不理想的。

三、市场经济中政府的经济职能

(1)提供经济发展的基础结构。政府为市场经济的运作提供基本必需的制度、规则以及框架。

(2)组织各种各样公共产品与服务的提供。公共物品和服务的最大特点在于其共享性以及非排他性，这两种特性决定了公共产品和服务很难由私人组织提供，只能由政府提供。

(3)共有资源和自然资源的保护。政府通常通过管制措施保护共有资源和环境，或者实行收费，以减轻过度使用问题。

(4)社会冲突的调整与解决。政府存在的一个基本理由在于解决或消弭社会中的各种冲突，以维持正义、秩序和稳定。

(5)保护并维持市场竞争。政府必须有所作为，努力使垄断行业更有竞争性或者对垄断者实施管制，如制定反垄断法以增强竞争，还有价格管制等。

(6)收入和财产分配的调节。市场经济是会产生不平等的结果的，为了实现社会的公平，需要社会有一种公平再分配的机制。

(7)宏观经济的稳定。市场经济中，失业与通货膨胀往往是并存的。政府的作用便在于通过公共政策的干预以保持宏观经济的稳定。稳定政策的工具包括财政工具和货币工具。

四、政府治理工具与政府治理工具的选择

1. 政府治理工具

(1)政府治理工具的含义

政府治理工具又称政策工具或政府工具，是指政府将其实质目标转化为具体行动的路途和机制，政策工具乃是政府治理的核心，没有政策工具，便无法实现政府的目标。

(2)公共物品和服务的提供方式

对于公共物品和服务的提供，不论是由公共部门还是私部门，其方式有十种，如图 3-1 所示。

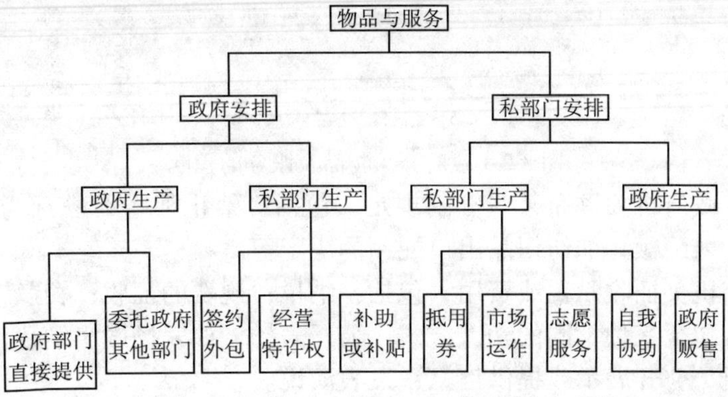

图 3-1

①政府部门直接提供。指由政府部门承担政策规划即执行责任，费用由政府税收支出或使用者付费。

②委托政府其他部门。指由政府部门负责提供财货与劳务，但由政府机关间彼此签约并将其付诸执行。

③契约外包。指政府雇用私部门(私人公司或非营利组织)提供公务服务，费用则由政府编列预算支出。

④经营特许权。指由政府核准私部门提供服务，但政府则保留价格之核准权，费用则由使用者付费。

⑤补助或补贴。指政府通过免税、低息贷款、直接补助等诱因来提供服务，其费用包括政府对业者的补助及使用者付费。

⑥抵用券。指政府赋予符合资格的人民自由选择去消费某种货品，而由政府付费。

⑦市场运作。指政府对于市场运作不加干预，完全由市场之需求及供给自行调节，由消费者自行决定消费对象。政府仅维持市场秩序。

⑧志愿服务。指由非营利组织义工提供服务。

⑨自我协助。指由于政府提供的公共服务不符合或不能满足民众的需求，人们自行寻求解决问题的方式。

⑩政府贩售。指消费者向政府购买特定服务，民众成为需求者，而政府则为提供者。

上述十种方式，依政府介入的程度不同，可以用图 3-2 来表示。

(3)政府治理工具的种类

政府政策工具是多元性的，林德和彼得斯认为，政府治理的工具主要包括：

①命令条款。政府直接发布命令，采取某种政策行动以达成政策目标，包括：发布命令；公共投资；公营事业。

②财政补助。政府机关给予标的团体某些经费上的补助或支援，包括：现金给付，如福利政策中对于社会津贴的给付；贷款；保证贷款。

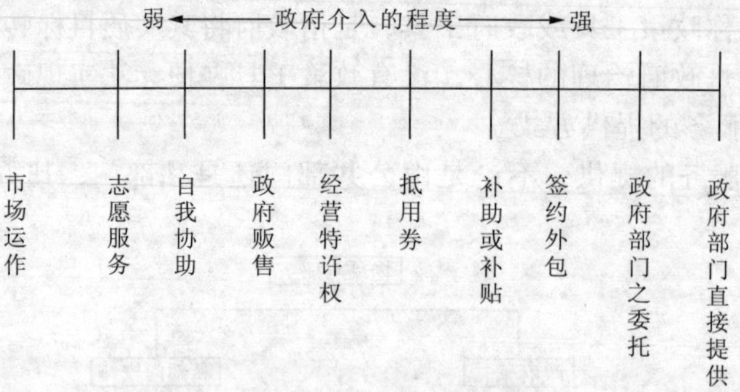

图3-2 政府介入物品及服务的程度

③管制规定。政府机关颁布某些管制规定，包括：禁止某些不法行为，进行价格管制；设定产品标准；分摊配额，如纺织品出口配额的决定等。

④征税。政府机关征收赋税或费用，包括：纳税；规费的征收；罚款。

⑤劝诫。通常包含三种不同的劝诫方式：公开表扬，如表扬诚实纳税的企业或个人，以鼓励人们诚实纳税；公开展示或提供信息；发表演说。

⑥权威。政府机关以其优越的统治权，使人民服从其政策，包括：授予执照；许可证制度；行政程序指导。

⑦契约。由政府机关与民间订立契约，包括：签订契约；保险；经销权。

2. 政府治理工具的选择

(1)从经济学的观点分析

①福利经济学认为，国家为了大众的福利应该积极干预市场失灵的状况，因此倾向于强制性的工具(如政府管制、公营企业、直接提供产品和服务)以及混合性的工具(如提供信息与劝诫、政府补助、征税等)。

②新古典经济学认为，强制性或者混合性的工具仅仅适宜于纯粹的公共产品，国家不应该干预市场。

(2)从政治的观点分析

学者胡德从政治的观点分析政策工具的选择。他认为政策工具的选择不是技术或经济理论的思考问题，而是信任与政治事务问题。在进行政策选择的时候，通常受制于四个因素：资源限制、政治压力、法律限制以及过去工具选择失败的教训。他同时认为，当代政府已经无法采取强制性的工具，而呈现出采取非强制性的工具的倾向。

(3)治理工具选择时应注意的问题

政府治理工具的选择是十分复杂的事情。政府可运用多元政策工具以实现自己的治理目标，运用哪种治理工具，政府干预市场到何种程度，完全视政策问题情势、政府主观偏好、资源拥有程度、目标的正确性与选择性、对市场依赖程度和相对成本等综合因素而定。选择哪种政策工具，或者选择哪种政策工具比较好，并没有一定之规。

五、政府失灵

(1)政府失灵的含义

政府失灵是指由于政府机制存在的本质上的缺失，而无法使资源配置效率达到最佳的情形。

(2)政府失灵的原因

①成本和收益的分离：过剩和成本提高。指无论公共政策采取何种形式(管制、直接提

供），政府活动的一个趋势是产生明显的多余的成本，从而导致社会资源的浪费。

②政策制定的复杂性和低质的政策。指公共政策的制定是一个复杂的政治过程，使得政府的公共政策并不能反映公共的利益，也不符合有效率的资源配置。

③内部性问题。指政府行为主体由于其“经济人”特性，在政治市场中可能受到权力、职位及其相关物质利益的驱动，而谋求个性效用最大化，从而导致公共选择的结果偏离公共目标的问题。具体表现为：

a. 预算增长。指由于政府机构缺乏利润作为评判的标准，政府至少将预算规模作为其主要的目标。

b. 大机构规模。指追求工作人员数量的扩张，追求“高技术”。

c. 控制信息使之转化为有价值的产品或权力。

④政府组织的低效率。指由于缺乏竞争，政府管理部门以及管理者缺乏竞争的压力，政府官员亦缺乏企业管理的理念，没有降低成本的动力，这样导致经营的低效率。

⑤另一种分配的不公平。由于政府活动产生的分配不公平，通常不是集中在收入或财富上，而是集中在权力或特权上。由于政府的公共政策本质上涉及价值和权力再分配问题，而这种再分配给不公正和滥用职权提供了机会。

⑥寻租。指在某种政府保护的制度环境中个人寻求财富转移的活动，或者追求非生产性利润的活动。在政府干预的情况下，寻租者从政府那里寻到了某种特权，从而对某项资源具有垄断权，或者存在任何其他方面的政府庇护以保证寻租者按自己的意愿生产。寻租行为的结果是导致社会资源的浪费。

⑦政策执行的无效率

a. 部门利益的存在使得部门可能出现“损公肥私”的情况。

b. 地方利益的驱动使地方政府作出与政策目标相反的选择。

c. 因委托—代理关系而导致的“逆向选择”和“道德风险”。

d. 沉淀成本。指在执行过程中，可能会发现政策有误，但政府部门因过去计划投入的资源，而不愿终止原有计划，因为怕背上“政策失误”的罪名，属于“死要面子活受罪”的情况。

⑧所有制残缺。指对那些用来确定“完整的”所有制权利的一些私有权的删除。权利之所以残缺，是因为一些代理者（如政府）获得了允许其他人改变所有制安排的权利。国家干预管制是造成产权残缺的根源，管制导致所有权的残缺，所有权的残缺程度与管制的程度成正比。产权的残缺在一定程度上导致资源配置的无效率，非排他性的公有产权似乎对人人都有利，结果谁也得不到更多的好处。

六、矫正政府失灵和市场失灵的策略

（1）市场的自由化、促进化和活泼化

①市场的自由化。指政府对已经存在的市场管制予以解除，让更多的参与者加入，使其充分竞争，让市场的供需法则能够充分运作。市场自由化的方式有解除管制、民营化和合法化。

②市场的促进化。指原本的市场机制不存在或者失灵，即没有价格机制能够促进有效的交易，政府提供价格措施，使市场机制发挥作用。市场促进化的方式大致有两种：一是利用价格机制分配既有的财货，建立既有财货的财产权；二是创造可以市场化的财货。

③市场的活泼化。指对财货的重新分配。原有的市场虽有供需双方，但市场机制运作不

佳，政府因此采取措施激发市场的功能。

(2)诱因机制与政策

①供给面的赋税手段。指对于外部不经济的生产者征收产出税，如根据排污量征收排放费；对于进口货物征收关税。

②需求面的赋税手段。指对于外部不经济的财货课以货物税或消费税，如对酒、烟的征税；对公共财使用者征收使用费，如高速公路的通行费等。

③供给面的补助手段。指对于外部经济的生产者给予相对的配合补助款；此外减免赋税也是一种手段。

④需求面的补助。如发放代金券，让消费者到市场购买特定的财货或服务。

(3)政府管制

政府管制是指政府利用法规来规范人们的行为，以期符合政府的要求。在自由市场体制下，产品的数量、价格均由市场机制来确定，当政府采取经济管制和社会管制措施时，政府便是通过"有形的手"来影响市场的利益分配。政府管制的目的在于维护公共财的正常运作，防止外部成本的产生，消除信息不对称，维护平衡与防止偏差行为。

(4)非市场的供给机制与政策

①非市场的供给机制与政策的情形

a. 民间不能办理的事，政府提供(如军事、外交)；

b. 不宜由民间办理的事情，由政府提供(如公用工业)；

c. 民间不愿办理的事，由政府提供(如社会救济、义务教育)；

d. 不应由民间办理的事，由政府提供(如税收、制币等)。

②政府以非市场供给的方式

a. 政府直接供给。指由政府部门直接生产及分配公共产品。

b. 政府间接供给。指由政府设定独立的机构来负责产品与服务的提供或者通过外包的方式提供服务。

(5)社会保险及社会救助机制与政策

①社会保险的目的在于保障被保险人或受益人生活安定，使其在遇到事故、收入中断或收入减少时，不但可以获得补偿，而且能够维持最低的生活水平。社会保险是一种强制保险制度。凡按法令规定应投保的国民一律参加，并无选择余地，就是讲，保险的对象为社会大多数人。

②社会救助以老弱残障孤苦无依无靠者为主要对象，传统上，社会救助以私人、慈善机构和地方政府为主，如今已成为各级政府的重要功能。社会救助范围包括生活救济、医疗补助、急难救助、灾害救助以及对无家可归的人的救助等。

3.2 课后习题详解

一、概念题

1. 公共部门

答：公共部门是指一种与私营部门相对的重要组织形态，是公共决策、政治决策的结果，而不是市场运作的结果；其所提供服务和产品的范围与种类不是由消费者的直接愿望决定的，而是由政府机构决定的，在民主社会，是由公民的代表来决定的。公共部门是建立在权威关系之上的。公共部门的显著特征在于其拥有对一切人或权利要求的权威，这种权威具有普遍性和唯一性。公共部门与私部门的重要区别在于两个方面：一是经济公共部门的负责人所拥有的职务的合法性是直接或间接从政治选举过程中产生；二是政府被赋予一定的强制力，这种权力是私人机构所没有的。简单地讲，公共部门与私部门的核心差异在于其是否拥有合法的强制力，政府是社会中唯一可以合法使用暴力的机关。公共部门是公共经济活动的重要经济主体，包括政府、公共企业、非营利性经济组织(例如基金会等)、国际组织、民间社会团体等。其中，政府是公共经济部门的最主要成员。

2. 公共产品

答：公共产品是指消费者偏好在市场上无法反映，需要由政府通过财政机制向社会提供，以满足公众的社会性需求的产品或服务。公共产品的基本特征表现为：①不可分割性。指公共产品通常是作为一个整体向社会提供的，其没有一定的计量单位，通常是所有的消费者都消费同样数量的公共产品。②非竞争性。指一个消费者消费公共产品并不影响其他的消费者消费的数量和质量。③非排他性。指任何消费者都可以不付任何代价消费该产品，对公共产品的提供者而言，其无法将拒绝付款者排除在消费范围之外，或者虽然可以排他，但由于排他成本过高以致在经济上不可行。

3. 市场失灵

答：市场失灵是指因市场缺陷而引起的资源配置的无效率的状况。主要包括两种情况：一是市场机制无法将社会资源予以有效配置；二是市场经济无法解决效率以外的非经济目标。市场失灵的主要表现包括：①依靠市场机制不能解决公共产品的供给问题；②市场经济中的垄断；③市场经济的外部性；④市场波动与经济的不稳定性；⑤市场经济下的收入不平等。

4. 外部性

答：外部性是指由于市场活动对他人和社会造成的非市场化的影响。外部性有两种主要的情况，即外部经济与外部不经济。外部经济又称外部利益，是指某一经济活动或某一项目所产生的效益被与该项目无关的人所享有；外部不经济又称外部损失成本，是指某一企业的经济活动所造成的经济损失而企业并不承担外部成本的情况。外部不经济是市场失灵的主要表现之一，其存在造成社会脱离最有效的生产状态，使市场经济体制不能很好的实现其优化资源配置的基本功能。解决外部不经济的基本途径是让外部性内部化，即通过制度安排经济主体经济活动所产生的社会收益或社会成本，转为私人收益或私人成本，使技术上的外部性转为金钱上的外部性，在某种程度上强制实现原来并不存在的货币转让。典型的办法有：①征税与补贴，即对负的外部性征收税负，正的外部性给予补贴；②企业合并。

5. 政府失灵

答：参见本章考研真题概念题第3题答案。

6. 寻租

答：参见本章考研真题概念题第4题答案。

7. 内部性问题

答：内部性问题是指政府行为主体由于其“经济人”特性，在政治市场中可能受到权力、职位及其相关物质利益的驱动，而谋求个性效用最大化，从而导致公共选择的结果偏离公共目标的问题。内部性是公共组织为了进行其内部的管理而发展的标准或规则，通过这些标准或规则来评估机构的运行和机关人员的行为。市场失灵的核心是外部性，而政府失灵的核心是内部性。内部性在政府机构中的具体表现为：①预算增长。由于政府机构缺乏利润作为评判的标准，政府至少将预算规模作为其主要的目标。②大机构规模。追求工作人员数量的扩张，追求“高技术”。③控制信息使之转化为有价值的产品或权力。

8. 政府治理工具

答：政府治理工具又称政策工具或政府工具，是指政府将其实质目标转化为具体行动的路途和机制。政策工具是政府治理的核心，没有政策工具，便无法实现政府的目标。当代各国的政府治理工具主要包括：命令条款、财政补助、管制规定、征税、劝诫、权威和契约等。政府治理工具的选择并没有理想的模式，必须综合考虑各种情景因素，政府可以综合运用多种多样治理工具达成目标。

二、思考题

1. 何谓公共部门，你是如何认识公共部门存在的正当性的？

答：参见本章复习笔记相关内容。

2. 何谓市场失灵，典型的市场失灵有哪些主要的表现？

答：(1)市场失灵的含义

市场失灵是指由于市场缺陷而引起的资源配置的无效率的一种情形。市场失灵包括两种情况：一是市场机制无法将社会资源予以有效配置；二是市场经济无法解决效率以外的非经济目标。

(2)市场失灵的主要表现

①公共产品的提供

公共产品本身的特性，特别是对公共产品享用上的非排他性，使得不为公共产品的提供做出贡献(付出成本)的人也能够获得公共产品，这意味着公共产品不可能靠个人的自愿提供来解决，也就是说依靠市场机制不能解决公共产品的供给问题。

②市场经济中的垄断

市场经济面临的是不完全的竞争。不完全的竞争是指由于买进或卖出数量足够多的某一物品，以致能影响该物品的价格。在垄断力量存在的情况下，价格及资源配置均偏离自由竞争均衡，从而使资源不能达到最优配置，由此产生市场失灵。

③市场经济的外部性

市场机制能够实现资源的合理配置，但市场经济也会造成资源配置的障碍。最为显著的便是市场经济的外部性。外部性有两种主要的情况，即外部经济与外部不经济。外部经济又称外部利益，是指某一经济活动或某一项目所产生的效益被与该项目无关的人所享有。外部不经济又称外部损失成本，是指某一企业的经济活动所造成的经济损失而企业并不承担外部成本的情况。

④市场波动与经济的不稳定性

市场从来就含有不稳定性。其发展始终是以周期性的增长形式进行的。通过市场经济进行自发性的交换过程，始终孕育着经济活动急剧并大幅度变动的可能性。这种变动危害到市场机制的有效性，往往给资源分配、收入分配带来不利的影响。

⑤市场经济下的收入不平等

以市场机制为前提的收入分配，是由市场上的力量关系、个人能力、继承财产的多少、利用教育机会的可能性以及在社会上的灵活性等方面决定的，因此产生了各种不平等。收入分配的不平等，差距的扩大，无论是从社会公正、社会稳定，还是从经济效率来看，都是不理想的。

3. 你是如何认识和理解市场经济下的政府职能的？

答：参见本章考研真题简答题第2题答案。

4. 比较中国实行计划经济和现在实行市场经济不同时期的政府职能变化情况。

答：随着我国从计划经济体制向市场经济体制过渡，我国政府职能也在逐步的发生变化，这些变化主要表现在以下几个方面：

(1)职能重心的转变

现代市场和政府共同对经济运行起作用是现代市场经济的一个基本事实。在市场与政府的互动关系中，以市场为基点确定政府的职能，不仅是目前政府职能转变成败的关键，也是政府职能深化发展的长远之道。

(2)职能方式的转变

目前我国以间接手段为主的宏观调控体系框架初步建立。计划、财政、金融体制改革逐步深化，基本形成了计划、金融、财政相互配合、相互制约的调控机制。国家计划突出了宏观性、战略性和政策性，大幅度削减了指令性计划指标，强调计划指标少而精，总体上是预测性和指导性的。

(3)职能关系的转变

转变涉及政府的社会经济管理职能和国有资产所有者职能的分离，目的在于形成“国家调节市场，市场引导企业”的社会经济运行机制。通过进一步明晰政企之间的产权关系，政府将逐步退出社会经济的微观管理领域，形成国家与社会之间合理的权力界定。转变主要体现在：

①确定了依法治国、依法行政的基本方略，提出建立廉洁、勤政、务实、高效政府的目标，并努力付诸实施。

②政府机构改革逐步深入。

③政府各部门解除了与所办经济实体和直属企业的行政隶属关系，不再直接管理企业。

5. 有许多人认为“管理的越少的政府就是越好的政府”，你同意这种看法吗？为什么？

答：“管理的越少的政府就是越好的政府”的观点是不正确的，其原因具体分析如下：

(1)政府管理的必要性

政府管理的多少与政府职能的合理配置存在着密切的联系，其必要性主要表现在：

①市场机制导致资源的有效利用的要求是以竞争因素与产品市场的条件为依据，这意味着自由地进入市场而不存在障碍，要获取这些条件，就需要政府的调节或其他措施。

②在那些由于成本降低而使竞争变得无效的地方，也需要政府调节。

③没有政府所提供的法律结构的保护与执行，则市场活动所需要的契约安排和交易就会无法存在。

④某些具有生产特点或消费特色的货物，即使排除了竞争上的障碍，也无法通过市场得到供应，发生的外在性问题需要公共部门解决。

⑤因市场体制与通过财产继承权转移而导致的收入和财富分配，须进行社会价值的调节。

⑥市场机制，尤其在一个高度发达的金融体系中，未必带来高就业率、稳定的物价水平和社会期望的经济增长率，要达到这些目标，需要公共政策发挥作用。

(2)政府职能的发展变化

现代市场经济的发展造就了各不相同甚至互相矛盾的行政职能理论。政府职能的发展也经历了几个不同的历史时期，主要包括：

①在自由资本主义以前，政府是无所不包的，政府优势就成了反动的代名词。

②自由资本主义时期，以亚当·斯密为首的自由主义论者鼓吹自由主义，反对政府干预，主张政府只需有维护社会秩序的职能，于是政府成为了“守夜人”的代名词。

③从1870年开始，政府职能又重新扩大，国家垄断的观念形成，经过一百多年的发展，国家已是无所不包。

④到了1970年，由于经济危机等原因，政府力不从心，随着新公共管理观念的形成，于是“签约外包”等形式兴起，政府的很多职能通过合同的方式外包给了民营企业，政府只担负宏观调控等职能。

频繁的张弛变化使人们意识到：在现代市场经济中行政职能既不会是纯粹自由放任的，也不会是普遍干预的，而是两者的有机统一在综合的均衡中不断运动的结果。从这个意义上说，管得最合适的政府才是最好的政府。

综上可知，在现代市场经济不断发展的情况下，政府的作用应该在服务和管理上不断强化，该管的要狠管，不该管的坚决不管。要尽量减少在微观上的管理，同时要加强在经济及社会事业发展的宏观指导和管理，从而使得政府职能得到更加有效的合理的配置，得以更好的发挥。只有合理的配置职能的政府才是好的政府，并不是“管理的越少的政府就是越好的政府”。

6. 中国各级政府正在进行政府审批制度改革，政府审批制度的改革有何意义？

答：政府审批制度改革的意义主要体现在以下几个方面：

(1)推进行政审批制度改革，是完善社会主义市场经济体制的客观需要。

我国社会主义市场经济体制已经初步建立，但是还不完善。政府与企业、市场、社会的关系还没有完全理顺，政府还在管着许多不该管、管不了、也管不好的事。这些问题导致政府行政管理和社会资源配置的低效，限制了正常的市场竞争，成为阻碍生产力发展的体制性障碍。解决这些问题的关键，在于适应社会主义市场经济的内在要求和运行特点，推进行政审批制度改革，更大程度地发挥市场在资源配置中的基础性作用，加强和改善宏观调控，促进国民经济充满活力、富有效率、健康地运行。

(2)推进行政审批制度改革，是提高政府行政能力的有效途径。

推进行政审批制度改革，有助于促使各级政府树立和落实科学发展观与正确政绩观，促进社会主义物质文明、政治文明、精神文明建设与和谐社会建设全面发展；有助于提高各级政府工作人员运用法律手段管理经济和社会事务的能力，妥善协调各方面的利益关系；有助于正确处理中央与地方的关系，合理划分经济社会事务管理的权限和职责，在维护中央统一领导的同时，更好地调动和发挥地方的积极性。

(3)推进行政审批制度改革，是从源头上预防和治理腐败的根本举措。

推进行政审批制度改革，规范行政审批行为，有利于建立结构合理、配置科学、程序严密、制约有效的权力运行机制，有利于增强行政审批的透明度，便于公民、法人和其他社会组织对行政机关及其工作人员的监督，是从源头上预防和解决腐败问题的一项重大举措。

(4)推进行政审批制度改革，是建设法治政府的内在要求。

推进行政审批制度改革，以合法行政、合理行政、程序正当、高效便民、诚实守信、权责统一的要求规范审批权和审批行为，有助于促进法治政府建设。

7. 如何看待市场经济中的政府管制，政府管制有哪些优点和缺点？

答：(1)政府管制的含义

政府管制(政府规制)是指政府部门利用国家强制权、依照一定的法规对微观经济主体进行经济干预，其目标是克服市场失灵，实现社会福利的最大化。在市场经济体制中，按照政府对经济活动的干预路径不同，政府管制可分为经济性管制、社会性管制和法规性管制。经济性管制是指对诸如自然垄断行业和金融业等特殊行业，由政府的相关机构通过有关进入、价格、许可、认可等法规对企业市场行为施加管制；社会性管制是指对企业行为造成了环境污染等外部性问题，产品质量以及生产安全和卫生等内部性问题，由政府的相关机构通过有关价格、许可、标准、收费等法规对企业市场行为施加管制；法规性管制是指由政府的司法机构通过一定的法律程序对企业的不正当竞争和垄断行为进行管制。这三大管制是政府必须履行的重要职能。

(2)政府管制的优点和缺点

①政府管制的优点

政府管制的优点主要体现在对市场失灵的纠正上，即通过分析市场失灵的程度来提出管制思路，形成一系列经济性管制的方法，如对进入壁垒的管制(如自然垄断和串谋)、对外部性的管制(如环境污染和排他行为)及对内部性的管制(如合约欺骗和纵向制约)等。主要表现在：

a. 政府可以组织一支专业化的队伍，通过分工，专精于某些行业的技术，以弥补信息不对称和信息不完全的缺陷。

b. 在合约不完善的情况下，管制可以发挥与合约类似的作用，可节约交易成本。

c. 有些涉及法律的问题，行政管制比通过法院解决有更高的效率。

d. 市场合约由于新技术、新市场的出现而过时，但合约的“刚性”使其通过市场机制本身难以及时调整，而政府管制机制可弥补这一不足。

②政府管制的缺点

政府管制能弥补市场失灵的命题，是建立在以下假设前提之上的：即管制者是追求社会福利最大化的，是大公无私的，仁慈的；管制者是无所不知的，拥有完全信息；管制者说话是算数的，管制政策具有公信力。但这些假设都不是完全可靠的，因此政府管制还存在着许多缺点，主要表现在：

a. 成本和收益的分离：过剩和成本提高。指维持政府活动的收入具有非价格来源，即政府税收。而政府活动本身又缺乏任何价格的指引，这就使得政府产生的价值同生产成本割裂。从而导致社会资源的浪费。

b. 政策制定的复杂性和低质的政策。指政府的公共政策并不能反映公共的利益，也不符合有效率的资源配置。

c. 政府机构内部性问题。具体表现为：预算增长；大机构规模；控制信息使之转化为有价值的产品或权力。

d. 政府组织的低效率。指由于缺乏竞争，政府管理部门以及管理者缺乏竞争的压力，政府官员也缺乏企业管理的理念，没有降低成本的动力，也没有较好的激励机制，这样导致组织的低效率。

e. 另一种分配的不公平。指政府运用权力进行收入分配时，不仅使财富从富人手中转移到穷人手中，而且也可能使财富又从穷人手中转到政治力量强的阶层手中。由政府活动产生的分配不公平，通常不是集中在收入或财富上，而是集中在权力或特权上。

f. 寻租。指在某种政府保护的制度环境中个人寻求财富转移的活动，或者追求非生产性利润的活动。寻租行为的结果是导致社会资源的浪费。

g. 政策执行的无效率。指政府干预的公共政策能否达成预期目标，不仅取决于政策设计，也取决于政策执行。但是在实际中，由于各种因素的存在导致公共政策不能达到预期目标，而导致政府的无效率。

h. 所有制残缺。指对那些用来确定“完整的”所有制权利中的一些私有权的删除。权利之所以残缺，是因为一些代理者(如政府)获得了允许其他人改变所有制安排的权利。产权的残缺在一定程度上导致资源配置的无效率，非排它性的公有产权似乎对人人都有利，结果谁也得不到更多的好处。

在我国，特殊的国情加之市场经济所需要的外部环境还没有完全成熟，市场本身具有其无法解决的问题，对此加强政府管制就显得十分必要。市场经济不等于放松政府管制，放松管制也并不意味着政府管制结束，相反，这意味着政府必须在某些领域强化管制，以弥补市场经济的缺陷。必须在坚持市场经济的前提下加强政府管制，要在政府管制与市场机制中寻找最佳的平衡点。

8. 何谓政府失灵？政府失灵有哪些典型的表现？政府失灵的原因是什么？

答：参见本章考研真题论述题第2题答案。

9. 举例说明政府的寻租行为并分析寻租对社会政治、经济带来的负面影响。

答：(1)政府的寻租行为

寻租是指在某种政府保护的制度环境中个人寻求财富转移的活动，或者追求非生产性利润的活动。在政府干预的情况下，寻租者从政府那里寻到了某种特权，从而对某项资源具有垄断权，或者任何其他方面的政府庇护以保证寻租者按自己的意愿生产。如政府采购中寻租行为的表现。政府采购中寻租的途径和形式多种多样。最典型的情况是某个公司向决策委员会的某一个或几个成员行贿，使自己中标。

(2)寻租的负面影响

寻租行为对社会政治、经济带来的负面影响主要表现在：

①导致社会资源的浪费。指寻租使寻租者和政府部门都花费了大量的人力、物力和财力，使得政府的决策效率下降，并且获得政府垄断的企业往往没有有效的激励去改进技术，提高产品质量，降低产品成本，也没有改善服务，增强市场竞争力，反而造成了他们生产活动的低效率，降低了经济效率。寻租本身也白白耗费了社会的经济资源，使本来可以用于生产性活动的资源浪费在这些于社会无益的活动上。

②造成社会财富分配不公。指在寻租社会中生产者未必能够多劳多得，那些“设租者”不从事任何生产活动，却能够大发横财，这种现象挫伤了生产者的积极性，并破坏了社会公平的原则和社会的正当的价值观念。

③导致政治腐败。指寻租的特点是利用合法或非合法的手段去取得或占有资金的特权，从政府管理者的角度来说则是以权力为资本，去参与商品交换和市场竞争，谋取金钱和物质利益，即通常所说的权物交易、权钱交易、权权交易、权色交易等。在这里，权力也被物化了，转化为商品货币，进入消费和财富增值环节。寻租所带来的利益，成为权力腐败的原动力。整个社会也同样为此行为付出“道德的成本”，甚至于政治的成本。

10. 何谓政府治理工具？政府治理工具有哪些主要的类型？如何选择有效的政府治理工具？

答：参见本章复习笔记相关内容。

3.3 考研真题详解

一、判断题

政府只能干预市场根本性失败，而不能干预非根本性缺陷。（中财2006年研）

答：这种说法是正确的，具体分析如下：

当代西方学者既不赞成政府只承担“守夜人”职责的自由主义，也不同意政府全面干预经济的干预主义，而主张有选择地干预“市场失败”。

政府同市场一样也会失灵，政府失败包括行政效率低下、费用高昂、计划执行不当、官员特权横行、机构自我扩张、财政赤字与日俱增、行政人员以权谋私、大量政府开支落入特殊利益集团的私囊、官僚主义猖獗等。如果以“失败的政府”去干预“失败的市场”，必然是败上加败。市场的缺陷并不是把问题转交给政府处理的充分条件。在“看不见的手”无法使自私的不良行为变为符合公共利益行为的地方，可能也很难构造这“看得见的手”去实现这一任务。

二、概念题

1. 公共部门（中财2014年研；中山大学2011年研）

答：公共部门是指被国家授予公共权力，并以实现和维护社会公共利益为组织目标，管理各项社会公共事务，向全体社会成员提供法定服务的政府组织。政府是公共经济部门的最主要成员。公共部门是公共、政治决策的结果，而不是市场运作的结果。公共部门的特点有：

（1）垄断性。公共部门的显著特点是其产出的非市场性质，即垄断性。这种垄断性是由规模经济、公共服务的非营利性等原因造成的，从而导致了信息的垄断和制定评价标准的困难等。

（2）目标多元性和目标弹性。公共部门的目标多元性主要表现在没有一个统率各项具体目标的总目标；目标弹性即软目标，表述抽象笼统且难以量化为硬性指标的目标。

2. 市场失灵（中央民大2016年研）

答：市场失灵主要是指市场机制在实现资源配置方面存在许多的局限性或缺陷性，因而不能达到帕累托最优，不能实现预期社会经济目标。市场失灵是主张实行政府干预的强有力的理由。市场失灵主要表现在：①市场不能保持国民经济的综合平衡和稳定协调的发展；②自由放任的市场竞争最终必然会走向自己的反面——垄断；③市场机制无法补偿和纠正经济外部效应；④市场机制无法实现公共产品的有效供给；⑤市场分配机制会造成收入分配不公和贫富两极分化；⑥市场不能自发界定市场主体的产权边界和利益分界，实现经济秩序。

3. 政府失灵（中央民大2010年研；人大2006年研）

答：“政府失灵”是相对于“市场失灵”而言的，是指由于政府机制存在的本质上的缺失，而无法使资源配置效率达到最佳的情形。典型的政府失灵主要包括：①成本与收益的分离；②政策制定的复杂性和低质的政策；③内部性与政府的扩张；④政府组织的低效率；⑤寻租；⑥政府执行的无效率；⑦所有制残缺等。“政府失灵”一方面表现为政府干预无效，即政府的宏观调控的范围和力度不够或者选择的方式不合适，不能弥补“市场失灵”，维持市场机制正常有效的运行，如：缺乏遏制垄断的法律措施，对于基础设施、公共产品的投入不足等；另一方面表现为政府干预过度。政府失灵意味着在一定程度上，政府干预的制度和机制并不能取得良好的效果，甚至要导致比市场失灵更坏的结果。

4. 寻租(北邮2012年研)

答：寻租是指在某种政府保护的制度环境中个人寻求财富转移的活动，或者追求非生产性利润的活动。寻租与寻求利润不同，寻求利润是经济人的生产者通过自身的市场生产力而获得高于生产成本的那部分收入，而寻租则是政府干预的结果。在政府干预的情况下，寻租者从政府那里寻到了某种特权，从而对某项资源具有垄断权，或者存在任何其他方面的政府庇护以保证寻租者按自己的意愿生产。

寻租行为的结果是导致社会资源的浪费，主要表现在：为了获取租金，寻租者需要花费时间、精力和金钱，这种活动对社会没有任何效率；如果寻租行为得以实现，相关生产者和消费者将由于政府干预而付出代价，这种代价之和比寻租者所得到的利润额还要高。此外，整个社会也同样为此行为付出“道德的成本”，甚至于政治的成本。

5. 政府治理工具(中央民大2012年研)、**政府工具**(东财2017年研；北邮2013年研)

答：参见本章课后习题概念题第8题答案。

6. 公共产品(人大2018年研)

答：参见本章复习笔记相关内容。

三、简答题

1. 市场失灵的主要表现及危害。(中央民大2012年研)

相关试题：

(1)简述市场失灵的类型，并说明为什么公共部门是解决市场失灵的必然选择。(大连理工2018年研)

(2)简述市场失灵的主要问题。(北科大2012年研)

答：市场失灵，是指因市场缺陷而引起的资源配置的无效率。市场失灵包括两种情况：①市场机制无法将社会资源予以有效配置；②市场经济无法解决效率以外的非经济目标。概括起来，传统上人们列举的市场失灵的清单包括：公共产品的提供、市场经济的垄断、市场经济的外部性、市场波动与经济的不稳定性和市场经济下的收入不平等。市场失灵的主要表现及危害如下：

(1)公共产品的提供

①依据市场的规则，消费者可以通过等价交换的方式，从市场上购买自己所需的商品和服务，从而使个人的需求得到满足。这时，消费者的偏好便可以在市场上反映出来。因此，生产者就采取行动，更多更好地生产消费者偏好较强的商品与服务。因而资源是通过市场机制被分配于消费者偏好较大的生产或服务。这就是说，市场化的资源配置是以消费者的偏好为依据的。

②然而对于消费者偏好在市场上反映不出的商品和服务，市场则根本不能进行资源的分配。这种消费者偏好在市场上反映不出来的商品或服务即是公共产品，如国防、警察、安全、行政性产品与服务、公园、道路等公共设施与服务。这些需要属社会性需求。与每个成员的个人利益与个人需要不同，社会性需求有这样的性质，即它是社会的共同利益和共同需要。以社会性需要为满足对象的公共产品具有社会成员共同消费、等量消费的特点。它不能在市场上表现出个人偏好，也不能成为交换的对象，因此不适用于“排他性原则”。不管社会成员为公共资财的给予所承担的费用为多少，他们都可能同样接受其给予，满足自己的需求。与个人需求不同，这种消费的社会成员不会自发表示自己的真正偏好，也不会自动支付相应的价格。

（2）市场经济中的垄断

市场实现资源优化配置的前提条件之一，是竞争存在与不存在垄断的现象。事实上，世界上根本没有出现过完全竞争的局面。相反，市场经济面临的是不完全的竞争。

①不完全的竞争，是指由于买进或卖出数量足够多的某一物品，以致能影响该物品的价格。任何事情总是这样：利弊共存。规模经济能够促进经济发展，因为它的优势在于成本的降低，但是持续的成本降低和竞争是相矛盾的。如果某一行业，某一家厂商，甚至任何一家厂商总是能够通过扩大再生产而在长期中降低它的边际成本和平均成本，那么，它将很快地扩大规模使其成为整个行业的一个重要部门。简言之，该厂商将成为垄断者，而不再听任市场价格的支配，而对市场价格具有某种程度的控制。一旦它能控制价格，它就不再根据“$P=MC$”公式而获取最大利润。它将把价格定在边际成本等于边际收入的水平上，来使利润最大化。

②在竞争性市场上，企业不能影响它所接受的价格，只可以依据市场价格调节其生产。即使在市场上存在若干个寡头，而非单一垄断者，由于其共同利益，为了避免经济战的损失，它们之间会用默契或公开办法相互勾结。在此情况下，那种通过“看不见的手”来调节资源，从而达到有效率地满足需求的情况便不复存在。垄断和寡头经济的祸害不在于谋取垄断利润，而在于破坏正常的市场运作。由于众多小企业效率不高，价格不便宜，它们往往不去进行价格竞争，而倾向于索取相当高的价格和分割市场。这样，生产者蒙受损失，资源被浪费，导致资源分配的扭曲。

在此情况下，尽管国家可以通过征税来分取垄断利润，但未能矫正资源的不适当分配。显然，市场本身解决不了垄断问题。政府的责任便在于针对垄断或其他非竞争性因素的存在以及所引起的竞争的不完全性，采取有效措施，保证竞争的有效性。从世界各国的情况来看，主要方法是实行政府的直接调控（如控制垄断程度、价格管制）和立法的控制（如制定反垄断法、公平竞争法等）。在这里，政府的作用不是取消垄断或寡头经济，而是维持有效竞争。

（3）市场经济的外部性

市场机制能够实现资源的合理配置，但市场经济也会造成资源配置的障碍。这个障碍，除了前面所讲的公共产品与垄断之外，最为显著的便是市场经济的外部性。外部性有两种主要的情况，即外部经济与外部不经济。

①外部经济，又称外部利益，是指某一经济活动或某一项目所产生的效益被与该项目无关的人所享有。在理论上，可以提出对所有受益者所享受的外部效益收费，但在实践中是不可能的，因为：a. 要控制人们对这些设施的利用，是困难的，与任何人都不能排斥他人享受阳光一样困难；即使能够控制利用，这种控制与管理的成本也太高。b. 收取费用要测定与计算每个人的使用量，事实上，很难测定哪些人是受益者，受益的程度有多大。在此情况下，私人投资者很难因外部收益而获取利益，并且这些工程投资巨大，回收期限较长，风险较大，私人资本不愿投入。而能够产生外部经济效益的经济活动和设施，又往往是一个国家经济发展的基础性设施，也是吸引外资、对外开放的一个重要投资硬环境。

②外部不经济，又称外部损失成本，是指某一企业的经济活动所造成的经济损失而企业并不承担外部成本的情况。将生产外部性和受外部性影响的双方联合，使外部“内在化”；在公共资源领域，可以建立强制性制度与命令；在公共场合，设置禁令和规则。经济性手段：如税收和津贴，对外部受害者给予津贴，对外部不经济者征税，对生产外部经济者给予

补贴等。总之，政府的作用在于使外部不经济最小化。

(4)市场波动与经济的不稳定性

市场从来就含有不稳定性。它的发展始终是以周期性的增长形式进行的。通过市场经济进行自发性交换的过程，始终孕育着经济活动急剧且大幅度变动的可能性。这种变动，危害到市场机制的有效性，往往给资源分配、收入分配带来不利的影响。实现经济稳定的主要途径，是通过政府的财政政策和货币政策。

①财政政策。政府把财政收支作为一种均衡要素加以利用，通过财政来实现经济稳定，维持充分的就业、物价稳定以及控制总需求以保持适当的增长率。它大致可以分为两大类，即自动稳定政策和相机稳定政策。前者主要指存在于政府内部的，通过年度收入与支出，以财政制度上的因素自动控制经济变动；后者指按景气变动情况通过税收政策和公共支出政策进行。

②货币政策。一般来讲通过货币供应量的控制谋求经济稳定，实行的主体是中央银行，而不是政府。但中央银行在现实中是政府实现调控的重要工具。政府可以利用利率政策、公开市场操作、银行储备政策等来实现对经济的控制。

(5)市场经济下的收入不平等

①如果以自由竞争的市场机制为前提，就有可能实现资源的合理分配，并且有可能在既定条件下实现消费者的极大效用和生产者的极大利润。然而，这并不等于实现了符合社会要求的收入分配。以市场机制为前提的收入分配，是由市场上的力量关系、个人能力、继承财产的多少、利用教育机会的可能性以及在社会上的灵活性等方面决定的。因此便产生了各种不平等，便会出现那种“富人的狗可以得到穷人的孩子为了避免软骨病而必须饮用的牛奶”的情况。诚如西谚所说：“世界上最大的公平就是富人越富、穷人越穷。”如果我们考虑到市场上存在的诸种歧视和偏见时，这种不平等更为严重。

②收入分配的不平等与差距的扩大，无论是从社会公正、社会稳定，还是从经济效率来看，均是不理想的。如果改变了收入分配的不平等，整个国民经济的福利水平就会提高。但是收入分配的机械平等，可能有损于经济的效率。政府的作用便在于进行无损于资源最佳分配和经济效益的收入再分配。作为实现收入分配的手段，政府可以在公共经济管理中，全面实行税收政策和转移开支的政策。另外也可以通过政府直接干预市场机制，操纵价格，以改变收入分配的不平等。

总之，因为存在着市场失灵，所以需要加强政府的作用。同时，政府运作也存在着政府失灵，所以政府与市场不是一个光谱的两极，应该结合政府与市场的力量来促进经济的发展。

2. 简述市场经济中政府的经济职能。(中财 2010 年研)

答：经济职能是指政府管理和组织社会经济建设的职能。概括起来，在市场经济条件下，政府一般的或基本的角色或职能主要有以下几个方面：

(1)提供经济发展的基础结构

政府为市场经济的运作提供基本必需的制度、规则以及框架。它们包括：界定和产权保护、契约的执行、公司法、金融制度、专利保护、著作版权、法律和秩序的维持。政府为市场交易提供了安全、秩序和公正的、具有规模经济的制度安排。

(2)组织各种各样公共物品和服务的供给

公共物品和服务的最大特点在于其具有共享性以及非排他性，这种特性使得私人部门很少去生产，导致公共物品和服务供给的不足，因此，政府必须介入而由政府来提供。典型的公共物品包括：国防、基础研究、道路与桥梁、导航设施、灾害控制、交通管制系统以及其他基础结构。

(3)共有资源和自然资源的保护

共有资源与公共物品一样没有排他性，但有竞争性，共有资源不可避免地导致共有的悲剧，即私人决策者过分使用共有资源。因此，政府通常通过管制措施保护共有资源和环境，或者实行收费，以减轻过度使用问题。

(4)社会冲突的调整和解决

政府存在的一个基本理由在于解决或消弭社会中的各种冲突，以维持正义、秩序和稳定。在一个社会中，不可避免地会出现各种各样的社会冲突，其出现的原因也可能是多种多样的，政府的职责在于促使冲突的解决。此外，在一个社会中，总会出现强势集团，也会出现弱势群体，为保障社会中的弱势群体免遭强势集团的剥削和欺诈，政府需要保护弱势群体的利益。

(5)保护并维持市场竞争

从某种程度上来讲，市场机制的有效性来源于市场存在着有效的竞争，垄断导致垄断者生产的产量小于社会有效率的产量，从而导致资源配置的无效率。为此，政府必须有所作为，努力使垄断行业更有竞争性或者对垄断者实施管制，前者如用制定反垄断法以增强竞争，后者包括价格管制等。

(6)收入和财产分配的调节

市场经济是会产生不平等的结果的，需要社会有一种公平再分配的机制。市场交易不能进行有效的再分配，政府在进行再分配方面显然处于有利地位，因为政府拥有强制征税的权力。政府实现再分配的直接手段有：税收转移、累进所得税、对高收入消费者购买的货物进行课税。在选择这些政策时，必须考虑到效率代价。任一设定的分配变动都应以最小的效率代价完成。

(7)宏观经济的稳定

在市场经济中，经常会出现通货膨胀。政府的作用便在于通过公共政策的干预以保持宏观经济的稳定。稳定政策的工具包括：①财政工具，主要是预算政策和税收政策；②货币工具，如法定准备金、贴现率、市场开放政策、信用制度等。

3. 简述政府治理工具的类型。（人大2013年研）

相关试题：

(1)简述政府治理工具的内涵及其主要类型。（人大2010年研）

(2)简述政府治理工具的概念和类型。（中央民大2010年研）

答：参见本章复习笔记相关内容。

4. 政府失灵中的“内部性问题”及其具体表现。（北邮2013年研）

答：参见本章复习笔记相关内容。

5. 简述矫正政府失灵与市场失灵的策略有哪些。（人大2011年研）

答：参见本章复习笔记相关内容。

四、论述题

1. 在计划经济时期，我国农村普遍建立了农村合作医疗制度。在实行家庭联产承包责任制以后，由于集体经济基础的瓦解，农村合作医疗制度也随之而瓦解。请从政府作为公共

管理者和公共服务提供者的角度分析这个问题的原因和可能的解决途径。（人大2005年研）

答：（1）公共管理者是指受国家和公民的委托，行使公权力，负责运用资源达成政府施政目标的人。在现代民主国家中，公共管理者是经法定程序进入政府，担任政府公职，行使公权力，并从事公务管理的公职人员。从广义上讲，公共管理者包括民选的与任命的两大类，而任命的公共管理者又可区分为政治性任命人员以及经文官考试录取的常任文官或公务员。按照其职务等级可以分为高级公共管理者、中级公共管理者和基层公共管理者。

公共部门在市场经济中的经济职能之一是组织各种各样公共产品与服务的提供。公共物品和服务的最大特点在于其共享性以及非排他性，这两种特性决定了公共产品和服务很难由私人组织提供，只能由政府提供。政府作为公共管理者和公共服务的提供者，扮演着执行和捍卫宪法的特殊角色，为广大民众提供普惠式的公共服务和社会保障是政府的职责和义务。

（2）农村合作医疗制度从存在到瓦解的原因

①政府作为公共服务提供者角色的缺失。在市场经济条件下，政府的经济职能包括为民众提供公共物品。但是，我们看到在经济体制由计划经济向市场经济转变的过程中，农村的经济基础已经发生了重大变化，与此同时，政府的职能和角色却没有发生相应的转变。正是这种缺失导致合作医疗制度没有持续性的存在下去。

②城乡二元结构导致政府提供公共服务的不均衡。长期以来，我国的城乡二元经济结构赋予了农民和市民不同的身份地位和福利待遇，国家把大量的人、财、物投入到城市的社会保障建设中，导致城市地区的医疗保障水平远高于农村地区，出现医疗保障的不均等和不平衡。

③市场失灵导致公共物品的缺失。农村医疗保障的缺失是在市场经济确立的过程中发生的，由于医疗保障的公共物品或准公共物品属性，加之农民的购买能力的低下，导致市场难以为农民提供医疗保险服务，这也是农村合作医疗消失的重要原因。

（3）针对农村合作医疗消失的问题，政府应该采取以下措施：

①切实承担政府作为公共服务提供者的责任。医疗、教育、住房这些有着公共物品属性的物品，政府在发展市场经济的过程中应该为民众供给基本的物品。因此，必须落实中央关于建立农村合作医疗的决策部署，加大资金投入，明确各级政府的责任，使得农民享受到基本的医疗服务。

②创新政府提供医疗服务的方式，充分发挥市场的作用。农村医疗需求也存在参差不齐的状况，因此，应该允许民间资本进入农村医疗保险服务领域，采取契约外包或补助等政府治理工具，使得一部分农民的合作医疗转变为商业医疗保险，这样有利于减轻政府提供公共服务的负担。

2．试论述政府失灵的原因和类型。（人大2005年研）

相关试题：政策失灵的类型、原因、表现。（简答题，中央民大2013年研）

答：政府失灵是指由于政府机制存在本质上的缺失，而无法使资源配置效率达到最佳的情形。政府失灵意味着在一定程度上，政府干预的制度和机制并不能取得良好的效果，甚至要导致比市场失灵更坏的结果。政府的政策干预措施不能实现预期的调节市场的作用，在某些条件下甚至导致比“市场失灵”更坏的结果。“政府失灵”是主张实行更为彻底的市场经济的基本依据。典型的政府失灵的类型及其原因在于：

（1）成本和收益的分离：过剩和成本提高

市场是与生产成本的活动相联系，这种联系是由价格决定的。政府活动因为缺乏任何价格指引，便割裂了这种联系，因为维持政府活动的收入具有非价格来源，即来源政府的税收等。由于缺乏这种联系，使得政府产生的价值同生产它的成本割裂。这种割裂意味着资源错误配置的程度增加，因此，无论公共政策采取何种形式(管制，直接提供)，政府活动的一个趋势是明显的多余成本，从而导致社会资源的浪费。这一方面，不完全信息的作用是十分明显的，另外，政府预算也会因利益集团的游说造成生产过剩和重复投资的问题。

(2)政策制定的复杂性和低质的政策

公共政策的制定是一个复杂的政治过程，由于理性选民的无知，利益集团对公共政策的影响、等级制和官僚制度本身的障碍、政治家的偏好因素，以及政府部门的本位主义和机关利益等各种因素的综合存在，使得政府的公共政策并不能反映公共的利益，也不符合有效率的资源配置。

(3)内部性问题

公共组织为了进行其内部的管理，需要发展它们的标准或规则，这些标准或规则即内部性，用来评估机构运行和机关人员的行为。这些标准很接近“私人”的组织目标，因为在机构内的动力是有个人或集体的行为产生，而不是机构为公共目的和责任产生的。政府组织内部性是规范组织运作的重要因素，影响着政府，意味着“私人”的或组织的成本和利润很可能支配公共决策者的计算。市场失灵的核心是外部性，而政府失灵的核心则是内部性。内部性在政府机构中的具体表现为：

①预算增长。由于政府机构缺乏利润作为评判的标准，政府至少将预算规模作为其主要的目标。

②大机构规模。追求工作人员数量的扩张，追求“高技术”。

③控制信息使之转化为有价值的产品或权力。

由于内部性的存在，政府机构运作的成本大大提高了，而其成本则被广大纳税者分担了。

(4)政府组织的低效率

政府是唯一的对其成员拥有强制力且有权征收义务税的组织，从这个意义上讲，政府是名副其实的自然性垄断者。由于缺乏竞争，政府管理部门以及管理者缺乏竞争的压力，政府官员亦缺乏企业管理的理念，没有降低成本的动力，也没有较好的激励机制，这样导致经营的低效率。

(5)另一种分配的不公平

政府作为一个拥有强制力进行分配的组织，这是其优势，但也是其缺陷。因为政府运用权力进行收入分配时，不仅使财富从富人手中转移到穷人手中，而且也可能使财富又从穷人手中转到政治力量强的阶层手中。政府活动产生的分配不公平，通常不是集中在收入或财富上，而是集中在权力或特权上。由于政府的公共政策本质上涉及价值和权力分配问题，这种再分配给不公正和滥用职权提供了机会。

(6)寻租

寻租是指在某种政府保护的制度环境中个人寻求财富转移的活动，或者追求非生产利润的活动。在政府干预的情况下，寻租者从政府那里寻到了某种特权，从而某项资源具有垄断权，或者任何其他方面的政府庇护以保证寻租者按自己的意愿生产。寻租行为的结果是导致社会资源的浪费，主要表现在：

①为了获取租金，寻租者需要花费时间、精力和金钱，这种活动对社会没有任何效率；

②如果寻租行为得以实现，相关生产者和消费者将由于政府干预而付出代价，这种代价之和比寻租者所得到的利润额还要高；

③整个社会会因寻租行为付出“道德的成本”，甚至于政治的成本。

(7)政策执行的无效率

政府干预的公共政策能否达成预期目标，不仅取决于政策设计，亦取决于政策执行。但是在实际中，由于各种因素的存在导致公共政策不能达到预期目标，而导致政府的无效率。典型的情形有：

①部门利益的存在使得部门可能出现“损公肥私”的情况。

②地方利益的驱动使地方政府作出与政策目标相反的选择。

③因委托—代理关系而导致的“逆向选择”和“道德风险”。

④沉淀成本。在执行过程中，可能会发现政策有误，但政府部门因过去计划投入的资源，而不愿终止原有计划，因为怕背上“政策失误”的罪名。

(8)所有制残缺

所有制的残缺可以理解为对用来确定“完整的”所有制权利的一些私有权的删除。权利之所以残缺，是因为一些代理者(如政府)获得了允许其他人改变所有制安排的权利。国家干预管制是造成产权残缺的根源，管制导致所有权的残缺，所有权的残缺程度与管制程度成正比。产权的残缺在一定程度上导致资源配置的无效率，非排他性的公有产权似乎对人人都有利，结果谁也得不到更多的好处，再如可交换的产权也是产权之一，如果政府对产权交易进行干预的话，便不可能实现资源的有效配置。

综上所述，政府干预的制度和机制，正如市场机制一样，在许多方面是笨拙的，政府干预本身也可能是不奏效的。正如沃尔夫所言的那样：市场与政府之间的选择是复杂的，而且通常并不仅仅是这两个方面，经常的选择是在两者不同组合间的选择，以及资源配置的各种方式的不同程度上的选择。认识到这一点，对于政府治理是十分重要的，不可因无知、偏执而造成危害。

3. 政府失灵和市场失灵的原因以及矫正措施。(中央民大2011年研)

答：参见本章复习笔记相关内容。

五、案例分析题

案例一

《国务院关于投资体制改革的决定》指出：各级政府要创造条件，利用特许经营、投资补助等多种方式，吸引社会资本参与有合理回报和一定投资回收能力的公益事业和公共基础设施项目建设。对于具有垄断性的项目，试行特许经营，通过业主招标制度，开展公平竞争，保护公众利益。已经建成的政府投资项目，具备条件的经过批准可以依法转让产权或经营权，以回收的资金滚动投资于社会公益等各类基础设施建设。(中财2005年研)

根据公共管理原理，试分析我国公共设施投资管理体制改革的理论依据、主要问题及基本思路。

答：完善投资体制是适应社会主义市场经济发展的必然要求。2004年7月，国务院出台了《关于投资体制改革的决定》，这是我国投资体制改革的一个重大突破，它为投资体制改革的进一步深化创造了制度条件。在基础设施领域，该决定放宽社会资本的投资领域，允许社会资本进入法律法规未禁入的基础设施、公用事业及其他行业和领域。

（1）理论依据

公共部门是建立在权威关系而非市场关系之上的，公共部门存在的主要原因，从经济角度上看是因为市场无法单独发挥全部经济作用。公共产品的提供就是一种典型的市场失灵的表现形式之一。公共物品和服务的最大特点在其具有共享性也即非排他性，在市场上，消费者对这些产品和服务的偏好也无法表现出来，因而无法通过市场机制进行资源配置，因而政府必须介入，并由政府来提供。但是，政府干预并不意味着全部由政府直接提供与生产，对一些公共物品或准公共物品，可以由私部门生产，或政府组织私部门提供。政府可以选择适当的治理工具来实现其施政目标。这里的治理工具是指政府将其实质目标转化为具体行动的路径和机制。对于公共物品和服务的提供，依政府介入的程度不同，方式有十种：①政府直接提供；②委托其他政府部门；③签约外包；④补助或补贴；⑤抵用券；⑥经营特许权；⑦政府贩售特定服务；⑧自我协助；⑨志愿服务；⑩市场运作。政策工具的选择要依据实际情况而定，但政府对政策工具的偏好正在发生转变，如更加强调公共服务的民营化和市场机制，强调放松管制等。

公共基础设施是一个地区经济发展和人民生活最重要的物质基础之一，是吸聚各类要素、推动经济发展的重要载体，是典型的公共产品，应由政府供给。但政府供给并不代表由政府生产，政府可以选择适当的政策工具来提供。另外，从本质上讲，城市的基础设施也是一种生产工具和生产要素，能产生新的价值，其投资回报具有社会性和经济性的双重特征，这也为我国投资体制改革提供理论依据。

（2）主要问题

投资体制改革既关系到建立和完善社会主义市场经济体制，又关系到加强和改善宏观调控，尤其是公共设施的建设，关系到人民群众的生活安康，在深化公共基础设施的投资体制改革实践上遇到的主要问题有：

①制约投资体制改革进展的体制障碍还没有消除

投资体制改革因为涉及到计划经济条件下形成的资源调配关系，所以必须按照市场经济要求，大力推进配套改革，特别是与转变政府职能相结合。基础设施属公共物品，受传统计划经济的影响，长期以来，这种公共品被视作无偿性、福利性产品，政府只讲投入、不讲效益，只讲建设，不讲经营，造成基础设施建设资金来源匮乏，建设管理水平低下，弊端明显。但这种长期以来的体制和观念上的障碍依然存在，制约着公共设施投资体制改革的进展。

②多元化投资主体还有待发育

在国有经济投资领域，由于投资责任与收益不能很好匹配，在一些部门利益驱动下，上马了许多不该上的项目，造成大量重复建设和资源浪费。目前亟待建立完善国有经济投资决策的利益、风险、约束机制，强化投资项目监管，真正建立起政府投资责任追究制度。要进一步放宽社会资本的投资领域，吸引各类资本参与基础设施建设。

③投资体制的配套改革需要进一步推进

目前我国投资体制的配套改革显得比较滞后，需要对包括土地转让制度改革、加强投资体制规划、建立固定资产投资信息体系等在内的综合配套改革积极推进。

（3）解决问题的思路

①进一步确定公共设施投资体制改革目标，建立相应的管理体制。实现政府资金和非政府资金共同参与投资和管理城市基础设施，实行投资、建设、管理、使用四分开，形成职能

清晰、相互监督的政府管理新模式。

②尽快构建符合社会主义市场经济要求的公共投资体制。建立投资决策机制公开透明、公共工程建设高效运营的管理体系。要根据经济社会发展需要和人民生活要求，制定允许社会投资的公共设施项目投资指引；加快取消审批制，按照鼓励、禁止、有条件允许三种类型制定相应的投资管理政策；进一步完善投资项目外部效应的评价方法和指标体系，规范项目评估活动；积极鼓励社会中介机构、社会舆论、群众监督在维持市场秩序方面发挥更大作用。

③加快民营化发展，推进投资主体多元化。给非公有制经济在投资领域更多的参与市场公平竞争的机会是我国投资体制改革的一个重点。在公共设施领域，应鼓励社会资金参加投资建设管理，只要是法律法规未禁止的基础设施、公用事业，以及其他行业和领域，都允许社会资本进入。并且，国家通过注入资本金、贷款贴息、税收优惠等措施，鼓励和引导社会资本以独资、合资、合作、联营、项目融资等方式，参与经营性的公益事业、基础设施项目建设。

④在投资领域推进依法办事。在公共投资领域，明确和规范财政部门资金管理职能，财政部门不仅要当好项目资金的"出纳"，也要承担起建设资金管理职能；在政府审计部门设立公共投资项目审计专职机构，强化对项目实施过程的审计，及时发现和制止寻租和腐败行为；提高规划和计划的科学性；强化公共投资项目后评估工作，通过对项目实施效果的分析评价，检验和完善计划，改进不足之处。在营利性项目投资领域，加强建设管理部门对建筑市场的监督和管理，规范市场竞争秩序；综合管理部门还要由具体项目审批转向经济社会发展规划。要加强环保、消防、安全、能源等部门在项目投资方面的监督和管理，使其真正发挥"把关"作用。

第 4 章　公共部门战略管理

4.1　复习笔记

【知识框架】

- 公共部门战略管理
  - 公共部门战略管理的性质
    - 战略与战略管理
    - 战略管理的基本特征
    - 公共部门重视战略管理的原因
  - 公共部门战略管理过程
    - 战略管理过程
    - 战略管理过程的主要环节
      - 环境分析
      - 战略规划
      - 战略实施
      - 战略评估
  - 公共部门战略规划与战略管理
    - 战略规划与战略管理
      - 战略规划
      - 战略管理
      - 二者区别
    - 战略规划的过程
      - 发展初步共识
      - 确认组织的法规及使命
      - 进行 SWOT 分析
      - 确认组织面临的战略议题
      - 战略选择
    - SWOT 分析与战略规划
      - SWOT 分析的含义
      - 建造 SWOT 矩阵的步骤
      - SWOT 矩阵不同的战略匹配
  - 公共部门战略管理的问题与改进
    - 战略管理在公共部门应用的正面效果
    - 公共部门战略管理的问题以及限制

【重点难点归纳】

一、公共部门战略管理的性质

1. 战略与战略管理

(1)战略的含义

在一般管理领域，战略是一个组织的总目标，它涉及一个时期内带动全局发展的方针、主要政策与任务。从某种程度上讲，战略是运用和管理所有资源达成目标的艺术，而战术或策略则是使用这些资源中的一部分，以获取整体目标中部分目标的达成。

(2)战略管理的含义

战略管理是指管理者有意识地选择政策、发展能力、解释环境，以集中组织的努力，达成目标之行为。也可以被界定为：制定、实施和评价使组织能够达到目标的、跨功能决策的艺术或科学。

2. 战略管理的基本特征

(1)战略管理是未来导向的。战略管理为组织未来的发展设立愿景，规划蓝图。

(2)战略管理着重于较长远和总体的谋略。战略管理通常涉及或关注组织发展的总体的格局，战略管理关注全局或非局部，关注较长远的利益而非当前利益。

(3)战略管理是一个组织寻求成长和发展机会及识别威胁的过程。战略管理就是外部环境的管理，即识别、监视和评估外部机会与威胁。

(4)战略管理是直觉和理性分析的结合。战略管理并不是一种采用精密、明晰的纯粹科学。经验、判断和感觉、直觉对于制定良好的战略决策至关重要。

(5)战略管理是持续性与循环性的过程。由于组织外部环境是不断变化的，组织应持续不断地关注内部与外部事变及发展趋势，以便及时做出调整。

(6)战略管理是前瞻性思考和由外而内的管理哲学。前瞻性思考的特征为：①向前看；②寻找问题和机会；③寻找重构问题的新方式以便将负面的东西转为潜在的正面性，开启新的发展途径；④把握、形成和发展机会使其能够实现。"由外而内的管理哲学"是指脱逃自我中心，从他人或外在环境的观点来看组织问题，而非从自己组织内部去诠释外在问题。

3. 公共部门重视战略管理的原因

(1)更加复杂和不确定的环境。战略管理能够保证组织与其环境之间有一个良好的战略配合，使组织的能力与环境要求相匹配，同时安排组织内部的结构与程序以使其随战略选择而成长，并发展出新的、能符合未来挑战的能力。

(2)公共部门角色的变化。从20世纪80年代以来，"大政府"的观念受到越来越多的质疑，相反，"小政府"无论在理论或实践上均获取了人们的认同和支持。

(3)国际化和国际竞争力的挑战。为了应付国际化和国家竞争力的压力，政府必须从更宏观的视野、更长远的观点制定国家发展的战略，制定提升国家竞争力的战略。

(4)公共利益的挑战。公共管理者要有系统观、整体观、长期观。公共管理必须构建国家或地方长期发展战略，以维持可持续的发展与繁荣。

二、公共部门战略管理过程

1. 战略管理过程

战略管理是一种客观的逻辑和系统的过程和步骤。战略管理过程在本质上是一个促进学习和行动的过程，而不只是一个正式的控制系统。

2. 战略管理过程的主要环节

(1)环境分析。主要任务是运用系统思考去识别与组织相互作用的，以及影响组织的外部系统，进而掌握公共部门内部的优势与劣势，了解外部的机会和威胁。

(2)战略规划。指在环境分析的基础上研拟战略的过程，也是将战略意图转化为战略决策的过程，战略规划的主要内容有：

①展现愿景和确认、陈述任务；

②确认重要的环境变化及趋势的议题；

③决定机关要强调的主要价值；

④选择重大的关切性议题领域；

⑤设定基本的、明确的策略方向；

⑥选择恰当的策略；

⑦创设执行这些策略方向的行动议程。

(3)战略实施。指建立和发展行动的能力和机制，将战略构想转化为现实绩效的过程。主要包括的活动有：

①明确实际目标与进展的指标；

②进行有效的资源配置；

③建立有效的组织结构，使组织结构与战略相匹配；

④建立和发展有效的沟通与协调机制；

⑤促进变革，克服变革的阻力；

⑥通过社会及政府营销，促进战略实施。

(4) 战略评估。指监控战略实施，并对战略实施的绩效进行系统性评估的过程。战略评估主要涉及以下几个方面的活动：

①检查战略基础，以了解构成现行战略的机会与威胁、优势与弱点等是否发生变化，发生了何种变化，因何发生变化。

②衡量战略绩效。将预期目标与实际结果进行比较，研究在实现战略目标过程中已取得的成绩。其中的关键是确立明确的绩效评价指标。

③战略的修正与调整。在战略检查与绩效衡量的基础上，作出是否持续战略、调整战略、重组战略或终止战略的决定。

三、公共部门战略规划与战略管理

1. 战略规划的性质

(1) 战略规划是组织在分析和解读环境的基础上，产生组织战略的过程。战略规划的目的在于识别环境对组织的挑战，并指导组织对此作出反应，以获取更长期的竞争优势。战略规划的议题具有三个基本属性：

①稀少性。战略性决策是不寻常的，通常没有先例可循。

②重大性。战略议题往往涉及全局性的重大问题。

③指导性和长远性。战略性决策指导其他较低层次的决策，以及引导着组织未来发展的方针。

(2) 战略规划的结果是形成组织的战略计划，一般来讲，一个好的战略计划包含四个方面的内容：

①战略范围，规定了本组织与社会环境因素之间发生作用的范围，即说明了要达到哪一方面的目标；

②资源部署，要阐明如何部署资源；

③战略应该说明本身战略范围的机会与威胁；

④最佳协调作用，在战略范围内，要使资源部署与竞争优势相互协调。

2. 战略规划的过程

图 4-1 展示了一个规范性的战略规划模式。战略规划的过程包括以下几个步骤：

(1) 发展初步共识。目的在于取得主要决策者与战略规划行为的共识，如战略规划的价值、需要介入的单位和人员，特定的步骤以及方法等。

(2) 确认组织的法规及使命。一方面要了解法律，知道何者是不受法律限制的；另一方面要确认组织的使命。使命乃是组织存在的目的，而战略规划的主要工作在于明确组织的使命及其价值。规划者要在利害关系人分析的基础上，明确组织的使命，回答如下问题：

①我们的角色是什么；

②我们所要满足的社会及政治需求是什么；

③我们如何行动去满足这些需求；

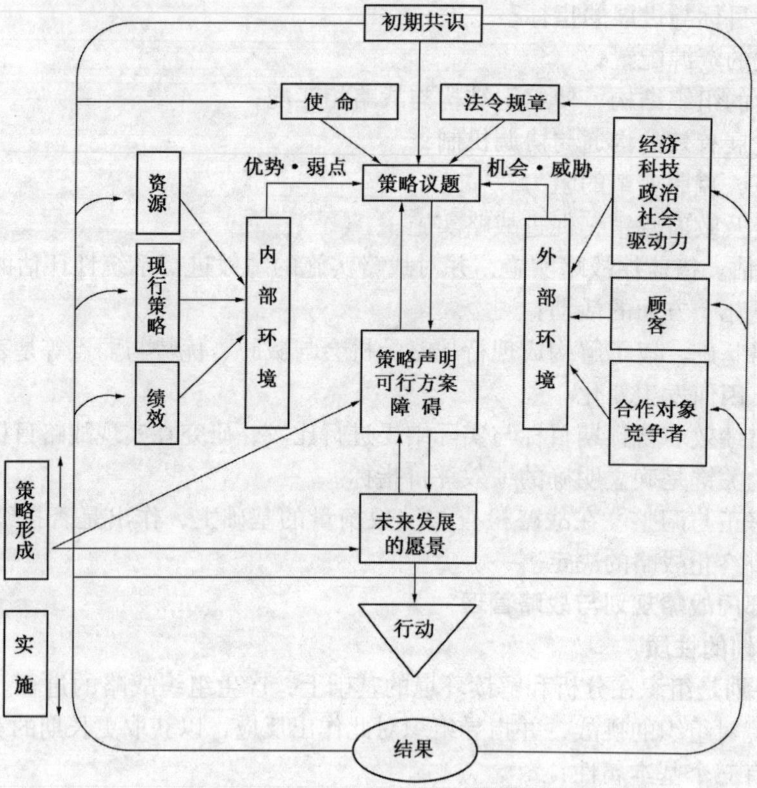

图 4-1　战略规划的过程

④我们应如何回应利害关系人；

⑤我们的主要价值为何；

⑥我们不同于其他组织的条件为何。

(3)进行 SWOT 分析。主要目的在于提供组织内部的优势与弱点、机会与威胁的相关信息，以便组织作出最好的回应。

(4)确认组织所面临的战略议题。战略议题是组织根本的政策选择，它对组织的法规、服务价值、产品或服务水准与组合、顾客或使用者、成本、财政、组织或管理发生影响。本阶段的主要工作乃是确认组织面临的这些基本政策选择，包括列举战略议题的清单，并以优先顺序予以排列。

(5)战略选择。在综合分析各种可能战略的基础上，作出适合组织发展的使命、具有可能性与可行性的战略。

3. SWOT 分析与战略规划

(1)SWOT 分析的含义

SWOT 分析是指通过了解组织自身的优势与弱势，掌握外部机会，规避威胁，从而制定良好战略的方法。其中，S 代表 strength(优势)，W 代表 weakness(弱势)，O 代表 opportunity(机会)，T 代表 threat(威胁)，S、W 是内部因素，O、T 是外部因素。SWOT 分析的关键是进行优势与劣势，以及机会与威胁分析，并在此基础上形成行动的战略。

(2)建造 SWOT 矩阵的步骤

①列出组织的关键外部机会；

②列出组织的关键外部威胁；

③列出组织的关键内部优势；

④列出组织的关键内部弱点；

⑤将内部优势与外部机会相匹配，形成 SO 战略；

⑥将内部弱点与外部机会相匹配，形成 WO 战略；

⑦将内部优势与外部威胁相匹配，形成 ST 战略；

⑧将内部弱点与外部威胁相匹配，形成 WT 战略。

(3) SWOT 矩阵不同的战略匹配

①优势—机会(SO)战略

SO 战略是一种发挥组织内部的优势而利用外部机会的战略。所有的组织及管理者都期望可以利用自己的优势，并抓住外部环境所提供的机会，组织往往通过采用 WO、ST 或 WT 战略而达到能够采用 SO 战略的状况。

②弱点—机会(WO)战略

WO 战略的目标是利用外部机会来弥补内部的弱点。运用于这一战略的情况是：组织存在着外部机会，但内部存在着弱点，妨碍着外部机会的实现。

③优势—威胁(ST)战略

ST 战略是利用优势回避或减轻外部威胁的影响。

④弱点—威胁(WT)战略

WT 战略是一种旨在减少内部弱点的同时规避外部环境威胁的防御性战略，一个面对大量外部威胁和具有许多内部弱点的组织的确处于不安全或不确定的境地。

四、公共部门战略管理的问题与改进

1. 战略管理在公共部门应用的正面效果

(1) 提供战略性发展方向。战略管理集中于组织本身的能力与外部环境，对于组织未来发展的愿景提供了战略性的前瞻性的思考，为组织的发展提供了战略方向。

(2) 指导资源配置的优先顺序。任何组织都是在资源稀缺状况下进行运转的，在资源有限的情况下，如何将有限资源运用于发展的关键领域是管理者必须进行的选择。通过战略管理，可以将有限资源用于战略性、关键性的发展领域。

(3) 强化组织对环境的适应能力。战略管理十分重视对环境的感知、分析与判断，十分重视对外部环境变迁的管理。这种特性有助于组织在动荡、多元、复杂环境下的运作和管理，有助于强化组织的适应能力。

(4) 设定了追求卓越的标准。战略管理为组织设计了一套未来发展的愿景，可以为组织的运作设计追求卓越的标准，为组织发展定位。

(5) 提供了控制和评估的基础。战略管理十分重视战略执行与评估问题，这为评估组织的绩效，实施控制提供了良好的基础。

2. 公共部门战略管理的问题以及限制

(1) 公共部门战略管理的限制

①政府任期的短期性和行动取向。政府是有任期的，在 2 ~ 4 年的政治任期之内很难发展长期战略。

②公共管理战略的许多方面都是立法者所确立的。法律确定了政府机关在什么时候、什么地点将如何做。战略管理的途径除了仔细研究执行的战略外，的确该阐明立法意图。

③公共规则大部分是在组织内部进行的，而选民、媒介等要求参与，参与过程虽可以改

进普遍接受的程度，但冲淡了战略的焦点议题。

④可靠性分析通常是费力又费钱的。更重要的是，定量分析方法如成本—效益方法也不能抓住那些无形的东西。

⑤公共机构对问题解决的非正式群体过程不太熟悉，政府机构习惯于层级的、下达文件报告的过程。创造性、非正式性、弹性在公共组织文化中还不成熟。

⑥由于预算约束和短期观念，公共战略规划者的工作通常很难证明是合理的。

⑦与私部门相比，公共战略通常是通过组织设计、预算和财务控制、人事制度和政策来实现的。

(2)政府采用战略管理将会面临的困难

①政府管理者在进行决策时，必须与其他重要的行动者分享权力。这些行动者包括组织内外的行动者，其他政府部门如立法或司法机构，或者利益团体。

②政府组织的功能是政治性的，与理性的环境相反，他们无法就适当绩效方案取得一致意见。

③政府管理者与私部门的管理者相比，缺乏完全的自主性与控制力，这使得政府执行和协调任何行动规划时均显得困难重重。

④政府的战略决策环境由于上述因素，要远比私部门更为困难和复杂。

(3)公共部门战略管理的改进

①公共管理者必须树立长期观，打破短期主义的思考，发展前瞻性思考。

②政府部门必须打破职责的限制，克服“功能性短视”，打破部门主义的限制，发展一种全局观，强调整合的管理途径。

③在重大问题的战略决策和规划过程中提供政治参与的权利与机会，这不仅有利于获取广泛的信息，也有利于克服实施战略管理的障碍。

④重视更高层次的问题。将问题放在更高层次上去看，就会发现很多短期利益可以让位于长远利益。

⑤追求满意。在战略管理中，满意比最佳更为重要。用可以接受的战略实现满意结果，这比用不受欢迎的战略而没有实现最佳结果要好得多。

⑥殊途同归。通过不同的方法或途径达到类似的结果是可能的。得到成功的结果远比规定得到这一结果的方法更为重要。

4.2 课后习题详解

一、概念题

1. 战略管理

答：战略管理是指管理者通过有意识的政策选择、发展能力、解释环境，以集中组织的努力，达成目标的行为。即制定、实施和评价使组织能够达到目标的、跨功能决策的艺术和科学。其中战略是指一个组织的总目标，它涉及到一个时期内带动全局发展的方针、主要政策与任务。

战略管理的特征在于：①战略管理是未来导向的；②战略管理着重于较长远的、总体的谋略；③战略管理是一个组织寻求成长和发展机会及识别威胁的过程；④战略管理是直觉和理性分析的结合；⑤战略管理是持续性与循环性的过程；⑥战略管理是前瞻性思考和由外而内的管理哲学。

2. 战略管理过程

答：战略管理过程是指战略管理活动客观的、逻辑的和系统的过程和步骤。战略管理过程在本质上是一个促进学习和行动的过程，而不只是一个正式的控制系统。战略管理过程主要包括四个主要环节：

(1)环境分析。主要任务在于运用系统思考去识别与组织相互作用的，以及影响组织的外部系统，进而掌握公共部门内部的优势与劣势，了解外部的机会和威胁。

(2)战略规划。指在环境分析的基础上研拟战略的过程，也是将战略意图转化为战略决策的过程。

(3)战略实施。指建立和发展行动的能力和机制，将战略构想转化为现实绩效的过程。

(4)战略评估。指监控战略实施，并对战略实施的绩效进行系统性评估的过程。

3. 战略规划

答：战略规划是指组织在分析和解读环境的基础上，产生组织战略的过程。战略规划的目的在于识别环境对组织的挑战，并指导组织对此作出反应，以获取更长期的竞争优势。战略规划的主要活动包括：①展现愿景和确认、陈述任务；②确认重要的环境变化及趋势的议题；③决定机关要强调的主要价值；④选择重大的关切性议题领域；⑤设定基本的、明确的策略方向；⑥选择恰当的策略；⑦创设执行这些策略方向的行动议程。

4. 战略执行

答：战略执行是指建立和发展行动的能力和机制，将战略构想转化为现实绩效的过程。战略执行是战略管理的一项重要职能，其活动内容包括：①明确实际目标与进展的指标；②进行有效的资源配置；③建立有效的组织结构，使组织结构与战略相匹配；④建立和发展有效的沟通与协调机制；⑤促进变革，克服变革的阻力；⑥通过社会及政府营销，促进战略实施。为了有效执行组织整体战略，一方面要依靠各个层次的组织机构及工作人员的共同配合和积极工作；另一方面，要通过组织的各种专业计划、预算、具体作业计划等去具体实施战略目标。

5. 战略评估

答：战略评估是指监控战略实施，并对战略实施的绩效进行系统性评估的过程。从战略管理整体来看，战略评估着重于建立一种反馈机制。战略评估的重要性在于，由于公共部门的内部和外部环境因素往往发生快速和剧烈的变化，战略评估的结果可以作为调整、修正，甚至于终止战略的合理依据。战略评估的活动内容包括：①检查战略基础，以了解构成现行战略的机会与威胁、优势与弱点等是否发生变化，发生了何种变化，因何发生变化；②衡量战略绩效；③战略的修正与调整。

6. SWOT 分析

答：参见本章考研真题概念题答案。

二、思考题

1. 何谓战略管理？战略管理有何特点？

答：参见本章复习笔记相关内容。

2. 战略管理与战略规划有何不同？

答：参见本章复习笔记相关内容。

3. 公共部门为什么要重视战略管理？

答：参见本章考研真题论述题第1题答案。

4. 说明战略管理的重要过程。

答：参见本章考研真题论述题第1题答案。

5. 何谓SWOT分析方法？

答：参见本章复习笔记相关内容。

6. 战略管理在公共管理中能够发挥什么样的作用？

答：参见本章复习笔记相关内容。

7. 在公共管理中，战略管理存在什么样的问题？

答：参见本章复习笔记相关内容。

8. 在公共部门如何有效地进行战略管理？

答：参见本章复习笔记相关内容。

4.3 考研真题详解

一、概念题

SWOT分析（中央民大2011年研）

答：SWOT分析是指通过了解组织自身的优势与弱势，掌握外部机会，规避威胁，从而制定良好战略的方法。其中，S代表strength（优势），W代表weakness（弱势），O代表opportunity（机会），T代表threat（威胁），S、W是内部因素，O、T是外部因素。SWOT分析的关键是进行优势与劣势，以及机会与威胁分析，并在此基础上形成行动的战略。SWOT分析的主旨在于给出一个有关组织内外环境、问题的集中图画，并激励组织调动其优势，以便最大限度利用机会，规避风险。按照企业竞争战略的完整概念，战略应是一个企业"能够做的"（即组织的强项和弱项）和"可能做的"（即环境的机会和威胁）之间的有机组合。

二、简答题

1. 简述战略管理的基本特征。（人大2016年研；武大2012年研）

答：参见本章复习笔记相关内容。

2. 试述导致公共部门引入战略管理的内外部的主要因素。（中财2017年研）

相关试题：

（1）试述公共部门战略管理兴起的背景。（首都师大2014年研）

（2）公共部门战略管理兴起的内外部影响因素。（华中师大2013年研）

答：（1）战略管理包括战略制定、实施、战略实施过程的控制，以及战略管理结果的评价。它是一个全面的、动态的管理过程，而不是静态的、一次性的管理。它要求预测和及时反应环境的突变，抓住环境中出现的机会，回避威胁；它要求周期性程序和因地制宜并存，定期的战略管理与渐进战略、应急战略相结合。

（2）公共部门战略管理的兴起绝非偶然，而是有其自身的逻辑和内在的根源，是对公共部门面临的复杂的不确定环境的能动适应和政府改革的产物。导致公共部门引入战略管理的内外部的主要因素有：

①复杂的不确定环境的挑战。公共部门战略管理途径的兴起是与其面临的复杂变迁的环境紧密相关的。进入20世纪80年代以来，公共与非营利组织所处的环境发生了深刻的变化。它表现为以下几个特点：

a. 不确定性。在现代社会，信息技术的迅猛发展使得公共部门面临的环境正在变得更加动态和不确定。不可预测的突变在整个社会中随时发生，引发混乱和危机。

b. 相互关联性。环境的变迁伴随着世界的相互关联和交错。这种提高的关联性在三个传统界限(即国别、政策领域的划分及公共、私人和非营利组织间的界限)的模糊化中十分明显地表现出来了。公共、私人和非营利部门的界限被侵蚀了，政府职能日益"外包"，"权威"逐渐多元化。

c. 限制性。公共与非营利组织正受到两股相反力量的驱使，即严峻的财政紧缩和要求快速有效反应的压力。一方面，公共与非营利组织正面临巨大的财政紧缩压力；另一方面，公众对公共服务的需求并没有减少，并表现为多样化和个性化。

②政府改革的产物。公共部门战略管理途径的兴起也是当代政府改革运动的产物。复杂变迁的环境正促使公共与非营利组织去改变传统的运作方式，在这种重塑和改革的背景下，作为一种新的管理途径或思维方式，战略管理日益受到公共部门管理者的重视。

③新公共管理主义的推动。新公共管理是外部取向的，其结果取向促使公共和非营利组织不得不更多地关注组织的目标、责任和使命，不得不通过确定总体战略来促进组织使命的实现，而不再只依靠政治官员制定战略。

④私人部门战略管理的示范性影响。私人部门运用战略管理的神奇经历对公共部门产生了巨大的示范性影响，成为公共与非营利部门使用战略管理技术的先声。

3. 简述战略管理在公共部门应用的正面效果。(对外经贸 2013 年研)

答：参见本章复习笔记相关内容。

4. 简述公共部门战略管理的限制因素和对策。(人大 2013 年研)

答：参见本章复习笔记相关内容。

三、论述题

1. 试述公共部门战略管理过程，并联系实际说明公共部门如何有效地进行战略管理？(中财 2010 年研)

相关试题：

(1)政府如何成功地实施战略管理。(湖南师大 2016 年研)

(2)公共部门怎样进行战略管理。(简答题，河海大学 2013 年研)

答：战略管理可视为管理者有意识地政策选择、发展能力、解释环境，以集中组织的努力，达成目标的行为。也可以被界定为：制定、实施和评价使组织能够达到目标的、跨功能决策的艺术或科学。即战略管理可以视为一种客观、逻辑和系统的过程和步骤。

(1)公共部门战略管理过程

管理学家斯蒂芬·罗宾斯将战略管理划分为九个步骤：确定组织当前的宗旨、目标和战略；分析环境；发现机会和威胁；分析组织的资源；识别优势和劣势；重新评价组织的宗旨和目标；制定战略；实施战略；评价结果。

为了简化起见，下面主要从四个主要环节或阶段分析政府战略管理过程：

①环境分析

对于公共部门而言，环境包括一般环境和具体环境两个方面。一般环境指社会的、一般的或宏观环境层的力量。具体环境指对公共组织的决策、管理发生直接影响的力量或因素，包括组织内部的环境。当然一般环境与具体环境的区分是相对的，界限也不是十分清楚。环境分析的主要任务在于运用系统思考去识别与组织相互作用的，以及影响组织的外部系统，进而掌握公共部门内部的优势与劣势，了解外部的机会和威胁。

②战略规划

战略规划是在环境分析的基础上研拟战略的过程，也是将战略意图转化为战略决策的过程。一般而言，它包括以下几个方面的主要活动：

a. 展现愿景和确认、陈述任务；

b. 确认重要的环境变化及趋势的议题；

c. 决定机关要强调的主要价值；

d. 选择重大的关切性议题领域；

e. 设定基本的、明确的策略方向；

f. 选择恰当的策略；

g. 创设执行这些策略方向的行动议程。

③战略实施

成功的战略规划并不能保证成功的实施，任何事情总是做的比想的更为困难。战略实施是建立和发展行动的能力和机制，将战略构想转化为现实绩效的过程。战略实施涉及的问题和环境很多，主要包括以下几个方面的活动：

a. 明确实际目标与进展的指标；

b. 进行有效的资源配置；

c. 建立有效的组织结构，使组织结构与战略相匹配；

d. 建立和发展有效的沟通与协调机制；

e. 促进变革，克服变革的阻力；

f. 通过社会及政府营销，促进战略实施。

④战略评估

战略评估是监控战略实施，并对战略实施的绩效进行系统性评估的过程，从战略管理整体来看，它着重于建立一种反馈机制。战略评估主要涉及以下几个方面的活动：

a. 检查战略基础。以了解构成现行战略的机会与威胁、优势与弱点等是否发生变化，发生了何种变化，因何发生变化。

b. 衡量战略绩效。将预期目标与实际结果进行比较，研究在实现战略目标过程中已取得的成绩。

c. 战略的修正与调整。在战略检查与绩效衡量的基础上，作出是否持续战略、调整战略、重组战略或终止战略的决定。

战略管理是一个过程，但这个过程并非形式主义的、呆板的、特定安排或过于正式的。战略管理的作用在于促进公共部门不断的变革和学习，以适应社会的发展。

(2)公共部门战略管理的意义

战略管理由于其探讨组织如何定位以面对越来越不确定的未来而受到广泛重视，公共部门实施战略管理具有重要意义，具体可参见本章复习笔记相关内容。

(3)公共部门实施战略管理的措施

当前，随着经济全球化和信息时代化的到来，国际竞争加剧，我国公共部门正面临日益复杂多变的国际环境；另一方面，随着我国体制转轨和社会转型，社会问题复杂多变，矛盾冲突加剧，民主政治建设的发展也使得公民的民主意识与参与意识增强，加之公共部门日益面临着重组、合并、民营化、公私竞争、公共部门之间竞争等问题，所有这些都要求并推动我国公共部门积极实施战略管理。

在实施战略管理过程中，公共部门管理者应注意如下几点：战略管理思维比计划更重要；重视战略规划与战略实施间的有效配合；重视战略管理的实施；重视战略管理过程中良好的沟通协调机制的建立；重视组织长期目标的设计。具体来说：

①公共管理者必须树立长期观，打破短期主义的思考，发展前瞻性思考。

②政府部门必须打破职责的限制，克服“功能性短视”，打破部门主义的限制，发展一种全局观，强调整合的管理途径。

③在重大问题的战略决策和规划过程中提供政治参与的权利与机会，这不仅有利于获取广泛的信息，也有利于克服实施战略管理的障碍。

④重视更高层次的问题。将问题放在更高层次上去看，就会发现很多短期利益可以让位于长远利益。

⑤追求满意。在战略管理中，满意比最佳更为重要。用可以接受的战略实现满意结果，这比用不受欢迎的战略而没有实现最佳结果要好得多。

⑥殊途同归。通过不同的方法或途径达到类似的结果是可能的。得到成功的结果远比规定得到这一结果的方法更为重要。

2. 试论述公共部门战略管理研究的意义。（南航 2017 年研）

答：公共部门战略管理是指公共部门管理者通过有意识地选择政策、发展能力、解释环境，以集中组织的努力，达成目标的行为。即制定、实施和评价使组织能够达到目标的、跨功能决策的艺术和科学。公共部门战略管理研究的意义具有理论和实践上的多重意义。

（1）理论意义

引入公共部门战略管理课程，对于改善我国公共管理本科生和研究生教育以及公务员培训的课程结构，提高未来（或在职）公共管理者的管理知识和技能，具有重要的意义。在西方尤其是美国，战略管理很早就是工商管理教育和公共管理教育项目的一个重要课程领域（核心课程或必修课程）。例如，在哈佛大学肯尼迪政府学院的 MPA 项目中，“公共组织的战略管理”与“市场与市场失败”“公共政策的经济学分析”“量化分析和经验方法”“公共行动的责任”“公共组织的财政管理”等课程一起，并列为核心课程。在我国的工商管理教育尤其是 MBA 教育中，战略管理也早已成为一门重要课程（学位课或必修课）；而在我国公共管理教育特别是行政管理研究生以及 MPA 专业学位研究生教育中，战略管理课程的重要性尚未被人们充分认识，公共部门战略管理的研究与教学才开始起步。加强公共部门战略管理的研究教育迫在眉睫。

（2）实践意义

作为一种新的管理实践模式及思维方式，战略管理为公共部门管理者提供了一个应当如何思考和行动的框架，因而日益受到了公共部门管理者的重视。公共部门战略管理途径的兴起有其实践背景。它是作为“新公共管理运动”以及新公共管理范式的一个重要组成部分而出现的，是公共与非营利组织对急剧变迁的不确定环境的能动适应。20 世纪 80 年代以后，公共管理的实践及环境发生了新变化，信息化和经济全球化导致的公共部门外部环境的不确定性加大。不可预测的突变在整个社会中随时发生，引发混乱和危机。同时，随着政府改革运动（新公共管理运动、重塑政府运动、管理主义改革等）的全面展开，公共部门尤其是政府的职能、角色、地位、组织结构及其与社会的关系都发生了深刻的变化，公共机构经常面临重组、合并和私有化的威胁，并被置于与私人部门竞争来提供公共物品及服务的境地。因此，任何公共部门都再也不能像过去那样对自身的生存、发展和未来高枕无忧了。考虑组织所面临的环境（优势、劣势、机遇和威胁），考虑组织的长远发展目标和未来，增强组织灵活性、能动性和适应性，提高自身竞争力，成为公共部门管理者最基本的管理任务及内容，这正是公共部门战略管理研究兴起的现实原因。

（3）现实意义

对于我国而言，市场经济的飞速发展和行政体制改革深化以及政府职能的转变，我国的公共管理者与西方的公共管理者面临着某些类似的困境：

①21世纪以来，经济全球化和信息化社会加速发展，国际竞争加剧。这意味着中国公共部门将面临更复杂多变的国际环境。

②随着我国体制转轨和社会转型，社会问题复杂多变，矛盾冲突加剧，社会危机随时可能出现，这要求政府从注重日常管理、常规管理转向未来的发展管理、风险管理或危机管理。

③随着民主政治建设的发展，公民的民主意识和参与意识增强，对公共部门管理的效益、效率和公平提出了更高的要求，对公共部门回应公众服务需求的呼声高涨。

④随着行政体制改革深入以及公共服务企业化、市场化和社会化改革的拓展，公共部门日益面临着重组、合并、民营化、公私竞争、公共部门之间竞争、政府干预范围的缩小等威胁。

⑤随着绩效评估在地方的实行，绩效导向的评估与预算挂起钩来，更让公共部门压力重重。所有这些变化莫测的国内外环境成为了中国公共部门实行战略管理的直接驱动力。

总之，公共部门战略管理研究对于我国公共部门管理尤其是政府管理职能与方式的转变，对于我国公共管理的知识体系和课程体系的更新以及公共管理人才培养，都有着重要的现实意义。现阶段中国公共部门管理的理论与实践呼唤战略管理思维。

第5章　公共政策的设计、执行与评估

5.1　复习笔记

【知识框架】

- 公共政策的设计、执行与评估
  - 公共政策的性质
    - 公共政策的性质
      - 公共政策的含义
      - 公共政策的性质
    - 公共政策的类型
      - 管制性政策
      - 自我管制性政策
      - 分配性政策
      - 重分配性政策
  - 公共政策问题的建构
    - 政策问题的性质
      - 政策问题的含义及构成要素
      - 政策问题的特性
    - 政策问题建构的方法
      - 政策问题建构的含义
      - 政策问题建构的程序
    - 政策问题诊断的误差
  - 政策规划与设计
    - 政策规划与设计的特性
    - 政策规划的原则
      - 学者卡普兰提出的政策规划原则
      - 史塔林提出的政策设计的原则
    - 理性政策规划的基本步骤
  - 公共政策执行
    - 政策执行的理论模式
      - 自上而下的政策执行模式
      - 自下而上的政策执行模式
    - 影响政策执行力的因素分析
  - 公共政策评估
    - 政策评估的含义、特质与功能
    - 政策评估的一般标准
    - 政策评估可能遇到的问题和困难
    - 政策评估结果的处理方式

【重点难点归纳】

一、公共政策的性质

1. 公共政策的性质

(1)公共政策的含义

公共政策是指公共权威当局，为解决某项公共问题或满足某项公众需要，所选择的行动方案或不行动。

(2)公共政策的性质

①公共政策是公共权威当局所进行的活动。公共权威当局是指对公民个人的行动或私部门和其他社会组织的行为具有治制权和合法权的机构。公共政策是由政府机关制定的。当然，这并不意味着社会其他组织对政策制定不发生影响作用。

②公共政策的选择行动是一种有意识的行动。一项公共政策有一个或一组特定的目标；有一个基本的方针；有一条选定的行动路线或方案。公共政策的选择是政府有意识、有目的

或目标导向的。

③公共政策是问题导向的。公共政策的主要目的在于解决社会问题。如果一个社会没有任何问题，公共政策也就没有存在的必要。

④公共政策包括了公共权威当局的作为或不作为的行动。公共政策既包括政府机关"积极"采取行动纲领，对社会生活进行干预，解决社会问题，也包括政府的不行动或不作为。

2. 公共政策的类型

(1)管制性政策。指政府设定一致性的管制规划和规范，以指导政府机关和标的团体从事某种活动和处理不同利益的政策。

(2)自我管制性政策。指政府并未设定严格的、一致性的管制规划和规范，而仅仅设定原则性的游戏规则，由各政府机关和标的团体自行决定采取何种行动，而政府不加干预的政策类型。

(3)分配性政策。指政策将利益、服务、成本和义务分配给不同的政府机关和标的团体享受和承担的政策。

(4)重分配性政策。指政府将某一标的团体的利益或义务，转移给另一标的团体享受或承担的政策。

二、公共政策问题的建构

1. 政策问题的性质

(1)政策问题的含义及构成要素

政策问题是指经由政策制定者(或分析者)认定，进入政府议程而欲加以解决的公共问题。政策问题的构成要素包括：①社会客观现象；②大多数人对上述现象觉察、认同并受其影响；③价值、利益与规范的冲突；④团体的活动与力量；⑤政府的必要行动。

(2)政策问题的特性

①互赖性。某一领域的政策问题经常影响另一领域的政策问题，因而发生纵横交错的复杂关系，在解决政策问题时，必须采取整体的观点，将问题视为整体问题不可分割的一个组成部分。

②主观性。政策问题是人类对环境所采取行动的思考产物。由于政策问题的主观性，因此政策问题的解决必须有人文的关怀。

③人为性。政策问题是人类主观判断的产物，它不能脱离那些试图界定该问题的利害关系人。

④动态性。问题与解决方案经常互相流动。如果问题未被正确加以陈述，则解决问题的方案会逐渐失去其时效。

2. 政策问题建构的方法

(1)政策问题建构的含义

政策问题的建构是指政策分析者试图孤立和定义一个特定的问题，以便使问题得以解决的过程。政策问题的建构是政策分析的关键，可以从分析方法与实质内涵两个角度加以说明。政策问题的建构有四种分析方法，包括问题感知、问题搜索、问题界定和问题陈述，同时还具有四种实质内涵，包括问题情境、后设问题、实质问题和形式问题。

(2)政策问题建构的程序

①以"问题感知"体悟"问题情境"。此阶段的目标并不是发现一个单独存在的政策问题，而是企图发现政策科学利害关系人所共同感受到的问题情境形态。

②以“问题搜索”认定“后设问题”。此阶段系以公共政策概念诠释问题情境，使之成为政策分析家所能处理的后设问题。

③以“问题界定”发现“实质问题”。此阶段系以专业知识来判断究竟该问题是属于哪一个政策领域。不论最终选择哪一种概念架构，这个阶段反映出政策分析家的世界观、观点或意识形态。

④以“问题陈述”建立“形式问题”。此阶段须以建构语言的方式，将实质问题转化为以数学语句或专业术语为表达方式的形式问题，但这种建构语句的形式必须明确反映政策问题本身的性质。

3. 政策问题诊断的误差

公共政策学者史塔林曾指出，问题诊断时可能遭遇到的误差因素有以下九个来源：

(1)组织结构。组织结构的问题主要表现为：

①层级节制体系。在过分层级化的组织中，容易造成信息被隐藏，或视寻找新的信息为敌人，而出现信息病象的情形，从而使政策问题认定的工作无法有效地进行。

②专业化。专业化的结果造成了各部门的本位主义，使正确的信息无法有效地取得，尤其是地理上的区隔造成资源及信息传递上的困难。

③集中化。集中化的情形，使上层的人员信息负载严重，难以获得正确和相关的信息，以有效地认定问题。

(2)意识形态。指组织成员所共同拥有的一套信仰体系。

①这种意识形态有其危险性，因为它就像“过滤器”，妨碍了真正信息的传达。

②过于坚持的信仰，会影响对实际问题的了解，造成认知失去协调性，而使信念和实际现状产生强烈的冲突。

(3)无知。对于专业知识并不了解，故会相信某些错误的媒体报道。但政府对于传播媒体的报道最为重视。如果报道的信息不明确，甚至是错误的，将会造成政府官员对问题诊断的错误。

(4)信息太多。政府官员的信息太多，造成沟通上的障碍，对问题的探讨产生误差。而幕僚人员事先过滤，则又容易造成连续的错误。

(5)噪音干扰。由于接受者的认知与人格结构的不同，而使信息有不同的意义。

(6)时间落差。指从接收到信息到开始反应之间的时间差距。现在被忽略的问题，将来可能是严重的问题。

(7)逃避问题。决策者往往逃避其所不愿意面对的问题，于是对于问题的真相无法真正了解。

(8)隐避问题。指提出某些大家已知道的问题来隐避事实上的重要问题。

(9)虚假问题。解决了错误的问题，但不会对于真正要解决的问题造成伤害。

三、政策规划与设计

1. 政策规划与设计的特性

(1)政策规划是目标导向的。其主要表现是任何一项政策规划必须有前瞻性与指导性。要实现政策规划所设计的“未来状态”，就必须有相关的人力、物力、财力的支持和大家的共同努力。而未来事务状态的订定，必须考虑目标与资源的配合。

(2)政策规划的变革取向。要实现未来状态，就必须逐步改变现状，才可能最终达成未来状态，因此，政策规划必须要有“变动性”与“创新性”。

(3)政策规划的选择取向。在进行规划时，要设法扩大选择的机会，在有限的资源下，做有效的选择。只有这样，才能激发创新，发掘智慧。

(4)政策规划的理性取向。政策规划的基本精髓就在于重视理性。其真正的意义就在于：通过环境、目标、手段之间的有效搭配，从而产生政策规划的可行性情形，如果政策规划超越了环境的限制，便缺乏可行性。

(5)政策规划的群体取向。现代政策问题的复杂性，使得政策规划难以由单方面的知识思考分析来决定，必须靠相关方面的机关、人员的相互协作与配合。

2. 政策规划的原则

(1)学者卡普兰提出的政策规划原则

包括：①公正无偏的原则；②个人受益原则；③劣势者利益最大化原则；④分配普遍原则；⑤持续进行原则；⑥人民自主原则；⑦紧急处理原则。

(2)公共管理和政策学者史塔林提出的政策设计的原则

①集中性。指将稀少的资源集中于策略性的项目上，不能将原本稀少的资源浪费于无优先性的项目上，而必须集中应用于策略性的因素。

②清晰性。指目标清晰及进行步骤的明确，目标必须清楚简明，才能得到民众的共鸣与支持。

③变迁性。政策必须有足够的弹性或缓冲以保证能够随着环境条件的改变而调整，政策、方案及计划的设计应能够随着环境的不同而快速地调整。

④挑战性。指政策目标的制定必须稍高于政府机关现有的能力和资源，但又不能脱离现实。

⑤协调性。指应从系统整体的观点出发，使达成政策目标间的各政策手段形成网路而相互协调。

⑥一致性。有三种政策设计者所不能忽略的一致性：a. 目标和目的的一致性及目的与行动的一致性；b. 目标内在的一致性，即一项政策所包含的目标不能相互冲突；c. 政策外在的一致性，即政策不能与经济、社会等政策相冲突。

3. 理性政策规划的基本步骤

(1)决定目标。在决定目标时应考虑的目标类型大致包括：个人性目标、社会性目标和机关性目标。政策目标的主要来源是：宪法的规定、法律的规定、行政首长的命令和指示。

(2)估计需要。指“对于特定群体的状况，决策者所希望予以补救的范围和程度或缺失”。特定群体即指“标的群体”。对于标的群体的订定，因不同的问题而定，有以“需求群体”者，有以“风险群体”者。

(3)确定目的。目的是指所欲实现的具体成果，由于决策者所掌握的资源有限，不可能制定过多和过于分歧的目标，所以决策者对于多元的目的要仔细考虑。

(4)设计方案。这一阶段担负了承前启后的角色，是整个规划过程的核心所在。在设计方案时，应清楚和明确各备选方案间的关系及备选方案的意义。备选方案的意义在于：备选方案或替选方案乃是一组负相关的不连续行动，亦即当采取某一项行动后，不可能再采取另一项行动，彼此是相互排斥的；被称为一组替选方案的所有方案均应与同一个目的直接相关。

(5)评定后果。此阶段对前一阶段加以更加详尽、更加具体的分析，以作为下一阶段选定方案的基础。评定后果主要包括：①效益分析：政治效益分析、社会效益分析、经济效益分析；②可行性分析：政治可行性分析、法律可行性分析、经济可行性分析、行政可行性分析、技术可行性分析、时间可行性分析等；③平等分析：方案的实施要注意使社会大众平等地受益或公正地享用。即政府规划原则中应遵循的平等原则、公正原则、正义原则。

(6)选定方案。选定方案可分为五个步骤：①各种报告的准备；②外界评论；③内部的审核；④方案的修正；⑤回馈。

(7)设计执行。此阶段主要包括设计执行的程序以及执行的责任。执行的项目包括：①叙述和说明作业程序；②明确执行的责任，包括：活动的顺序、工作人员、空间地域、设施、财务机制、主办机关；③明确管制程序。涉及方案顺利有效执行的行政程序有：方案监测、经费监测、时间监测等。

(8)评估。针对以下问题涉及评估办法：①政策或方案是否已照原定计划执行；②政策或方案目的所达成的程度如何；③政策或方案是否有效果；④政策或方案是否有效率。

(9)回馈。针对评估的发现，与原先所决定的目标相比较，察看其是否有差距，再进行修正或调整。通过回馈，使政策规划工作具有反复进行的特质。

四、公共政策执行

1. 政策执行的理论模式

(1)自上而下的政策执行模式

①自上而下的政策执行模式是指一种从传统的行政理论出发，强调行政组织的集权和层级结构，认为上级负责制定政策，下级负责执行政策的政策执行理论研究模式。

②自上而下的政策执行模式基本命题的阐述

a. 政策制定与政策执行是有界限的、分离的、连续的。

b. 政策制定与政策执行之所以存在界限，是因为：

第一，政策制定者设定目标，政策执行者执行目标，二者分工明确；

第二，政策制定者能够陈述政策，是因为他们能够同意许多不同目标间的优先顺序；

第三，政策执行者拥有技术能力，服从与愿意执行公共政策制定者设定的政策。

c. 既然政策制定者与执行者接受两者之间的任务界限，则执行过程必然是在政策制定之后的连续过程上。

d. 涉及政策执行的决定，本质上是非政治性与技术性的；执行者的责任为中立的、客观的、理性的与科学的。

③自上而下的政策执行模式的优点

此方式讲究的是科学管理的精神，功能分工、管理监督、命令统一、专业分工、层级节制等都是如此。

④自上而下政策执行模式的缺点

a. 自上而下模式强调了从中央政策决定开始，容易忽视其他行动者的重要性；

b. 许多政府没有支配性的机关，而是由多元政府机关共同执行的；

c. 此模式忽视了低层官员与政策标的团体采取的各种策略；

d. 政策执行与规划之间的区分是不必要的、无意义的。

(2)自下而上的政策执行模式

①自下而上的政策执行模式是指一种认为政策执行机关应有一定的自主空间，重视政策执行过程中各级组织的互惠和沟通的政策执行理论研究模式。

②自下而上的政策执行模式的基本命题

a. 有效的政策执行有赖于多元组织的执行结构；

b. 政策执行结构是有共识的自我选择过程；

c. 政策执行是以计划理性而非以组织理性为基础；

d. 有效的政策执行取决于执行机关间的过程与产出，而非政策决定建构者的意图或雄心；

e. 有效的政策执行是多元行动者互动的结果，而非单一机关之行动结果；

f. 有效的政策执行有赖于基层官员或地方执行机关的裁量权，而非层级结构的指挥命令系统；

g. 有效的政策执行必然涉及妥协、交易或联盟的活动，故互惠性远比监督性功能更为重要。

③自下而上政策执行模式的优点

a. 自下而上的政策执行模式能促使政策制定部门正视执行过程中机关组织间的互惠性与裁量权；

b. 自下而上的政策执行模式能促使各部门之间重视彼此意见与利益的沟通交流。

④自下而上政策执行模式的缺点

其缺点主要是过分重视边陲而忽略中心。

2. 影响政策执行力的因素分析

(1)政策问题的性质

①标的人口行为的分殊性。分殊性的程度越高，则越难建构清晰明确的统一管理标准，以作为评估绩效的标准，因此执行的成效将会大打折扣。

②标的人口的数目多寡。政策所涉及的标的人口的数目越少、越肯定，将越可能动员其支持、拥护或反对政策的执行。

③标的人口行为需要调适的程度。如果政策执行时需要大幅度地改变标的人口的行为方式，政策执行时遭遇阻力或抗拒性的可能性就较大。

(2)政策执行的资源

①人员。人员是政策执行的主力。执行人员的管理技巧及行政技巧，是执行过程中不可或缺的要件之一。

②信息。信息是有效执行的前提，因此，执行人员必须熟知政策的内容，尤其是有关革新或高度技术性的政策，更应充分了解和掌握相关的信息。

③设备。即经费、设备、物料等是否充足，也直接影响着政策的执行。

④权威。负责执行政策的人员，应赋予其足够的权威，只有这样才可顺利地推动政策。然而有的时候，执行机构缺乏足够的权威，使得政策难以有效地执行。

(3)政策沟通

①执行命令欠缺清晰性。执行命令如果不明确、含糊不清，往往会造成决策者与执行者之间的沟通受阻。

②执行命令欠缺一致性。执行命令即使清晰明确，但是如果命令的内容或做法发生矛盾冲突现象，沟通也会受到阻碍。

(4)政策执行人员的意向

执行人员对政策目标的认同感越高，执行时的意愿及配合就越好；反之，如果执行人员对政策目标缺乏共识，或对政策执行工作抗拒，甚至于阳奉阴违、敷衍了事，则很难期望政策执行顺利有效。

(5)政府组织结构

政府执行机关在结构及运作上是否科学、合理，直接影响着政策执行的成败，政府组织结构对政策执行的影响主要有以下两个方面：

①标准作业程序。指行政机关为有效处理繁杂的日常事务所发展出来的一套例行化的惯例规则。如果机关制定政策有标准作业程序，将有利于政策的执行。

②执行权责分散化。政策的执行权责如果分散由不同的机关负责，必然因为事权不专而导致政策执行成效不彰甚至失败的结局。

(6)政策标的团体的顺服程度

要使政策有效执行，就需要标的人口顺服政策，采取合作的态度，加以配合。执行机关在政策执行阶段，可采取教育、说服、宣传、激励的策略，随时与标的人口进行沟通，及时调整政策方案的执行做法、程序，并解决执行时所引发的问题，促使标的人口愿意采取顺服的行为及态度，正面接受和配合政策的推行，以达到政策目标。

(7)社会、经济与政治环境

政策执行所涉及的外在社会、经济与政治环境，对政策执行的成效具有重要的影响。主要问题有：

①执行机关可利用的经济资源能否支持政策的顺利执行；

②政策执行会如何影响社会、经济与政治情况，影响至何种程度；

③社会舆论对政策执行支持的情况如何；

④精英分子对政策执行所持的态度为何；

⑤意见领袖、利益团体、标的人口对政策执行所持的态度为何等。

五、公共政策评估

1. 政策评估的含义、特质与功能

(1)政策评估的含义

政策评估是指政策评估人员利用科学的方法和技术，有系统地收集相关信息，评估政策方案的内容、规划与执行过程以及执行结果的活动。政策评估的内涵包括：

①评估的对象为足以影响社会发展的公共政策与计划；

②评估的方法为多元的社会科学研究方法；

③政策评估者包括官方的与非官方的评估者；

④政策评估的内容包括政策产出和政策结果，其中尤以政策结果为重要。

(2)政策评估的基本特质

①以价值为焦点。政策评估必须质疑政策目标的妥当性与适当性，也必须说明公共政策对社会发展的贡献。

②价值与事实的互赖性。政策评估对于公共政策的价值判断，必须以事实资料为基础，进行政策评估活动无法避免事实与价值的互动性。

③目前与过去取向。政策评估活动不仅要分析公共政策的当前发展状况，探究政策发展的方向是否按照政策目标进行；同时，也需要收集公共政策的过去发展经验，以掌握过去发展的路线是否按照所预期的方向进行。

④价值的双重性。政策评估虽以完成内在价值为主，但有时外在价值也是评估项目之一。

(3)政策评估的积极作用

①继续或停止政策的实施；

②改善政策的实施与程序；

③增删特殊的政策执行策略与技术；

④作为他处推动类似政策的参考；

⑤作为分配各竞争政策资源的根据；

⑥作为接受或拒绝某一政策所涉及途径或理论的基础。

2. 政策评估的一般标准

(1)效能。指某项政策达成预期结果或影响的程度。即实际达成者与原定的预期水准相比较，以了解政策是否产生所期望的结果或影响。

(2)效率。指政策产出与所使用成本间的关系，通常以每单位成本所产生的价值最大化或每单位产品所需成本的最小化为评估基础。可分成两大类：技术性效率与经济性效率。

(3)充分。指政策目标达成后，消除问题的程度。虽然有的时候政策目标的设定，是为了消除整个问题，但由于各种因素的限制，政策执行后，目标常被缩小成一小部分或是对问题只能作部分的解决。

(4)公正。指政策执行后导致与该政策有关的社会资源、利益及成本公正分配的程度。一项公正的政策乃是一项努力公正合理分配的政策。任何一项政策只能谋取社会利益的最大化，其做法主要有四种：

①使个人福利最大化。即使所有的人所获福利都最大化。

②保障最少量的福利。即增加某些人的福利，但使情况最糟者能获得最低基本数量福利的保障。

③使净福利最大化。即增加社会的净福利但假设其所获利益可用以补偿遭受损失者。

④使再分配的福利最大化。即使社会中某些特定的团体，其所获再分配的福利能够最大化。

(5)回应性。指政策执行结果满足标的团体的需求、偏好或价值的程度。

(6)适当性。指政策目标的价值如何、对社会是否合适以及这些目标所根据的假设的妥当性如何。

3. 政策评估可能遇到的问题和困难

(1)政策目标不易确定

在当代民主社会中，许多公共政策的目标是含糊不清的，是多元价值取向的，甚至是难以并列评判的。因此要判断政策目标是否已经达成，以及目标达成的程度，并不是一件容易的事情。

(2)政策成功与否的标准不易界定

要评估公共政策是否成功，首先要确定政策成败的标准。但是标准往往是相对的，不同的人因政治态度、价值偏好、利益等原因往往对标准有不同的看法。

(3)政策效果、影响与政策行动之间的因果关系不易确定

政策评估是要在政策行动与实际的政策效果之间建立因果关系。即要确定政策行动是否真正地引起了客观社会现实的改变。但是要在二者之间建立和确定因果关系，绝非易事。社会现实的改变，可能是受到政策行动以外的因素的影响。

(4)政策影响具有多层面，政策评估需要仔细、全面，务求客观，否则将陷入评估的陷阱

①一项政策可能有几种后果，包括预期的和非预期的；

②一项政策对于标的团体以外的团体亦可能产生某种影响，即政策的溢出效应；

③一项政策不仅可能影响目前，亦可能影响未来发展；

④一项公共政策除了产生直接成本，尚有间接成本，间接成本不易量化，而且常被忽视。

(5)政策评估所需信息资料不易获取

政策评估最大的困难在于信息和资料的缺乏，以至于无法进行科学的判断。

(6)评估的方法问题

政策评估的方法论多种多样，有的以实验为主，强调量化评估；有的以自然调查为主，强调质化的评估。但是无论哪种方法论都无法对政策评估提供一套一致满意的方法。

(7)政治上的阻力

政策评估多少有些批评政府的意涵，政府机关往往尽力避免对其政策进行评估，甚至于有些人认为，对政府政策加以批评，是对政府人员的能力提出质疑。

(8)政策评估的成本

政策评估需要投入相当的人力和财力，评估的成本是很大的。在政府财政预算紧张的情况下，评估的费用往往难以保障。

4. 政策评估结果的处理方式

(1)政策方案调整

政策执行的情况在经过监测与评估之后，发现执行有困难或是环境已发生变化，或者是人力、经费等资源不足时，就必须调整方案执行的方法、技术或程序等。

(2)政策方案持续

政策执行的情况在经过监测与评估后，经推测已初步满足标的人口的需求、价值观及机会等，即政策方案的执行已达到基本的目的，即可继续执行政策方案，不用修改政策问题、标的人口或执行人员及经费等。

(3)政策方案终止

政策执行的情况在经过监测与评估后，经推论原先的问题已获得解决或问题未获解决反而产生更多问题时，应即终止该政策方案的执行。

(4)政策方案重组

政策执行的情况在经过监测和评估后，发现问题未获解决，乃是由于当初对问题界定不当、目标不明确、解决问题的方法不妥当等所引起，就应重新建构问题，了解问题的症结，设计新的目标及新的解决方案，于是造成“政策循环”的情况。

5.2 课后习题详解

一、概念题

1. 公共政策

答：参见本章复习笔记相关内容。

2. 管制性政策

答：管制性政策是指政府设定一致性的管制规划和规范，以指导政府机关和标的团体从事某种活动和处理不同利益的政策类型。这种政策是通过制约、禁止政策对象行为来实现的。其作用表现为两个方面：①条文规定使政策对象不能、不愿、不敢超出规范；②条文规定使政策对象发生违反规范的行为时，受到相应的惩罚。依管制的目的而言，管制性政策可分为经济性管制政策与社会性管制政策；以管制的手段而言，管制性政策可分为指挥式管制政策与诱导式管制政策。从博弈理论的角度分析，管制性政策属于零和赛局的政策。因为这种类型的政策的执行，常会使一方获利，而另一方失去利益。例如：污染管制政策、交通管制政策、出入境管制政策等。管制性政策深具强制及威胁性，因此受制者会抵抗来自管制者的管制行动，故管制政策在执行时常遭受到巨大的抗拒而产生争执，容易引起管制者及受制者之间的紧张关系，所以政府也必须投注大量的资源在管制性政策的发展上。

3. 自我管制性政策

答：自我管制性政策是指政府并未设定严格的、一致性的管制规划和规范，而仅仅设定原则性的游戏规则，由各政府机关和标的团体自行决定采取何种行动，而政府不加干预的政策类型。自我管制性政策与管制性政策的不同之处在于它不是别的团体强加上来的，而是受调节的团体主动要求，并作为保护和促进自我利益的手段而出现的。虽然该政策类型对标的人口进行拘束或限制，但其主要目的在于增加而非减少标的人口的利益，故较不易遭致反抗。自我管制性政策是一种非零和赛局的政策类型，政策的执行通常不以牺牲其他标的团体的利益为其代价，没有利益上的排他性。例如，政府机关授权各出口同业公会自行检验管制出口商的品质政策等。

4. 分配性政策

答：分配性政策是指将利益、服务和成本、义务分配给不同的政府机关和标的团体享受和承担的政策类型。一般情况下，分配性政策都是运用公共资金援助特定的团体。利益分配的对象不需要直接竞争，他们获得利益但并不意味着因此而致富。这一政策类型基本上是一种非零和赛局的政策，政策的执行只会产生得利者，不会产生受害者，并不构成一方所得建立在另一方所失的基础上，不具备义务和利益的排他性。

5. 再分配性政策

答：再分配性政策是指政府将某一标的团体的利益或义务，转移给另一标的团体享受或承担的政策。例如个人收入累进所得税基本上就是对于富有阶层的财产通过累进税率的征收，转移给贫困阶层，以缩小贫富的差距。这一类型政策的制定通常是在考虑财富、权力、地位的分配状况后所采取的，必然会引起受损失的标的团体的抗拒，出现利益上的排他性，是一种零和赛局的政策。

6. 政策问题

答：政策问题是指经由政策制定者(或分析者)认定，进入政府议程而欲加以解决的公共问题。政策问题的构成要素包括：①社会客观现象；②大多数人对上述现象觉察、认同并受其影响；③价值、利益与规范的冲突；④团体的活动与力量；⑤政府的必要行动。政府认同社会问题并使其成为公共政策问题有两个基本条件：①属于政府管辖权限内的事务；②属于政府能够管辖的事务。

7. 政策问题的建构

答：参见本章复习笔记相关内容。

8. 政策规划

答：政策规划是指政府为了解决公共问题，采取科学方法，广泛收集各种信息，设定一套未来行动选择方案的动态过程。政策规划主要有五个特性：①政策规划是目标导向的；②政策规划的变革取向；③政策规划的选择取向；④政策规划的理性取向；⑤政策规划的群体取向。政策规划是公共政策适应政治环境的过程，是系统思考的过程，是发明政策方案的过程，也是可行性分析的过程。政策规划要遵循科学的原则和方法。

理性政策规划的九个步骤包括：①决定目标；②估计需要；③确定目的；④设计方案；⑤评定后果；⑥选定方案；⑦设计执行；⑧评估；⑨回馈。

9. 政策执行

答：政策执行是指将政策理想变为现实的整个过程，是介于政策规划和政策评估之间的中间环节。政策执行是政策运行机制的关键环节之一，它的重要地位主要体现在：①政策执行是解决社会问题的根本性环节；②政策执行决定了政策方案能否实现以及实现的程度和范围；③政策执行的活动及其后果是后继政策制定的重要依据。影响政策执行的因素包括政策问题的性质、政策执行的资源、政策沟通、政策执行人员的意向、政府组织结构、政策标的团体的顺服程度和社会、经济与政治环境。

10. 自上而下的政策执行模式

答：自上而下的政策执行模式是指一种从传统的行政理论出发，强调行政组织的集权和层级结构，认为上级负责制定政策，下级负责执行政策的政策执行理论研究模式。其理论来源于古典行政理论，讲究的是科学管理的精神，举凡功能分工、管理监督、命令统一、专业分工、层级节制、依法办事均是自上而下的政策执行模式的要义。

自上而下政策执行模式反映了政策执行的许多特质，但也存在缺点。其缺点在于：①强调从中央政策决定开始，容易忽视其他行动者的重要性；②许多政府没有支配性的机关，而是由多元政府机关共同执行的；③忽视了低层官员与政策标的团体采取的各种策略；④政策执行与规划之间的区分是不必要的、无意义的。

11. 自下而上的政策执行模式

答：自下而上的政策执行模式是指一种认为政策执行机关应有一定的自主空间，重视政策执行过程中各级组织的互惠和沟通的政策执行理论研究模式。

自下而上的政策执行模式的优点是：促使人们能够正视执行过程机关组织间的互惠性与裁量权。政策执行往往涉及许多单位与人员，而每个单位与人员对于政策实施皆有其立场、利益与看法，所以沟通协调在所难免，自下而上的执行方式，促使人们重视彼此意见与利益的沟通交流。其缺点则是过分重视边陲而忽略中心。

12. 政策评估

答：参见本章考研真题概念题第3题答案。

二、思考题

1. 何谓公共政策？公共政策有哪些主要类型，试举例说明。

答：(1)公共政策的含义

公共政策是政府为了解决和处理公共问题，达成公共利益或公共目标，经过政治过程，所发展出来的原则、方针、策略、措施和办法。公共政策的特质在于：

①公共政策乃是公共权威当局所进行的活动。一般而言，公共政策由政府机关制定。

②公共政策的选择行动是一种有意识的行动。一项公共政策都有一个或一组特定的目标；有一个基本的方针；有一条选定的行动路线或方案。公共政策的选择是政府有意识、有目的，或目标导向的。

③公共政策是问题导向的。公共政策的主要目的在于解决社会问题。公共政策所处理的问题可能是单一的，也可能是一系列相互关联的社会问题，是一个政策问题的网络。

④公共政策包括了公共权威当局的作为或不作为的行动。公共政策既包括政府机关"积极"采取行动纲领，也包括政府的不行动或不作为。

(2)公共政策的类型

①管制性政策。指政府设定一致性的管制规划和规范，以指导政府机关和标的团体从事某种活动和处理不同利益的政策。例如，污染管制政策、交通管制政策等。从博弈理论的角度分析，管制性政策属于"零和赛局"的政策。

②自我管制的政策。指政府并未设定严格的、一致性的管制规划和规范，而仅仅设定原则性的游戏规则，由各政府机关和标的团体自行决定采取何种行动，而政府不加干预的政策类型。它是一种非零和赛局的政策类型，因政策的执行通常不至于牺牲其他标的团体的利益为其代价，也就是说没有利益上的排他性。如订立城市远期发展的各项目标。

③分配性政策。指政策将利益、服务和成本、义务分配给不同的政府机关和标的团体享受和承担的政策。分配性政策基本上是一种非零和赛局的政策，因为执行分配性政策，并不构成他方之所得建立在另一方所失的基础上，不具备义务和利益的排他性。如社会福利政策、教育政策等。

④重分配性政策。指政府将某一标的团体的利益或义务，转移给另一标的团体享受或承担的政策。如个人收入累进所得税基本上就是对于富有阶层的财产通过累进税率的征收，转移给贫困阶层，以缩小贫富的差距。这种政策出现利益上的排他性，是一种零和赛局的政策。

2. 何谓政策问题？政策问题的特性为何？

答：参见本章复习笔记相关内容。

3. 政策问题的认定可能遇到哪些误差因素，如何才能避免这些误差？

答：(1)政策问题认定的误差因素

①组织结构。组织结构的问题主要表现为：a. 层级节制体系。在过分层级化的组织中，容易造成信息被隐藏，或视寻找新的信息为敌人，而出现信息病象的情形，从而使政策问题认定的工作无法有效地进行。b. 专业化。专业化的结果造成了各部门的本位主义，使正确的信息无法有效地取得，尤其是地理上的区隔造成资源及信息传递上的困难。c. 集中化。集中化的情形，使上层的人员信息负载严重，难以获得正确和相关的信息，以有效地认定问题。

②意识形态。指组织成员所共同拥有的一套信仰体系。第一，这种意识形态有其危险性，因为其就像"过滤器"，妨碍了真正信息的传达；第二，过于坚持的信仰，会影响对实际问题的了解，造成认知失去协调，而使信念和实际现状产生强烈的冲突。

③无知。对于专业知识并不了解，故会相信某些错误的媒体报道。但政府对于传播媒体的报道最为重视。如果因报道的信息不明确，甚至是错误的，将会造成政府官员对问题诊断的错误。

④信息太多。政府官员的信息太多，造成沟通上的障碍，对问题的探讨产生误差，而幕僚人员事先过滤，则又容易造成连续的错误。

⑤噪音干扰。当甲想让乙了解某种信息，但乙所得到的和甲的预期不同，同样的原始信息，会产生许多不同的意义。由于接受者的认知与人格结构的不同，而使信息有不同的意义。

⑥时间落差。指接收到信息到开始反应之间的时间差距。现在被忽略的问题，将来可能

是严重的问题。

⑦逃避问题。决策者往往逃避其所不愿意面对的问题，于是对于问题的真相无法真正了解。

⑧隐避问题。指提出某些大家已知道的问题来隐避事实上的重要问题。

⑨虚假问题。解决了错误的问题，但不会对于真正要解决的问题造成伤害。

(2)避免误差的方法

①问题描述应做到真实详尽，切忌人为夸大或缩小。在现实生活中为了个人或集团的利益夸大工作成绩，缩小存在问题是普遍现象。所以虚假与半虚假的问题描述在日常工作中并不鲜见，对决策中的正确选择构成很大障碍。因此，有时就需要建立平行的多个报告渠道，以比较和鉴别信息的真伪。

②尽量缩短报告链条，减少报告层次。层层报告不仅会造成时间上的迟缓，而且掺杂了层层筛选和加工。由于政策问题的不确定性和多变性，时间的延误很可能就会造成问题描述的失真，而信息传达过程中过滤的层次越多就可能与所要反映的问题出入越大。

4. 说明政策规划的特质。

答：参见本章复习笔记相关内容。

5. 政策规划应该遵循什么样的准则？

答：在政策规划活动中应该遵循以下六个方面的准则：

(1)集中性。指将稀少的资源集中于策略性的项目上，即不能将原本稀少的资源浪费于无优先性的项目上，而必须集中应用于策略性的因素。策略性因素是指政策设计所涉及的关键性的、主要的及基本的因素(包括优点、缺点、机会与威胁等)。

(2)清晰性。指目标清晰及进行步骤的明确，目标必须清楚简明，才能得到民众的共鸣与支持。同样，进行的步骤越明确，就越有利于政策规划的执行。

(3)变迁性。政策必须有足够的弹性或缓冲以保证能够随着环境条件的改变而调整，即政策、方案及计划的设计应能够随着环境的不同而快速地调整，包括组织结构的调整、功能的变动等。要使政策具有适应性，就须通过以下途径或活动加以推动：①建立“水平侦测性活动”以确认政策可能遭遇的机会或威胁之一般性本质及程度；②创造充分的缓冲性资源，以便有效回应未预期事件发生的需要；③发展并赋予地位给负责推动政策者，使其在心理上承诺“于适当时机，愿意把握机会并弹性地推动政策”。

(4)挑战性。指政策目标的制定必须稍高于政府机关现有的能力和资源，但又不能脱离现实。目标具有挑战性，就可以维持组织的活力，以避免组织的衰退，但目标的挑战性如过高而难以实现，则会导致失败。因此，目标虽然应具有挑战性但却不能好高骛远而无法达成。

(5)协调性。指应从系统整体的观点出发，使达成政策目标间的各政策手段形成网路而相互协调。除此之外，各单位的信息交换及外部回馈的影响均应加以考虑，设计者应建立内部与外部的沟通网路，以加速信息的交流，促进协调和灵活。周全而快速的协调是政策执行成功的一个重要因素。

(6)一致性。有三种一致性是政策设计者所不能忽略的：①目标和目的的一致性及目的与行动的一致性；②目标内在的一致性，即一项政策所包含的目标不能相互冲突；③政策外在的一致性，即政策不能与经济、社会等政策相冲突。

6. 试说明政策执行模式。

答：当代政策执行模式包括两种：自上而下的政策执行模式和自下而上的政策执行模式。具体分析如下：

(1) 自上而下的政策执行模式

①自上而下的政策执行模式的含义

自上而下的政策执行模式的理论来源于古典行政理论，古典行政理论认为行政组织为集权、层级的和金字塔型的，上下级之间形成指挥与命令关系，上级负责政策制定，下级负责执行；政治与行政分离，政治负责政策制定，行政则负责政策执行；行政管理必须遵循科学管理的原则，以提高行政效率。

②自上而下的政策执行模式的主要内容

a. 政策制定与政策执行是有界限的、分离的、连续的。

b. 政策制定与政策执行之所以存在界限，是因为：第一，政策制定者设定目标，政策执行者执行目标，二者分工明确；第二，政策制定者能够陈述政策，因为他们能够同意许多不同目标间的优先顺序；第三，政策执行者拥有技术能力，服从与愿意执行公共政策制定者设定的政策。

c. 既然政策制定者与执行者接受两者之间的任务界限，则执行过程必然是在政策制定之后的连续过程上。

d. 涉及政策执行的决定，本质上是非政治性与技术性的；执行者的责任为中立的、客观的、理性的与科学的。

③自上而下的执行方式的优点

自上而下的执行方式讲究的是科学管理的精神，举凡功能分工、管理监督、命令统一、专业分工、层级节制、依法办事均可提高决策效率。

④自上而下模式的缺点

a. 自上而下模式强调了从中央政策决定开始，容易忽视其他行动者的重要性；

b. 许多政府没有支配性的机关，而是由多元政府机关共同执行；

c. 此模式忽视了低层官员与政策标的团体采取的各种策略；

d. 政策执行与规划之间的区分是不必要的、无意义的。

(2) 自下而上的政策执行模式

①自下而上的政策执行模式的含义

自下而上的政策执行模式强调应该给予基层官员或地方执行机构自主裁量权，使之能够适应复杂的政策情境；中央的政策决定者，其核心任务并不是设定政策执行的架构，而是提供一个充分的自主空间，使基层官员或地方执行机关能够采取适当的权宜措施，重新建构一个更能适应执行环境的政策执行过程。

②自下而上模式的基本命题

a. 有效的政策执行有赖于多元组织的执行结构；

b. 政策执行结构是有共识的自我选择过程；

c. 政策执行是以计划理性而非以组织理性为基础；

d. 有效的政策执行取决于执行机关间的过程与产出，而非政策决定建构者的意图或雄心；

e. 有效的政策执行是多元行动者互动的结果，而非单一机关之行动结果；

f. 有效的政策执行有赖于基层官员或地方执行机关的裁量权，而非层级结构的指挥命令系统；

g. 有效的政策执行必然涉及妥协、交易或联盟的活动，故互惠性远比监督性功能更为重要。

③自下而上的政策执行模式的优点

促使人们能够正视执行过程机关组织间的互惠性与裁量权。政策执行往往涉及许多单位与人员，而每个单位与人员对于政策实施皆有其立场、利益与看法，所以沟通协调在所难免，自下而上的执行方式，促使人们重视彼此意见与利益的沟通交流。

④自下而上模式的缺点

其主要缺点是过分重视边陲而忽略中心。

7. 影响政策执行的因素很多，试分别予以分析。

答： 参见本章考研真题论述题第2题答案。

8. 在我国公共政策的执行中，经常出现“上有政策，下有对策”的情况，分析出现这种现象的原因以及解决之道。

答：(1)“上有政策、下有对策”现象的主要表现

包括：①“添工加料”、附加条件的执行；②象征性、“走过场”式的执行；③改其实质、曲解其义的执行；④表面一致、阳奉阴违的执行。

(2)原因剖析

执行是使既定的决策目标得以实现的动态过程。合理的执行机制是政策有效执行的必要条件。当前我国政府的执行机制缺陷是“上有政策，下有对策”行为的关键原因，主要表现在：

①政策执行中某些具体环节的“偏差”导致政策执行不力。政策执行环节中的任何失误或不周都会影响政策的正确执行。从现实表现来看，政策执行环节上的“偏差”经常反映在以下几方面：政策宣传的缺陷；政策执行的信息沟通机制不健全；指挥不力，缺乏协调；政策执行的评估机制欠缺。

②政府执行力的弱化。政府执行力是一种“合力”，政府执行力各要素的优化组合是形成高效执行力的关键。执行力弱，就难以确保政令畅通，就会出现“上有政策、下有对策”的现象。政府执行力的弱化主要表现在以下几个方面：政策本身存在漏洞；政策缺乏明晰性；政策缺乏协调性；政策缺乏稳定性和连续性。

③执行主体的利益需求和能力缺陷导致偏差：执行主体的利益需求产生行为偏差；执行主体的认知缺陷；执行主体素质不高。

④执行资源的匮乏。政策执行所需的资源是否充分具备，是政策执行是否顺畅的关键。执行资源包括政策资源、人力资源、财政资源、信息资源等。

a. 有些地方政府政策贯彻不到位，落实不彻底，白白浪费了政策这一宝贵的资源。有些地方政府在宣传政策时“缺斤少两”，马虎应付，或发个文件，或召集个会议，就算完成任务，流于形式，浮在表面。

b. 人力资源。指高素质的政策执行人员。在我国，虽然行政机关人员臃肿的现象十分严重，但是优秀的高素质的公务员却很缺乏。

c. 财政资源。指政策执行者政策执行活动中保障政策执行的必要开支的各项经费。在我国处于政治、经济、文化欠发达的社会转型时期，执行经费的缺乏始终是阻碍公共政策执

行的重要因素。

d. 信息资源。由于我国政府机构的设置不合理，运转不规范、不协调等问题，加上政府机关办公设备不同程度的落后、陈旧，政策执行者的信息渠道不畅通，信息来源匮乏的现象在一些地方，尤其是经济不发达地区存在。这就使得政策执行者无法制定出切实可行的行动计划，也无法对政策执行过程实施必要的控制，从而造成政策执行中的失误或困难。

⑤执行文化的缺乏。目前，我国许多地方政府就缺少这种“迅速反应，马上行动”的执行文化，办事拖沓，互相推诿，对中央的政策执行不力，随意变通。此外还有监督不力等原因。

(3)解决之道

①加强政策执行中的思想文化建设。具体来说就要树立正确的利益观、政绩观。首先承认追求个人合理利益的正当性，但同时要认识到利益是一个矛盾体，包含了个人利益和共同利益，局部利益和整体利益。个人利益的追求要以不损害公共利益为前提，在冲突的条件下，以公共利益为优先选择。

②完善权力制约体系。现阶段，完善权力制约机制首先要合理分权。包括中央和地方政府之间，以及同级政府中不同部门之间的权力划分，使之法律化。在职责明确情况下，加强中央对地方政策执行的监督，改变地方政府执行政策随意变通的行为；明确划分政府各部门之间权责范围，理顺立法权、行政权、司法权之间的关系，完善人大对行政执行权监督的实施细则。

③健全科学民主的决策制度。民主决策和科学政策评估是保证政策科学性的前提条件。民主化决策要求在政策制定过程中，既要把基层执行人员纳入决策议程，又要发挥专家学者以及广大政策目标群体的聪明才智。

④完善政策执行的监控系统。政策执行监控系统建设包括三个方面：监控主体建设、监控信息系统建设以及监控资源的增加。即：a. 完善监控主体地位，权力来源与配置；b. 利用现代信息技术建立政策执行的监控系统，收集处理政策执行的完整信息，建立信息控制系统；c. 加大对监控部门的资金、技术设备、人员编制方面的倾斜政策。

9. 何谓政策评估？政策评估有什么价值？

答：参见本章复习笔记相关内容。

10. 政策评估的标准是什么？

答：参见本章复习笔记相关内容。

11. 请选择你所在地区政府制定的一项公共政策，对其效果和影响予以系统地评估，并写出评估报告。

答：略。

5.3 考研真题详解

一、概念题

1. 公共政策(大连理工 2018 年研；山东师大 2017 年研；湖南师大 2016 年研；首都经贸 2015 年研；江苏大学 2015 年研；湖南农大 2013 年研；武大 2012 年研；中财 2011 年研)

答：参见本章复习笔记相关内容。

2. 政策规划(中国传媒大学 2012 年研)

答：参见本章课后习题概念题第 8 题答案。

3. 政策评估（南航2018年研；中财2010年研；人大2006年研）

答：政策评估是政策评估人员利用科学的方法和技术，有系统地收集相关信息，评估政策方案的内容、规划、执行过程与执行结果的活动。依评估学家罗西与福里曼的看法，政策评估是指系统运用社会研究程序，以评估社会干预计划的概念化、设计、执行与效果。

基于上述观点，政策评估的内涵包括：①评估的对象为足以影响社会发展的公共政策与计划；②评估的方法为多元的社会科学研究方法；③政策评估者包括官方的与非官方的评估者；④政策评估的内容包括政策产出和政策结果，其中尤以政策结果为重要。

政策评估的基本功能是向政府及社会提供政策绩效的资讯；重新检视政策目标及政策方案，以谋求政策改进之道；同样，政策评估还可以作为形成政策问题或政策建议的基础。其目的是通过将评估的信息直接或间接地反馈给政策制定者和政策执行人员，促进他们适时作出政策反应、选择好的政策方案、及时调整不当的政策、废除无效的政策、改善政策执行的行为，从而提高政策制定的质量。

4. 政策调整（华北电力大学2007年研）

答：政策调整是指在政策评估与监测中所获得的有关政策执行效果的反馈信息的基础上，对政策方案、方案与目标之间的关系等进行不断地修正、补充和发展，以便达到预期政策效果的一种政策行为。政策调整的内容包括问题的重新界定、目标的重新确定、方案的重新拟定，还包括政策效力、政策主体和客体的调整。政策调整有利于保障公共政策的科学化，保证公共政策的权威性和严肃性，保持公共政策的稳定性和连贯性。

5. 政策周期（或政策循环）（东财2016年研；内蒙古大学2016年研；中山大学2012年研）

答：政策周期是指政策经过制定—执行—评估—监控—终结这几个阶段后形成的一个周期；同时它还表明，新的政策往往不是凭空产生的，常常是原有政策的延续，是为适应新情况而对原政策加以修改调整，从而形成政策的一个新周期，实现新老政策的交替循环。

一个完整的政策周期应包括制定—执行—评估—监控—终结这几个阶段。政策制定是核心；政策执行是关键；政策评估是对政策方案合理性的最具权威的检验；政策监控是政策运行中不可缺少的一个环节，贯穿于政策过程的始终，通过政策监控，能够及时发现并纠正政策偏差，从而提高政策绩效，实现政策目标；政策终结则意味着一个旧周期的结束。

二、简答题

1. 对公共政策分析的基本要素进行简要分析。（华北电力大学2007年研）

答：公共政策分析的基本要素主要有：

（1）政策问题

某一公共政策能否顺利提出，在一定程度上取决于人们是否对政策问题取得共识。政策问题是从大量社会问题中筛选出来的，如何筛选，谁参与筛选，其结果会大相径庭。作为有选择的社会问题，不同于解决一般的技术问题。技术问题易于形成统一认识，是与否、真与伪，相对地可以利用科学技术及其他人们共同遵守的原则与手段处理。社会问题则不然，人们对它们所做出的判断是否准确，既取决于经验知识，还取决于伦理道德方面的价值观念等。

（2）政策目标

政策分析的中心任务，是要确定解决问题的目标，或者明确地说，确定目标是分析的前提。政策目标是政策所希望取得的结果或完成的任务。如果没有目标，政策方案是无法确定的，但目标不明确，也同样会使政策出现偏差。界定了政策问题，并不等于确定了目标，因为问题中确认的东西还太抽象，往往抓不住要害。所以必须要求目标明确，具体落实。围绕问题，开始设定的目标往往笼统，有待进一步具体化。其方法有两种：①把总目标分解成更低层次的子目标；②量化，给目标定出必须实现的数量界限。这样可以使整体目标与局部目标、长远目标与近期目标、单目标与多目标等分析得较为清楚。

(3)政策方案

为实现某一目标，可采用多种手段或措施，它们统称为备选方案。拟定可供选择的各种备选方案，也是政策分析的基础。由于好与坏、优与劣都是在对比中发现的，所以需要拟定出一定数量的可行方案进行对比选择。政策方案的设计过程，是个不断创新的过程。有些学者认为，这一过程是政策分析最能大显身手之处。无选择的政策方案不行，有了可供选择的方案而不会选择也不行。为保证备选方案的拟定、设计和选择，人们十分重视政策方案的科学预测。预测结果如何，取决于经验、资料与其他信息，以及预测技术等。

(4)政策模型

模型是对研究对象和过程某一方面的本质属性所进行的一种抽象描述。它可以将复杂问题变为易于处理的简单模式，不受现实中非本质因素的约束，易于理解、操作、模拟与优化。模型是由变量与关系组成的。变量反映随时间或其他条件变化的数值改变程度。明确变量及其相互关系是分析的主要任务。在分析的基础上，通过确定这些部分之间的关系而将其加以组合。模型应该首先在整体水平上建立各种关系，并依据需要逐步补充，直至得到最理想的结果。因此最优化模型是在特定假设和约束条件下可以求出最优选择结果的模型。

(5)政策资源

在政策制定与实际执行中，都会消耗各种资源，尤其在执行中。政府的“作为”，以能提供多少资源为基础，这是政策分析的前提条件。所消耗的资源，一般可以用货币表示其费用。但政策分析中，大量的是非货币支出的费用。如生态影响因素、环境污染因素等，无法用货币来衡量。

(6)政策评价标准

整个政策过程，无论是从系统评估、投资评估、推测评估、方案评估，还是执行评价或总评价等，都有待于建立合适的评价标准。政策制定是政治过程，离不开政治上的评价及其标准。显然，不同统治阶级的政治评价标准是完全不同的。对于经济上、技术上的评价标准，其中一部分可能一样，但另一部分也可能不一样，因为政策的技术评价，与对其他客观事物的技术评价不一样。政策评价往往是综合性评价，因为不同方面的标准，无法用较为统一的尺度来衡量。任何一种政策分析都必须是理性的，而且是以多元理性为基础的，这种多元理性包括技术理性、经济理性、法律理性、社会理性、实质理性等。

(7)政策效果

衡量政策效果的尺度往往用效益和有效性表示。从投入—产出模型分析，政策效果基本由两个因素决定：一是政策执行的成本；二是政策执行的结果。当政策执行结果所产生的效益，高于政策执行成本时，政策结果是有效的，两者之间的差距越大则说明政策效果的有效性越高。反之，当政策执行结果所产生的效益低于政策执行成本时，至少说政策结果是无效的。通常情况下，无效的政策结果都会产生副作用。

(8)政策环境

公共政策系统不仅包括政策主体和政策客体等多种要素，而且还包括外在环境。这些制约和影响公共政策的制定与实施结果的外在因素统称为环境因素。其中包括：经济环境、政治环境、国际环境等。其中由政治心理、政治思想所构成的政治文化，在社会变革时期，对政策的影响是难以估量的。

(9)政策信息

公共政策活动实际上是对政策信息进行搜集、加工、传递、使用、反馈的过程，即输入关于社会各方面要求与需要的信息，经过转换(领导层的决策)，输出作为所制定的政策内容的信息，其中也包括政策实施情况的反馈信息。应该说，政策信息的优化与政策优化是统一的：高质量的信息采集、科学的信息处理、有效的信息传递、快速灵敏的信息反馈等，既会保证政策目标与政策方案的优化，也会保证政策的有效实施。政策信息原则上应该是开放的，获得政策信息应是多渠道的。

2. 政策问题诊断误差因素的来源。(北邮2012年研)

答：参见本章复习笔记相关内容。

3. 简述理性政策规划的基本步骤。(北邮2012年研；中央民大2010年研；人大2006年研)

答：政策规划与设计乃是政府为了解决公共问题，采取科学方法，广泛收集各种信息，设定一套未来行动选择方案的动态过程。依据政策专家罗伯特·梅叶(Robert Mayer)的看法，政策规划主要有以下五个特性：目标导向、变革取向、选择取向、理性取向和群体取向。政策规划与设计是一个系统过程，在此过程中应把握一些关键的环节。政策学者梅叶(Robert Mayer，1985)在《政策方案规划：发展的观点》一书中，曾提出理性政策规划的九个步骤。

(1)决定目标

目标是一种价值观念，是希望达到的一种未来事务的现状。一般来说，在决定目标时，应考虑的目标类型大致包括：个人性目标；社会性目标；机关性目标。政策目标的主要来源是：宪法的规定；法律的规定；行政首长的命令和指示。

(2)估计需要

需要是指“维持现有机体美满之基本必要条件”。估计需要系指“对于特定群体的状况，决策者所希望予以补救的范围和程度或缺失”。特定群体即指“标的群体”。对于标的群体的订定，因不同的问题而定，有以“需求群体”者，有以“风险群体”者。

(3)确定目的

目的是指所欲实现的具体成果，其特性为：①需要的可计量状况；②对特定的人口；③变迁的数量；④时间幅度。目的的制定有其限制，例如，经费、技术、未预期结果、未预知的机会等。目的的制定要与所能运用的经费、技术相配合。目的定得太高，缺乏充足的经费与可行的技术，便不可能实现目的。由于决策者所掌握的资源有限，不可能制定过多和过于分歧的目标，所以决策者对于多元的目的要仔细考虑。

(4)设计方案

方案的设计不仅承继了前面三个阶段，而且也是后面规划过程的基础。设计方案这一阶段担负了承前启后的角色，是整个规划过程的核心所在。在方案设计时，应清楚和明确各备选方案间的关系及备选方案的意义。在各个备选方案间，大致存在这样几种关系：①互相排斥型；②不同程度型；③组合型。备选方案的意义在于：备选方案或替选方案乃是一组负相关的不连续行动，亦即当采取某一项行动后，即不可能再采取另一项行动，彼此是相互排斥的；被称为一组替选方案的所有方案均应与同一个目的直接相关。

(5)评定后果

此阶段对前一阶段加以更加详尽、更加具体的分析，以作为下一阶段选定方案的基础。评定后果主要包括：①效益分析：政治效益分析、社会效益分析、经济效益分析。②可行性分析：政治可行性分析、法律可行性分析、经济可行性分析、行政可行性分析、技术可行性分析、时间可行性分析等。③平等分析：方案的实施要注意社会大众平等地受益或公正地享用。即政府规划原则中应遵循的平等原则、公正原则、正义原则。

(6)选定方案

选定方案可分为五个步骤：①各种报告的准备；②外界评论；③内部的审核；④方案的修正；⑤回馈。

(7)设计执行

此阶段主要包括设计执行的程序以及执行的责任。执行的项目包括：①叙述和说明作业程序；②明确执行的责任，包括：活动的顺序、工作人员、空间地域、设施、财务机制、主办机关；③明确管制程序。涉及方案顺利有效执行的行政程序有：方案监测、经费监测、时间监测等。

(8)评估

一般而言，评估一项政策或方案主要是回答以下四项问题，也就是针对以下问题设计评估办法：①政策或方案是否已照原定计划执行；②政策或方案目的所达成的程度如何；③政策或方案是否有效果；④政策或方案是否有效率。

(9)回馈

针对评估的发现，与原先所决定的目标相比较，察看其是否有差距，再进行修正或调整。通过回馈，使政策规划工作具有反复进行的特质。

总之，政策规划的过程是一个理性的分析和设计的过程，在政策规划的过程中应当遵循科学的程序和步骤，只有这样才能使政策规划更具科学性和严谨性。

4. 政策评估的四个基本特质。(北邮 2012 年研)

答：参见本章复习笔记相关内容。

5. 政策评估的一般标准。(北邮 2013 年研)

答：参见本章复习笔记相关内容。

6. 政策评估的类型有哪些？(中财 2009 年研)

答：作为政策过程的最后一个阶段，政策评估有两个很重要的任务。首先是确认政策到底产生了什么样的影响，并对其进行描述；然后，用一系列衡量标准和方式去评估政策的效果。

从评估组织的活动形式上看，可将政策评估分正式与非正式评估；从评估机构所处的地位上看，可以将政策评估分为内部评估与外部评估；从政策评估在政策过程中所处的阶段来划分，则可以将政策评估分为事前评估与事后评估。

(1)正式评估与非正式评估(从评估组织的活动形式上划分)

①正式评估。指采用描述性的方式来获取关于政策运行结果方面可靠而有效的信息的一种评估方式。它对运行结果的评估是建立在政策计划目标已经被政策制定者和计划管理人员正式宣布的基础上的。它的主要假设是：正式宣布的目的或目标是这些政策或计划价值的恰当测度。

正式评估是主要针对评估者、评估形式和评估内容而定，它要求有正式的评估人员、经费和设施方面的保证，能够掌握较为充分的评估程序，采取科学严谨的评估手段进行评估。正式评估中需要按照事先制订的完整的评估方案，严格按规定的程序和内容执行。

正式评估的主要形式包括“总体评估”和“形成评估”两种。

a. 总体评估适用于原本就结构良好的政策问题，其目的在于检测政策方案实行一段时间之后的结果；

b. 形成评估是对政策方案作持续的监控。

②非正式评估。指对评估者、评估形式和内容不做严格规定，对评估的结论也没有必须的要求，团体和个人可根据本身所掌握的情况和信息，对政策的各方面加以分析和评价。非正式评估一般不占主导地位，但它可视为是对正式评估的必要准备，也是对正式评估的重要补充。

在政策评估中，正式和非正式评估不分上下，各有高低，将二者结合，在正式评估的同时给予非正式评估足够的重视，才能使政策评估的结果更加客观公正。

(2)内部评估与外部评估(依据评估机构的地位而定)

①内部评估。指政府内部行政机构的评估者对公共政策进行的评估。它可分为两类：

a. 政策运行机构由操作机构及其人员自己对自己施行的政策进行评估；

b. 由另外专设的专职评估组织和人员对政策实施进行评估。

内部评估由于处于政府内部，对政府所制定的公共政策各项信息较为了解，能够比较全面、直接地掌握政策活动的第一手资料，获得有关从政策制定、执行的各方面信息。但是，由于内部评估作为政府政策制定和评估的局中人，其评估观念、思维方式、部门利益等均受到很大的限制，各种来自政府的制约因素会导致内部评估的结果可能偏离真实的政策实施效果，影响评估的质量。

②外部评估。主要是针对非政府部门，特别指政府部门以外的诸如专业的学术研究机构、营利性或非营利性的咨询机构、专家学者等对公共政策所进行的评估。外部评估也可分为两类：

a. 委托评估。一般而言，委托评估是外部评估的主要形式，即专业团体等非政府部门受托于政府部门进行政策评估。这种外部评估的形式使外部评估在经费、信息获取等评估条件上具有一定的优势。

b. 不委托评估。外部评估也包括那些由新闻媒体、民间团体等自发组织对政策的评估。

由于政府外部评估团体较多且比较规范，相对政府内部部门更具有相关知识的专业性，也更加具备评估方法的科学性，因此，专业理论知识和科学方法技术对外部评估产生了很大的影响，使得外部评估可以针对公共政策得出相对客观公正的政策评判，并且提出具有建设性的政策意见，从而使得评估结论往往能够引起政府部门的高度重视。

同样，在政策评估中，内部评估和外部评估各有其利弊，因此，在实践中，应把内、外评估结合起来，取长补短，以保证政策评估的质量。

(3)事前评估和事后评估(依据所处阶段来划分)

①事前评估，又称预评估，是指在政策执行之前进行的一种可预测的评估，它的评估内容必须包含以下几个方面：

a. 对政策实施对象的发展趋势做出预测；

b. 对政策可行性进行评估；

c. 对政策执行后可能产生的效果和影响预先评估。

事前评估的主要特点是将评估从单纯的事后检测变成了事前的预测和控制，这种提前预测的做法对公共政策的实施能起到一种凡事先预的效果，先把政策想周到，有利于政策在执行过程中产生更好的效果。

②事后评估。指在政策执行完后，针对政策施行产生的效果和影响对政策进行评估。事后评估是政策评估的主导形式，它旨在鉴定人们执行政策对所确认问题确定达到的解决程度和影响程度，以及政策在执行时发生的作用，并判断政策原初设想的目标是否达成，辨别政策效果的成因，以求通过优化政策运行机制的方式，强化和扩大政策效果的一种行为。

在政策评估中不同的评估形式具有不同的优缺点，在实践中应该注重各种评估形式的综合运用，充分发挥不同政策评估形式的优点。

三、论述题

1．联系实际论述公共政策的内涵、本质及功能。（华中农大 2017 年研）

答：公共政策是指国家（政府）、执政党及其他政治团体在特定时期为实现一定的社会政治、经济和文化目标所采取的政治行动或所规定的行为准则，它是一系列谋略、法令、措施、办法、方法、条例等的总称。

（1）公共政策的内涵

①公共政策由特定的主体，即由国家或政府、执政党及其他政治团体所制定及执行，政策体现了主体的意志，它与个人、企业等所做出的决定不同。其有法定的权威性。

②公共政策具有特定的价值取向，要实现特定目标或目的。政策不是元意识或偶然性的行为，总是要实现特定的目标，具有明确的方向性。同时，政策又在特定的历史时期内起作用，具有时效性。

③公共政策表现为由一系列行为所构成的行动过程，是政府为解决特定社会问题以及调整相关利益关系而采取的政治行动过程。

④公共政策是一种行为准则或行为规范。政策总有具体的作用对象或客体，它规定对象应做什么和不应做什么；规定哪些行为受鼓励，哪些行为被禁止。政策规定常带有强制性，它必须为政策对象所遵守。

（2）公共政策的本质

①公共政策作为政治控制或阶级统治的工具。政策集中反映或体现统治阶级的意志和愿望，是执政党、国家或政府进行政治控制或阶级统治的工具或手段。

②公共政策作为公共管理的手段。政策作为执政党、国家或政府的公共管理的工具或手段，服务于社会经济的发展和文化的进步。

③公共政策作为利益关系的调节器。政策作为分配或调整各种利益关系的工具或手段，是各种利益关系的调节器（所有政策最终都表现为对利益关系的处理）。

（3）公共政策的功能

①导向功能。公共政策是针对社会利益关系中的矛盾所引发的社会问题提出的。为解决某个政策问题，政府依据特定的目标，通过政策对人们的行为和事物的发展加以引导，使得政策具有导向性。具体来讲，政策为社会的发展、人们的行动确定了方向，使整个社会生活由复杂的、多面的、相互冲突的、漫无目的的行为，能有效地纳入到统一的、明确的目标上来，使之按照既定的目标有序前进。公共政策的导向功能有两种作用形式，一种是直接引导，另一种是间接引导。从作用结果上看，有正向引导功能，也有负向引导功能。政策对事物发展方向的正确引导，体现了人们对事物发展规律的正确认识；那些不正确的政策以及违

背大多数人利益的政策都具有负导向性。

②调控功能。公共政策的调控功能是指政府运用政策，在对社会公共事务所体现的各种利益矛盾进行调节和控制的过程中所起的作用。其中，调节作用和控制作用是联系在一起的，经常是调节中有控制，控制中达到调节。政策的调控作用主要体现在调控社会各种利益关系，尤为重要的是物质利益关系。现实社会中存在着追求各种不同利益的群体，利益的差别、摩擦以至冲突是不可避免的。为了平衡各种利益矛盾，实现社会的稳定发展，作为一项政治措施的公共政策，需要承担起调控社会利益关系的重任。政策的调控功能也有积极和消极之分。其中，消极的调控作用又称负调控功能。这种消极作用往往是因强调一种倾向而掩盖了另一种倾向所致。

③分配功能。公共政策具有利益分配的功能。社会经济地位的差别，思想观念的差别，风俗习惯的差别以及知识水平的差别，造成了不同的人有不同的利益需求。然而社会的实际资源是有限的，不可能时时、事事都满足每一个人的需要。社会中每一个利益群体与个体都希望在有限的资源中多获得一些利益，这必然会在分配各种具体利益时造成冲突。如果这些冲突激化，就会造成社会的不稳定。为减少社会成员之间的利益摩擦，需要站在公正的立场上，用政策来调整现实的利益关系。

2．结合实际谈谈影响政策执行的因素有哪些？（中山大学 2018 年研）

相关试题：

(1)简述公共政策执行的主要影响因素。（简答题，人大 2017 年研）

(2)结合我国公共管理的实际，论述影响政策执行的主要因素。（中财 2005 年研）

答：政府政策问题的解决，不仅有赖于完善的政策方案，更有赖于政策的执行。影响政策执行力与绩效的因素很多，主要有以下几个方面：

(1)政策问题的性质

政策执行的成败，与欲解决的问题的性质有着密切的关系，而问题的性质涉及以下方面：

①标的人口行为的分殊性。分殊性的程度越高，则越难建构清晰明确的统一管理标准来评估绩效，因此执行的成效将大打折扣。

②标的人口的数目。政策所涉及的标的人口数目越少，越肯定，将越可能动员支持、拥护或反对政策的执行。

③标的人口行为需要调试的程度。如果政策执行时需要大幅度地改变某种固定的行为模式，则政策执行遭遇阻力的可能性就越大。

我国地域广袤，人口众多，涉及全国的政策的执行困难大。

(2)政策执行的资源

任何一项政策的执行，都需要一定的资源为支持和后盾，缺乏相应的资源支持，政策的执行就如同纸上谈兵一样，根本无法实施与最终实现。影响政策执行的资源因素主要包括：

①人员。人员是政策执行的主力。执行人员的管理技巧及行政技巧，是执行过程中不可或缺的要件之一。

②信息。信息是有效执行的前提，因此，执行人员必须熟知政策的内容，尤其是有关革新或高度技术性的政策，更应充分了解和掌握相关的信息，只有这样，才能正确地执行政策，才能顺利地推行政策。

③设备。即经费、设备、物料等是否充足，也直接影响着政策的执行。

④权威。负责执行政策的人员，应赋予其足够的权威，只有这样才可顺利地推动政策。然而有的时候，执行机构缺乏足够的权威，使得政策难以有效地执行。

(3)政策沟通

有效的沟通是政策执行的首要条件。在执行中，执行内容及命令传达得越清晰，就越能收到预期的执行效果。一般而言，造成执行命令传达错误或沟通不良的原因有两个方面：

①执行命令欠缺清晰性。执行命令如果不明确、含糊不清，往往会造成决策者与执行者之间的沟通受阻，特别是含糊的法规，往往使执行者为了探求决策者的真正意图而曲解法规，引起意外的变化，使政策执行失败。

②执行命令欠缺一致性。执行命令即使清晰明确，但是如果命令的内容或做法发生矛盾冲突现象时，沟通也会受到阻碍。造成执行命令不一致的原因，大致与执行命令不清晰的原因差不多。不过，执行命令不一致也可能是受到利益集团的压力所致。

(4)政策执行人员的意向

一般来说，执行人员对政策目标的认同感越高，执行时的意愿及配合就越好；反之，如果执行人员对政策目标缺乏共识，或对政策执行工作抗拒，甚至于阳奉阴违、敷衍了事，则很难期望政策执行顺利有效。

在我国的实践中，地方的政策执行人员拥有相当的自由裁量权，由于本位主义或地方主义的驱动，使得不同机关不同地方的政策执行人员对同一政策的态度可能存在很大的差异。政策执行人员的态度直接影响着政策执行的效果。

(5)政府组织结构

政府执行机关在结构及运作上的是否科学、合理，则直接影响着政策执行的成败，政府组织结构对政策执行的影响主要有以下两个方面：

①标准作业程序，即行政机关为有效处理繁杂的日常事物所发展出来的一套例行化的惯例准则。标准作业程序的有利作用体现在：a. 可以节省时间；b. 因政策资源通常不充分，如果有规可循，则可以规则代替资源；c. 统一的作业程序较容易应付繁杂情况，也容易达到公平服务的要求。标准作业程序也可能对政策执行产生不利影响：a. 限制政策执行人员的能力，造成行为本身缺乏弹性，无法适应变化了的环境；b. 会误使执行人员以遵守程序为目标而放弃达成政策目标的任务，把手段当成目标本身；c. 执行人员可能会以标准作业程序为借口抵制变迁，很难适应新变化和危机管理的需要。

②执行权责分散化，政策的执行若为不同机关负责，则会因为事权不专而导致政策执行效果不明显甚至失败。执行权责分散的弊端有：a. 会造成政策协调的困难；b. 会造成资源的浪费。要解决这个问题应当调整执行的权责，强化沟通协调的功能，减少事权不专、责任不明的情况。

(6)政策标的团体的顺服程度

公共政策的制定和执行就是为了影响、管制、引导或改变标的人口的行为。因此要使政策有效执行，就需要标的人口的合作和配合。可以使用的方法是教育、宣传和激励，随时与标的人口沟通，及时调整政策方案的执行方式、程序，解决执行时所引发的问题。

(7)社会、经济与政治环境

政策执行所涉及的外在的社会、经济与政治环境，对政策执行的成效具有重要的影响。

主要的问题是：

①执行机关可利用的经济资源能否支持政策的顺利执行；

②政策执行会如何影响社会、经济与政治情况，影响至何种程度；

③社会舆论对政策执行支持的情况如何；

④精英分子对政策执行所持的态度为何；

⑤意见领袖、利益团体、标的人口对政策执行所持的态度为何等。

3. 结合我国实际，论述政策评估的意义和面临的困难。（华中农大 2012 年研）

相关试题：现实中，政策评估可能遇到的问题及困难。（中央民大 2012 年研）

答：参见本章复习笔记相关内容。

第 6 章　公共组织管理

6.1　复习笔记

【知识框架】

- 公共组织管理
  - 组织的性质
    - 静态的组织观
    - 动态的组织观
    - 生态的组织观
    - 精神的(或心态的)组织观
  - 公共组织的特性
    - 公共组织以追求公共利益为其价值取向
    - 公共组织的活动受到法律法规的限制并具有法律的权威
    - 公共组织权威的割裂
    - 公共组织受到高度的公共监督
    - 公共组织间的相互依存性
    - 公共组织政治因素的考虑
    - 公共组织的目标大多数模糊不清且不易测量
    - 公共组织的独占性
    - 公共组织行为具有强制性
  - 公共组织设计与管理的一般原则
    - 统一指挥，统一目标
    - 分层管理，分权治事
    - 职掌明确，权责一致
    - 以人为本，人性管理
    - 经济效能，讲求效率
    - 适应环境，保持弹性
    - 顾及平衡，协调发展
  - 传统科层组织及其困境
    - 科层制及其特点
    - 科层制的危机与困境
  - 弹性化政府的组织设计
    - 弹性化组织和组织设计
    - 弹性化组织的类型
      - 委员会制
      - 自我包含的部门结构
      - 分离的结构
      - 矩阵式组织
      - 跨越功能的团队
      - 网络组织
  - 组织设计：组织学习的观点
    - 学习与组织学习
    - 学习型组织
      - 学习型组织的含义
      - 学习型组织的特征
      - 传统组织与学习型组织的区别
      - 学习型组织建立的基本原则
      - 建立学习型组织的五项修炼

【重点难点归纳】

一、组织的性质

可以从静态、动态、生态和心态四个层面对组织的含义加以分析说明。

(1)静态的组织观

静态的组织观是以组织结构为研究的主要取向。认为组织是人们为了达到一定目的和需要，按照一定形式联合起来的，是有特定结构和活动方式的人的群体。即认为组织是追求一定目标的人的集合体或者是权责分配关系构成的体系。

(2)动态的组织观

动态的组织观是指从组织成员的相互交往行为的角度，即从行为科学的角度分析研究组织的一种取向。认为组织是为达到一定目标而行动的人的活动体，组织目标的实现有赖于领导、决策、沟通、协调等一系列人的活动过程，为实现某种目标而合理安排人力、物力，使之结合成具有特定功能的系统性整体的活动及其过程。

(3)生态的组织观

生态组织观是指以组织与内部环境和外部环境的平衡角度为研究的基本价值取向。这种组织观强调的是：

①只考察静态的结构和制度是不够的，还必须考虑到现实环境的变素。

②既然组织是必须适应环境变化的一个有机体，故也不存在放之四海而皆准的组织理论与原则。

③组织管理不能墨守成规，必须按情景的需要实行权变管理。

(4)精神的(或心态的)组织观

精神的(或心态的)组织观是以心理或精神为研究的价值取向。认为组织不仅是权责分配关系、人与人之间的互动关系，或是一种不断变迁的生命体，同时也是一种群体的精神和意识。

二、公共组织的特性

(1)公共组织以追求公共利益为其价值取向

公共组织的目的在于追求公共利益，其动机在于加强服务，便民利民，使民众获得最好的福祉。

(2)公共组织的活动受到法律法规的限制并具有法律的权威

公共组织的活动举凡预算的编制或执行、人员的晋升、资源的使用等，皆必须在宪法或法律的规范下行动。公共组织所制定与执行的法律是带有权威性的，其效力范围及于全国，如不服从将受强制制裁。

(3)公共组织权威的割裂

政治越民主的国家，越注重政治权威的分立和制衡。行政部门虽然较注重层级节制的权威，但相对地亦要接受来自于立法和司法部门以及辖区内人民和各利益团体的监督。

(4)公共组织受到高度的公共监督

公共组织因为基本性质是政治性的组织，其一举一动都必须接受来自舆论或人民大众的批评和监督。

(5)公共组织间的相互依存性

公共组织中的各单位、各成员彼此是相互依存的，且其运作必须要在各级政府间的网络中折中协调，因为一个单位的工作必须在其他单位的配合下才能完成，因此，机关不能存有本位主义的想法，应通力合作，以促进公共政策的有效执行。

(6)公共组织政治因素的考虑

公共组织的行动必定发生在具有政治意涵的环境中，其制定的政策无论是文化的、教育的，还是经济的，皆具有政治的意义，即使行政人员以其专业的标准处理公务问题，其所发生的后果也有政治上的影响。

(7)公共组织的目标大多数模糊不清且不易测量

公共组织的目标就是要创造公共利益，但公共利益大多是抽象模糊的，因此公共组织不仅目标模糊、分歧、不易测量，而且民众的期望亦很多，时常还会有许多冲突和矛盾产生。

(8)公共组织的独占性

公共组织可以通过政治权威或公共权力的行使而生产某些财货或服务，形成一种独占市场的局面，不许私人加入竞争，自然没有市场竞争的问题。

(9)公共组织行为具有强制性

许多政府的活动具有强制的本质，政府虽然是一个服务的提供者，但也是公共权力的执行者，所以，公共组织的活动本身即具有强制性。

三、公共组织设计与管理的一般原则

(1)统一指挥，统一目标

任何组织体系都是一个完整的统一体，任何局部都是有机整体的组成部分，各自发挥不同的功能，互为条件、互为依存，从而形成一个完整的统一体。要保证各部分统一行动，就必须统一指挥、统一号令。统一指挥的前提条件是统一目标，统一领导是统一指挥的关键，机构设置统一是统一指挥的保证。

(2)分层管理，分权治事

要实现有效的分层管理、分权治事，就必须处理好两种基本关系：一是管理幅度和管理层次之间的关系；二是集权与分权之间的关系。

①管理幅度是指一个管理人员能够有效地领导或控制的下级人员的数目。管理层次是指组织系统中划分的管理层级的数额。要实现管理幅度与管理层次的互相协调应做到：a. 只设立必要的管理层次；b. 实行逐级指挥、逐级负责制；c. 实行分权管理。

②实行分权治事应处理好集权和分权的关系。集权和分权是相互排斥和相互依赖的。组织既要集权，又要分权。在现实社会中，不存在任何集权和分权的理想模式，只能视具体情形而定。这些具体情形主要包括外部环境、组织规模、组织活动内容、成员素质和空间区域等。

(3)职掌明确，权责一致

①明确事权范围。本着机能一致的原则，明确划分各个机关的事权，建立权责分明的组织系统；本着分层负责、层级授权的原则，使人人有定事，事事有定人；本着法制精神依法确定各机关的权限大小；以工作细则和职务规范等明确各职员的权责与工作。

②实行职务分工。要分清领导和被领导，决策和执行，政务和事务，业务主管和业务辅助，主管人员和非主管人员，正职和副职，监督和非监督的职权范围，不能越级越权治事。同时，人员数目也要讲求适度，不能“管人之官多，治事之官少”。

③建立奖惩机制。厉行奖惩是达成事权明确的手段和途径。要对每个机关及其人员行使权限、尽职尽责的情况进行考核和监督，并依法进行客观、公正的奖惩。

(4)以人为本，人性管理

①工作分配要符合组织成员的主动性与兴趣。

②创造条件满足组织成员合理和正常的需要。

③要增加组织成员晋升的机会，扩大调任的范围，使其不断产生新的希望和抱负，激发工作的热忱。

④加强思想交流。由思想交流和相互了解而产生对组织的“认同感”“归属感”和“团体”意识，从而共赴事功。

⑤由纪律制裁走向人性激励。

(5)经济效能，讲求效率

①组织机构要精简，严格控制机构的规模和数量，避免机构臃肿和机构重叠；

②人员要精简，建立和健全岗位责任制，减少冗员和避免人浮于事；

③领导班子要精简，合理确定领导职数，科学配备领导班子，减少副职和闲职；

④机构层次要简化，要尽量减少机构层次，以减少中间环节和中间堵塞；

⑤办事流程要简化，简便审批手续，减少审批环节，下放审批权，实行就地审批的原则。

(6)适应环境，保持弹性

①单位区分保持弹性。各单位区分不宜过于固定，过于刻板。

②职掌权责区分保持弹性。各单位和上下级层次的权责划分固然要明确，但不宜作硬性规定，而应保持相当弹性，以便因需要而调整。

③员额编制保持弹性，以便随业务变动修订职数，调整职位及增减员额编制。

④对特定任务可采用人员临时编组方式处理。特定任务是指临时性且非某一单位可单独主管的任务，因属临时性故不宜设立单位负责，较为妥善的办法是成立工作组(如研究小组、指导小组、专案小组等)，一旦任务完成，小组可予以撤销。

(7)顾及平衡，协调发展

①分工与协调的平衡。分工着眼于专业，专业化导致整体观念弱化；协调着眼于整体，但忽视单位之间的竞争。组织设计不论偏向分工或协调，都将对组织目标达成造成障碍，故二者须求平衡。

②个体与整体平衡。如过分强调整体目标与利益，将导致个体目标和利益受损；如过分强调个体目标与利益，则整体目标达成受挫。需讲求个体与整体的平衡，尽可能地把组织目标与个人目标、组织利益与个人利益结合起来。

③贡献与报酬平衡。如果组织成员对组织的贡献大于组织所给予的报酬，则人事将难以安定，员工情绪不稳和低落，协作意愿降低，工作潜力收敛。

四、传统科层组织及其困境

1. 科层制及其特点

(1)科层制的含义

科层制又称官僚制，是指德国社会学家韦伯根据纯粹理想型观点提出的一种高度正式化、严格的层级节制的人事组织体制。

(2)科层制的主要特点

①在科层组织中，每一位成员都有固定和正式的职掌，依法行使职权；

②层级节制的权力体系；

③人员的工作行为以及人员间的工作关系，须遵循法规的规定，不得掺杂个人好恶情感；

④科层组织内的职位，按人员的专长做合理的分工，职位的获得主要以技能为主；

⑤职业化倾向；

⑥人员的工作报酬也有明文规定，有固定的薪俸制度；

⑦着重效率。

2. 科层制的危机与困境

(1)决策权威集中化造成管理的恶性循环

传统官僚组织的结构特色之一是决策权威的集中化，强调统一指挥、单一权威的原则。决策权威的集中化会造成上下沟通困难，这样就加重了上级对下级失控的紧张和不信任，最终导致管理上的恶性循环。决策权威的集中化还会引起法规的过量增长。科层法规的运用，原本是为确保工作人员工作行为的可预测性和准确性，但加上严密的监督指挥方式，反而限制了下属裁量权的行使。其结果是：人员放弃裁量权以消极抵制，将直接影响服务品质，或是人员玩弄裁量权以图自保，二者都会造成防弊性法规的继续衍生。

(2)专业分工原则的扭曲

科层体系的专业分工原则原是为发挥专才专用的效率结果，但也可能使垂直的权力斗争"水平化"。科层的水平权力争执加上上下层级的线型关系，将使组织内部、组织之间的网路联系更加困难，其影响包括中央政府各机关间的协调合作、各级政府间有关公共计划的管理、公私部门间的协作关系、与公共服务的有效传输。

(3)制式化对组织效能的可能影响

制式化是指借工作内容、程序或法规的标准化，来确保人员行为的一致性。制式化对组织有不可否认的正面影响，但随着机关的成长与行政环境的改变，制式化对组织效能也会产生种种不利的影响，具体分析如下：

①机关的制式化程度与组织效能为线性负相关，制式化常常压抑工作人员的创新动机，造成效能的下降。

②制式化虽然可以建立起合理的运作体制，使组织效能随之提高，但当体制作用超过其所能处理环境问题的能力时，组织效能也就随之下降。科层体系随着生命周期的发展，势必面对创新与守成的两难境地。

(4)遏制组织学习

理论研究和经验表明，传统的科层组织存在着遏制组织学习和创新的趋向，这主要表现在：

①学习动机的钝化。传统组织习惯于例行公事，往往是以固定的反应模式来应付环境的冲击，从而造成组织成员学习动机的钝化。

②偏好经验学习。科层体系是从成功的经验中建立起决策的模式，是一种经验式的学习。习惯于用老办法来处理新问题，往往低估了行政环境变化的紧迫性。

③形成组织学习的断层。组织成员想办法掌控全局以达到自己的愿望或者逃避现实以求自身的安宁。这样，人们对组织革新问题的认识就是零散的、片面的，个人就无法从人际互动的过程中形成集体的学习行为，组织整体的革新问题就不容易获得解决。

(5)科层价值与民主价值的冲突

从民主发展的过程来看，政治科层化所造成的精英统治、权力集中，与民主多数统治的原则是相背离的；科层可以将公众问题转换为行政技术处理，并以其理性中立的形象赢得民众的信任，从而展开与政治体系的对抗竞争。所以，科层政治化的结果使科层的价值取向与民主行政的价值取向相背离，如表6-1、表6-2所示。

表6-1　民主行政的价值与科层的价值的对比

民主行政的价值	科层的价值
平等性	层级节制
政权转换更替	资深优先
自由抉择	命令服从
多元意见、多元发展	单一意见、整体发展
公民资格的普遍参与	唯专业资格
凡事公开透明	讲求机密
社群一体意识	对事不对人
由选举而获其正当性	讲求专业技能

表6-2　民主行政的伦理观与科层体系的伦理观的对比

民主行政的伦理观	科层体系的伦理观
向民众负责	只对上级长官负责
容许参与决策	决策权力集中
公开透明	讲求严格的法令规章
公民有表达异议的权利	权力控制
体察地区性的差别和利益	政策政令的完整统一

(6)科层价值与人格成长的冲突

科层组织的理性行为、专业化分工、权力作用和严密控制的四种价值观，与成人追求主动、自主、创造、负责等人格成长的趋向背道而驰，当人格长期遭受压抑的时候，消极顺势、心理逃避与幼稚等病态行为就会产生。科层组织要求的绝对服从关系，使组织成员逐渐丧失了独立解决问题的能力，造成团体的盲从现象。

(7)防卫型的官僚人格

层级节制、专业分工、照章行事、缺乏人情的科层体系，会造成官僚的防卫人格，官僚的防卫人格，在不同的层级中有着不同的表现：

①高层管理者在组织晋升的过程中，养成要求完美、冷酷、自爱的个性，有高处不胜寒的孤立感。

②中层管理者为贯彻任务，而有敌对、压抑、支配的行为倾向。

③基层人员则因为所处地位的关系，有自我放任或听天由命的行为倾向。

五、弹性化政府的组织设计

1. 弹性化政府结构的特性

政府结构的弹性化与功能化是当代民主政府的趋势，弹性化的政府结构的特性为：

(1)能够适应时代的变化并满足社会的需求；

(2)能够迅速地解决问题并提高组织的效能。

2. 弹性化组织的类型

弹性化组织是指一种扁平化的组织结构，以此去除中层管理者与扩大控制幅度以改善垂直的沟通，管理者的角色不再是指挥与控制，而是教导与树立榜样。具体包括以下类型：

(1)委员会制

①委员会制的含义

委员会制是指其决策是由一群具有相关经验与背景的人所共同决定并各自行使其不同的职能。委员会可以是暂时的，也可以是永久的，需根据所承担的任务来确定。

②委员会制的优点

a. 可容纳各方面的意见和建议，能集思广益，可以避免一个人决策的偏执或失误；

b. 彼此可以相互监督和相互牵制，不易营私舞弊；

c. 大家分工又合作，可减轻工作负担，有利于提高工作效率；

d. 不受上级长官的过分干涉，有较多的自主和自由，符合民主精神。

③委员会制的缺点

a. 责任不确定，事权不专一，容易发生功则相争、过则相诿的现象；

b. 委员之间因权责、地位相同，容易形成彼此的倾轧和排挤；

c. 力量不集中，行动迟缓，容易贻误战机，影响工作效率；

d. 讨论研究，多人参加，难以保守机密。

(2)自我包含的部门结构

①自我包含的部门结构的含义

自我包含的部门结构是指于正式的层级之外，专门成立的为达成某种特别任务或目标的分支部门，此部门拥有完成任务所需要的所有资源与专才，且不受正式层级的约束。自我包含的部门结构并不排斥传统功能分部化的组织形态，因此，主要的焦点乃是将其置于哪一层级。通常，自我包含的部门结构可依照三种层面来执行：a. 根据不同的产品或服务；b. 根据不同的地理位置；c. 根据不同的服务对象。

②自我包含的部门结构的优点

a. 可简化单位间的协调整合问题；

b. 于庞大的组织中仍能维持控制；

c. 有利于明确区划不同的产品、地区与服务对象；

d. 有利于上层控制系统的绩效监督；

e. 目标明确，有一定的自主性，有利于员工的激励；

f. 自我包含的部门结构将决策权下放至问题的领域，有利于作出正确的决策。

③自我包含的部门结构的缺点

a. 容易造成各部门间资源的重复，以及无法共用资源；

b. 降低技术的专业化；

c. 部门间容易造成恶性竞争。

(3)分离的结构

①分离的结构的含义

分离的结构是指从现有的层级中分离出一个独立自主的单位，并由总部来进行协调与控制，每一个分离的部门皆有决策的权力与自主的专业能力，并由部门管理者全权负责此部门的财务、人事等事项。总部亦可视需要而给予适时的支援。分离的部门通常是依据特殊的产品或服务而成立，且内部的结构较为庞大。

②分离的结构的优点

a. 部门管理者拥有完整的权力和责任，可避免传统官僚权责不清的现象；

b. 分离的部门能够免除上级运作细节的监督，可专注于长远重要的问题；

c. 自主性与自我包含的特性有助于训练通才管理者；

d. 分离的部门由于自主性高，有自我承担风险的能力，即使绩效不佳也不会影响到整个组织。

③分离的结构的缺点

a. 容易引起资源与活动的重复；

b. 部门间容易起冲突；

c. 容易造成协调上的困难。

(4)矩阵式组织

①矩阵式组织的含义

矩阵式组织又称专案组织，是指为达成某种特殊的工作而进行的团队组合，也就是为解决某种特殊问题所建立的团队或工作小组。此类组织的成员乃是自功能部门借调而来，任务完成后，工作人员归还原来的部门，因此，矩阵式组织打破了传统层级节制组织所坚持的命令一致原则，组织成员必须同时听从原来功能性部门管理者与专案管理者的指挥。

②矩阵式组织的优点

a. 可促进整合复杂与相互依赖的活动；

b. 双重的权威体系避免了组织成员各行其是、目标错置的现象，可降低传统官僚组织的弊病；

c. 提升专业人员的有效分配；

d. 可提高适应外在环境的反应能力；

e. 可以营造民主管理的环境与气氛，有利于员工激励；

f. 任务明确，有助于目标的达成；

g. 有助于培养通才。

③矩阵式组织的缺点

a. 决策复杂化；

b. 难以达成权力的平衡；

c. 多重利益所造成的政治性活动；

d. 双重权威所造成的角色冲突；

e. 人员变动大，造成心理不安。

(5)跨越功能的团队

①跨越功能的团队的含义

跨越功能的团队是指从各功能部门中借调其成员以组成团队，不同的是跨越功能团队的领导者具有完整的权力指挥其成员，因此不会发生矩阵式组织中因双重命令体系所引起的冲突。团队内的事务主要由团队成员自己沟通协调，并没有正式的权威来统辖。跨越功能的团队其生命周期较短，当任务完成后，团队便解散，其成员则因新任务或新计划与其他专家组成新的团队，团队的成员可以随着任务的变化或需求而变动。

②跨越功能团队领导者的来源

a. 由主管部门的高层人员担任；

b. 由受团队活动影响最深切的部门担任；

c. 由参与团队的各部门人员轮流担任；

d. 在功能性部门之外另聘请方案管理人担任。

③跨越功能的团队的领导者必须具备的条件

a. 团队的领导者为组织中拥有较高声望者；

b. 团队的领导者拥有较高深的专业知识；

c. 团队的领导者对于计划方案的预算具有控制权；

d. 团队的领导者比其他成员拥有较多的资讯。

④跨越功能团队的优点

a. 可以迅速回应外在环境的变化与服务对象的需求；

b. 可以随时针对问题成立弹性化的组合；

c. 可以避免专业分工所造成的僵化和协调困难；

d. 可激发组织成员的成就感和责任心，为组织带来生机与活力。

⑤跨越功能团队的缺点

会降低决策制定的专业性，影响对问题的宏观考虑，另外，团队用来决定跨单位事务与沟通协调的时间成本，以及不同单位所可能引发的冲突，也是在成立跨越功能的团队时必须考虑的。

(6)网络组织

①网络组织的含义

网络组织是指一种以契约为结合基础的动态联结体，其通常拥有一个核心组织以负责统筹协调与其他组织间的关系与活动，一反过去组织完全包办所有事务所必须具有的功能。网络组织的核心可视需要而与任何其他组织产生联结或中断关系，因此，网络组织是一种几乎没有界限的组织形态。

②建构网络组织的步骤

a. 打破疆界，依专长塑造有竞争力的“分子”。

b. 解决内部计价问题。疆界打破后，由于都是独立的个体，彼此合作就需要考虑如何计价。

c. 授权。从组织分裂出来的“分子”要能运作，关键在于拥有权力。

d. 培养能力。要让“分子”能独立运作并决策，就要提高组织中领导者的能力。

e. 信息流通。在网络组织中，“分子”里的成员都是专业分子，因此，必须拥有第一手信息，以作为决策的依据。

③网络组织的优点

网路组织可以提升组织的效率和适应能力。

④网络组织的缺点

由于信息透明流通，不需通过层级传递，所以层级会逐渐淡化，中层主管将慢慢消失，领导者的角色将从发号施令转变为后勤支援，负责协调，使每一“分子”的作用和能力都能得以发挥。

六、组织设计：组织学习的观点

1. 学习与组织学习

(1)学习。指使主体产生行为或行为潜能的相对恒久变化的过程。学习本身的行为是一个历程，其中包含了持续的刺激与反应，经由行动的转化、重组与整合，使我们可以反复地验证生活经验，并从经验中不断修正自己的行为，使行为符合社会的期待，而且能适应环境的变迁。学习有个人学习与组织学习，适应性学习与创新学习之分。

(2)组织学习。指为了促进组织的长期效能与生存发展，而在适应环境变化的过程中，对其基本的信念、态度和行为、结构和方式进行调整，从而获取一种面对各种问题持续改善的能力。

2. 学习型组织

(1)学习型组织的含义

学习型组织是指一种不断在学习与转化的组织，其学习的起点为组织成员、工作团体和整个组织。学习是一种持续性、战略性运用过程，并与工作相结合。学习的结果将会导致知识、信念及行为的改变，并可强化组织创新与成长的能力。

(2)学习型组织的特征

①领导者能采取风险承诺及试验性的模式；

②分权式的决策；

③对学习能力进行技术性的记载并审核；

④有系统地分享信息，并将其运用于工作实务上；

⑤对员工的创见予以奖赏，并形成一套制度；

⑥对长期的成果以及对他人工作之影响等均能作深入的考虑；

⑦经常运用跨功能性(cross-function)的工作团队；

⑧从日常工作的经验中提供员工学习的机会；

⑨培养出回馈与坦诚的组织文化。

(3)传统组织与学习型组织的区别(见表6-3)

表6-3 传统组织与学习型组织的区别

	传统式的组织学习系统	学习型的组织学习系统
·隐喻	机械式的组织、封闭的系统、官僚式的组织	有机式的组织、开放的系统、自我设计的组织、全息式的组织
·学习体系的构成	由硬性的组织目标、部门层级分工、控制机制和法令规章所组成	借软性的共同愿景、自发的动机、开放的心灵和团队精神来维系
·组织学习的理念 学习的信念	每一行业都有其行业本色，只要尽心尽力就可以从经验中找到制胜的“法门”	行业固有其本色，但经验如流水；重要的是过去的方法今日是否依然行得通，是否已经充分掌握了全部经验，而我们又如何体会这些经验
学习的着眼点	规避风险、寻求稳定，讲究思想的一致性、行为的可预测性；效率至上	肯冒险、变动是常态，鼓励创新、异议，尝试实验、面对失败；效率其次，效果才重要
学习的类型	适应性的学习；想办法使组织配合环境，调整手段、规划和方法	创造性的学习；想办法让环境来配合组织，根本改变目标、规范与想法
学习的时间取向	过去和现在	现在和未来
学习的张力	渐进式的体制改革	理论与实践的辩证修正，很可能是激烈的、反体制的

续表

	传统式的组织学习系统	学习型的组织学习系统
·组织的结构安排		
结构的形态	层级节制的组织设计	以工作团队为单位构成网络体系
权利的分配	高塔式、中央集权，决策悉由高层作出	扁平式、地方分权，授权参与但需顾及整体
控制的机制	一切按正式文书法规来进行，不必怀疑	肯定人员有自我管理的能力，重点在价值的引导
整合的机制	借命令服从的关系来维持	借团队合作精神来达成
流通的机制	上下层级的信息流通	向上下左右接邻的个人或单位进行沟通，形成网状式的信息通路
·人力资源管理		
绩效的考评	以片断的绩效数据为依据，缩小评等差距	以整体事功为依据，扩大良莠之差距
诱因与报偿	单纯以金钱为主	附加个人生涯发展的机会
职位	以头衔、阶级区分	以事功大小区分
升迁降调	部门内部的局部流动	跨部门的职务轮换与锻炼
·组织文化		
价值观念	利己取向、重视个人成就，孤芳自赏、独善其身	利他取向、强调整体成就。尊重人性、互敬互爱、精诚团结
人际交往的态度	竞争的、不是你输就是我赢	合作的，你赢我也赢，双赢的态度
批评讨论的立场	自我防卫、怪罪别人，迷信权威、不求甚解	开放的心态，勇于揭露自我，实事求是、追求真理
冲突的解决	避免冲突表面化、互留情面	面对争议表明立场，坦诚交谈，承认错误
·管理者的行为		
心胸眼界	主导一切，非我不可	宽容异议，不必唯我
思考问题的着眼点	视野狭窄，拘泥于枝微末节	视野开阔，综观全局
对问题的反应	以安定现状为前提	求新求变
行事方式	巩固自己的名誉地位	设身处地，反求诸己
领导风格	以英雄的形象出现，信仰权威独断式的领导方法	做促成部属愿望实现的忠仆；民主参与式的领导作风

(4)学习型组织建立的基本原则

①每一个人都是学习者。在学习型组织中，从上到下，每一个人都要学习，并从实际中学习，无人能例外。

②彼此相互学习。在学习型组织中，学习不仅仅限于有结构的教育与训练方案，人人相互学习。学习是相互增强的，在学习型组织中，学习与知识的总效用大于组织中个人的学习与知识的总和。

③学习促进变革。学习可以使人认识到变革的需要，当人们学习时，将会发现做事更好的方法，以及增加个人与组织生产力进步的方法，这比管理层强迫推动变革，更容易使人接受。

④学习是持续的。持续的学习与终身学习也是学习型组织的标志之一。组织要促进与建立持续性学习的组织气氛，鼓励并促使员工接受新的观念、新的思想。

⑤学习是一项投资，而非消费。学习型组织视教育活动为组织未来的一项投资，而不是可以避免的消费，学习活动也是人力资本的投资。组织的实体资产要保存，同样，组织对知识的储存也是非常必要的。

(5)建立学习型组织的五项修炼

①系统思维(systematic thinking)。系统思维是学习型组织的精髓。系统思维要求认识事物间的因果关系；认识事物互为因果的循环关系；认识事物发展的兴衰循环原理；破除二分法的价值思维习惯；把握动态的系统反馈；培养整体的思考习惯。

②自我精进(personal mastery)。学习型组织要培养个人自我挑战的胸怀，专注于内在抱负和需求；从失败中学习；要有摆脱逆境，越挫越勇的信心与斗志。

③改变心智模式(mental model)。组织应改变传统的权威关系；领导应敞开胸怀，接纳异议，调整刻板的心智模式；而组织上下在开放互信的环境中，迸发出集体智慧。

④建立共同愿景(building shared vision)。组织应建立共同愿景。共同愿景建立在组织成员的期许基础上，共同愿景是自下而上的过程；共同愿景应有进阶指标。

⑤团队学习(team learning)。通过团体成员间的对话和讨论，促进团队学习。

6.2 课后习题详解

一、概念题

1. 公共组织

答：公共组织是指行使公权力，达成公共目的的组织。其内涵包括广义和狭义两个方面，从广义而言，是指不以营利为目的，而是以服务社会大众，提高公共利益为宗旨的组织。从狭义上来看，乃是行使行政权，达成公共目的的组织。公共组织的特征在于：①以追求公共利益为取向；②公共组织的活动受法律法规的限制；③公共组织权威的割裂；④公共组织受到高度的公共监督；⑤公共组织间的相互依存性；⑥政治因素的考虑；⑦公共组织目标模糊不清且不易衡量；⑧公共组织的独占性；⑨公共组织行为的强制性等。

2. 科层制

答：参见本章考研真题概念题第4题答案。

3. 组织设计

答：组织设计是指对行政组织活动和组织结构的设计过程，其结果是形成组织结构，发挥组织功能。有效的组织设计能为组织活动提供明确的指令，有助于组织内部人员的合作，使组织活动更有秩序性、预见性；便于及时总结组织活动的经验教训，进而形成合理的组织结构，提高组织活动的工作绩效，获取最大的社会效益和经济效益。进行组织设计既要考虑环境、战略、技术和组织结构这四大要素，还应注重组织成员的素质状况，只有把上述两方面有机地结合起来，才能使组织发挥最好的效益。

4. 弹性化组织设计

答：弹性化组织设计是指一种强调灵活性和权变的组织设计，认为组织设计不存在一个既定的模式，应根据本组织的性质和工作需求来确定。弹性化组织是指一种扁平化的组织结构，以此去除中层管理者与扩大控制幅度以改善垂直的沟通，管理者的角色不再是指挥与控制，而是教导与树立榜样。弹性化组织设计的目的在于克服传统科层组织的弊端，实现决策权与控制权充分下放，使组织有效地回应外在环境的变动和需求。典型的弹性化组织包括委员会制、自我包含的组织结构、矩阵式组织、跨越功能的团体及网络组织等。政府组织的弹性化与功能化是当代民主政府的趋势。弹性化的政府结构的特性为：①能够适应时代的变化并满足社会的需求；②能够迅速地解决问题并提高组织的效能。

5. 委员会制

答：委员会制，又称委员制或合议制，是指政府组织法定的最高行政决策权力和责任，授予委员会议集体承担的组织体制，是一种与首长制相对应的组织体制。委员会制的优点是：①能集思广益，用集体智慧和经验，决策考虑周详，便于发挥集体的智慧和力量；②大家合作承担责任，协调一致推行计划，易于激发各领导成员的积极性创造力；③彼此监督，不易舞弊。委员会制的缺点是：①责任分散，决策缓慢，行动迟缓，有时甚至流于空谈，议而不决，决而不行，无人负责；②彼此排斥，易于泄密。委员会制可以是暂时的，也可以是永久的，需根据所承担的任务来确定。

6. 矩阵式组织

答：矩阵式组织，又称专案组织，是指为达成某种特殊的工作而进行的团队组合，也就是为解决某种特殊问题所建立的团队或工作小组。矩阵式组织是一种很有效且逐渐风行的组织形式，此类组织的成员是从功能部门借调而来，任务完成后，工作人员归还原来的部门。矩阵式组织的优点是：①可促进整合复杂与相互依赖的活动；②双重的权威体系避免了组织成员各行其是、目标错置的现象，可降低传统官僚组织的弊病；③提升专业人员的有效分配；④可提高适应外在环境的反应能力；⑤可以营造民主管理的环境与气氛，有利于员工激励；⑥任务明确，有助于目标的达成；⑦有助于培养通才。矩阵式组织的缺点是：①决策复杂化；②难以达成权力的平衡；③多重利益所造成的政治性活动；④双重权威所造成的角色冲突；⑤人员变动大，造成心理不安。

7. 网络式组织

答：网络组织是指一种以契约为结合基础的动态联结的组织系统，其通常拥有一个核心组织以负责统筹协调与其他组织间的关系与活动，一反过去组织完全包办所有事务所必须具有的功能。网络组织是一种几乎没有界限的组织形态，其核心可视需要而与任何其他组织产生联结或中断关系。网络组织的优点是：①降低管理成本，提高管理效益，提升组织的效率和适应能力；②实现了组织内各部门功能的整合；③简化了机构和管理层次，实现了组织充分授权式的管理。网络组织的缺点是：①必须与其他组织合作才有存在的价值；②需要科技与外部环境的支持。

8. 学习与组织学习

答：(1)学习是指一种人类与生俱来的本能，是一个不断地自我超越的过程，学习在人类社会中扮演了十分重要的角色。学习本身的行为是一个历程，其中包含了持续的刺激与反应，经由行动的转化、重组与整合，使我们可以反复地验证生活经验，并从经验中不断修正自己的行为，使行为符合社会的期待，而且能适应环境的变迁。学习有个人学习与组织学习，适应性学习与创新学习之分。

(2)组织学习是指寻求并提高组织成员理解组织及其环境的能力，从而使其决策不断适应组织发展需要的过程。其是组织为了促进自身的长期效能与生存发展，而在适应环境变化的过程中，对其基本的信念、态度和行为、结构和方式进行调整，从而获取一种面对各种问题持续改善的能力。在组织学习中，每个成员对学习过程和结果都产生着重大的影响，但组织学习绝不是个体学习的简单加合。组织成员和组织之间的交互行为、组织与外部环境相互作用、组织文化的构建是组织学习的重要特征。

9. 学习型组织

答：参见本章考研真题概念题第7题答案。

二、思考题

1. 何谓公共组织？公共组织有何特性？

答：参见本章考研真题简答题第1题答案。

2. 公共组织存在着许多弊病，请对这些弊病予以分析。

答：组织结构是影响组织运作的关键因素，决定了权威、权力的分配，决策和沟通的布置，效率和效能的达成。现代的公共组织皆是高度正式化、严格的层级节制的科层组织，其弊病主要包括以下几个方面：

(1)决策权威集中化造成管理的恶性循环

目前公共组织的结构特色之一是决策权威的集中化，强调统一指挥、单一权威的原则。权力集中的现象反映主管对人员失控的忧虑和不信任，上级未能充分信任下属，则必然采取严密的监督方式，若采取严密的监督就势必缩小主管的控制幅度，而控制幅度的缩减则造成上下层级数的增加，因而促成机关的金字塔结构形态；层级越多，权力越集中，则上下沟通越困难，越无法相互了解，这样就加重了上级对下级失控的紧张和不信任和管理上的恶性循环。

(2)专业分工原则的扭曲

公共组织科层体系的专业分工原则原是为发挥专才专用的效率结果，但也可能使垂直的权力斗争“水平化”。科层的水平权力争执加上上下层级的线型关系，将使组织内部、组织之间的网路联系更加困难，其影响包括中央政府各机关间的协调合作、各级政府间有关公共计划的管理、公私部门间的协作关系、与公共服务的有效传输。

(3)制式化对组织效能的可能影响

传统的理论观点认为，机关的制式化程度与组织效能具有正向的线性关系。制式化是指借工作内容、程序或法规的标准化，用以确保人员行为的一致性。制式化除了可以确保工作行为的稳定性和可预测性，借以提高机关效率外，对外亦可维护公平处理的要求，因此，构成科层体系设计的主要原则。不过，随着机关的成长与行政环境的改变，制式化对组织效能也会产生种种不利的影响：①线性负相关，由于制式化容易压抑工作人员的创新动机，往往会造成效能不增反而下降；②制式化的努力虽然可以促成机关运作的理性化，并建立起合理的运作体制，使组织效能随之提高，但当体制作用超过其所能处理环境问题的能力时，科层的反功能就出现了，组织效能也就随之下降。

(4)遏制组织学习

组织学习是组织发展和组织创新的一个条件，理论研究和经验表明，传统的科层组织存在着遏制组织学习和创新的趋向，这主要表现在：

①学习动机的钝化。传统组织习惯于例行公事，往往是以固定的反应模式来应付环境的冲击，从而造成组织成员学习动机的钝化。

②偏好经验学习。科层体系是从成功的经验中建立起决策的模式，是一种经验式的学习。经验式的学习崇尚“渐进法则”，习惯于用老办法来处理新问题，往往低估了行政环境变化的紧迫性，长此以往，就会使组织机能因因循守旧而逐渐钝化，应变能力差，使组织的危机处理能力下降。

③形成组织学习的断层。根据阿吉利斯的研究，科层体系必然发展出自我防卫的组织文化：人们不是昧于事实强词夺理，想办法掌控全局以达到自己的愿望，就是逃避现实以求自身的安宁。这样，人们对组织革新问题的认识就是零散的、片面的，个人就无法从人际互动

的过程中形成集体的学习行为，组织整体的革新问题就不容易获得解决。

(5)科层价值与民主价值的冲突

传统官僚组织确实是一种进行管理的有效工具，但其与民主管理的理念却存在着一定的冲突。从民主发展的过程来看，政治科层化所造成的精英统治、权力集中，与民主多数统治的原则是相背离的。民主的政体必须坚持被统治者同意的理念，但作为行政权力核心的科层文官却非经选举任用，他们只对科层体系负责，不受选民控制。科层可以轻易地将所有的公众问题转换为行政技术予以处理，并以其理性中立的形象赢得民众的信任，从而展开与政治体系的对抗竞争。科层更能利用政务首长的专业知识限制，发挥其行政运作的战略地位，借以谋取集团私利，而这种科层政治化的事实，外人是难以认识的。所以，科层政治化的结果，使科层的价值取向与民主行政的价值取向相背离。

(6)科层价值与人格成长的冲突

科层组织的理性行为、专业化分工、权力作用和严密控制的四种价值观，与成人追求主动、自主、创造、负责等人格成长的趋向背道而驰，当人格长期遭受压抑的时候，消极顺势、心理逃避与幼稚等病态行为就会产生。

科层体系要求的"整合性"，使单一忠诚和纪律遵守成为组织内部的美德，只重视规范的行为，而忽视了个人间的不同差异，压抑了个性的发展。

科层组织要求的绝对服从关系，使组织成员逐渐丧失了独立解决问题的能力，团体的盲从现象就会发生。

(7)防卫型的官僚人格

公共组织的层级节制、专业分工、照章行事、缺乏人情的科层体系，常常会造成官僚的防卫性格，这种性格反映在个人对于照顾、被爱、爱人、安全等需要的失望和焦虑。防卫型的官僚性格将人类从情绪、感情的本性中抽离出来，所以，在人际关系上表现出两种极端的态度：对己有利者老练世故、热情照应；对己无益者冷漠无情、吝于关怀。

3. 我国公共组织有哪些病象？试对公共组织的病象成因予以分析并提出改革之道。

答：(1)我国公共组织的病象

我国公共组织存在四大病象，即机构庞大，人员臃肿，政企不分，官僚主义严重。具体分析如下：

①机构庞大。现在政府机构重叠庞大，人浮于事的现象严重，这不仅滋生官僚主义，助长了贪污腐败和不正之风，也给国家政府造成了沉重的负担。组织内部组织涣散，组织成员情绪低落，贪图安逸。

②人员臃肿。人员臃肿是我国政府机构中普遍存在的现象，主要表现为公共组织部门林立，工作效率低，人浮于事严重；组织内部奖惩不分明，吃"大锅饭"，大部分成员无工作积极性。建国至今，我国曾先后多次进行机构改革，想改善这一局面，但成就并不十分明显，历次改革都逃不出"臃肿—精简—臃肿—精简"这一怪圈。庞大的人员编制造成了行政支出的极度浪费。

③政企不分。政府直接干预企业的生产经营活动，不能形成科学决策的投资体制，轻易造成责任不分和决策失误，难以发挥市场在资源配置中的基础作用；主要依靠行政手段治理经济和社会事物，许多本来应该运用法律手段，或者通过社会中介组织来解决的问题，也是通过设立政府机构治理，把过多的社会责任和事务矛盾集中在政府身上。

④官僚主义严重。我国公共组织内部官僚主义盛行，这直接影响组织目标的实现。不但

导致公共组织效率的降低，还会引发社会公众对公共组织的严重不满，不加以改革就无法完整履行公共职责，无法规范行使公共权力，必须对公共组织进行变革。

(2)病象的成因

当前我国公共组织病象形成的原因十分复杂，需要从经济、政治、社会等各个方面进行剖析，具体分析如下：

①经济体制的制约

建国后的政府机构改革大多是在建国初期就形成的高度集中的计划经济体制的背景下进行的。其主要特点是政企不分，政府主要依靠行政手段直接管理经济和经营企业。这样，随着经济的发展，分工的细化，新的行业的不断产生，与这些行业相关的管理部门主要是专业经济管理部门必然膨胀起来。

②行政管理体制的制约

长期以来，我国实行条块结合的行政管理体制，采用逐级下达指标，层层落实的管理方式，在机构的设置上强调上下对口，各地划一，忽视了因地制宜。这是我国政府机构，特别是为了争得更多的上级安排的项目和投资的地方政府的机构很难有效精简的重要原因。

③人事制度的制约

a. 大中专毕业生和军队转业干部的就业制度。在过去的人事制度下，国家机关是一个重要的就业单位，每年都要安置不少大中专毕业生和军队转业干部。这样，本来精简掉的编制，不得不年复一年按常规增长。

b. 干部管理制度不健全、不科学。机关干部能进不能出，能上不能下，能官不能民，缺乏科学的优升劣汰制度和办法，致使干部队伍的数量越来越庞大，结构愈趋不合理，更使得干部的调整成为机构改革的一大阻力。

c. 富余人员安置没有出路。原有的人事制度对机关富余人员安置的思路比较狭窄，除非特殊情况，一般都采取机关内部消化的路子和由组织上包下来分配的办法，效果不明显，已经取得的精简效果也难以巩固。

d. 工资制度。干部的工资增长，各种待遇的提高，完全依赖于职务、级别，而机构领导职务的数量是有限的。因此，为了照顾干部的利益、情绪，就要不断地制造出新的机构，或者使机构升格，或者设置较多的副职，突破领导职务数的限制。

④机构编制管理的软约束

各级机构编制部门管理机构设置和人员编制核定工作，历来是明确的。但是这种管理是软约束，而不是硬约束；是弹性的，而不是刚性的，这使得机构精简的成果很难得到巩固和发展。

(3)病象的改革之道

①按照发展社会主义市场经济的要求，转变政府职能，实现政企分开。要把政府职能切实转变到宏观调控、社会管理和公共服务方面来，把生产经营的权力真正交给企业。

②按照“精简、统一、效能”的原则，调整政府组织结构，实行精兵简政。

③按照权责一致的原则，调整政府部门的职责权限，明确划分部门之间的职能分工，相同或相近的职能交由同一个部门承担，克服多头管理、政出多门的弊端，完善行政运行机制。

④按照依法治国、依法行政的要求，加强行政体系的法制建设，实现各级政府机构、职能、编制、工作程序的法制化。

4. 弹性化组织设计有多种形式，试分析不同形式的弹性化组织的特性。

答：参见本章复习笔记相关内容。

5. 何谓组织学习和学习型组织？学习型组织有什么特点？

答：(1)组织学习和学习型组织的含义

①组织学习是指寻求并提高组织成员理解组织及其环境的能力，从而使其决策不断适应组织发展需要的过程。组织学习是组织为了促进自身的长期效能与生存发展，而在适应环境变化的过程中，对其基本的信念、态度和行为、结构和方式进行调整，从而获取一种面对各种问题持续改善的能力。在组织学习中，每个成员对学习过程和结果都产生着重大的影响，但组织学习绝不是个体学习的简单加合。组织成员和组织之间的交互行为、组织与外部环境相互作用、组织文化的构建是组织学习的重要特征。

②学习型组织是指一种不断在学习与转化的组织，其学习的起点为组织成员、工作团体和整个组织。学习是一种持续性、战略性运用过程，并与工作相结合。学习的结果将会导致知识、信念及行为的改变，并可强化组织创新与成长的能力。学习型组织的内涵可以从以下三个方面来理解：a. 学习型组织是全体成员全身心投入并有能力负担学习的组织；b. 学习型组织是让成员体会到工作中生命意义的组织；c. 学习型组织是通过学习创造自我、扩大未来能量的组织。

(2)学习型组织的特点

参见本章复习笔记相关内容。

6. 传统的科层组织与学习型组织有何不同？试比较二者的差异。

答：传统的科层组织与学习型组织的差异主要体现在以下几个方面：

(1)内涵

传统组织是一种机械式的组织和官僚式的组织，具有封闭式的系统；学习型组织是一种有机式的组织、自我设计的组织和全息式的组织，具有开放式的系统。

(2)学习体系的构成

传统组织的学习体系由硬性的组织目标、部门层级分工、控制机制和法令规章所组成；学习型组织的学习体系则借助软性的共同愿景、自发的动机、开放的心灵和团队精神来维系。

(3)组织学习的理念

两者在组织学习理念方面的差异主要包括五点：

①学习的信念。传统组织每一行业都有其行业本色，只要尽心尽力就可以从经验中找到制胜的法门；学习型组织中行业固有其本色，但经验如流水，重要的是过去的方法今日是否依然行得通，是否已经充分掌握了全部经验，又如何体会这些经验。

②学习的着眼点。传统组织着眼于规避风险、寻求稳定，讲究思想的一致性、行为的可预测性，讲究效率至上；学习型组织着眼点为肯冒险、变动是常态，鼓励创新、异议，尝试实验、面对失败，效率其次、效果才重要。

③学习的类型。传统组织的学习类型是适应性的学习，想办法使组织配合环境，调整手段、规划和方法；学习型组织的学习类型是创造性的学习，想办法让环境来配合组织，根本改变目标、规范与想法。

④学习的时间取向。传统组织取向过去和现在；学习型组织取向现在和未来。

⑤学习的张力。传统组织是渐进式的体制改革；学习型组织是理论与实践的辩证修正，

很可能是激烈的、反体制的。

(4)组织的结构安排

两者在组织结构安排方面的差异主要包括:

①结构的形态。传统组织结构形态是层级节制的组织设计；学习型组织的结构形态是以工作团队为单位构成网络体系。

②权力的分配。传统组织是高塔式、中央集权，决策悉由高层做出；学习型组织则是扁平式、地方分权，授权参与但需顾及整体。

③控制的机制。传统组织一切按正式文书法规来进行，不必怀疑；学习型组织肯定人员有自我管理的能力，重点在价值的引导。

④整合的机制。传统组织的整合是通过命令服从的关系来维持；学习型组织的整合借团队合作精神来达成。

⑤流通的流程。传统组织是上下层级式的信息流通；学习型组织是向上下左右接邻的个人或单位进行沟通，形成网状式的信息通路。

(5)人力资源管理

两者在人力资源管理方面的差异主要包括:

①绩效的考评。传统组织的绩效考评是以片断的绩效数据为依据，缩小评等差距；学习型组织的绩效考评以整体事功为依据，扩大良莠之差距。

②诱因与报偿。传统组织单纯以金钱为主；学习型组织附加个人生涯发展的机会。

③职位：传统组织以头衔、阶级区分；学习型组织以事功大小区分。

④升迁降调。传统组织的职务变动是部门内部的局部流动；学习型组织的升迁降调需要跨部门的职务轮换与锻炼。

(6)组织文化

两者在组织文化方面的差异主要包括:

①价值观念。传统组织以利己取向、重视个人成就，孤芳自赏、独善其身为价值观念；学习型组织的价值观念是利他取向、强调集体成就，尊重人性、互敬互爱、精诚团结。

②人际交往的态度和批评讨论的立场。传统组织是竞争的、不是你输就是我赢，自我防卫、怪罪他人，迷信权威、不求甚解；学习型组织是合作的，你赢我也赢，双赢的态度。拥有开放的心态，勇于揭露自我，实事求是，追求真理。

③冲突的解决。传统组织避免冲突表面化，互留情面；学习型组织面对争议表明立场，坦诚交谈，承认错误。

(7)管理者的行为

两者在管理者行为方面的差异主要包括:

①心胸眼界。传统组织的管理者主导一切，非我不可；学习型组织的管理者宽容异议，不必唯我。

②思考问题的着眼点。传统组织的管理者视野狭窄，拘泥于细枝末节；学习型组织的管理者视野开阔，纵观全局。

③对问题的反应。传统组织的管理者以安定现状为前提；学习型组织的管理者求新求变。

④行事方式。传统组织的管理者巩固自己的名誉地位；学习型组织的管理者设身处地，反求诸己。

⑤领导风格。传统组织的管理者以英雄的形象出现，信仰权威独断式的领导方法；学习型组织的管理者做促成部属愿望实现的忠仆，民主参与式的领导作风。

7. 一个组织如何才能成为真正的学习型组织？

答：要促使一个组织向学习型组织转变，建立学习型组织，必须进行五项修炼。这五项修炼是：自我超越、改善心智模式、建立共同愿景、团队学习、系统思考。具体分析如下：

(1)系统思维。系统思维是学习型组织的精髓。系统思维要求认识事物间的因果关系；认识事物互为因果的循环关系；认识事物发展的兴衰循环原理；破除二分法的价值思维习惯；把握动态的系统反馈；培养整体的思考习惯。

(2)自我精进。学习型组织要培养个人自我挑战的胸怀，专注于内在抱负和需求；从失败中学习；要有摆脱逆境，越挫越勇的信心与斗志。

(3)改变心智模式。组织应改变传统的权威关系；领导应敞开胸怀，接纳异议，调整刻板的心智模式。

(4)建立共同愿景。共同愿景是指愿望与远景，由三个要素组成：目标、价值观、使命观。共同愿景对于学习型组织至关重要，其为学习聚焦，提供能量，只有当人们致力于实现共同的理想和共同关注的愿景时，才会产生自觉学习的动力，才会真诚地奉献和投入，从而取代员工的抱怨以及对领导个人的被动服从。组织应建立共同愿景。组织在建立共同愿景的过程中，需注意几个问题：①建立在组织成员的期许基础上；②是自下而上的过程；③应有进阶指标。

(5)团队学习。通过团体成员间的对话和讨论，促进团队学习。现在是信息社会、知识经济时代，组织要成功就要靠知识，靠组织团队学习，开发整个团队的人力资源。团队学习的方式有个人学习和深度会谈，个人学习是团队学习的基础，深度会谈是团队学习的关键。团队学习与传统的集体学习不同，团队学习的目的是为了使学习力转化为现实生产力，传统的集体学习往往变成大家在一起发牢骚。团队学习的主要障碍在于自我防卫心理。

总之，在变革的时代，组织的学习能力十分重要；建立学习型组织已成为时代的选择。组织要通过迈向学习型组织的种种努力，引导一种不断创新、不断进步的新观念，从而使组织日新月异，不断创造未来。

8. 从20世纪80年代以来，我国多次对政府机构进行改革，有哪些成功的经验和失败的教训？

答：政府机构改革是一项复杂巨大的系统工程，涉及社会生活的方方面面。从20世纪80年代以来，我国政府机构经历了1982年、1988年、1993年、1998年和2003年五次较大规模的改革，积累了大量成功的经验和失败的教训。经验和教训归纳如下：

(1)我国政府机构改革的经验

①立足中国国情，坚持因地制宜、区别对待。中国在推进行政改革的进程中，十分注重从各地实际出发，不搞“一刀切”，允许各地在遵循改革的总原则和总方针的前提下，在改革的具体步骤和方法方面因地制宜。中央政府则根据各地情况的不同实行分类指导，使改革更符合各地实际。

②坚持以发展经济为中心，与经济体制改革相配套。中国的行政改革始终坚持以经济建设为中心，围绕经济建设事业进行，无论是机构的精简，还是人员的调整，都服从发展经济运行的需要。同时，把转变政府职能、促进政企分开，使企业拥有真正的自主权摆在突出位置，并随着经济体制改革的进程而不断深化。实践证明，这是中国行政改革取得成功的一条

重要原则。

③正确处理改革、发展和稳定的辩证关系。发展是目的，改革是动力，稳定则是推进改革和发展的基本前提。把改革的力度、发展的速度和社会可承受的程度统一起来，把不断改善人民生活作为处理改革发展稳定关系的重要结合点，使之相互协调、相互促进。

④坚持对外开放，广泛吸收和借鉴国外发达国家的改革经验及我国传统的行政精华。在行政改革中既坚持对外开放，注意吸收和借鉴当今世界各国行政改革的成功经验和做法，学习发达国家科学管理的方式方法，以丰富我国行政改革的内容，也十分注意弘扬中国传统文化的精华，古为今用，促进中国特色的行政体制的建立和完善。

⑤坚持分步实施、逐步到位的渐进改革方式。中国的行政改革具有相当的复杂性、艰巨性和长期性，不可能一蹴而就、一步到位，而必须采取渐进的方式。

(2)我国政府机构改革的教训

①机构改革缺乏首尾一致的明确思路。由于每一次机构改革都是在政府换届前不到一年开始筹划的，历次机构改革之间，缺乏政策上的连续性。

②反复精简削弱了中央政府的执政能力。纵观30多年来的政府机构改革，真正精简了的只是国务院的机构和人员，人大、政协、党的机构和人员一直在增加。省及省以下政府的机构和人员编制，实际上已经完全失控。

③机构频繁变动降低了政府官员的素质。这种每一届政府都要精简一次机构、人员的做法，导致了政府官员队伍的不稳定。况且政府机构精简时，很难留住业务能力强的官员，留下来的人员中多数不是原来的业务骨干。

④机构改革的关键是要明确各级政府的职能。本届政府已经提出了转变政府职能的任务。但是如何确定各级政府的职能，却不是一个“依法规范中央和地方的职能和权限”所能解决的。

⑤事业单位改革不能照抄国企改革的模式。近年来有人讲，事业单位是传统经济体制的最后堡垒，要求加快事业单位的市场化、企业化改革。这种说法是很不负责任的。

6.3 考研真题详解

一、概念题

1. 公共组织(江苏大学2017年研；河北大学2017年研；人大2015年研；武大2013年研；华中师大2013年研；对外经贸2009年研)

答：参见本章课后习题概念题第1题答案。

2. 行政组织(中山大学2015年研；华中师大2013年研；华南理工2011年研)

答：行政组织是静态组织结构和动态组织活动过程的统一。就动态讲，行政组织是指为完成行政管理任务而进行的组织活动和运行过程。就静态讲，有广义、狭义之分。广义行政组织，除政府行政组织外，还包括立法、司法、企业、事业等部门及社会团体中有行政性职能的机构。狭义行政组织，则专指为推行政务，依据宪法和法律组建的国家行政机关体系，是国家机构的重要组成部分。行政组织的特性如下：

(1)政治性与社会性。行政组织是为推行国家政务而组建起来的国家行政机关体系，是统治阶级维护本阶级利益、巩固其统治地位的重要工具，这决定了政治性是行政组织的本质特性。

(2)法制性与权威性。行政组织的设立、变更或撤销均依据宪法和法律规定以及程序进行。

(3)系统性与动态性。行政组织是按一定的序列和等级组建起来的规模庞大、结构严密的社会系统。在这个系统中，它按不同区域、层次、管理功能划分，设置相应的组织机构，形成纵横交错且有制约和隶属关系的权责体系。

3. 行政组织结构(中财2009年研)

答：行政组织结构是指构成行政组织各要素的配合和排列组合方式。它包括行政组织各成员、单位、部门和层级间的分工协作以及联系、沟通方式。结构合理、运转灵活的行政组织是实现行政目标、提高行政效率的重要组织保证。

在行政组织结构中，最重要的是纵向、横向结构，它是行政组织系统中的基本框架：

(1)行政组织的纵向结构。即直线式结构，是纵向分工形成的行政组织的层级制。其特点是上级直接领导下级，行政指挥和命令按垂直方向自上而下地传达和贯彻。

(2)行政组织的横向结构。即职能式结构，是横向分工形成的行政组织的职能制，亦即同级机关和每级机关内部各部门间的组合方式。

4. 官僚制(华北电力大学2007年研)

答：官僚制，又称科层制，是指德国社会学家韦伯根据纯粹理想型观点提出的一种高度正式化、严格的层级节制的人事组织体制。在马克斯·韦伯看来，官僚制是指一种以分部—分层、集权—统一、指挥—服从等为特征的组织形态，是现代社会实施合法统治的行政组织制度。其特点在于：①在科层组织中，每一位成员都有固定和正式的职掌，依法行使职权；②层级节制的权力体系；③人员的工作行为以及人员间的工作关系，须遵循法规的规定，不得掺杂个人好恶情感；④科层组织内的职位，按人员的专长做合理的分工，职位的获得主要以技能为主；⑤职业化倾向；⑥人员的工作报酬也有明文规定，有固定的薪俸制度；⑦着重效率。

5. 矩阵式组织(湖南师大2016年研；人大2012年研)

答：参见本章课后习题概念题第6题答案。

6. 组织学习(人大2010年研)

答：组织学习是指为了促进组织的长期效能与生存发展，而在适应环境变化过程中，对其基本的信念、态度和行为、结构和方式进行调整，从而获取一种面对各种问题持续改善的能力。组织学习不等于组织适应，组织适应属于被动防卫调整，而组织学习属于主动的攻势调整。

7. 学习型组织(中财2010年研)

答：学习型组织是指一种不断在学习与转化的组织，其学习的起点在组织成员、工作团体和整个组织。学习型组织的内涵可以从以下三个方面来理解：①学习型组织是全体成员全身心投入并有能力负担学习的组织；②学习型组织是让成员体会到工作中生命意义的组织；③学习型组织是通过学习创造自我、扩大未来能量的组织。学习型组织最大的特征在于其开放性、分权、信息分享和对创新的重视等。

二、简答题

1. 简述公共组织的特征。(人大2015年研；长安大学2015年研)

相关试题：简述公共组织的特性。(人大2010年研；中财2005年研)

答：公共组织广义是指不以营利为目的，而是以服务社会大众，提高公共利益为宗旨的组织。狭义上的公共组织是指行使行政权，达成公共目的的组织。公共组织的特征有：

(1)公共组织以追求公共利益为其价值取向

公共组织行政的推行，其主要目的和动机，是在谋求社会的“公共利益”，一切的措施都是在顾及全局公平、公正、公开的原则下来为全体民众服务，并以最好的服务来争取民众的拥护与支持。所以，公共组织的目的在于追求公共利益，其动机在于加强服务，便民利民，使民众获得最好的福祉。

(2)公共组织的活动受法律法规的限制并具有法律的权威

公共组织的活动举凡预算的编制或执行、人员的晋升、资源的使用等，都必须在宪法或法律规范下行动，再者，公共组织所制定与执行的法律是带有权威性的，其效力范围及于全国，如果不服从，将受强制制裁。

(3)公共组织权威的割裂

公共组织除了要向上级行政单位负责外，同时也要考虑其服务对象、立法机关、司法机关和其他人民团体的要求。一般说来，政治越民主的国家，越注重政治权威的分立和制衡。行政部门虽然较注重层级节制的权威，但相对地也要接受立法和司法部门以及辖区内人民和各利益团体的监督。

(4)公共组织受到高度的公众监督

公共组织因为基本性质是政治性的组织，其一举一动都必须接受来自舆论或人民大众的批评和监督，必须是公开和透明的。

(5)公共组织的相互依存性

公共组织中的各单位、各成员彼此是相互依存的，且其运作必须要在各级政府间的网络中折衷协调，因为一个单位的工作必须在其他单位的配合下才能完成，因此，机关不能有本位主义的想法，应打破藩篱，通力合作，以促进公共政策的有效执行。

(6)公共组织政治因素的考虑

公共组织的行动必定发生在具有政治意涵的环境中，其制定的政策都具有政治的意义，即使行政人员以其专业的标准处理公务问题，其所发生的后果也有政治上的影响。

(7)公共组织的目标大多模糊不清且不易测量

公共组织的目标就是要创造公共利益，但公共利益大多是抽象模糊的，而且公共组织的服务对象不仅差异性大，而且对于行政人员的期望亦很多，时常还会有许多冲突和矛盾产生。

(8)公共组织的独占性

公共组织虽然可以通过政治权威或公共权力的行使而生产某些财货或服务，形成独占市场的局面，不许私人加入竞争，但在民主国家中，基于自由经济的理念，政府所提供的财货或服务大多属于公共产品的性质。因为公共产品无排他性和竞争性，私人很少会乐意去提供，此外大型公共工程非私人组织所能担负，政府几乎是唯一的生产者，不存在市场竞争的问题。

(9)公共组织行为具有强制性

公共组织其活动本身即具有强制性，凡是在其职权范围以内的事物，皆有管辖权，如果公民有违法乱纪的行为发生，公共组织便可依法予以处分。

2. 依据公共权力标准，可以将公共组织分为哪些类型？(中财 2017 年研)

答：公共事务管理指向的是多元的利益关系，仅靠说服、动员等手段难以达到目标，事实上更多的公共事务管理是依靠公共权力的强制性来完成的。按照公共权力的强制性大小，公共组织可分为三种类型：

(1)强制型公共组织。这类公共组织主要是指政府部门。强制型公共组织的主要特点之一就是根据宪法和法律的授权，依靠公共权力对公共事务实行强制性管理。它对某一事务做出裁决，有关组织和个人必须遵从，否则将受到惩罚。

(2)半强制型公共组织。这类公共组织实施管理更多地依靠市场手段而不是行政手段，他们的管理行为对当事人有一定的强制性，要求当事人遵守。但这类公共组织的强制性在一定程度上是可对抗的，当事人也可拒绝裁决。这类公共组织典型的如各种形式的仲裁委员会。

(3)非强制型公共组织。这类公共组织的最大特点是非强制性和服务性，其中多数是非营利的组织。如各种院校、社区学校、研究所等。

3. 简述公共组织设计与管理的一般原则。(对外经贸2013年研)

相关试题：公共组织设计与管理的基本原则。(中央民大2013年研)

答：参见本章复习笔记相关内容。

4. 行政组织的基本要素有哪些？(中财2008年研)

答：行政组织是按照一定规则和形式严格建立起来的正式组织。行政组织是行政管理的主体，任何行政管理活动都是通过行政组织来推行的。行政组织是否精干高效，直接关系到行政职能的实现和行政效率的高低。行政组织是一个由若干要素组成的有机整体。其基本构成要素包括以下六个方面：

(1)组织目标。组织目标是组织赖以建立和存在的前提及基础，也是组织活动的出发点和归宿。因此，行政组织首先必须有明确清晰的目标，并由上到下，由宏观到微观地进行目标分解，依次确定所属的各个子目标、分目标，形成一个多层次、多序列的组织目标体系。

(2)机构设置。机构是行政组织的实体，也是履行行政职能、达成组织目标的载体。设置科学合理、精干高效的行政机构，是行政组织建设的核心内容。

(3)人员构成。组织是由人组成的。组织目标的实现和组织任务的完成都离不开组织成员的共同努力。因此，行政人员的素质及其组成结构，是行政组织的一个重要因素。

(4)权责体系。权责体系是指行政组织内部权力分配、权责关系、指挥系统、运行程序、沟通渠道及各种机构、各个岗位在组织中的地位、作用及其内在联系的具体表现，它直接关系到行政机构的设置及其运转。

(5)法规制度。法规制度是行政组织依法行政的根本保障。法规制度的完善程度，也是衡量行政组织是否健全的主要标志。因此，建立健全行政组织法、编制法以及组织内部的各项具体法规、制度，是行政组织建设十分重要的内容。

(6)物质因素。物质因素是指行政经费、办公场所、办公设备、物资、用品等进行行政管理活动所必需的物质条件。没有这些物质条件，组织就无法实施行政管理。因此，物质因素也是行政组织必不可少的一大要素。

综上所述，行政组织的要素缺一不可，只有具备完整的行政组织要素，才能为建立机构健全、功能完善的组织打好基础。

5. 科层制的缺陷。(中央民大2011年研)

答：参见本章复习笔记相关内容。

6. 分析民主行政价值和科层价值的区别。(人大2013年研)

答：参见本章复习笔记相关内容。

7. 什么是组织学习与学习组织，学习型组织有什么特点？(人大2011年研)

答：参见本章复习笔记相关内容。

三、论述题

1. 论述科层组织的特点与不足。（人大2006年研）

答：科层组织的概念源于马克斯·韦伯的官僚制理论。指公共组织的组织结构依照官僚制的权力层级结构建立，它与行政组织体系的金字塔结构相一致，体现出权力主体在垂直方向上的差异。

(1)科层组织理论

马克斯·韦伯的官僚制理论对此进行了经典概括。具体地讲，这种结构具有强制性的法规，明确的分工与责任，稳固而有秩序的上下级制度和层级制原则。科层结构中的权力地位按照等级排列，存在着一种上级机关对于下级机关的监控关系，下级机关的决策要按照明确规定的方式呈报上级机关审核。这种组织结构，体现了科学精神、法制精神与理性精神，抛弃了经验管理过程中的人治因素，避免了任性专断和感情用事，带来了理性与效率。因此，现代国家的政府组织皆是高度正式化、严格的层级节制的科层组织。然而传统科层组织也面临许多困境和危机，如权力集中、专业化分工的扭曲、低效能、遏制组织学习、科层价值与民主价值的冲突等。

(2)科层组织的主要特点

①在科层组织中，每一位成员都有固定和正式的职掌，依法行使职权。即在科层组织中，每个人都有固定的职责；以法令规章严格限制的方法，赋予命令权，以行使固定的职责；行政的责任和权利，都有一定的规范，只有具备一定资格的人，才能受雇用。

②层级节制的权力体系。科层组织中的每一个人，都能明确地知道，该从什么人那里取得命令，并将命令传递给什么人。这样，一方面可减少混乱的现象；另一方面对下属也较容易控制。

③人员的工作行为以及人员间的工作关系，须遵循法规的规定，不得掺杂个人好恶情感。也就是说，科层组织内的行为、决策和法规都是正式的，有一定的规格与要求；并且不论任何政党执政或任何人为机关首长，行政人员均要“依法行政”“政治中立”。

④科层组织内的职位，按人员的专长做合理的分工，其工作范围和权责也以法律明文规定，在这种专业分工的原则下，职位的获得主要以技能为主。

⑤职业化倾向。人员加入组织，是根据自由契约的方式，并经过公开的考试合格后加以任用，除非人员犯错，并依法规定加以免职外，否则，行政机关不能随便结束契约关系；相反，人员则有充分的自由，随时可以脱离行政机关。

⑥人员的工作报酬也有明文规定，有固定的薪俸制度。工资的付给主要是依照人员的地位和年资，不能因主管的好恶而有所偏私。有严格的奖惩制度和升迁制度，以鼓励员工努力工作。

⑦着重效率。行政人员的工作要明确、快速、具体，有充分的经验和知识，有档案文件等信息可供参考；工作性质具有持续性、整体性且对个别案件有充分的裁量权；严格遵守上级的指令，尽量减少人力、物力、财力的浪费，有效达成目标。

(2)科层组织的不足

参见本章课后习题思考题第2题答案。

2. 传统科层组织与学习型组织的差异。（中央民大2010年研）

答：参见本章课后习题思考题第6题答案。

第7章　公共组织中的领导

7.1　复习笔记

【知识框架】

- 公共组织中的领导
  - 领导与影响力系统
    - 领导的含义
    - 领导的影响方式
  - 领导权力与领导效能
    - 领导权力与领导效能的含义
    - 领导权力的类型
      - 参考权
      - 专家权
      - 合法权
      - 奖酬权
      - 强制权
  - 领导方式与领导效能
    - 以领导者对权力运用的方式为标准划分
      - 独裁式领导
      - 放任式领导
      - 民主式领导
    - 以领导者的作风与态度为标准划分
      - 以人员为中心的领导
      - 以工作为中心的领导
  - 权变领导理论
    - 艾凡雪维奇的情境因素说
    - 费德勒的权变领导理论
    - 豪斯的途径目标理论
  - 转换型领导理论
    - 转换型领导的意义
    - 转换型领导的构成要素
    - 转换型领导者的特质

【重点难点归纳】

一、领导与影响力系统

1. 领导的含义

领导是领导者在各种环境中系统地影响组织成员行为以达到组织目标的过程，是与组织成员之间相互影响关系的确立过程。

2. 领导的影响方式

由于不同影响方式所需的条件不同，其效果也不一样。依据领导学学者约克的研究，领导的影响方式包括以下方面：

(1)合法的要求。要求的合法性基于：领导者的正式权威、传统和群体规范。服从的动机可能是已经内化的对权威人士服从的信念，或是其他如合作、礼貌、尊重传统、忠于组织等内化的价值。

(2)制约的服从。又称奖酬权，是指领导者通过操纵奖酬来实现。

(3)强迫。影响者在对象不服从时，威胁要对他不利，而且当影响者的威胁很可信，也就是被认为有能力且将要引发不良后果时，就产生了服从。

(4)理性的说服。领导者用理性说服的方式，使对象相信他建议的行为，是对象满足需要或达成目标的最好方式和方法。

(5)理性的信任。在理性的信任下，对象对影响者的专才和信用相当信任，影响者的建议本身即足以引发对象的服从，而不需任何解释。

(6)鼓舞的诉求。影响者经说服对象，使之相信所要求的行为和某一种重要的价值观是相互连结的。

(7)教导。组织通过教导和社会化的过程，向组织成员灌输组织期望的价值观，强化组织成员对组织的承诺和对价值的信赖。

(8)个人认同。指人们模仿或敬佩影响者的行为，并且发展出类似的态度。

(9)改变情境。操纵和改变相关的物质和社会情境，可以间接地影响一个人的态度和行为。

(10)决策认同。当影响者所作的决策须交由他人执行时，最好让他人参与制定决策，并获得对象同意，以影响他们积极地执行决策。

二、领导权力与领导效能

1. 领导权力与领导效能的含义

(1)领导权力。指领导者为实现组织目标在实施领导的过程中对被领导者施行的强制性支配和控制力量。领导权力是领导的基础，其实质是指领导者的职位权力，是领导者在特定的组织里因占有领导职位而形成的权力。

(2)领导效能。指领导者在实施领导过程中的行为能力、工作状态和工作结果，即实现领导目标的领导能力和所获得的领导效率与领导效益的系统综合。

领导权力在某种程度上构成了领导者的基础，有效和恰当地运用权力，与领导的效能有十分密切的关系。

2. 领导权力的类型

(1)参考权

参考权是指一个人的行为、意见、态度等，变成了他人采取行为模式、表达意见和参考的对象。领导者的参考权建立在组织成员对领导者的忠诚、敬仰和个人情愫的基础之上。一个有超凡魅力的领导，其行为必然使追随者产生领袖深具能力必会成功的印象，他也会运用“角色塑造”，形成行为范例，让追随者模仿，并改变追随者的看法、态度、价值和行为。

(2)专家权

专家权来自下级的尊敬，即下级感到领导者具有某种专门的知识、技能和专长，能帮助他指明方向，排除障碍，达到组织目标和个人目标。领导建立和应用专家权应注意：①建立专家形象；②维持信用；③危机时果断而自信；④保持信息灵通；⑤避免伤害部属的自尊心。

(3)合法权

合法权是一种较为复杂的影响力，其产生于团体行为的规范(正式的和非正式的)，或组织的形态。它来自下级传统的习惯观念，即下级认为领导者有合法的权力影响他，他必须接受领导者的影响。一个领导者要有效地运用合法权，必须注意：①礼貌的要求；②要求明确；③要求是合法的；④解释要求的理由；⑤坚持服从。

(4)奖酬权

奖酬权来自下级追求满足的欲望，即下级感到领导者有能力奖赏他，使他觉得愉快或满足某些需要。领导的奖励权取决于奖赏的吸引力，奖赏是否能兑现，奖酬是否公正合理。如果领导操纵奖酬，也可能引起组织成员的抗拒。

(5)强制权

强制权是建立在组织成员认为不接受服从，便会受到惩罚的基础上的。强制权属于剥夺他人某种权益的行为，对一个领导者而言，除非绝对需要，应尽量少使用强制权。领导者有效运用强制权，应注意：①将规定和罚则明示；②在处罚之前有足够的警告；③在处罚之前了解事实真相；④使用适度的惩罚；⑤维持惩罚的公正。

三、领导方式与领导效能

1. 以领导者对权力运用的方式为标准划分

(1)独裁式领导

①独裁式领导的含义

独裁式的领导又称专制的领导，是一种传统的领导方式，这种领导完全依赖手中的权力与威势以强迫部属服从，其效果是短暂的。

②独裁式领导的特点

a. 以权力威胁为基础，不以人格感召为手段；

b. 所有的政策、制度皆由领导者自己决定，部属只能奉命行事，没有参与和提供意见的机会或权利；

c. 以事为中心，追求生产成果而忽视员工的情绪与利益；

d. 采取严密的监督，时时刻刻鞭策员工服从；

e. 不以客观之事实作为根据，常以主观批评或决定员工的工作效率；

f. 员工对领导者所指示的命令不能加以怀疑，即使命令的“可行性”有问题，也只有硬着头皮去干；

g. 有功则归首长独享，有过则惩罚部下，自己毫无责任。

(2)放任式领导

①放任式领导的含义

放任式领导是指主管放弃其领导任务，一切听其自然，任由部属自行处理业务，很少主动地去给予指导，除非有部属前来请示，否则不表示任何意见，平时与员工接触很少，上下隔阂很深，彼此冷漠，感情淡薄，可以说这是一种最差的领导方式。

②放任式领导的特点

a. 领导者对机关的工作不加过问，完全交由部属自行处理；

b. 领导者毫不关心部属，也不关心工作；

c. 领导者与员工的关系疏远；

d. 领导者对员工的奖惩完全是被动的、刻板的，丝毫不能激发员工的工作情绪。

③放任式领导的缺点

a. 主管人员对部下的工作没有适当的指挥监督，工作人员均凭自己的意见各自为政，工作缺乏统一的标准，容易形成纠纷，以导致管理的混乱；

b. 主管人员对下属没有正确的领导，人员的思想与行动非常不一致，大家无法形成牢固的团体意识，组织如同一盘散沙，精神涣散，情绪低落，随时有瓦解的可能。

(3)民主式领导

①民主式领导的含义

民主式领导对部属使用鼓励和引导的方式，让大家参与工作的决定并了解如何去做工作，部属的工作潜力可以得到充分的发挥。

②民主式领导的特点

a. 机关的决策制定由大家共同参与决定，领导者只是处于决策过程中的最后一步而已；

b. 决策制定以后，如果部属发现有不妥或行不通之处，可以直接请求修正；

c. 决策实行的结果，凡有功之处，首长与员工共同分享工作成果；如有过失则行政首长先行检讨，然后再去寻求造成过错的原因；

d. 对部属的奖惩是根据客观的事实及公平的标准来决定的；

e. 领导者与部属充分合作，水乳交融，没有心理上的距离感；

f. 对部属作政策性的指导，有关工作细节则放手让部属自行处理；

g. 关心部属的生活及需要，尊重部属的人格。

2. 以领导者的作风与态度为标准划分

(1)以人员为中心的领导

以人员为中心的领导者，把部属看得十分重要，不仅顾及他们的生活，而且让他们参与机关的决策。其特质为：

①领导关心部属的生活，如个人情况、家庭状况、工作是否满意等；

②部属被授予应有的权责，在其职责范围内，领导者不随便加以干预；

③经常与员工举行会议，交换意见，听取部下的工作报告及存在的问题；

④以善意的态度为部下提供指示；

⑤运用激励法则以满足部下的需要；

⑥信任部属。

(2)以工作为中心的领导

以工作为中心的领导者把工作效率看得十分重要，认为工作第一，凡是人员能够达成工作效率者就是理想的工作人员，反之则是不良的工作人员，他们从不设身处地地为部属设想或考虑，只根据部属的工作表现来考核和评价部属。其特质为：

①领导者只注重工作的进程，不关心部属；

②工作人员的优劣，完全取决于他们的工作效率；

③领导与部属之间只有工作上的来往，没有其他任何的感情交流；

④对部属采取严格的监督，动辄惩罚部属。

因此，以人为中心的领导与以工作为中心的领导在是否关心员工、以工作为中心还是以员工为中心、是否信任部下并对部下授权等方面存在区别。

四、权变领导理论

权变领导理论，主要是认为管理工作即为诊断与评估可能影响领导者领导行为与效果的各种因素，领导者在从事领导行为的选择与运用时，必须对各种环境因素加以考虑。最具代表性的权变领导理论主要有：

1. 艾凡雪维奇的情境因素说

(1)理论要点

领导者在选择与运用领导行为时，应注意下列四项情境因素：

①管理者的特性。管理者本身特性对其领导行为的选择与运用有着重要的影响，特性主要包括：人格特质；需要与动机；过去的经验与强化。

②部属特性。部属特性也影响着领导者的领导效能和领导行为的运用。其特性包括：人

格特质、需要与动机、过去的经验与强化。

③团体因素。团体发展、团体结构、团体工作等团体因素亦影响着领导效能及领导行为的运用。

④组织因素。在组织因素中，须加考虑的因素包括：权力基础、规则与政策、专业主义和时间。

(2)对现实领导工作的启示

①使人们认识到领导行为是领导者、部属及情境等因素交互影响而形成的，领导行为是极端复杂的过程，不同的情境因素将产生不同的领导行为与领导形态。

②领导行为的选择运用，应对各种情境因素加以审慎的考虑，只有这样才可能产生良好的效果。

③领导行为最重要之处就在于适应情境，配合情境因素以发挥领导效能。

2. 费德勒的权变领导理论

(1)理论要点

费德勒的权变领导理论认为，影响领导形态的情境因素主要有三个方面：

①职位权力。指职位本身所具有的权力(如奖励权力、强制权力等)，而促使部属顺从并接受其领导的程度。

②工作结构。指群体工作任务的例行性程度及可预测性。

③领导者与部属的关系。指领导者与部属相处及部属对领导者信任与忠诚的程度。

(2)情境因素作用的表现

①在有利情境下，领导者拥有较多职权，获得更多非正式支持，同时工作结构较低，对群体有良好的指导，成员被指示做哪些工作。

②在不利情境下，群体因缺乏领导者积极的介入的控制，显得较疏离涣散，以工作为导向的领导较之体谅型及员工导向型的领导行为较为有效。

③在中度有利(或中度不利)情境下，体谅型或员工导向型的领导较为有效，如果成员认为有建议、贡献意见的自由，则领导者应提供无威胁及自由的环境。

(3)这一理论对现实领导工作的启示

①虽然尚有缺失，但该理论仍然引发了不少学者的研究兴趣，使研究者了解领导效能的知识，领导者应如何选择领导行为，方能对部属产生影响，使组织发挥效能。

②这一理论对于部属生产力的提高及员工满足感的增进，具有相当价值。

3. 豪斯的途径目标理论

(1)理论要点

豪斯的途径目标理论的基本命题为：

①领导者的功能为辅助功能，亦即领导行为应能为部属所接受，并使部属认为领导是员工满足的来源，同时亦为员工将来获取满足的工具。

②领导行为对部属士气之激励，其影响是由情境所决定，此情境包括部属的特性与工作环境的特性。

所以，领导行为应以下列四种行为为架构：工具行为、支持行为、参与行为和成就导向行为。

(2)情境因素

①部属的特性。部属本身的能力、需要、动机等均会影响领导行为的选择。

②工作环境的特性。工作环境对领导行为的影响因素有：部属的工作；工作团体。

③组织因素。包括：规则、政策与程序对部属工作约束的程度；高压或紧急情况；高度稳定的情境。

(3)这一理论对领导工作的启示

①途径目标理论可应用于支持领导者行为及部属满足间的关系，但不适用于对部属绩效的影响。

②领导结构对员工满足感的影响受领导者体谅员工的方式及部属对非结构式、不明确任务厌恶程度而定，途径目标理论在某种程度上有能力预测和解释领导者的行为。

五、转换型领导理论

1. 转换型领导的意义

转换型领导是指一种能够结合组织成员共同需求与愿望的组织变革过程，是当代领导理论的最新发展，以超凡魅力的领导与交易领导理论为基础。其意义有：

(1)转换型领导尊重个人，并从个人出发

转换型领导肯定人员有自我实现的需求，并有自主自动的能力，领导者通过激励与引导，唤醒成员自发的意识与自信心，而能心悦诚服地认同组织的目标，肯定组织与自己的未来发展，置个人私利于度外来成就组织整体的事功。

(2)转换型领导措施全面，是一种哲学观念的实践

不管是工作道德的提升、高层次需求的发扬，还是组织承诺的激发，转换型领导的重点不再只是通过领导的工具来达成既定的组织目标，而是从价值面、人性面、文化面、社会面来讨论领导的现象，所以领导不再只是一种管理的技术，而是一种哲学观念的实践。

(3)转换型领导基于共识承诺

转换型领导是一种能够结合组织成员共同需求与愿望的组织变革过程，通过领导的作用，建立起人员对组织目标的共识与承诺，基于共识承诺，领导者创造人员信念和行为转变的有利条件。

2. 转换型领导的构成要素

(1)个别的关怀

转换型领导同时关注工作与人员两个面向，但更重要的是针对人员性情、能力的个别差异，关怀其思想与行为的改变。一般而言，转换型领导对部属的个别关怀表现在三个方面：发展取向、亲和取向和辅导取向。

(2)动机的启发与精神感召

转换型领导强调部属对领导者的认同，系来自于领导者所提示的共同目标和哲学信念，此目标和哲学不是领导者单方面强加在部属身上的，而是通过真诚的交流所塑造出来的互信与分享关系。基于这种开放的关系，目标和哲学的形成过程，容许部属的批评和质疑。

(3)才智的激发

转换型领导假定人员才智能力的发挥是组织存在、发展的命脉所在，所以，领导者的职责在于建立一种能够激发组织上下才智的互动创造过程。部属才智能力的开发，可以从新知识、新观念等各方面的教育与训练来着手。

(4)相互的影响关系

转换型领导的领导者与部属间的关系，是一种“相互影响”的关系，这种关系的产生可能基于专业上的尊重、社会的影响力或者是情感的交流，但基本上是超越层级职位权力的。

3. 转换型领导者的特质

(1)创造前瞻愿景。转换型领导者的个人魅力来源，在于其能创造组织前瞻之愿景，借以凝聚内部的向心力和信任感，使人员的努力有了可以期待的目标，而不至于彷徨无措。

(2)启发自觉意识。转换型领导者要能深切体察人员的个性能力、组织的变革需要，以长期性投资的眼光，以无比的耐心，培养部属自我觉醒、自我管理的能力。

(3)了解人性需求。从领导交易理论来说，如何掌握人员的需求并予以满足，以促进绩效表现，是领导者的要务；而转换型领导也必须能够了解人员需求的个别差异问题，给予适当的回应，只有这样，才能有效激发其潜能。

(4)鼓舞学习动机。在科技日新月异、竞争激烈的现代环境中，信息和知识是组织图存发展的唯一利器。转换型领导者本身不但有渴求新知的强烈学习欲望，还要能培养部属不断学习新知的习惯。

(5)树立个人价值。转换型的领导过程中，领导者是组织上下信仰的对象，操纵组织存续的关键，所以转换型领导者必须树立起诚实、有信、正义、公道等价值信念，作为人员奉行的依据。并通过个人的身体力行，产生风行影从的教化效果。

(6)乐于工作。转换型领导的施行，奠基于工作的伦理观念。领导者要求部属全力投入工作，自己也必须展现出对工作的高度热情，并能将这份热情加以扩散，以感染所有的组织成员。

7.2 课后习题详解

一、概念题

1. 领导

答：领导是指领导者在各种环境中系统地影响组织成员行为以达到组织目标的过程，是与组织成员之间相互影响关系的确立过程。领导的基本功能包括三个方面：①确立发展方向和前进目标；②聚合追随者；③动员和组织群众。有效的组织领导取决于个人的特质、行为方式、方法与艺术、外在环境等诸多因素。领导的影响方式包括：①合法的要求；②制约的服从；③强迫；④理性的说服；⑤理性的信任；⑥鼓舞的诉求；⑦教导；⑧个人认同；⑨改变情境；⑩决策认同。

2. 领导权力

答：领导权力是指领导者为实现组织目标在实施领导的过程中对被领导者施行的强制性支配和控制力量。领导权力是领导的基础，其实质是指领导者的职位权力，是领导者在特定的组织里因占有领导职位而形成的权力。领导的主要权力包括：参考权、专家权、合法权、奖酬权、强制权等。领导者必须依据情景要求正确行使权力。组织目标在领导活动中的实现程度，从一定意义上说，取决于对领导权力的认识和行使的正确程度。

3. 参考权

答：参考权是指领导者因个人魅力或典范，导致下属模仿或认同所拥有的权力，即一个人的行为、意见、态度等，变成了他人采取行为模式、表达意见和参考的对象。领导者的参考权是建立在组织成员对领导者的忠诚、敬仰和个人情愫的基础之上。参考权主要包括：①个人魅力权，是由领导者个人的魅力所“派生”出来的权力，人们由于被领导者的魅力所吸引而成为他的追随者；②背景权，这种权力来自于一个人的辉煌经历或特殊的人际关系背景、血缘关系背景；③感情权，即一个人由于同被影响者的感情融洽而获得的一种权力。

4. 专家权

答：专家权是指任何专家在他们的专门知识和技能领域具有的权威。对一个组织中的领导而言，拥有卓越的专业能力，并不足以完全影响部属，但拥有专家权对于领导，特别是专业性组织的领导是十分重要的。在领导活动中，建立和应用专家权的要点在于：①建立专家形象，使部属、同事和上级确知其教育背景和相关工作经验，以及在专业领域显著的成就；②维持信用，对于不太了解的事情，应避免随意评论，避免他人发现自己的论点不正确，或其建议不佳；③危机时果断而自信；④保持信息灵通；⑤避免伤害部属的自尊心。

5. 合法权

答：合法权是指领导者因拥有组织中的正式职位而获得的权力。其内涵包括：①领导权是一种较为复杂的影响力，其产生于团体行为的规范（正式的和非正式的），或组织的形态；②就文化价值而言，合法权乃出自于个人的内在价值，即人们认为组织中有合法的权力来影响他，所以自己有义务去接受这种影响；③从组织结构的角度来看，个人之所以接受领导，是因为领导正式职位的存在，合法权是由法律赋予拥有一定职位的领导者在其职权范围内依法行使的权力，其行为的后果是由组织承担的。合法权要想得到有效运用，领导者必须做到：①礼貌的要求；②要求明确；③要求要合法；④要求应有合理的解释；⑤坚持服从。

6. 奖酬权

答：奖酬权是指领导者通过奖励他认可的行为来影响他人行为的能力。影响奖酬权的因素包括：①被领导者对领导者实施奖赏的能力的信任程度，被领导者只有在认为领导者具备这种能力时才会接受他的影响。②领导者实施的奖励与被领导者所期望的奖励的吻合程度。接受影响力的人所期望的奖励必须和具有奖励权的人所能给予的奖励相吻合，否则影响力便不能成立。③领导者能否随着人的期望的变动而给予不同的奖励。④领导能给予的奖励大小。

7. 独裁式领导

答：独裁式领导又称专制式领导，是指由领导者个人独自做出决策，然后命令下属予以执行，并要求下属不容置疑地遵从命令的领导方式。独裁式领导是一种传统的领导方式，领导者完全依赖手中的权力与威势以强迫部属服从，效果短暂。独裁式领导的特点在于：①以权力威胁为基础，不以人格感召为手段；②所有的政策、制度皆由领导者自己决定，部属只能奉命行事，没有参与和提供意见的机会或权利；③以事为中心，追求生产成果而忽视员工的情绪与利益；④采取严密的监督，时时刻刻鞭策员工服从；⑤不以客观事实作为根据，常以主观批评或决定员工的工作效率；⑥员工对领导者的命令不能加以怀疑，即使命令的“可行性”有问题，也只有硬着头皮去干；⑦有功则归首长独享，有过则惩罚部下，自己毫无责任。

8. 放任式领导

答：参见本章复习笔记相关内容。

9. 以人为中心的领导

答：参见本章复习笔记相关内容。

10. 以工作为中心的领导

答：以工作为中心的领导是指注重工作效率，从不设身处地地为部属设想或考虑，只根据部属的工作表现来考核和评价部属的领导方式。以工作为中心的领导方式的特质为：①领导者只注重工作的进程，不关心部属；②工作人员的优劣，完全取决于他们的工作效率；

③领导与部属之间只有工作上的来往，没有其他任何的感情交流；④对部属采取严格的监督，动辄惩罚部属。

11. 费德勒的权变领导理论

答：费德勒的权变领导理论是指一种将特质论和情境论的理论内涵予以整合，认为领导效能乃是领导方式与情境因素交互作用结果的理论。这一理论首先由美国伊利诺伊大学的费德勒在1951年提出，其理论基础是认为有效的群体绩效取决于与下属相互作用的领导者的风格，和领导环境对领导者提供的控制和影响结果的程度。基于这一前提，费德勒的权变领导理论认为影响领导形态的情境因素主要有以下三个方面：①职位权力，是指职位本身所具有的权力(如奖励权力、强制权力等)，而促使部属顺从并接受其领导的程度；②工作结构，是指下属工作程序化、明确化的程度和工作任务的程序化、明确化的程度；③领导者与部属关系，是指领导者与部属相处及部属对领导者信任与忠诚的程度。

12. 豪斯的途径目标理论

答：豪斯的途径目标理论是指以激励期望理论和管理四分图理论作为依据形成的一种领导权变理论。途径目标理论的核心在于，领导者的工作是帮助下属达到他们的目标，并提供必要的指导和支持以确保他们各自的目标与群体的总体目标相一致。

这一理论的基本命题为：①领导者的功能为辅助功能，即领导行为应能为部属所接受，并使部属认为领导是员工满足的来源，同时亦为员工将来获取满足的工具；②领导行为对部属士气的激励，其影响是由情境所决定，此情境包括部属的特性与工作环境的特性。

基于这两个命题，领导行为应以下列四种行为为架构：①工具行为，即对部属的行动予以计划、组织与协调；②支持行为，即对部属需要的满足，给予支持性的考虑与关心；③参与行为，领导者与部属分享情报，征询部属意见，并运用部属的构想与建议，以达成团体决策；④成就导向行为，即领导者为部属设定富有挑战性的目标，期望部属有高水准的工作表现以及不断地寻求改进。途径目标理论证明，当领导者弥补了员工和工作环境的不足，就会对员工的绩效和满意度起到积极作用。

13. 交易型领导

答：交易型领导是指以奖励和处罚为权力基础进行运作，企图在“交换”的基础上获得成员之间的合作的领导方式。这一概念是1978年贺兰德所提出的，贺兰德认为领导行为乃发生在特定情境之下时，领导者和被领导者相互满足的交易过程，即领导者藉由明确的任务及角色的需求来引导与激励部属完成组织目标。交易型领导的特点在于：

(1)强调交换。在领导者与部下之间存在着一种契约式交易，在交换中，领导给部下提供报酬、实物奖励、晋升机会、荣誉等，以满足部下的需要与愿望；而部下则以服从领导的命令指挥，完成其所交给的任务作为回报。

(2)强调任务目标、工作标准和产出，往往关注任务的完成和员工的顺从，更多地依靠组织的奖励和惩罚手段来影响员工。领导的效果视领导者与下属之间的心理契约的状况而定。交易型领导建立在一个人在组织中的与位置相关的官僚制权威和合法性基础上。

(3)强调绩效。通过明确的角色分工和任务分配，交易型领导可以带领或动员下属实现既定目标。此种领导方式的关键词包括：控制、评估、调度、结果等。对可预测的、可持续的结果的追求，是所有交易型领导的内生动力。

14. 转换型领导

答：转换型领导是指一种能够结合组织成员共同需求与愿望的组织变革过程。在转换型领导的过程中，领导者通过其领导作用，建立起人员对组织目标的共识与承诺，基于共识与承诺，领导者创造人员信念和行为转变的有利条件。转换型领导的理论基础是魅力领导理论和交易领导理论。转换型领导由四个要素构成，包括：①个别的关怀，即关注组织人员性情、能力的个别差异，关怀其思想与行为的改变；②动机的启发与精神感召；③才智的激发；④相互的影响关系。转换型领导者的特质可以概括为：①创造前瞻愿景；②启发自觉意识；③了解人性需求；④鼓舞学习动机；⑤树立个人价值；⑥乐于工作。转换型领导是当代领导理论的最新发展。

二、思考题

1. 你是如何理解领导的？领导与管理有什么不同？

答：(1)领导的含义

领导是指领导者在各种环境中系统地影响组织成员行为以达到组织目标的过程，是与组织成员之间相互影响关系的确立过程。领导的基本功能包括三个方面：①确立发展方向和前进目标；②聚合追随者；③动员和组织群众。有效的组织领导取决于个人的特质、行为方式、方法与艺术、外在环境等诸多因素。领导的影响方式包括：①合法的要求；②制约的服从；③强迫；④理性的说服；⑤理性的信任；⑥鼓舞的诉求；⑦教导；⑧个人认同；⑨改变情境；⑩决策认同。

(2)领导与管理的区别

领导职能与管理职能、领导者与管理者是既相互联系，又相互区别的。两者的区别在于：

①管理与领导对主体的要求不同。领导者主要是主张组织积极变革，开拓新的局面，通过引导、影响、激励等方式，为群体或组织系统确立目标，指引方向，创造优势。所以，领导要求做正确的事情。而管理者则以维持群体或组织的动态稳定为主，通过经营、安排、分配等方式，为群体或组织系统活动选择工作方法，使群体或组织维持原有秩序，完成组织的任务目标，关注正确地做事情。

②管理与领导的客体不同。管理的客体是由原材料、人员、资源、土地、设备、顾客和信息等要素构成的“资源系统”，领导的客体主要是人。作为管理客体的人与作为领导客体的人又有所区别。管理客体的人，主要是在工作中处于第一线的技术工作者、操作者；领导客体的人，主要是综合素质较高的、有一定管理能力的管理者。

③权力的构成不同。管理者的权力是建立在合法的、有报酬和强制性权力基础上，要求组织中的对应成员服从指挥，听从调度，按既定的规程办事。领导者的权力除了包含上述因素外，更多的是建立在个人的人格魅力及领导艺术之上的，被领导者是自觉、自愿的跟从，并朝着组织目标奋斗。

④管理和领导注重的内容不同。管理更多的注重具体的生产过程中的工时研究，注重正式的规章制度，强调刚性。而领导则注重领导者对人的影响和引导，重视人的需要、情感、兴趣、人际关系的社会属性，强调柔性。管理重在对决策的执行、实施，领导重在对决策的制定。

⑤管理与领导的结果不同。管理的结果是在一定程度上实现预期计划、维持秩序，使企业能正常的运转；而领导的结果却是引起变革，通常是剧烈的变革，并形成非常积极的变革潜力。

2. 何谓影响力？领导者影响力的来源是什么？

答：(1)影响力的含义

影响力是指个人在与他人交往中，以其身份和个性特征影响与改变他人的心理与行为的能力。领导影响力是指领导者以其身份和个性特征有效地影响与改变被领导者心理和行为的能力。领导者的影响力取决于许多因素，如领导者的地位、能力、品格、知识、才能等。

(2)领导者影响力的来源

领导者影响力的来源可分为权力性来源和非权力性来源，具体分析如下：

①权力性来源。指权力的来源是社会赋予个人的职务、地位、权力等，据此产生的影响力叫做权力性影响力，又称强制性影响力，是掌权者才具有的。影响力的权力性来源包括强制权、奖赏权、合法权和归属权。

②非权力性来源。指影响力的形成与法定权力无关，是靠领导者自身的个性特征与作为为基础，并非外界所赋予的。据此产生的影响力称为非权力性影响力，又称自然性影响力，非权力性来源包括：

a. 领导者的品格。指道德品质、人格、作风等，是本质性因素。其心理效应是会给人带来敬爱感。

b. 领导者的才能。才能是指一个人的聪明才智与工作能力。才能是构成领导者影响力大小的主要因素，一个人的才能是在实践中形成并表现出来的。才能因素的性质是其实践性。其心理效应是使人们对领导者产生敬佩感。

c. 领导者的知识。知识是人类实践经验的科学总结，知识本身就是一种力量，是科学赋予的。其性质是具有科学性，其心理效应是会给人带来信赖感。

d. 领导者的感情。领导者与被领导者之间也是一种人际关系，存在感情上的联系，故有亲疏、好恶之分。其性质是一种精神因素。其心理效应是使被领导者产生亲切感。

3. 试分析领导权力的基础。

答：参见本章复习笔记相关内容。

4. 试分析不同领导方式的特点。

答：参见本章复习笔记相关内容。

5. 你是如何看待领导的权变理论的？试分析不同的领导权变理论以及对现实领导工作的启示。

答：(1)领导的权变理论的内涵

领导的权变理论是指主要研究与领导行为有关的情境因素对领导效力潜在影响的理论。这一理论认为，在不同的情境中，不同的领导行为有不同的效果；管理工作即为诊断与评估可能影响领导者领导行为与效果的各种因素。领导者在从事领导行为的选择与运用时，必须对各种环境因素加以考虑。领导的权变理论又称领导情境理论。

(2)不同的领导权变理论及其对现实领导工作的启示

最具代表性的权变领导理论主要包括艾凡雪维奇的情境因素说、费德勒的权变领导理论、豪斯的途径目标理论，其内容和启示分析如下：

①艾凡雪维奇的情境因素说

a. 理论要点

这一理论认为领导者在选择与运用领导行为时，应注意下列四项情境因素：管理者的特性、部属特性、团体因素、组织因素。

b. 对现实领导工作的启示

艾凡雪维奇的情境因素说使人们认识到领导行为是领导者、部属及情境等因素交互影响而形成的，领导行为是极端复杂的过程，不同的情境因素将产生不同的领导行为与领导形态，因此领导行为的选择运用，应对各种情境因素加以审慎的考虑，只有这样才可能产生良好的效果。并且，从艾凡雪维奇的情境因素理论，可以了解，领导行为最重要之处就在于适应情境，配合情境因素以发挥领导效能。

②费德勒的权变领导理论

a. 理论要点

权变领导理论的基础是认为领导者对其所领导的群体，若欲完成高度的工作成果，应随领导者本身的需要结构，以及在特定情境下的控制及影响程度而权变。费德勒的权变领导理论认为，影响领导形态的情境因素主要有以下三个方面：职位权力、工作结构、领导者与部属关系。

b. 情境因素作用的表现

在有利情境下，领导者拥有较多职权，获得更多非正式支持，同时工作结构较低，对群体有良好的指导，成员被指示做哪些工作；在不利情境下，群体因缺乏领导者积极的介入的控制，显得较疏离涣散，以工作为导向的领导较之体谅型及员工导向型的领导行为较为有效；在中度有利(或中度不利)情境下，体谅型或员工导向型的领导较为有效，如果成员认为有建议、贡献意见的自由，则领导者应提供无威胁及自由的环境。

c. 对现实领导工作的启示

费德勒的权变领导理论虽然尚有缺失，但它仍然引发了不少学者的研究兴趣，使研究者了解领导效能的知识，领导者应如何选择领导行为，方能对部属产生影响，使组织发挥效能；这一理论对于部属生产力的提高及员工满足感的增进，具有相当价值。

③豪斯的途径目标理论

a. 理论要点

豪斯的途径目标理论的基本命题为：一是领导者的功能为辅助功能，亦即领导行为应能为部属所接受，并使部属认为领导是员工满足的来源，同时亦为员工将来获取满足的工具；二是领导行为对部属士气之激励，其影响是由情境所决定，此情境包括部属的特性与工作环境的特性。所以，领导行为应以下列四种行为为架构：一是工具行为，即对部属的行动予以计划、组织与协调。二是支持行为，即对部属需要的满足，给予支持性的考虑与关心。三是参与行为，即领导者与部属分享情报，征询部属意见，并运用部属的构想与建议，以达成团体决策。四是成就导向行为，即领导者为部属设定富有挑战性的目标，期望部属有高水准的工作表现以及不断地寻求改进。

b. 情境因素

第一，部属的特性，指部属本身的能力、需要、动机等均会影响领导行为的选择。

第二，工作环境的特性。工作环境对领导行为的影响因素主要有部属的工作和工作团体。

第三，组织因素，包括：规则、政策与程序对部属工作约束的程度，高压或紧急情况和高度稳定的情境等。

c. 对现实领导工作的启示

途径目标理论可应用于支持领导者行为及部属满足间的关系，但不适用于对部属绩效的影响；领导结构对员工满足感的影响受领导者体谅员工的方式及部属对非结构式、不明确任务厌恶程度而定，途径目标理论在某种程度上有能力预测和解释领导者的行为。

6. 何谓转换型领导？转换型领导有何特点？

答：(1)转换型领导的内涵

转换型领导是指一种能够结合组织成员共同需求与愿望的组织变革过程。在转换型领导的过程中，领导者通过其领导作用，建立起人员对组织目标的共识与承诺，基于共识与承诺，领导者创造人员信念和行为转变的有利条件。转换型领导的理论基础是魅力领导理论和交易领导理论，转换型领导尊重个人，并从个人出发，转换型领导措施全面，是一种哲学观念的实践，转换型领导基于共识承诺。转换型领导由四个要素构成，包括：①个别的关怀，即关注组织人员性情、能力的个别差异，关怀其思想与行为的改变；②动机的启发与精神感召；③才智的激发；④相互的影响关系。

(2)转换型领导的特点

①创造前瞻愿景。转换型领导者的个人魅力来源，在于其能创造组织前瞻之愿景，借以凝聚内部的向心力和信任感，使人员的努力有了可以期待的目标，而不至于徬徨无措。前瞻愿景的建立系以人员的自我需求与个体认识为基础，由下而上的逐步形成，反映人员长久以来的期许和关怀。而通过领导的作用来结合人员不同的需要，并发展为可行的构想，此一构想成为人员工作意义的所在，成为人员努力的最大动力。

②启发自觉意识。转换型领导者要能深切体察人员的个性能力、组织的变革需要，以长期性投资的眼光，以无比的耐心，培养部属自我觉醒、自我管理的能力。

③了解人性需求。从领导交易理论来说，如何掌握人员的需求并予满足，以促进绩效表现，是领导者的要务；而转换型领导也必须能够了解人员需求的个别差异问题，给予适当的回应，只有这样，才能有效激发其潜能。

④鼓舞学习动机。在科技日新月异、竞争激烈的现代环境中，信息和知识是组织图存发展的唯一利器。转换型领导者本身不但有渴求新知的强烈学习欲望，还要能培养部属不断学习新知的习惯。

⑤树立个人价值。转换型的领导过程中，领导者是组织上下信仰的对象，操纵组织存续的关键，所以转换型领导者必须树立起诚实、有信、正义、公道等价值信念，作为人员奉行的依据。并通过个人的身体力行，产生风行影从的教化效果。

⑥乐于工作。转换型领导的施行，奠基于工作的伦理观念。领导者要求部属全力投入工作，自己也必须展现出对工作的高度热情，并能将这份热情加以扩散，以感染所有的组织成员。

7.3 考研真题详解

一、判断题

领导者的个人魅力是领导的基础。(人大2007年研)

答：这种说法是不正确的。领导的基础亦可理解为领导权力的来源。领导权力的来源有许多种，如参考权，专家权，合法权，奖酬权，强制权等。领导者的个人魅力只能作为领导基础的一种可能性。

二、概念题

1. 行政领导(东财2014年研)

答：行政领导是指在行政组织中，经选举或任命而享有法定权威的领导者，依法行使行政权力，为实现一定的行政目标所进行的组织、管理、决策、指挥等的社会活动。它既具有一般领导的共同特点，又有自身的特点。主要表现为：

(1)行政领导只是对"行政"的领导。在一定的行政环境中，为实现一定的行政目标，行政领导者依据法律，对纳入行政活动的被领导者进行指挥与统御，从而保证国家行政权力的行使，有效地为组织和管理国家行政事务进行决策、指挥、协调、控制、监督。它一般不包括政务活动，而主要指事务活动。

(2)从行政领导活动方式的特性上讲，行政领导的执行性，是它的明显特点。在我国，国家权力机关与行政机关不属于西方式的三权分立制，行政机关是权力机关的执行机构。因此，行政机关必须在权力机关发出的指令下工作。对行政机关来讲，它与权力机关的关系是：按权力机关的合法指示，依法行政；根据权力机关的合法要求，迅速组织人力资源与物力资源，提高工作效率，必须高效快捷地实现权力机关的工作意志。

(3)从行政领导活动的社会属性来看，其具有鲜明的政治性。马克思主义认为，政府机关是经济上占统治地位的阶级，为实现其阶级使命而建。

2. 行政领导权威(华南理工2016年研；中财2010年研)

相关试题：权威(北航2010年研)

答：行政领导权威是指建立在法律、正当程序或领导者自身人格魅力基础之上的对领导对象的心理和行为产生指引效果的影响力，是领导权力与自身风格的综合反映，对领导活动的效果具有重要作用或影响。行政领导权威是实施科学管理的核心和首脑。坚强有力的行政领导权威，是多元利益整合，调动一切积极因素，为全体人民谋福利的重要保证。

3. 奖酬权(武大2012年研)

答：参见本章课后习题概念题第6题答案。

4. 转换型领导(人大2013年研；对外经贸2013年研)

答：参见本章课后习题概念题第14题答案。

三、简答题

1. 行政领导能力素质的内容有哪些？(中财2009年研)

答：领导是指领导者在一定的环境下，为实现既定组织目标，对被领导者进行指挥与统御的行为过程。而行政领导作为领导的一种，是指在行政组织中，经选举或任命拥有法定权威的领导者依法行使权力，为实现行政管理目标所进行的组织、决策、指挥、控制等活动的总称。行政领导者素质作为行政领导的重要方面，具有双重含义：一是指内在素质。即领导者的生理、心理、文化、思想、政治、道德等因素，以及由这些因素综合而形成的本质性能力，亦即领导能力。它们是领导者任职的内在根据和条件，统称为领导者素质。二是指这些要素和能力的发展程度或实际水平。亦即，领导者素质同时又是一个发展的动态概念，用以描述和揭示现实领导者的实际状态和水平。

行政领导能力素质的具体内容包括：

(1)政治素质

政治素质是社会主义行政领导干部特别要强调的素质。具体内容包括：

①要有坚定正确的政治方向

在社会主义初级阶段最集中的体现，是坚持"一个中心、两个基本点"的基本路线和中国特色社会主义理论体系，包括邓小平理论、"三个代表"重要思想以及科学发展观等重大战略思想在内的科学理论体系。

②要有全心全意为人民服务的思想境界

在社会主义社会，各级领导者都是人民的公仆，要自觉地贯彻执行党的群众路线和方针政策，倾听群众呼声，关心群众疾苦，尽心尽力地为群众排忧解难。

③要有廉洁奉公的政治道德

行政领导者握有权力，由于不良思想的影响和社会主义体制不够完善，领导者必须充分认识自己的责任和义务，加强自身的修养，弘扬正气，抵制各种诱惑。

(2)知识素质

合理的知识结构是领导干部必备的基本条件，也是提高领导水平的重要环节。现代行政领导者既要有较宽的知识面，懂得和运用马克思主义基本理论、基础科学文化知识、社会主义市场经济理论知识、现代科学技术知识和法律知识，也要有从事本职工作所必需的业务知识和现代领导与管理知识，成为掌握业务知识与领导知识的“双内行”，从而适应整个知识系统既高度分化又高度综合的发展趋势及其客观要求，做到博与专的统一。

(3)能力素质

能力是知识的发挥和运用。能力素质主要包括创新能力与综合能力：

①创新能力的具体要求是领导者要多从事非常规性的面向未来的工作，创新能力是最基本的能力的素质要求，其具体内容有：

a. 洞察力。这是敏锐、迅速、准确地抓住问题要害的直觉能力。勤于实践和思考，有助于锻炼这种能力。

b. 预见力。这是超前地把握事态发展的预见力，它以对事物发展的正确认识和对现实性与可能性关系的辩证分析为基础。

c. 决断力。这是迅速做出选择，形成方案的意志力。缺乏果断的意志就不可能有任何创新。

d. 推动力。这是激励下级实现创新意图的能力。通常表现为领导者的感染力、吸引力、凝聚力、号召力、影响力，以及个人魅力。

e. 应变力。这是在事物发展的偶然性面前善于随机处置的快速反应力，是创新能力的重要表现。

②综合能力是行政领导者的另一基本能力要素。因为领导工作是“统领各方”的工作，既包括各组织、机构、系统，各种利益和力量，也包括各种知识、信息、情况等。综合能力有以下一些内容：

a. 信息获取能力。在信息社会中，信息占有量多少成为领导行为成败的决定性因素之一。领导者必须充分掌握有关信息，才能做出正确决策。

b. 知识综合能力。从科学发展来看，现代科学的一个重要发展趋势是学科的高度分化和高度综合。领导者不仅应掌握多学科知识，而且要对各门学科的相互联系有所认识，才能管理好高度专业化的各种组织机构及其活动。

c. 利益整合能力。随着社会现代化程度的提高，利益多元化是值得注意的发展趋势。领导要把分散的甚至有冲突的利益要求整合为利益共识，并据此制定政策。

d. 组织协调能力。领导的重要工作是要保证系统内的各要素处于良好配合状态，以获得高一层次的整体合力。这就要求领导者要具备组织协调能力。它在本质上是将各种分散的积极性综合在一起的能力。

(4)心理素质

从个体心理品质角度看，主要包括气质、性格、意志等几个方面。因此，作为一个行政领导者，更应具备这些心理素质。具体表现为：

①敢于决断的气质

任何决策都是有时效性要求的。在对客观事物充分调查的基础上，领导者应有不失时机地、勇敢果断地处置问题的热情与气魄。

②竞争开放型的性格

竞争在某种意义上说是奋力争先。领导者应有敢为天下先、善于争先的品格。领导者要与各种人打交道，要随时处理各种矛盾。这决定了领导者要有开放的心态、宽阔的胸襟、公道正派的作风，团结众人一起去不懈地竞争。

③坚忍不拔的意志

开拓创新就难免遭受挫折、失败。只有具备不怕挫折与失败而百折不挠的毅力，才能经得起各种风浪的考验。因此，意志坚强是行政领导者必备的条件之一。

2. 简述以人为中心的领导与以事为中心的领导的特质有何不同。（人大 2015 年研）

答：参见本章复习笔记相关内容。

3. 简述豪斯途径目标理论的基本命题和行为架构。（人大 2014 年研）

答：豪斯的途径目标理论（path goal theory），基本上是根据弗洛姆所提的期望理论（expectancy theory）引申而来，期望理论的主要观点即为：激励受个人达成任务的努力程度与欲望的影响。豪斯因此认为领导者的主要功能在于影响部属的偏好与预期，假若领导者能够增进部属对达成目标的偏好，以及祛除部属采取行动以达成目标的各种障碍，并增进预期达成的几率，将会使部属更努力工作，并使部属有较高的满足感及较佳的工作成果。豪斯认为，领导者的激励功能，包括对于部属工作目标的达成，增加个人报偿，并且澄清途径，减少阻碍或陷阱，使部属易于通过途径以获得报偿，同时在例行上增加个人满足的机会。

（1）豪斯途径目标理论的基本命题为：

①领导者的功能为辅助功能，亦即领导行为应能为部属所接受，并使部属认为领导是员工满足的来源，同时亦为员工将来获取满足的工具。

②领导行为对部属士气之激励，其影响是由情境所决定的，此情境包括部属的特性与工作环境的特性。

（2）据此，领导行为应以下列四种行为为行为架构：

①工具行为（instrumental behavior），即对部属的行动予以计划、组织与协调。

②支持行为（supportive behavior），对部属需要的满足，给予支持性的考虑与关心。

③参与行为（participative behavior），领导者与部属分享情报，征询部属意见，并运用部属的构想与建议，以达成团体决策。

④成就导向行为（achievement oriented behavior），领导者为部属设定富有挑战性的目标，期望部属有高水准的工作表现以及不断地寻求改进。

途径目标理论认为上述四种领导行为，可由同一领导者依情境的不同而选择采行，而对于情境因素的考虑，主要包括：部属的特性、工作环境的特性和组织因素。

4. 什么是转换型领导，转换型领导的特点有哪些？（人大 2011 年研）

答：参见本章课后习题思考题第 6 题答案。

四、论述题

1. 领导者权力来源分析。（对外经贸 2015 年研）

答：参见本章复习笔记相关内容。

2. 理论联系实际，论述行政领导者个人的素质问题。（中财 2005 年研）

相关试题：请你谈谈如何提升行政领导的能力和素养。（南航 2018 年研）

答： 行政领导者是指依照法律规定，通过选举或任命等程序，在国家行政机关中担任行政领导职务的人员。作为行政领导者，应该具备比一般行政人员更高的条件，即具有胜任领导职责的素质。行政领导者应具备的素质是多方面的，主要应具备以下几方面的素质：

(1) 政治方面

不同的历史时期和不同的阶级对行政领导者的政治素质的具体要求不尽相同，概括地说，都要求他们忠于国家，忠于自己为之奋斗的事业。这是因为行政领导者不同于一般的行政人员，他们是一个国家、一个地区大政方针的决策者或者一个部门工作的指挥者，他们处于特殊的地位，肩负特别的重任，他们的政治素质如何，影响到国家的长治久安和整个社会生活。所以，每个阶级都大力提倡并且十分重视对行政领导者政治素质的要求。具体到社会主义国家，对行政领导者的政治素质的要求是：有坚定的政治信仰，坚信社会主义、共产主义，并将为之奋斗终身。坚持共产党的领导，拥护和执行党的路线、方针、政策，以党和国家的利益为重。

(2) 品德方面

领导者要使人信服，在很大程度上取决于其品德修养。具体地说，领导者应具有的品德如下：

①行政领导者要有尊重科学、实事求是的精神，即对人对事应有实事求是的科学态度，重事实，重科学，不唯上，不唯书，对上对下负责一致，敢于坚持真理，修正错误。

②行政领导者要待人以诚，宽宏大量，即要以谦虚、公正、诚实的态度，广泛听取不同意见，包括反对过自己的人的意见。要能够不计较个人恩怨，以大局为重，团结与使用反对过自己的人，使组织中保持正常、和谐的人际关系。

③行政领导者要能顾全大局，严于律己。行政领导者要能做到：不争功诿过，敢担风险，敢担责任，不迁怨他人，不以势压人，必要时不计较个人得失，不惜忍辱负重，委曲求全。

④严格遵守有关法律和纪律，不以权谋私。行政领导者是国家机关的公职人员，其权力仅仅是为了履行自己的职责，不能用于其他方面，否则就是以权谋私。一个行政领导者，应该是遵纪守法的模范，决不能用手中的权力谋取私利。

(3) 知识方面

行政领导工作是一项综合性的复杂劳动，也是一种兼有科学性和艺术性双重特点的创造性活动。为此，作为行政领导者，就应该具备胜任工作的知识，既要有自己的专业知识，还要有其他领域的知识，做到"一精百通"。这样才能得心应手地协调各种关系，处理各种问题，应付复杂局面和突发事件。列宁指出："要管理就要内行，就要精通生产的一定条件，就要懂得现代高度的生产技术，就要有一定的科学修养。"同时，行政领导者具有丰富的学识更易受到部属的尊重与拥护，有利于履行行政领导的职责。

具体地说，行政领导者应具备的知识包括三个方面：①比较系统的社会科学知识，特别是行政学、法律学、管理学方面的知识；②相当水平的专业知识；③比较丰富的文化生活知识。

(4) 能力方面

能力是指人们认识世界和改造世界的本领。人的能力是多方面的，对行政领导者来说，最主要的能力是组织、管理行政活动的能力。在通常情况下，衡量一个行政领导者是否称职，主要看他是否具有履行其职责的能力。

行政领导者的能力构成包括以下几个方面：

①认识能力。行政领导者要善于发现问题和各方面的细微变化，并能正确地分析问题，抓住问题的本质和要害。

②决策能力。能够权衡利弊，正确、及时地做出决策。

③组织能力。善于识别自己的部属，并把他们组织起来，合理使用，这是领导者必备的基本能力之一。

④协调能力。从大局出发，统筹兼顾，综合协调人力、物力、财力，使本部门的人、财、物形成合理的组合，取得最佳效益。

⑤应变能力。根据客观情况的变化，及时调整工作重点，改变工作策略，掌握工作的主动权。

(5)性格方面

①行政领导者应具备积极主动的性格，以利于带动整个组织积极努力地工作；应具有较强的自信心，减少决策中的优柔寡断，增强部属对上级的信赖；应具备较强的自制力，遇事不乱，临危不惊。

②行政领导者应做到高度的成熟，在工作上能独立自主，独当一面，不依赖上级。能控制自己的情绪，工作受挫时不气馁，不怨天尤人，勇于承担责任，并善于吸取教训；工作顺利时不自满，善于总结经验，发现问题，取得更大的成功。

(6)作风方面

行政领导者的作风是指领导者在领导活动中表现出来的一贯的态度和行为。领导者具有良好的工作作风有利于融洽上下级之间的关系，有利于领导职能的正常发挥，有利于组织目标的顺利实现。

具体地说，良好的作风包括以下几个方面：

①要有民主的作风。行政管理工作是行政组织内部全体成员共同进行的活动，作为行政领导者，要发扬民主作风，处理好上下级关系，认真听取、集中部属的意见，才能最大限度地发挥部属的积极性，避免主观武断。

②平等待人，平易近人。在行政组织内，每个人的职务高低不同，在工作中的地位不同，但每个人都有独立的人格，都有自尊，行政领导者和被领导者在人格上是平等的。因此，作为领导者，就要尊重部属的人格，平等待人，平易近人，有利于和部属建立融洽的关系，使部属更努力地工作。

③调查研究的作风。毛泽东指出：“没有调查研究就没有发言权。”行政领导者要做出正确的决策，实行正确的领导，决不能仅仅依靠第二手材料做决策，也不能到基层走马观花式地看一眼，就发议论，必须深入实际作调查，了解真实情况，掌握大量第一手材料，然后和其他渠道的材料进行比较、分析、研究，得出正确结论，这样才能做出科学的决策。

④以身作则、言行一致作风。行政领导者既是领导者，也是教育者、示范者，领导者的言行举止对部属往往起到潜移默化的作用。由于领导者的特殊地位和作用，这就要求领导者处处能够以身作则，为人师表，成为部属言行的楷模，学习的榜样。

第 8 章　公务人力资源管理

8.1　复习笔记

【知识框架】

- 公务人力资源管理
  - 人力资源的特性
    - 人力资源的含义
    - 人力资源的特性
  - 现代人力资源管理的兴起
    - 现代人力资源的兴起
    - 人力资源管理兴起的主要原因
    - 传统模式、人际关系模式和人力资源模式的比较
  - 人力资源管理的性质功能和系统
    - 管理的五项基本职能及所涉及的主要活动
    - 人力资源管理的五大功能
      - 人力资源的获取
      - 人力资源的发展
      - 人力资源的激励
      - 人力资源的维持
      - 人力资源的研究
  - 人力资源管理者的角色与知能
    - 人力资源发展专业人员的角色
    - HRM \ D 专业人员的知识和能力的分类
  - 公务人力资源管理的战略目标
    - 人力资源管理与生产力
      - 生产力对组织的重要性
      - 人力资源对提升生产力的贡献
    - 人力资源管理与政府服务品质的提升：全面质量管理
    - 人力资源管理与组织变革的促进
    - 人力资源管理与组织文化的建立
  - 公务人力资源管理的新理念：战略性人力资源管理
    - 战略性人力资源管理的含义
    - 私人组织成功实现战略性人力资源管理基本经验
    - 政府部门战略性人力资源管理的八大重要因素
  - 工作生活质量——公务人力资源管理的新策略
    - 工作生活质量的含义
    - 工作生活质量的发展的原因
    - 工作生活质量的标准
  - 现代公务人力资源管理发展的新趋势
    - 知识工作者的兴起以及政府职业化
    - 从消极的控制转为积极的管理
    - 公务人力资源发展的重视和强调
    - 人力资源管理与新型组织的整合
    - 公务人力资源管理的电子化
    - 政府人力精简与小而能的政府
    - 绩效管理的强调与重视
    - 公务伦理责任的强调和重视

【重点难点归纳】

一、人力资源的特性

1. 人力资源的含义

人力资源是指人所具有的对价值创造起贡献作用并且能够被组织所利用的体力和脑力的总和。

从广义上来看，一国的人力资源泛指现在和未来一切可能成为生产性要素的人口，包括现实的人力资源(即一个国家或地区在一定时间内拥有的实际从事社会劳动的人口)、潜在的人力资源(一个国家和地区中具有劳动能力的人口)和未来的人力资源(那些未达到劳动年龄的人口)。

从狭义上来看，人力资源是指一个国家、一个地区乃至一个组织能够作为生产性要素投入社会经济活动的劳动力人口的数量和质量。

2. 人力资源的特性

(1)人力资源为能动资源

能动性的核心表现为人力资源在管理活动中的主导作用。在经济活动中，人力资源是唯一起创造作用的资源。创新是一切组织活动的生命，而只有高质量的人力资源才能承担不断创新的任务。

(2)人力资源是高增值性资源

人力资源基于"人"的特性，其所产生的价值与影响、收益的份额远远超过其他资源；人力资源和其他资源一样，在投入使用以后都可能引起损耗，但人力资源却能在使用过程中不断实现自我补偿、更新和发展。因此，人力资源是一种高增值的资源。

(3)人力资源无法储存

人力资源无法储存，如果现在不及时应用人力资源，就不能得到人力资源的价值，因此，闲置的人力资源是对人力资源的巨大浪费，唯有前瞻性地、有计划地与适时地运用人力资源，才能发挥人力资源的作用。

(4)人力资源必须不断地投资、维持与提升才能保持其价值和增值

为了维持人力资源的价值，一个组织只有依据社会和环境发展的要求、组织与个人的要求，持续不断地投资于人力资源，强化其知识、技能与态度，才能适应变革的压力，发挥人力资源的价值。

二、现代人力资源管理的兴起

1. 现代人力资源的兴起

人力资源管理是20世纪70年代，特别是80年代以来流行与兴盛的一个管理领域。人力资源管理(HRM)一词，经过整个80年代再跨90年代，逐渐被管理者及管理学者们所熟悉。传统上，涉及人力的管理问题，人们所习惯并熟悉的词汇是人事管理。但人力资源管理一词取代传统的人事管理一词并非仅仅是词语的变化，而是反映了时代变化的特征乃至管理理念的变化。

2. 人力资源管理兴起的主要原因

(1)人力资源或人力资本理念的确认和广泛共识

20世纪80年代以来，人力资源和人力资本的重要性已被人们广泛地认同和接纳。人们普遍认为人力资源是国民财富的最终基础，人是积累资本，开发自然资源，建立社会、经济和政治组织并推动国家向前发展的主动力。当代管理大师汤姆·彼得斯认为，企业或事业唯

一真正的资源是人，管理就是充分开发人力资源以做好工作。

(2)国际化与国际竞争的加剧

在国际竞争日趋激烈的当代社会，组织要想在国际竞争中占一席之地，就需要积极寻找如何有效利用人力资源，充分发挥员工的潜能，增强其竞争能力的方法。

(3)人力资源成本在所有经济生产体系的成本结构中所占比例增大

在许多发达国家和地区，要求从业人员有更高的知识、技能和创新水平。这一方面导致了人力资源成本的增加，同时也导致要求用新的人力资源管理方法去管理他们。

(4)组织整体经营对人力资源管理的新要求

整体性经营是任何一个组织成功的不变的原则和秘诀。技术的优势来自于人员在知识和技术上的不断创新；生产和销售的优势需要良好的人力资源作为支持。一个组织除了要有良好的计划和技术、健全的市场销售网络、有效的财务系统外，先进的人力资源管理也是不可缺少的，人力资源管理是组织整体性体系中的一个重要组成部分。

(5)管理方式的变化——从以事为中心的管理转向以人为中心的管理

传统的以事为中心的独裁管理模式和监护管理模式逐步让位于以人为中心的人际关系管理模式和人力资源管理模式。发展民主、人道的管理系统已成为当代管理的一个中心议题。

(6)人力资源管理的职业化

人力资源管理的专门化趋势的形成和加强，涉及到人力资源管理的许多问题，因此，人力资源的管理需要专门的理论和知识作为支撑，需要专门的技能，需要职业的人力资源专家和职业管理者，因此，人力资源管理已经成为一种职业。

3. 传统模式、人际关系模式和人力资源模式的比较(见表 8-1)

表 8-1

传统模式	人际关系模式	人力资源模式
	假设	
①对绝大多数人来说，天生对工作是厌恶的 ②员工对做什么要比对他们的工作报酬较少关心 ③几乎没有多少人要求或能够处理那些需要创造力、自我指导或自我控制的工作	①人们要感到自己有用和重要 ②人们要求有归属，同时要求承认是个独立的人 ③上面的这些要求，在激励人们努力工作方面比金钱更为重要	①工作并不是天生可厌恶的，人们要求对自己参与拟定的目标做出贡献 ②绝大多数人能够运用更多的创造力、责任、自我指导和自我控制，超过了他们现在所任工作的要求
	政策	
①主管人员的基本任务是严格监督并控制其下属 ②他们必须把工作任务分解成简单、反复、容易学会的操作 ③他必须建立详细的日常工作程序并坚定而公平地执行这些规定	①主管人员的基本任务是促使每一个工作人员都觉得自己有用和重要 ②他应保持使下属人员经常熟悉情况，并且听取他们对计划的不同意见 ③主管人员应容许下属在日常工作中运用某种程度的自我指导和自我控制	①主管人员的基本任务是设法利用“未开发”的人力资源 ②他必须创造出一种环境，使每一个工作人员都能竭力做出最大的贡献 ③他必须在重大事情上鼓励员工充分参与，并不断扩大下属人员的自我指导和自我控制能力

续表

传统模式	人际关系模式	人力资源模式
预期结果		
①如果工资合理，主管公平，则人们能够容忍工作 ②如任务足够简单，而且对员工的控制十分严密时，他们的生产可以达到标准	①与下属人员分享信息，并在日常工作的决策中让他们参与，这将满足他们的归属感和工作自豪感的需要 ②满足上面这些需要便可以提高士气并减少对正式权力的抵制，使下属人员愿意合作	①扩大下属人员的影响、自我指导和自我控制，将带来工作效率的提高 ②下属人员对工作满意的程度将作为他们一种“副产品”而增加，也就是促使他们充分发挥其才智，为组织多做贡献

三、人力资源管理的性质、功能和系统

1. 管理的五项基本职能及所涉及的主要活动

(1)计划。包括：建立目标和标准；制定规则和程序；制定战略；预测；制定各种管理计划。

(2)组织。包括：建立和设计组织机构；为每一个下属指派工作；授权；建立权力和沟通的渠道；协调下属的工作。

(3)人事。包括：决定雇用哪种类型的人员；人员录用；人员选择；确立绩效标准；奖惩；评价绩效；员工咨询；训练和发展。

(4)领导。包括：激励下属；指导下级的活动；解决冲突和协调关系。

(5)控制。包括：监控、比较和纠正偏差。

2. 人力资源管理的五大功能(ASTD 人力资源管理轮)

(1)人力资源的获取。它是人力资源工作的第一步，涉及人力资源规划、录用和选拔。

(2)人力资源的发展。指整合培训与发展、职业发展、管理发展与组织发展，以增进个人和组织效能的过程，经过训练、教育、发展与领导行为，有计划地安排学习，有计划地改进绩效和员工生产力。

(3)人力资源的激励。其主要议题包括：联结报酬与绩效、工作再设计、提升工作的满足感、绩效评估等多方面。其主要的任务就在于确认和运用恰当的激励技术。

(4)人力资源的维持。其主要议题包括：人际关系和沟通问题，员工的福利问题，工作环境和职业安全问题等，更加关注于为员工创造一个良好的环境。

(5)人力资源的研究。人力资源研究传统上并不受重视，而如今却显得十分重要。最好将其视为人力资源管理的一个重要的辅助性功能和领域。

四、人力资源管理者的角色与知能

1. 人力资源发展专业人员的角色

(1)行政管理者。支援与支持 HRD 的课程和服务。

(2)评价者。确认 HRD 活动对个人和组织的影响。

(3)职业生涯发展顾问。协助个人了解自己的能力、价值观或目标，规划与实施职业生涯发展计划。

(4)HRD 专业经理。指导 HRD 活动，并配合组织需求，整合 HRD 与组织业务。

(5)辅导员。提供信息、引导学习过程，协助小组讨论。

(6)行销人员。负责 HRD 课程或活动的行销事宜。

(7)教材开发者。负责 HRD 书面或电子资料的制作。

(8)需求分析师。分析组织在绩效或培训上的需求，协助组织解决管理上的问题。

(9)组织变革的推动者。协助或影响组织进行必要的变革。

(10)教学设计师。确认学习目标、拟定学习内容、设计学习程序等。

(11)研究者。研究与分析与 HRD 的有关理论、概念、模式或技术，并将研究成果转化，协助组织的学习需求。

2. HRM\D 专业人员的知识和能力的分类

(1)技术知能

包括：成人学习认知、职业发展理论和技能、知能确认技术、电脑应用知能、电子系统操作技能、后勤支援技能、目标调配技能、绩效观察技能、专业认知、培训理论与技巧和研究技能等。

(2)组织知能

包括：组织经营认知、成本效益分析技能、授权技能、产业认知、组织行为认知、组织发展理论与技巧、组织认知、组织规划技能和资料管理技能等。

(3)人际关系知能

包括：指导技能、反馈技能、团队过程技能、协商技能、呈报技能、询问技能、关系建构技能和写作技能等。

(4)知识知能

包括：资料浓缩技能、资料搜寻技能、知识多元、模型建构技能、观察技能、自我了解和视野展望技能等。

五、公务人力资源管理的战略目标

1. 人力资源管理与生产力

(1)生产力对组织的重要性

①各类的组织，其管理者合乎逻辑的目的，应是创造效益和提高生产力，即要投入最少的时间、资金、原材料和劳动，达到预期的目的。用最少的资源去完成目标或运用现有资源尽可能多地完成任务，是组织永恒的目标。

②一个组织的生存与发展取决于其生产力的高低。生产力是一个时期内投入与产出的比率，并保证质量。用公式表示为：生产力 = 产出量/投入量。

(2)人力资源管理对提升生产力的贡献

①人力资源管理成本的控制问题

通过不断降低人力资源的成本，扩大人力资源投入的收益，可以实现组织生产力的提高。一个组织用于人力资源上的成本主要包括：

a. 人力资源的获取成本。这是一个组织在招募和甄选人员过程中发生的成本，包括：第一，招募成本，即为吸引和确定组织所需的内外人力资源而发生的费用；第二，选择成本，是组织为选择合格人员而发生的费用；第三，安置成本，是将被录用的人安排在确定工作岗位上的各种行政管理费用。

b. 人力资源的开发成本。人力资源的开发成本是组织为提升人力资源的质量而投入的培训和教育费用。

c. 人力资源的使用成本。人力资源的使用成本是组织在人力资源使用过程中所发生的成本。包括维持成本(如劳动报酬、福利、津贴、分红等)、奖励成本(奖金)等。

d. 人力资源的保障成本。它是保障人力资源在暂时或长期丧失使用价值时的生存权而必须支付的费用，包括事故保障、健康保险、退休养老保障、失业保障等。

e. 人力资源的离职成本。它是由于职工离开组织而产生的成本，包括离职补偿成本、空职成本。空职成本即机会成本，是组织因职工离职或离岗使该岗位空缺而承受的经济损失。

②通过科学化的方法与管理，扩大人力资源的收益

整个人力资源管理本身研究的一个重要议题是如何扩大人力资源的收益和生产力，从而最终达到实现组织生产力的目标。已被人们视为提升组织生产力的有效的人力资源途径与方法是：

a. 通过增加生产力的工作，如工作扩大化、工作丰富化、工作轮换、缩短工作时间、弹性工作时间等途径，促使生产力的提高。

b. 通过工作场所的再设计，如办公环境的改进，智慧型办公科技等人类工作学的设计，不断促进生产力的提高。

c. 通过人力资源的开发，如培训、管理发展、职工个人生涯发展、组织发展、提升人员能力，从而提高组织生产力。

d. 通过有效的人员激励，激发人的潜能和动机。

e. 通过建立满意的工作环境，促使人们更有效地工作。

f. 通过报酬和待遇体系的改进，如浮动工资方案、利润分成方案、技能工资方案、灵活福利、个人技能计划等，促使人们有效积极地工作。

2. 人力资源管理与政府服务品质的提升

(1)全面质量管理(TQM)

①全面质量管理(TQM)的含义

全面质量管理(TQM)是指一种要求组织不断改善的指导原则，也是一种管理哲学，其应用人力资源管理与发展的方法，针对组织运作的过程加以改良，致力于组织目标的实现，以及顾客需求的满足。TQM 的本质在于使组织全体成员能深深地投入，并赋予其活动以持续性地改善产品与服务的品质，进而追求顾客的满意。

②全面质量模式的核心

a. 价值观点。指着眼于长期，以顾客的满足为中心。

b. 管理态度。指员工是宝贵资源，更是重要顾客。

c. 组织文化。指重视集体成就，培养员工能力，追求顾客至上。

d. 关注重点。指组织所有活动。

e. 资源管理。指以品质管理系统持续改善工作的质量。

f. 问题解决。指团队处理。

g. 工作设计。指强调弹性与创新。

h. 绩效评估。指重视团队目标，由顾客、同事与领导共同考评。

i. 沟通方式。指多向沟通。

j. 薪资设计。指针对团队表现，物质与精神并重。

k. 人员升降。指参考团队绩效与个人能力，跨部门职务轮调。

l. 教育训练。指培养广泛知能，提升解决问题的能力。

③全面质量模式的运作

a. 高层人员的领导与支持。高层人员必须直接积极的投入，为建立一个致力于质量改进的环境而努力；

b. 通过战略性规划，促进组织集体改善质量的持续性努力；

c. 以顾客为导向，了解内外顾客的需求；

d. 通过教育与训练，促进对质量的价值共识；

e. 组织中的政策、规则及流程是用来协助成员更愉快地有效工作的，充分给每一个成员授能；

f. 建立良好的工作关系及沟通；

g. 强调团队合作；

h. 肯定和赞赏个人和团队的工作绩效；

i. 高度的士气；

j. 强调事先的预防而非事后的检测，第一次就把事情做好。

3. 人力资源管理与组织变革的促进

(1)组织变革

组织变革是指一个组织试图有意识地或有目的地对组织自身或其他组织的现状施加影响或改造的过程。组织变革的目的有两个方面：①提高组织的适应能力，将组织变革视为对付组织外部环境变化的途径；②改变组织内部个人的态度、作风和行为，使之适应组织目前发展和长远发展的需求。

(2)组织变革的个体阻力的原因

①有选择地注意与保留。一个人一旦确定了自己的态度之后，他对别人的建议就往往只在既定的态度范围内作出反应。

②习惯。习惯一旦形成，就可能变为一个人获取满足的根源，除非万不得已，人们总是按照自己的习惯作出刺激反应。

③经济上的考虑。人们担心改革会丧失自己的既得利益或降低收入。

④安全。改革会改变人熟悉的东西，从而丧失安全感。

⑤对未来的恐惧。面临着未来不可预知的情况，人们对不确定性总是持不信任的态度。

(3)组织变革组织层面上阻力的来源

包括：①对权力和权威的威胁；②组织结构的稳定性和惰性；③群体的惯性；④留滞成本；⑤对已有资源分配的威胁。

(4)人力资源管理在组织变革过程中的角色

①人力资源管理者和人力资源管理专家作为组织变革的推动者，影响和协助组织进行变革。

②通过有计划的教育与培训战略，促进组织成员对变革的认同，使组织成员感到改革的压力并愿意进行变革。

③通过参与战略，吸收组织成员参与管理及变革方案的制定，以此化解变革的阻力并提高变革决策的质量。

④直接通过工作再设计，如工作内容丰富化、作业或职务轮换、自组小组、目标管理等方法促使组织变革的实现。

⑤通过为组织员工提供支持与帮助，如知识培训、职业发展咨询、心理咨询、福利保障计划等支持性措施，化解阻力，减少恐惧和忧虑。

⑥通过奖惩和强化措施，鼓励人们创新，并制约反对改革力量的发展。

⑦从外界引进新的思想和意见以帮助内部人员找到提高组织效率的方法。

⑧通过充分授权给员工，让其根据情景的需要致力于自我的变革。

4. 人力资源管理与组织文化的建立

(1)组织文化的影响

①对其他个人及群体的看法，从而影响人与人之间的关系；

②个人对所面临的形势和问题的看法；

③个人所选择的决策和解决问题的方法；

④确定什么是道德的和不道德的标准；

⑤个人接收或抵制组织目标的程度；

⑥对个人及组织成功和成就的看法；

⑦对个人和组织目标的选择；

⑧个人与组织的行为。

(2)人力资源管理在创造组织文化的过程中起的角色

①通过人员甄选过程，不仅识别并雇用那些有知识、有技能、有能力适应组织工作的人，更重要的是选择那些适合自己组织文化的人；

②通过人员的需要，支持那些拥护新型文化的员工；

③通过组织的规章制度，确认组织文化的准则；

④通过改变组织报酬体系，鼓励员工接收新的价值观念；

⑤通过人员的调职、工作轮换或停职，来动摇组织中的亚文化；

⑥通过教育与培训，使组织员工适应变化。

六、公务人力资源管理的新理念：战略性人力资源管理

1. 战略性人力资源管理的含义

战略性人力资源管理是指一种新的人力资源管理理念和政策，其核心在于整合，即将人力资源战略与组织的战略整合在一起，使人力资源管理成为组织战略的一个重要组成部分，从而使人力资源管理更好地服务于组织战略的实现。

2. 私人组织成功实现战略性人力资源管理的基本经验

(1)将人力资本的管理视为整个事业发展战略的核心。

(2)将人力资本的管理职能和人员与整个管理团队有机整合在一起。

(3)借用外部专家的力量使组织内部的人力资源管理职能得到有效的发挥。

(4)根据确认的能够实现组织特殊使命和目标的基本的领导特质标准来雇用和开发领导者。

(5)与所有的员工开展充分不断的沟通，使大家在组织的使命、目标和核心价值上达成共识，像一个团队一样一起工作，从而共赴事功。

(6)根据知能的标准雇用、开发员工。

(7)运用绩效管理制度，包括工资和其他有价值的诱因机制，将绩效与成果挂钩。

(8)支持和奖励团队实现高绩效。

(9)将雇员的投入与人力资本政策、措施的设计和执行有机地整合。

(10)衡量人力资本管理政策和措施的有效性。

3. 政府部门战略性人力资源管理的八大重要因素

(1)对人力资本管理的重视和政治承诺。政府机关的领导者将人视为机关绩效的能动力

量，承认从战略层面管理人力资本的必要性，鼓励和支持将人力资本的管理与组织目标进行整合。

(2)人力资本管理部门的角色。人力资源的管理者与机关的领导和直线管理者合作制定战略和规则；人力资源管理部门要为满足机关眼前和长远的发展需要，实现功绩制的基本原则和其他国家目标而提供有效的人力资源的战略；人力资源管理要为组织内部的顾客提供一系列的技术性和咨询性的服务；机关的领导者和管理者承认人力资源管理者在服务机关和人员有效实现机关使命方面的重要作用。

(3)整合与联盟。机关的人力资源管理措施要支持组织的绩效目标，机关要从组织变革的角度审视人力资源措施，发现人力资源措施的优缺点。

(4)人力资源决策要以事实为依据。涉及人力资本管理的决策要建立在完全、有效和可靠的信息和资料的基础之上。资料、信息的收集要及时。

(5)有目的地投资于人。机关在人力资本方面的投资策略要符合机关战略和年度规划的需要。在这方面投资的目标和期望应该明确和透明。要对投资的效率进行监控，对投资的效果不断地进行评估。

(6)机关制定的人力资本措施要符合组织的要求。机关制定的人力资源战略要满足其特定的使命要求。在现行的法律、规则下，尽可能地采取一切必要的管理行动。要尽可能地寻找强化人力资源作为竞争优势的机会，消除人力资源管理的障碍。

(7)授权的包容性。要授权各级管理者、团队和公务人员，使他们有完成计划目标的必要权力，鼓励创新和解决问题。在制定人力资源管理措施时，机关的领导者要听取各级公务人员的意见，进行充分的沟通。

(8)将个人、单位的绩效与组织的目标相结合。组织文化是结果导向的，个体的绩效管理完全与组织的目标相整合，并以此作为组织管理的基础。管理者是透过绩效管理体现责任。组织的奖励体系着眼于实现组织的目标、鼓励创新以及支持组织绩效持续的改善。

七、工作生活质量——公务人力资源管理的新策略

1. 工作生活质量的含义

工作生活质量是指通过有计划地组织干预方法，以改善组织效能与组织成员福利的过程。它包含工作环境和工作安排、员工参与、人际关系、经济报酬和福利、个人自我实现与潜能发挥。

2. 工作生活质量的发展的原因

(1)物质生活水准的提高，使工作者转而追求权利、平等及成功；

(2)教育水准的提高，使工作者的期望提升及对权威的接受程度降低，并要求参与和影响；

(3)劳动者权益法的实施，权利的平等化，使劳动者觉悟到自己应有的权益；

(4)社会民主化进程的发展，使得主雇关系已不是施恩与受惠、指挥与服从，而是员工的自尊与荣誉、雇佣间的平等关系；

(5)新价值观形成，人们普遍认识到工作、收入、就业福利和高水平的生活不再是特权而是权利。

3. 工作生活质量的标准

综合许多专家学者的看法和经验观察，工作生活质量与以下几个方面的关键问题有着密切的关系：

(1)如何促使人事制度的公正化，包括录用、升迁、绩效、奖惩等的公平性；

(2)如何帮助员工发展能使他们实现其能力和兴趣的事业，同时又符合组织事业发展的需求；

(3)如何使工作本身更有意义和挑战性(包括多样化、成就感和自主性等)；

(4)如何使各种类型的奖酬更有效地激励员工，并保障员工的福利；

(5)如何建立和促进更为良好、和谐的人际关系和群体间关系；

(6)如何促进组织成员的参与、民主，并实现权利的均等化；

(7)建立和保障安全与健康的工作条件和环境；

(8)如何才能使理想的已经确认的组织目标和变革得以实现。

八、现代公务人力资源管理发展的新趋势

1. 知识工作者的兴起以及政府职业化

随着社会的发展，政府管理对专门性人才的需要更加强烈，这就导致了知识工作者的兴起。知识和信息工作者在政府公务领域内将占主导地位。在未来的公共组织中，知识和专家的权威将会凸现。

2. 从消极的控制转为积极的管理

积极性的公务人力资源管理是指要在已有的公务人事制度的基础上，创造一个公务人员潜能发挥的良好环境，促使公务人员具有使命感，从而促使组织目标的达成和效能的实现。新的公务人力资源管理强调“授能”，即授权赋能，主要特征表现在：

(1)对公务人员达成行政绩效和服务品质的高度期望和高度信心；

(2)开放参与决策的机会；

(3)提供行政人员发展自主性的机会；

(4)设立具有意义与具有激励力量的目标；

(5)发展组织的共同愿景；

(6)发展并维持组织成员之间信赖、开放的沟通；

(7)信息的开放与透明；

(8)公务人员的权益保障；

(9)强调相互的利益；

(10)人事制度的公正性。

3. 公务人力资源发展的重视和强调

由于今天公共组织管理者和公务人员面临的是一个快速变迁的社会，过去被动式的学习已经无法适应时代的要求，具备新的学习能力是公务人力资源发展的核心。

4. 人力资源管理与新型组织的整合

为了适应环境的变化，提高效率、符合创新的要求、发挥公务人力的专业才能、有效运用科学技术、组织的弹性化和灵活化、临时性扩大授权已成为必然趋势。新型的组织结构将具有如下特色：

(1)对环境具有开放性；

(2)组织结构的弹性化；

(3)组织更趋扁平化，中层管理的削减；

(4)强调通过对话建立权威，权力的均等化；

(5)信息的共享和决策的开放；

(6)权力结构从集中、等级式的，转化为分散、网络式的；

(7)从自上而下的控制转为相互作用和组织成员自我控制；

(8)组织的价值观从效率、安全、回避风险转向效能、敏感性、适应性和勇于创新；

(9)组织的地位结构更倾向于以专门技能和专业知识为基础；

(10)组织协调的手段将更多地强调建议和说服，而不是高压强迫。

5. 公务人力资源管理的电子化

信息和网络技术在公务人员管理中的应用已成为一个最显著的特征，人力资源管理的电子化和网络化，可以增加效率，节约成本；有利于人力资源战略和政策的制定；有利于加强人员之间的沟通与联系；有利于实现参与管理。未来主要的发展包括：①电子人事政策法规和电子人力资源资料库；②电子招聘；③电子福利支付；④电子动态管理等。

6. 政府人力精简与小而能的政府

从1990年以后，各国之文官改革，无不把人力精简和紧缩管理作为主要措施。随着“小政府”观念的深入人心，人力精简将继续成为公务人力资源管理的一个基本趋势。

7. 绩效管理的强调与重视

绩效管理意味着组织管理者为公务人员规划责任及目标，以使他们的能力获得最大的发挥；并通过绩效考评，以此作为公务人员奖惩的依据。一个有效的绩效管理系统应包括以下几个部分：

(1)对每一项任务及价值作清楚的陈述；

(2)规划一套用以建立个人行为表现契约的程序；

(3)建立一套流程，作为公务人员能力改善计划的基础；

(4)订立绩效指标；

(5)建立绩效评鉴机制。

8. 公务伦理责任的强调和重视

近几十年来，越来越多的公职人员的不道德行为(如腐败)导致了政府威信的下降，导致了公民对政府官员产生“信任赤字”，严重者甚至影响到政府的合法性问题，在此背景下，通过强调公务人员的伦理责任而重振政府的威信，就成为公务人力资源管理的一个显著特征和趋势。

8.2 课后习题详解

一、概念题

1. 人力资源

答：参见本章复习笔记相关内容。

2. 人力资源管理

答：人力资源管理是指组织内所有人力资源的获取、使用和维护等一切管理的过程和活动，或者是组织管理中涉及到人力资源的政策和实践。一般说来，现代人力资源管理主要包括以下几大系统：①人力资源的战略规划、决策系统；②人力资源的成本核算与管理系统；③人力资源的招聘、选拔与录用系统；④人力资源的教育培训系统；⑤人力资源的工作绩效考评系统；⑥人力资源的薪酬福利管理与激励系统；⑦人力资源的保障系统；⑧人力资源的职业发展设计系统；⑨人力资源管理的政策、法规系统；⑩人力资源管理的诊断系统。

3. 人力资源管理的职能

答：人力资源管理的职能是指人力资源管理的功能或应起的作用和用途，分为管理职能和作业职能两个方面。人力资源管理的管理职能是指人力资源管理在企业高层领导的授权下，要处理对他人有权力关系的工作，包括计划、组织、指挥、控制等几项内容，其程度与范围随授权的程度而定，也就是代表高层领导行使管理工作的权限，是管理权力的一种延伸。人力资源管理的作业职能包括员工的招聘、选用、派用、培训、工作分析与工作设计、员工绩效的评价、制定与执行报酬和福利计划、建立有效激励员工改善或提高工作绩效的系统、建立人力资源信息系统，以及处理劳资关系等一系列内容。

4. 工作生活质量

答：工作生活质量是指通过有计划地组织干预方法，以改善组织效能与组织成员福利的过程。包含工作环境和工作安排、员工参与、人际关系、经济报酬和福利、个人自我实现与潜能发挥。人力资源管理中，工作生活质量的内容大体包括：①劳动报酬的充分性和公平性；②安全和有利于健康的工作条件；③工作组织中的人际关系；④对工作本身的满意度；⑤员工生涯发展；⑥参与决策，民主管理；⑦工作具有社会意义；⑧保障员工在组织内的权利；⑨工作以外的家庭生活和其他业余活动。工作生活质量活动对人力资源管理的作用主要表现在：①为人力资源的开发和管理工作拓宽了视野，增加了新的手段；②使人们认识到，组织中的员工除了要求较高的收入和稳定的工作之外，还有许多更重要的追求目标；③促使民主思想和观念真正进入到工作领域，进而成为企业人力资源管理的一部分；④把个人发展与组织发展有机地结合起来，改变了过去人力资源开发和管理活动中只重视整体而忽视个体，或者只强调个体而忽视组织整体的倾向。

5. 战略性人力资源管理

答：战略性人力资源管理是指一种新的人力资源管理理念和政策，其核心在于整合，即将人力资源战略与组织的战略整合在一起，使人力资源管理成为组织战略的一个重要组成部分，从而使人力资源管理更好地服务于组织战略的实现。战略性人力资源管理反映的是这样一种人力资本的管理理念：人是组织的重要资产，其价值可以通过投资得以强化；一个组织的人力资本管理政策和措施的设计、执行及评价应当依据最大限度地帮助组织达成使命、实现目标的标准进行。战略性人力资源管理有八大重要因素：①对人力资本管理的重视和政治承诺；②人力资本管理部门的角色；③整合与联盟；④人力资源决策要以事实为依据；⑤有目的地投资于人；⑥机关制定的人力资本措施要符合组织的要求；⑦授权的包容性；⑧将个人、单位的绩效与组织的目标相结合。

二、思考题

1. 何谓人力资源？人力资源有何特性？

答：参见本章复习笔记相关内容。

2. 试分析当代人力资源兴起和发展的时代背景。

答：参见本章复习笔记相关内容。

3. 人力资源管理的主要功能是什么？

答：人力资源管理的主要功能包括以下几个方面：

(1) 人力资源的获取

人力资源的获取是人力资源工作的第一步，涉及人力资源规划、录用和选拔。人力资源的规划是系统地评估人力资源需求以保证获取组织所需的具有专门技能的人才的过程。人力资源规划的主要任务是了解组织的目标与目的，继而在目标与目的指引下，从事组织结构的设计与工作分析，确定招募具有何种特定技术、知识与能力的员工。

(2)人力资源的发展

人力资源的发展是整合培训与发展、职业发展、管理发展与组织发展，以增进个人和组织效能的过程，经过训练、教育、发展与领导行为，有计划地安排学习，有计划地改进绩效和员工生产力。人力资源发展功能的需要来自于组织内外环境的不断变化。

(3)人力资源的激励

人力资源的激励功能是人力资源管理过程中最重要的功能。人力资源的激励的主要议题包括：联结报酬与绩效、工作再设计、提升工作的满足感、绩效评估等多方面。其主要的任务就在于确认和运用恰当的激励技术。

(4)人力资源的维持

人力资源维持涉及到人力资源的许多方面，主要的议题包括：人际关系和沟通问题，员工的福利问题，工作环境和职业安全问题等，它更加关注于为员工创造一个良好的环境。

(5)人力资源的研究

可以将人力资源的研究视为人力资源管理的一个重要的辅助性功能和领域。各种组织的人力资源管理虽然有其共通性，但每一个组织所面临的人力资源管理问题可以说是具体而又特殊的，发展出最适合自己组织的一套人力资源管理系统(政策、规则、技术、方法等)是重要的。

4. 人力资源管理者应该具有什么样的知能？

答：人力资源管理者应该具有以下几个方面的知能：

(1)技术知能

①成人学习认知。了解成人如何求取知识、技能或态度，以及差异。

②职业发展理论和技能。了解职业发展的理论、方法和技术及其应用。

③知能确认技术。确认工作、职务或角色所应具备的知识技能。

④电脑应用知能。了解并依需要使用电脑。

⑤电子系统操作技能。了解并能使用、应用于教育和训练发展的各种电子信息系统。

⑥后勤支援技能。有效地规划和协调资源运用。

⑦目标调配技能。具体描述、制定和调整目标。

⑧绩效观察技能。追踪并描述行为及其效果。

⑨专业认知。对某一专业的整体认知。

⑩培训理论与技巧。了解培训与发展的常用方法和技能。

⑪研究技能。对新事物的了解、分析和掌握。

(2)组织知能

①组织经营认知。了解组织各部功能及关系和组织决定的影响。

②成本效益分析技能。分析不同事物在财务、心理和战略上的优缺点。

③授权技能。职责和责任的分配。

④产业认知。了解组织所在产业的特点和运作方式。

⑤组织行为认知。了解组织和成员行为的意义和影响。

⑥组织发展理论与技巧。了解组织发展常用模式和方法。

⑦组织认知。了解组织结构、权力分配或财务结构等情况。

⑧组织规划技能。

⑨资料管理技能。以适当方式存取资料。

(3)人际关系知能

①指导技能。协助个人了解其需求、价值观或目标。

②反馈技能。将沟通信息或结果确实传给个人。

③团队过程技能。了解影响团队运作的因素和需求。

④协商技能。通过协商获得双赢的结果。

⑤呈报技能。清晰的口头报告能力。

⑥询问技能。收集资料信息，获取引导方向。

⑦关系建构技能。建立个人和团队的信息网络。

⑧写作技能。书面资料的整理和呈现。

(4)知识知能

①资料浓缩技能。迅速整理、检视资料并求取结论。

②资料搜寻技能。了解不同资料的本质与来源，并知道存取途径。

③知识多元。多元逻辑思考。

④模型建构技能。自概念或理论中整理出实用性的模式。

⑤观察技能。观察四周的细致变化。

⑥自我了解。了解自我的各项特质和优缺点。

⑦视野展望技能：对未来的展望和视野。

总之，人力资源管理与发展职业是需要多方面的专门知识、技能作为支持的。一个良好的人力资源管理者，不仅要具备上述的知识和技能，也更需要高尚的职业道德。

5. 公务人力资源管理的战略目标是什么?

答：公务人力资源管理的战略目标主要体现在以下几个方面：

(1)提高生产力

人力资源管理，作为提高组织生产力的关键领域，其对生产力提升的贡献包括两个方面：

①不断降低人力资源的成本，扩大人力资源投入的收益，实现组织生产力的提高。一个组织用于人力资源上的成本主要包括：a. 人力资源的获取成本；b. 人力资源的开发成本；c. 人力资源的使用成本；d. 人力资源的保障成本；e. 人力资源的离职成本。

②通过科学化的方法与管理，扩大人力资源的收益。提升组织生产力的有效的人力资源途径与方法包括：

a. 通过增加生产力的工作，如工作扩大化、工作丰富化、工作轮换、缩短工作时间、弹性工作时间等途径，促使生产力的提高。

b. 通过工作场所的再设计，如办公环境的改进，智慧型办公科技等人类工作学的设计，不断促进生产力的提高。

c. 通过人力资源的开发，如培训、管理发展、职工个人生涯发展、组织发展，提升人员能力，从而提高组织生产力。

d. 通过有效的人员激励，以激发人的潜能和动机。

e. 通过建立满意的工作环境，促使人们更有效地工作。

f. 通过报酬和待遇体系的改进，如浮动工资方案、利润分成方案、技能工资方案、灵活福利、个人技能计划等，促使人们积极有效地工作。

(2)提高服务品质

在现代社会中，产品(服务)的质量是组织生存的重要因素，是创造产品附加值的重要元素，也是组织竞争优势的核心所在。现在，提升产品与服务的质量已成为全世界政府及企业界的热门话题。而这一努力是通过全面质量管理来实现的。

(3)促进组织变革

组织变革是指一个组织试图有意识地或有目的地对组织自身或其他组织的现状施加影响或改造的过程。组织变革的目的包括两个方面，一是提高组织的适应能力，将组织变革视为对付组织外部环境变化的途径；二是改变组织内部个人的态度、作风和行为，使之适应组织目前和长远发展的需求。组织变革的本质是对人的态度和行为的变革，因此人力资源管理在推动组织变革与再造方面发挥着重要作用。人力资源管理在组织变革过程中的角色，可以从以下几个方面得以体现：

①人力资源管理者和人力资源管理专家作为组织变革的推动者，影响和协助组织进行变革。

②通过有计划的教育与培训战略，促进组织成员对变革的认同，使组织成员感到改革的压力并愿意进行变革。

③通过参与战略，吸收组织成员参与管理及变革方案的制定，以此化解变革的阻力并提高变革决策的质量。

④直接通过工作再设计，如工作内容丰富化，作业或职务轮换，自组小组，目标管理等方法促使组织变革的实现。

⑤通过为组织员工提供支持与帮助，如知识培训，职业发展咨询、心理咨询，福利保障计划等支持性措施，化解阻力，减少恐惧和忧虑。

⑥通过奖惩和强化措施，鼓励人们创新，并制约反对改革力量的发展。

⑦从外界引进新的思想和意见以帮助内部人员找到提高组织效率的方法。

⑧通过充分授权给员工，让其根据情景的需要致力于自我的变革。

(4)建立组织文化

一个组织的成功，不仅取决于其财力、技术，更取决于其创造财富的文化体系。人力资源管理在创造、发展和维系一个组织的文化过程中，同样起着十分重要的作用，主要表现在：

①通过人员甄选过程，不仅识别并雇用那些有知识、有技能、有能力适应组织工作的人，更重要的是选择那些适合自己组织文化的人；

②通过人员的需要，支持那些拥护新型文化的员工；

③通过组织的规章制度，确认组织文化的准则；

④通过改变组织报酬体系，鼓励员工接收新的价值观念；

⑤通过人员的调职、工作轮换或停职，来动摇组织中的亚文化；

⑥通过教育与培训，使组织员工适应变化。

6. 何谓工作生活质量？工作生活质量的标准是什么？

答：(1)工作生活质量的含义

工作生活质量是指通过有计划地组织干预方法，以改善组织效能与组织成员福利的过程。它包含工作环境和工作安排、员工参与、人际关系、经济报酬和福利、个人自我实现与潜能发挥。人力资源管理中，工作生活质量的内容大体包括：①劳动报酬的充分性和公平性；②安全和有利于健康的工作条件；③工作组织中的人际关系；④对工作本身的满意度；⑤员工生涯发展；⑥参与决策，民主管理；⑦工作具有社会意义；⑧保障员工在组织内的权利；⑨工作以外的家庭生活和其他业余活动。

(2)工作生活质量的标准(参见本章复习笔记相关内容)

7. 请对你周围的人进行一次调查，了解并分析人们喜欢在什么样的环境下工作。

答：略。

8. 什么是战略性人力资源管理？公共部门如何实施战略性人力资源管理？

答：(1)战略性人力资源管理的内涵

战略性人力资源管理是指一种新的人力资源管理理念和政策，其核心在于整合，即将人力资源战略与组织的战略整合在一起，使人力资源管理成为组织战略的一个重要组成部分，从而使人力资源管理更好地服务于组织战略的实现。其含义可以从四个方面来把握：①强调战略规划的作用；②依据战略规划设计并管理人事体系；③人力资源管理的政策和活动要与组织的战略相匹配；④将组织的人力资源视为实现组织竞争优势的战略性资源。

(2)公共部门战略性人力资源管理的实施

战略性人力资源管理可以分成几个不同的组成部分，每个部分都包含着战略性人力资源管理所要实施的内容，它们之间通过组织的层级而相互联系，并成为一个整体。

具体来说，公共部门在实施战略性人力资源管理过程中的活动主要包括：

①人力资源管理哲学。人力资源管理哲学是指公共部门如何看待它的人力资源，人力资源在公共部门发展中的作用如何，以及如何对待和管理人力资源。

②人力资源政策。指以开发具体的人力资源计划和实践为目标的总体指导原则，这些计划和实践包括人力资源活动的每一个方面，如薪酬、培训等。

③人力资源计划。它由人力资源政策决定的，对人力资源的活动起着协调作用，并保证人力资源的活动从开始到结束都能朝着公共部门战略需求所要求的方向发展。

④人力资源管理实践。在公共部门中，无论是领导、管理或是实践，一旦人员的行为作用被确定，人力资源管理实践就可能影响到员工行为的绩效。公共部门在人力资源管理实践的实施过程中，实践活动必须和组织的战略需求紧密相连。

⑤人力资源管理过程。人力资源管理过程是重要的战略性人力资源管理活动。对于所有战略性人力资源管理活动来讲，要求人力资源管理活动必须保持一致性。这是因为这些活动过程影响到每一个人员的行为，如果他们之间不能保持一致性，就无法传递相同的信息，也就无法提供公共部门发展所需的环境。因此，人力资源管理的一致性要求对战略性人力资源管理来说是非常重要的。

⑥战略性国际人力资源管理。随着世界的竞争性、不确定性和不稳定性的增加，为了取得成功，公共部门必须参与全球性的竞争。

9. 私人部门成功实施战略性人力资源管理的经验与启示是什么？

答：美国审计总署总结了私人组织成功实现战略性人力资源管理的基本经验。这些基本经验和启示有：

(1)将人力资本的管理视为整个事业发展战略的核心。它们将人力资本管理与其发展战略和日常的管理工作有机地整合起来，因为人力资本的管理支撑着组织，使其能够实现组织的使命和目标，创造高绩效。

(2)将人力资本的管理职能和人员与整个管理团队有机整合在一起。人力资本的管理者和管理部门承担的不仅是人事行政服务的职责，而且参与到整个管理团队的工作中，保证能够前瞻性地处理人力资本问题。这样人力资本管理者便扮演了决策者、咨询者的角色。

(3)借用外部专家的力量使组织内部的人力资源管理职能得到有效的发挥。它们借用外部咨询者、专业协会和其他组织的力量，使其为自己提供更加专业化、低成本的服务；同时为组织提供新的观念，使组织能从其他组织中学习经验。

(4)根据确认的能够实现组织特殊使命和目标的基本的领导特质标准来雇用和开发领导者。许多组织都确认了自己独特的领导能力评价标准，它们相信这些标准对于实现组织的目标和长远的成功是不可缺少的，并以此标准作为录用、雇用、开发、更换领导的政策依据。

(5)与所有的员工开展充分不断的沟通，使大家在组织的使命、目标和核心价值上达成共识，像一个团队一样一起工作，从而共赴事功。

(6)根据知能的标准雇用、开发员工。为了确保组织的竞争力，许多企业都制定了员工的能力标准，即实现组织目标所需的知识、技能、能力和行为的标准，以此作为人力资源管理的政策和行动依据。

(7)运用绩效管理制度，包括工资和其他有价值的诱因机制，将绩效与成果挂钩。它们一般执行绩效工资、利润分享、弹性工资或其他综合性的措施，鼓励员工和团队创造高绩效。

(8)支持和奖励团队实现高绩效。鼓励和支持团队作为实现高绩效的手段，采取多种多样的措施鼓励团队工作，如跨功能的团队或矩阵组织，团队诱因和奖励计划等。

(9)将雇员的投入与人力资本政策、措施的设计和执行有机地整合。通过员工满意度调查，了解员工的意见和需求，鼓励员工提出建设性意见，并以此作为改善组织人力资源管理政策和措施的依据。

(10)衡量人力资本管理政策和措施的有效性。运用多种多样的方法和措施，衡量人力资本政策和措施的有效性，这样，不仅能够使员工了解他们对组织的贡献，也能促使管理者更负责任。

10. 现代公务人力资源管理有什么发展趋势？

答：参见本章考研真题论述题答案。

8.3 考研真题详解

一、判断题

各种有利于提高员工福利和组织效能的活动，都属于工作生活质量范畴。(人大2007年研)

答：这种说法是正确的。对工作生活质量可采取比较宽泛的定义，即各种有助于提高员工福利与组织效能的活动都可视为工作生活质量的范畴。工作生活质量的定义为：通过有计划地组织干预方法，以改善组织效能与组织成员福利的过程。它包含工作环境和工作安排、员工参与、人际关系、经济报酬和福利、个人自我实现与潜能发挥。

二、概念题

1. 公共部门人力资源管理(南京大学2018年研；对外经贸2014年研)

答：人力资源管理是指组织内所有人力资源的获取、使用和维护等一切管理的过程和活动，或者是组织管理中涉及人力资源的政策和实践，其核心涉及一个组织管理中的人力资源方面的管理职能，传统上被称为人事和人事管理。公共部门人力资源管理是指公共部门中的各类公共组织依据人力资源开发和管理的目标，对其所属的人力资源开展的战略规划、甄选录用、职业发展、开发培训等多项管理活动和过程的总和。

2. 工作生活质量(北邮2012年研)

答：参见本章课后习题概念题第4题答案。

3. 战略性人力资源管理(中央民大2013年研；中财2010年研)

答：参见本章课后习题概念题第5题答案。

三、简答题

1. 简述现代公务人力资源管理的发展趋势。(中财2010年研)

答：每一个时代和不同的历史时期，都有不同的管理理念、制度和方法，管理和管理环境之间是共生和依存的关系。现代公务人力资源管理呈现出了新的特点和新的趋势，概括起来主要包括以下几个方面：

(1)知识工作者的兴起以及政府职业化

随着知识经济和信息社会的来临，政府复杂性的增加及信息化、技术化、专门化导致了政府管理对专门性人才需求强烈，这一切均导致了知识工作者的兴起。知识和信息工作者在政府公务领域内将占主导地位，在未来的公共组织中，知识和专家的权威将会凸现。

(2)从消极的控制转为积极的管理

传统的人力资源管理，是一种以控制为导向的消极管理，由于强调效率价值的优先性、公务员的工具角色、严格的规划和程序、集中管理等，使公务人力制度僵化、缺乏活力。人力资源管理的新趋势是在已有的公务人事制度基础上，创造一个公务人员潜能发挥的良好环境，促使公务人员具有使命感，从而促使组织目标的达成和效能的实现，即新的公务人力资源管理更能促进积极性。

(3)公务人力资源发展的重视和强调

面对知识经济和信息社会的到来，应对新知识、新技术的挑战，越来越多的组织认识到通过持续的学习以改变公务人员和公共管理者的态度、行为和技能的重要性。更为重要的是，今天的公共组织管理者和公务人员面临的是一个快速变迁的社会，过去的被动式学习已经无法适应时代的要求，具备新的学习能力是公务人力资源发展的核心，未来的组织人力资源发展将强调如何学习、学习如何思考、学习如何创造，并向终身学习发展。

(4)人力资源管理与新型组织的整合

在信息技术的冲击下，传统的金字塔形的组织机构正在让位于新信息社会更合乎需要的组织结构。新型的组织结构将具有以下特点：①对环境具有开放性；②组织结构的弹性化；③组织结构趋于扁平化；④强调通过对话建立权威，权力的均等化；⑤信息的共享与决策的开放；⑥权力结构从集中、等级式的，转化为分散、网络式的；⑦从自上而下的控制转为相互作用和组织成员自我控制；⑧组织的价值观从效率、安全、回避风险转向效能、敏感性、适应性和勇于创新；⑨组织的地位结构更倾向于以专门技能和专业知识为基础；⑩组织协调的手段将更多地强调建议和说服，而不是高压强迫。总之，新型组织结构强调激发公务人员的能力和潜能，激发组织的活力与创新性。

(5)公务人力资源管理的电子化

信息和网络技术在公务人员管理中的应用已成为一个显著的特征。人力资源管理的电子化和网络化的优点有：①可以增加效率，节约成本；②有利于人力资源战略和政策的制定；③有利于加强人员之间的沟通与联系；④有利于实现参与管理。

未来公务人力资源管理电子化的发展趋势包括：①建立电子人事政策法规和电子人力资源资料库；②电子招聘；③电子福利支付；④电子动态管理等。

(6)政府人力精简与小而能的政府

政府组织规模的庞大是过去时代各国政府的一个普遍现象，究其原因在于政府功能的扩张、社会发达、政务的增繁以及政府自身的内在扩张。而政府之扩张即导致政府财政赤字、绩效低下、成本扩张。因此，从1990年以后，各国的文官改革，无不把人力精简和紧缩管理作为主要措施。随着"小政府"观念的深入人心，人力精简将继续成为公务人力资源管理发展的一个基本趋势。

(7)绩效管理的强调与重视

绩效管理意味着组织管理者为公务人员规划责任与目标，以使他们的能力获得最大的发挥；并通过绩效考评，以此作为公务人员奖惩的依据。一个有效的绩效管理系统应该包括以下几个部分：①对每一项任务与价值作清楚的陈述；②规划一套用以建立个人行为表现契约的程序；③建立一套流程，作为公务人员能力改善计划的基础；④订立绩效指标；⑤建立绩效评鉴机制。

(8)公务伦理责任的强调与重视

近十几年来，越来越多的公职人员的不道德行为导致了政府威信的下降，导致了公民对政府官员的"信任赤字"，严重者甚至影响到政府的合法性，在此背景下，通过强调公务人员的伦理责任而重振政府的威信，就成为公务人力资源管理的一个显著特征和趋势。许多国家纷纷致力于公务道德基础设施建设工程，从道德、法律等方面规范公务人员的伦理行为。如何维持公务人员伦理的生活及行为，是公务人力资源发展的最大挑战之一。

2. 人事管理和人力资源管理的区别有哪些？（中财2010年研）

相关试题：

(1)传统人事制度管理与人力资源管理之间有哪些主要差别？（山东师大2017年研）

(2)人事行政与企业人事管理的区别是什么？（北邮2012年研）

(3)传统人事管理与现代公共人力资源管理的区别。（西南交大2016年研）

(4)简述传统人事管理与现代人力资源管理的差异。（暨南大学2016年研）

答：人事管理是指组织运用一定的手段和方法，有效地把人的因素与物的因素合理地组合在一起，从而发挥他们各自的作用，实现组织管理目标。人力资源管理是指对人力资源进行有效开发、合理配置、充分利用和科学管理等活动的总和。人事管理与人力资源管理的区别主要有：

(1)工作性质和地位不同。传统人事管理基本上属行政事务性工作，活动范围有限，短期导向，人事部门扮演的是控制人工成本的"成本中心"的角色；人力资源管理重视对人的能力、创造力和智慧潜力的开发和发挥，扮演的是增加产出的"利润中心"的角色。

(2)内容不同。传统人事管理主要存在于雇佣关系从发生到结束的运动过程；人力资源管理不仅涵盖了传统人事管理的基本内容，而且纵深发展，大大拓宽了原有人事管理的内容，形成全方位的管理。此外，还有知识管理、文化管理、业务流程再造和学习型组织的构建等。

(3)任务不同。传统人事管理以物为中心，把人看作是一种成本，管理的主要任务是如何尽可能减少人工成本；人力资源管理则以人为中心，把人看作是一种资源，并且是最重要的资源，把开发这种资源的潜力当作重要的任务。

(4)职责分担不同。传统人事管理职责主要由人事部门承担，造成管人与管事的脱节；人力资源管理强调其放射性和渗透性，及各部门主管承担人力资源管理主要职责，实现管人与管事的统一。

(5)管理方式和手段不同。传统人事管理强调标准化式的管理，主要运用行政命令的办法；人力资源管理强调管理的人性化，理解员工的需要，采取柔性的参与式的民主管理，注重人文关怀。

3. 公务人力资源管理的战略目标。(中央民大2010年研)

答：参见本章课后习题思考题第5题答案。

4. 公共部门人力资源管理具有哪些作用？(南航2017年研)

答：公共部门人力资源管理是指公共部门中的各类公共组织依据人力资源开发和管理的目标，对其所属的人力资源开展的战略规划、甄选录用、职业发展、开发培训等多项管理活动和过程的总和。具体而言，公共部门人力资源管理具有以下一些作用：

(1)公共部门人力资源管理是提高行政管理质量和效率的关键因素。

所有行政管理活动以及行政管理过程的各个环节，都要通过人去组织进行。公务员的素质与行为，对政府管理的质量与效率起着关键作用，甚至决定着政府管理的成败。科学的公共部门人力资源管理能在全社会范围内选拔、培养和合理使用人才，造就一支高素质的国家公务员队伍，并能充分调动和发挥他们的积极性、主动性与创造性，从而能最有效地提高行政效率，实现政府的管理目标。当今世界，科学技术突飞猛进，经济国际化、全球化趋势加快发展，政府管理职能也随之愈益复杂化，政府管理工作面临着许多新情况和新的挑战，对政府管理人员各方面的要求也越来越高。在这种行政环境下，为保证整个政府行政系统有效运作，就更需要有一支精干的、高素质的专业化国家公务员队伍去驾驭这架复杂的、多功能的"行政机器"。而这事关政府管理成败的大事，只有通过科学的公共部门人力资源管理才能达成。

(2)公共部门人力资源管理是实现政治稳定、巩固国家政权的重要保证。

①公共部门人力资源管理作为国家政治制度的重要方面，对整个国家的政治发展和政权建设也起着十分重要的作用。公共部门人力资源管理的一个重要目标是实现政治稳定，也就是保持国家政治生活的正常、有序进行。科学的公共部门人力资源管理制度，能保证政府工作的连续性和正常化，不因领导人的更替或发生突发事件而影响"行政机器"的运转。这是政治稳定的一个重要标志，也是影响政治稳定的一个重要因素。西方发达国家日益健全的文官制度，对于这些国家政治统治秩序的相对稳定起了十分显著的作用。一些发展中国家，经常发生政治动乱，政权极不稳定，虽有许多复杂的社会历史原因，但与这些国家人事管理制度上的落后、混乱状况也有着很大关系。

②公共部门人力资源管理向来是统治阶级实现其统治意志的重要手段。任何国家的统治阶级为了巩固本阶级的统治，都会选择忠于本阶级意志和利益的人来行使国家权力，推行国家公务。"为政在人"，选用能贯彻本阶级意志的优秀人才，并用之得当，就能有效地治国安邦，成就千秋功业。历史与现实反复证明：公共部门人力资源管理搞得好，选贤任能，吏治清明，社会就能安定繁荣，国家就会兴旺发达；反之，如果吏治不严，人事制度腐败，奸臣昏官当道，必然会丧失民心，造成社会动荡、政局不稳，最终使政府走向垮台。因此，一切高明的统治者或领导人，都十分重视公共部门人力资源管理工作，都把公共部门人力资源管理作为国家政权建设的首要问题去抓紧做好，都把公共部门人力资源管理体制改革作为国

家政治体制改革的重要内容去贯彻落实，使之不断完善。

(3)公共部门人力资源管理的发展与完善能有力地推进政治民主化进程。

政治民主的主要内容包括公民在政治上享有的各种权利受到法律保障，公民有权参与国家管理，有广泛的参政议政渠道，有权对国家机关及其工作人员实行监督，等等。

①公共部门人力资源管理的发展与完善为政治民主化的实现开辟了有效的途径。按照国家公务员考录制度的规定，实行公开考试、竞争择优的进入机制，每个公民都有权利报考公务员，经过公开、平等、竞争、择优的录用考试，一部分优秀人才进入公务员队伍，直接参与政府管理工作。据不完全统计，随着人事制度改革不断深化，普通公民经过法定程序进入政府机关将成为经常的、普遍的政治现象。这是政治民主化的重要体现，也是社会主义民主政治的必然要求。

②国家公务员制度中实行的民主考核制度、申诉控告和批评建议制度、公务员自下而上的监督形式和人民群众监督制度等，把公民(包括公务员)的一些政治权利进一步明确化、具体化，并有相应的制度和法律来保障这些权利得以实现。这些公共部门人力资源管理制度的有效贯彻，能有力推进政治民主化进程；使公民享有的各项民主权利真正落到实处；而政治民主化的推进又将为公共部门人力资源管理的民主化、科学化开辟更为广阔的前景。

(4)科学的公共部门人力资源管理，能充分开发利用人力资源，极大地推动和促进生产力发展与社会的全面进步。

人类社会生产力水平的不断提高是推动经济和社会发展的基本动力，而人是生产力中最基本、最活跃、最关键的因素。生产力的发展，一方面要依靠人们对自然规律认识的深化和科学技术水平的提高，另一方面要依靠人们对社会生产活动进行科学地组织和管理。这两方面有一个共同的关键问题，即对人的管理。通过科学的公共部门人力资源管理，可以有效组织政府活动，充分发挥生产力中人的作用，全面开发和利用人力资源，从而有力推动经济与社会的发展。当今世界国与国之间的经济竞争，主要是科学技术和管理水平的竞争。科技和管理的竞争归根到底表现为人才的竞争，实质上也是人事管理水平的竞争。历史已证明，谁拥有人才，谁就处于主动和领先位置，先进的会更先进，落后的一定能赶上去。用全球的视角来审视，我国现在最需要的是人才，最缺乏的也是人才。因此，只有进一步加快干部人事制度改革步伐，建立和完善能上能下、充满活力、促进优秀人才脱颖而出的选人用人机制，我们才能在世界性的“人才大战”中获胜，才能实现经济的腾飞和社会的全面进步。

四、论述题

什么是人力资源管理？阐述现代公共人力资源管理发展的新趋势。(人大2006年研)

相关试题：

(1)结合人力资源管理的理念，谈谈当前人事行政的发展趋势。(山东大学2013年研)

(2)试述公务人力资源的发展趋势。(人大2006年研)

答：(1)人力资源的概念和特征

从广义上来看，一国的人力资源泛指现在和未来一切可能成为生产性要素的人口，它包括现实的人力资源、潜在的人力资源和未来的人力资源；从狭义上来看，人力资源指一个国家、一个地区乃至一个组织能够作为生产性要素投入社会经济活动的劳动力人口的数量和质量。

人力资源的主要特征有：①人力资源为能动资源；②人力资源是高增值性资源；③人力资源无法储存；④人力资源必须不断地投资、维持与提升，才能保持其价值和增值。

(2)人力资源管理兴起的主要原因

人力资源管理一词取代传统的人事管理一词并非仅仅是词语的变化，而是反映了时代变化的特征乃至管理理念的变化。具体分析，导致人力资源管理兴起的主要原因或因素有以下几个方面：

①人力资源或人力资本理念的确认和广泛共识

人力资本理论的创始人是美国芝加哥大学的西奥多·舒尔茨和加里·贝克尔。他们认为，并非一切人力资源都是最重要的资源，只有通过一定方式的投资，掌握了知识和技能的人力资源才是一切生产资源中最重要的资源。因此，人力、人的知识和技能是资本形态，称之为人力资本。

②国际化与国际竞争的加剧

国际化所引致的一个明显的结果就是国际竞争的加剧。一个组织不仅仅要在生产、销售、财务、服务上与其他组织竞争，在人力资源管理上亦是如此。事实上，人力资源在某种程度上已成为一个国家核心的竞争优势所在，因为人力资源是一个国家发展和创新的核心资源。

③人力资源成本在所有经济生产体系的成本结构中所占比例增大

由于人力资源的重要性增强，人力资源投资的成本不断扩大。这一方面导致了人力资源成本的增加，同时也导致要求用新的人力资源管理方法去管理他们。

④组织整体经营对人力资源管理的新要求

一个组织除了良好的计划和技术、健全的市场销售网络、有效的财务系统外，先进的人力资源管理也是不可缺少的，人力资源管理是组织整体性体系中的一个重要组成部分。

⑤管理方式的变化——从以事为中心的管理转向以人为中心的管理

一方面，随着社会政治变革与进步，特别是权利平等化的发展，以及工作生活质量运动的发展；另一方面随着对人力资源及其作用认识的变革，组织管理的方式也发生了一个根本性的变化，那种传统的以事为中心的独裁管理模式和监护管理模式逐步让位于以人为中心的人际关系管理模式和人力资源管理模式。

⑥人力资源管理的职业化

人力资源管理受到普遍重视的一个重要原因在于，人力资源管理的专门化趋势的形成和加强。

(3)发展趋势

每一个时代和不同的历史时期，皆有不同的管理理念、制度和方法，管理和管理环境之间是共生和依存的关系。公务人力资源管理，自1980年以后随着公共管理环境的变化，也呈现出了新的特点和新的趋势，具体可参见本章考研真题简答题第1题答案。

第9章　公共预算与财务管理

9.1　复习笔记

【知识框架】

- 公共预算与财务管理
  - 公共预算的性质、功能
    - 公共预算的性质
      - 公共预算的含义
      - 公共预算的性质
    - 公共预算的功能
  - 公共预算的原则
    - 传统强调民主政治监督的预算原则
    - 提升行政绩效的预算原则
  - 政府预算制度及其评估
    - 传统预算制度
    - 复式预算制度
    - 绩效预算制度
    - 设计计划预算制度
    - 零基预算制度
  - 政府会计
    - 政府会计的含义
    - 政府会计对于公共管理的意义
    - 政府会计与企业会计的区别
    - 政府会计基本原则
  - 政府财务报告
    - 政府财务报告的含义
    - 政府财务报告的目的和功能
    - 政府财务报告的质量要求
    - 政府财务报告的需求者
  - 政府采购管理
    - 政府采购管理的必要性
    - 政府采购管理准则
    - 政府采购的方式
    - 采购制度、方法与决策
    - 采购人员的伦理
  - 政府财务审计
    - 政府审计的范围
      - 财务管理审计和合法性审计
      - 效率性和经济性的审计
      - 计划绩效审计
    - 政府审计的类型
      - 事前审计和事后审计
      - 内部审计和外部审计
    - 政府审计的程序
      - 调查阶段
      - 审查阶段
      - 报告阶段

【重点难点归纳】

一、公共预算的性质、功能

1. 公共预算的性质

预算本质上是一种分配稀有资源的活动，因此它意味着在不同的潜在支出目标之间作出选择。因此，可以将预算界定为：一国政府在一定时期内为达成政治、经济和社会目标，依据国家之施政方针，以国家整体资源与国民负担能力为评估基础，所预定的公共财政的收支计划，也即经过政治程序所为之的国家资源配置。

基本上，政府预算是一种多重面向的政府财务制度。在预算文件中，政府表达了其基本的价值偏好，所欲完成的各项政策、行政措施。政府预算作为政府治理的工具，是政府施政的蓝图。

2. 公共预算的功能

(1)为达到施政优先次序、目标及政策所从事的资源配置。预算反映各种势力争取政府资源的记载，记录着这场竞争中的胜负情况，通过社会公开的辩论和慎思的过程，试图将资源作“合理、公正”的分配。

(2)通过税收和借贷(公债)筹措预算财源。预算是为政府筹措财源的计划书。

(3)通过与货币政策的协同，以预算展现的财政政策稳定经济发展。国家可以通过预算所展现的财政政策与货币政策等工具来促进经济增长、抑制通货膨胀及提高就业率，预算充当了经济调节工具的作用。

(4)促使政府机关对预算资源使用达到效率、效能的运用责任。政府通过年度的预算程序及既定的预算制度，对于预算的使用状况给予定期的检查，通过绩效检讨，来追踪首长的行政责任，并进而对政府官僚体系给予适当的监督。

(5)控制支出的合法性、确实性并与政府决策相吻合。预算的原始功能即是支出的控制，使政府每一项的支出都符合法律、确实及诚实的要求。

(6)提供不同层级间资金转移的机制。中央政府给地方政府的资金转移(补助款)以支付其日常的运作，使地方政府能履行其应尽的职责，也可以达到均衡全国地方财政之目的。

(7)作为预算计划的社会和经济发展的工具。预算可作为政府中、长期社会和经济发展计划，而这些计划则需靠政府的预算支持方能落实。

(8)经由财政的监督权，驱使政府机关使其计划实施更具经济、效率和效能。预算亦注重对于计划、方案的实施，是否达到合理、公平的情况。亦即对于预算实施中及实施后，进行完整周全的监督和评估。

二、公共预算的原则

1. 传统强调民主政治监督的预算原则

(1)公开原则。即政府预算内容应公开，让所有国民皆能充分了解政府的收支状况、财务计划及施政内容。

(2)明确原则。政府预算的收入来源及支出用途、项目与分类皆应明确。

(3)事前决定原则。即政府预算应在年度开始前，经由议会审议通过。

(4)严密原则。预算应对各支出项目产生约束力，并力求与将来决算的一致。

(5)限定原则。预算的各个项目相互间应有明确的界限，禁止经费相互流用，同时限定须在同一年度支出。

(6)单一原则。国家的财政收支应纳入一个预算内作综合表示，不得另有独立的预算。

(7)完全原则。所有收入与支出完全列入预算中，亦即不得有任何预算外的收支，以维持国家财政的完整。

(8)不相属原则。任何财政收入与支出，不得有个别相属关系。

2. 提升行政绩效的预算原则

(1)计划原则。即政府所有预算皆应按照计划来编制，预算反映政府计划，两者具有密切关系。

(2)责任原则。行政首长对于预算的责任是使行政机关的计划符合立法部门所反映的民意，并以最低廉的成本来执行计划。

(3)根据报告原则。预算的编制、立法与执行，均应根据政府各机关的财务及业务报告，而非盲目地任意决定预算。

(4)具备适当权力原则。行政机关为有效执行预算，必须具备执行预算的权限及执行职权的必要人员。

(5)多元预算手续原则。政府预算的手续，可依行政活动、工作计划的不同而有差异，无须强求一致。

(6)自由裁量原则。对于政府各支出项目及内容，不宜制定得过分详细并限制留用，在不违反施政方针或目标的前提下，可授予各机关自由裁量的空间，以便更有效率地使用资源。

(7)预算时间弹性原则。为充分发挥预算的经济稳定功能，政府施政计划的实施及经费支出时期，可随总体经济状况作必要而有弹性的调整。

(8)预算机关关联原则。中央预算机关与各机关执掌预算及计划的部门，应相互保持充分联系、协调与合作的关系。

三、政府预算制度及其评估

1. 传统预算制度

(1)传统预算制度的特点

原则上是“量出为入”或“收支平衡”，内容上旨在将国家一切收支全部编入单一预算之内。

(2)传统预算制度的优点

人民的代表很容易了解国家财政的全貌，以便监督政府活动。

(3)传统预算制度的缺点

①预算科目的分类不能对年度政务活动提供正确的记录；

②支出按机关类别编列，并非按政府提供服务的性质，要具体计算政府某项服务的成本几乎不可能；

③各种费用不按性质区分，即对经常账目与资本账目不加区别，在政府经济活动扩张，对社会经济影响大时，该缺点十分严重；

④坚持预算平衡原则，而且以税收应付政府支出，但政府收入随经济循环变动，而政府支出在萧条时期需要大量增加，如果每年维持平衡，则经济不稳定程度就会增加。

2. 复式预算制度

(1)意义

①推动国家资本积累。复式预算的编制足以明确资本形成的资金来源，并了解公共资本的积蓄动向。

②便于考核与投资。经常性预算与资本预算的划分，使政府可以按轻重缓急，衡量经常支出与资本支出，便于考核经常支出，且以其结余资金用于投资。

③视经济情况发挥调节作用。复式预算使财政的运用不再受狭义的预算平衡观念的拘

束，对资本支出，可以按经济情况予以必要的调节。

④增强预算与发展计划的联系性。不发达国家制定长期经济发展计划时，复式预算能使每年的预算与该项长期计划保持密切而长期的联系。

(2)应注意的问题

①投资结构问题。资本预算固为动员资源、促进经济发展的工具，但可能出现尽量加强资本支出，而过分节省经常性支出，重视物资投资，而忽视教育、卫生方面的投资的情况。

②导致资本支出膨胀。资本预算固为资产或企业管理的工具，对公营企业较多的国家有利，然而如果尽以公债从事投资，而且税收收入供应经常性开支，势必形成资本支出过度膨胀。

③增加日后财政负担。资本预算的采用，对公共工程的举债投资，在前后期延续的使用者之间，可实现公平负担，但若政府所举办的公共工程有规则性，事实上并且必须依赖资本预算的采用，而且举债投资，则增加了以后的负担。

3. 绩效预算制度

(1)绩效预算制度的含义

绩效预算制度是指基于政府的职能、业务与计划进行预算编制的制度。预算制度的主要功能在于便于对公共部门的活动进行控制与评价，决定政府部门活动的适当性。

(2)绩效预算制度的编制步骤

①决定适当的计划种类；

②将计划分割成数个子计划；

③针对每一个子计划的细部活动进行评估，以确定所需经费；

④汇总所有经费资料编制预算。

(3)绩效预算制度的特征

①总体特点

a. 注重最后产出而非投入；

b. 强调各种产出或计划与所需投入之间的关系；

c. 尽量使计划包罗无遗，并关注于活动所具有的全部贡献及其发生的全部成本。

②优点

a. 寻求工作衡量单位，计划每一计划单位所耗成本，以决定各项工作是否值得实施；

b. 针对过去成果与现行计划比较，借以考核计划的成本变动情况；

c. 比较各机关同性质之活动所需的经费，以便考核行政管理效率，并提出改进意见；

d. 把企业成本观念引至政府，有助政府机关成本—效益分析。

③缺点

a. 着眼于管理上的经济效率，往往忽视了政府活动的政治性，尤其是政治回应性；

b. 未能建立成本会计制度与成本意识而难以采行；

c. 政府机关的活动，有时涉及无形成本、抽象成本，难以确立工作衡量的标准；

d. 强调单一年度预算与计划的配合，对组织未来目标的政策设计无法连贯；

e. 忽略国家资源的整体规划。

4. 设计计划预算制度

(1)设计计划预算制度的含义

设计计划预算制度是指审视一国长期的政策目标与机会，以及国家当前所达成之目标与可运用之资源，利用一切分析工具，评估各种公共计划书的成本与效益，协助国家最高当局拟定最佳决策，以利国家资源的合理分配的预算制度。

(2)设计计划预算制度的编制步骤

①规划政策目标。指将组织的长期目标予以明确的设定，并拟定达成此项目标的各种替代方案，分别评价并排列优先适用顺序。

②制定细目计划。就政策目标的设计，设定一个较为可行的预定期限，通常为五年，预计整个期间所需的投入与可能的产出，并作时间的分配。

③编列预算。针对前两个阶段做成的结果，筹措被采行计划所需的年度经费，并编列预算。

(3)设计计划预算制度的特征

①总体特点

a. 以运作化观点去分析计划的目标；

b. 分析一年和数年内政策计划的总成本；

c. 分析达成目标的不同方式，此可使用成本效益分析的方式进行；

d. 以比较方式去研究分析所有政府政策计划的成本与利益。

②优点

a. 融合设计、计划、预算三者为一体，注重设计功能的发挥。

b. 采用长程方法，预先设计数年间之政策成本与效益，详实考核。

c. 阐明国家目标，辨认何者为最迫切者，并确定达成目标之政策途径及其成本之计算，表示政府努力改善公共政策决定的决心。

d. 便于更好地运用政府资源，注重资源配置的效率，以最低成本最大效益的原则，寻求达成目标之各种交替方案，以避免国家资源的浪费，达到最适当计划的最佳报偿。

e. 使长期政策计划目标之设定与短期预算之编制形成有机的联系，提高总体资源配置的效率。

f. 利用成本效益分析的方法，对于具有决定性的重要因素，尽可能予以数量化，以建立具体的评估标准。

g. 明确确立政策目标，详细标明各种政策决定的过程，以符合政府预算公开负责的态度。

③缺点

a. 实际成本不易确定，尤其以间接成本为最，而共同成本亦难以精确推算，国防及外交政策等施政工作的效益不易确定。

b. 预算全由高层作重大决策，容易使决策者集权于中央政府。

c. 以明确目标和量化方法解决问题，容易导致政治冲突与对抗，特别是立法部门以及利益集团间难以调和。

d. 设计计划预算虽是“目标导向”的技术，但国家的目标有时是难以认定的，有时受国际政治与经济的影响，故难以评估。

5. 零基预算制度

(1)零基预算制度的含义

零基预算制度是指财政收支计划指标的确定只以新财政年度的实际需求为依据，而不考虑上一财政年度各项支出基数的一种预算编制制度。零基预算意味着各机关应致力于追求现行计划的效率和效能，同时亦应提升计划削减或裁并的可能性。零基预算与设计计划预算的最大差别在于前者重视计划的削减，后者则强调计划的发展。

(2)零基预算制度的主要程序

①划分决策单元。指确定预算之最低层级的组织或计划单位，而且每个单位皆有配置管理者负责该单元内的整体行政业务之运作。

②编拟决策包。指决策单元的主管人员针对决策单元所进行的目的与功能性年度评估。

③最高决策首长及立法委员根据决策包比较各决策单元之计划并排列计划的优先顺序。各决策主管人员至少需提供两项信息：a. 确切提出完成任务的各个方案之评估以及说明方案之所以被选择的原因；b. 主管人员必须明确指出经费的层次性：最低经费、维持现行运作所需经费、经费扩张的程度。

(3)零基预算制度的特征

①总体特点

a. 拟由预算的分配来评核政府方案的政治可预测性与行政效能是推行零基预算制度的前提。

b. 现有的计划和活动不是自动地预算拨付，而是由行政主管合理说明其继续存在而成为年度预算循环部分的理由。

c. 每种政府计划和活动应在新的会计年度归整于零，重新开始。

d. 重视计划的削减，要求各机关致力于追求现行计划的效率和效能，同时应提升计划削减或裁并的可能性。

②优点

a. 以零为预算编制的基础，不受往年预算金额的拘束，对新旧计划均须考虑，可避免传统预算累积加成与持续膨胀的弊端。

b. 一律以决策包的效益评估为基础，删除效益较低的计划，可使国家资源予以合理的配置。

c. 承袭设计计划预算的精神，仍有长程规划与整体资源合理配置的优点，但其以决策包取代设计计划预算制度的计划策定，更有利于利用主管人员专门知识与经验弥补系统分析人才的不足，且决策包由基层人员拟定，符合下情上达，注重基层沟通的民主精神。

d. 新旧计划均以同一基础评估，对新计划有激励作用，对无效率的旧计划予以删除，具有兴利除害、提高行政效率的效用。

e. 决策方案优先顺序的排列与分级，有助于预算分配的弹性，在预算执行期间如有新业务或应删除计划，亦以相同的步骤评估，不至于形成累计庞大会计剩余与不足的问题。

③缺点

a. 以零为基础编制预算，建制初期将会增加会计人员和各主管人员的工作负担；

b. 与设计计划预算相同，一些政务活动难以用数量化来衡量其效益；

c. 删除旧计划或裁减机关员额人数，容易增加人事上的困扰。

四、政府会计

1. 政府会计的含义

政府会计是指分析、记录、汇总、评估和说明政府机关的财政活动和财政状况的一种科学和艺术，也是那些对结果感兴趣的人交流信息的艺术。

2. 政府会计对于公共管理的意义

(1)政府会计能把可靠的、贴切的和及时的信息提供给决策者和行政官员，为其评估政府的行为和确定未来行动的方向提供了经济数据。

(2)政府会计是记录和预测政府活动成本及收益的工具，对于预算决策、执行是必不可少的条件。

(3)健康的政府会计能够保证公共资源被合理地使用。

3. 政府会计与企业会计的区别

(1)政府会计的组织目的不同，政府业务不是利润推动型的，其目标是以最少的费用提供最大的服务。

(2)政府会计受法律、法规的广泛影响。

(3)资金来源不同，各级政府可以通过税收、规费、罚没来强制性获取资金。

(4)会计制度方面不同。具体如下：

①在私人部门中，不使用各种“基金”或基金会计，而政府会计却需要这些基金。在私人部门，固定资产及折旧的管理是清楚的，固定资产必须作为财产记入平衡表，而且在预期寿命期间折旧。

②在政府部门中，固定资产和折旧根据基金的不同类型可以记入或者可以不记入平衡表。

4. 政府会计基本原则

美国政府会计基本原则如表9-1所示。

表9-1 美国政府会计基本原则

美国全国政府会计委员会会计原则	美国注册会计师协会重申的会计原则
①依法经营原则	①遵守法律的原则
②会计原则和法律规定之间的冲突	②预算和预算会计的原则
③预算和预算会计的原则	③基金会计原则
④基金会计原则	④长期负债原则
⑤基金类型原则	⑤固定资产会计原则
⑥基金编号原则	⑥会计基础原则
⑦基金帐号原则	⑦财政决算原则
⑧固定资产的估价原则	
⑨折旧原则	
⑩会计基础的原则	
⑪账户分类原则	
⑫统一术语和分类的原则	
⑬财务报告原则	

五、政府财务报告

1. 政府财务报告的含义

在整个公共预算和财务管理的过程中，财务报告是财务行政管理中的一个重要环节。公共部门以月报作为主管机关送交审计机关的主要依据，同时配合行政首长以及内部各级管理人员作为财务规划与控制的依据。政府每年度就财政收支计划实施结果而作的报告，即为决策报告，亦即预算执行的报告。无论是政府机关的月报还是年度决策报告，均可以称之为政府财务报告。

2. 政府财务报告的目的和功能

(1)政府财务报告的目的

包括：①作为衡量政府施政绩效的依据；②作为了解政府财务状况的判定标准；③作为分析工作业务成本的工具；④作为判断财务是否合法的依据。

(2)政府财务报告的功能

①承诺与职务。财务报告为上级单位或权责机关以及使用者提供一种保证，确认该组织在使用经费资源时确实遵照相关法令的规定与要求。

②责任和回溯报告。公共部门财务报告一方面可衡量施政管理之绩效，以作为组织与组织间，或者不同期公共部门执行者预算绩效之比较；另一方面亦可向外界提供有关该部门产品或服务之成本信息，以评估其资源使用之效率与效能。

③规划与授予信息。提供规划未来政策与行动的基础；同时也为未来即将委办的经费支出提出支持性的信息。

④生存能力。向外界证明组织的生存能力，并向社会说明其未来可以继续提供产品或服务。

⑤公共关系。为组织提供一个机会，向有影响力的使用者、员工和社会大众介绍施政绩效与成果。

⑥事实与数字的来源。提供给其他有兴趣想了解该组织的个人或团体有关财务上的资料来源。

3. 政府财务报告的质量要求

(1)及时性。财务报告须及时，防止其过时而失去其价值，以便充分利用。

(2)内容的公正性。财务报告所反映的事务都必须符合实际情况，以便人们准确了解有关财务运转的情况。

(3)适用性。提供的信息必须面向客户的要求。

(4)可信性。财务报告提供的信息是有依据的，并且反映的情况是有意义的。

(5)可比性。财务报告提供的信息应该便于比较以满足作出决策的需要。

(6)中立性。财务报告中的信息不应有故意的倾向性和偏见。

(7)物质性。财务报告应该包含物质的和质量的或数量的信息。

(8)连贯性。不同时期的会计方法和主要的会计基础不变，报告的财政数据应该从这样的账户中获得，它所反映的物质内容在不同时期都按不变的基础进行。

(9)内涵的丰富性。财务报告中的信息是可理解的、清楚的以及简明扼要的。

4. 政府财务报告的需求者

(1)民意代表。公共部门财务报告对于民意代表而言，是一份相当重要的信息资料。民意代表往往以政府的财务报告为依据，来评估和监督政府政策的效果或经费支出的情况。

(2)选民或纳税人。全民有权利通过财务报告了解他们所授权的政府提供哪些施政措施与服务。纳税人也有权利从政府的财务报告中，了解他们所纳的税金的使用情况，是否符合纳税人的利益与需要，是否符合法定的预算等。

(3)顾客。使用公共部门所提供的服务的顾客有时也希望了解政府今年将提供何种服务及未来的展望。

(4)公务员。有些公共部门的公务员会比较关心本身的就业保障与工资调整，因而也会试图从政府财务报告中，了解一些情况，预测和评估经费的增减是否会影响到本身的权益。

(5)消费者与供给者。与国营企业或政府机关有生意往来的民间厂商，可能是公共部门产品的消费者，也可能是供给者，他们可从政府的财务报告中了解公共部门的资金能力或产品供应的情况。

(6)政府机关。许多政府机构也许想知道其他公共部门组织的财务情况，以从中了解其业务范围及政策走向。

(7)市场竞争者。公营企业在自由竞争市场中，可能必须面对其他民间企业的竞争，为了掌握有关的商机或信息，这些竞争者自然对公营企业的财务报表感兴趣。

(8)管制者。政府部门的管制单位对于管辖下的公共部门组织的财务报告亦有直接的兴趣，以从中了解该组织的资金运用是否合理恰当，是否符合有关的规定。

(9)捐赠者。国立大学或研究机构接受了外界的捐赠多会主动提交年度财务报告给捐赠者，以示尊重，并接受其监督。

(10)其他关心的团体。诸如环保集团相当关注环境保护的主管机关在经费使用及资金分配上的情形。另外，研究政府预算的学者自然也十分关心政府的决算报告并注意收集这方面的资料。

六、政府采购管理

1. 政府采购管理的必要性

政府提供人民公共财货与服务，同时它也是许多财货与服务的消费者，政府每年需向民间采购大批的物资与货品，其中包括消费性与耐久性的商品，因此采购是政府内部一项重要的事务，采购影响到政府各部门功能的发挥。采购因涉及利益的输送，亦经常造成流弊与公务人员的贪污行为，所以对于采购事务应做好有效的管理。

2. 政府采购管理准则

(1)透明。采购作业应公开，不能私下进行，避免有利益输送之嫌。

(2)一贯性。采购方式、流程与政策应前后一致，不得朝令夕改。

(3)公众的信任。采购作业应做到赢得人民的信心，即以公开诚信原则进行，无贪污不法之行为。

(4)公平对待厂商。对于所有符合提供产品条件的厂商皆一视同仁，不得厚此薄彼，图利特定厂商。

(5)提升经济与最大化购买价值。购买应以最低成本(最经济的)方式取得财货，即让经费的使用获得最大化购买价值。

(6)促进竞争。政府应通过向不同厂商的购买来促进市场的竞争，而非造成厂商市场独占力量的增加。

(7)监督保证品质与无瑕疵。采购管理的基本原则之一，即在确保所购买之财货品质的完整无瑕疵，以符合公务需要及减少损失风险的发生。

3. 政府采购的方式

(1)分散采购

①优点：高度专业部门可自主决定采购决策，以其专业知识分辨采购物品的品质，亦可配合其业务需要适时进行采购。

②缺点：a. 不易产生标准化采购作业指导；b. 采购决策可能与预算财务制度不合；c. 采购财货与劳务缺乏内部控制。

(2)集中采购

①优点：a. 节省采购成本，建立有效率的采购制度；b. 减少各部门个别采购可能造成的不当行为。

②缺点：各部门需配合采购部门之进度而调整业务。

③对负责集中采购的部门人员的要求：a. 熟悉供给来源；b. 了解定价与市场特征；c. 了解组织法令限制；d. 对审查与执行采购政策负责；e. 与销售厂商或承包厂商互动；f. 在投标过程中代表组织。

(3)联合采购

联合采购是指各机关联合起来共同采购，其目的在于节约采购成本。

①优点：a. 可采购到较低价格的产品；b. 品质管制较个别机关为佳；c. 对厂商有较多的选择。

②缺点：a. 参与的机关将需放弃部分弹性；b. 参与的机关可能需配合联合采购的时间而改变其操作方式；c. 将原由机关控制的品质管理移至其他地方；d. 增加运输成本。

4. 采购制度、方法与决策

(1)采购制度之基本要素

包括：①订定组织内部采购之各方面责任；②采购财货与劳务的方法；③规格说明书的格式；④销售厂商与承包商之规定；⑤行为道德标准；⑥内部控制；⑦存货管理。

(2)采购方法

①竞标。当市场上有许多潜在的供应商时，竞标可以获得最低廉的价格，以节约采购成本。采行竞标的方式，应公告、公开拟采购的产品需求，让所有有兴趣的供应商皆可参与。对于参与竞标厂商所提出的采购计划书需作一定的规格要求，同时机关亦应事先决定一定的底标。

②比价。它可以允许厂商所提之计划书更具弹性，同时也可以不进行公告，而由采购机关选择适当的投标人进行比价。这种方式一般是因为金额较小或因为采购机关对于提案有足够资讯作比较判断。

③议价。议价一般是发生于只有少数符合条件的供应商或服务提供者的情况，政府机关商请其提出议价案，机关可以公开或不公开方式进行。对于议价提案可以经过机关与供应商之间的协商予以修正。议价的对象经常是属于需专业性服务的厂商。

④非竞争性协商。非竞争性协商出现的情况是市场上只有一个供应商，没有选择与竞争的机会，只有采取与唯一供应商谈判协商的方式，决定采购金额与数量。

(3)采购决策

采购方法的选择要求：

①政府机关本身应订定一套一致的透明的采购政策，并对所有厂商一视同仁，防止偏好特定厂商或采用特定采购方式。

②明确政府与厂商的权利与义务。具体指：

a. 政府应让厂商了解机关有权拒绝所有投标；

b. 政府机关可要求厂商对其得标所提之价格维持一段合理时间，以避免厂商得标后短期内任意提高价格；

c. 政府有对投标厂商的能力、信用、售后服务、过去记录等事先了解的责任；

d. 厂商有义务不让政府机关造成负债；

e. 厂商有义务对于机关的特定要求作出正确反应。

5. 采购人员的伦理

(1)避免利益结合。采购人员与厂商之间应避免有非公务的个人情谊或亲戚关系，以防止利益的结合。

(2)行为公开。任何与采购有关之公务行为皆应公开，不得有私下行为。

(3)不得接受酬金。采购人员不得接受厂商以对其所提供之服务为由的酬金。

(4)不得接受好处费。任何公务员皆不得接受厂商的好处费，进行采购案件的游说。

(5)利益回避。离职卸任之采购人员不得接受担任与以往职务相关的厂商之聘任，避免利用以往之关系进行活动。

七、政府财务审计

1. 政府审计的范围

(1)财务管理审计和合法性审计

审计是审查文件、记录、报告、内部管理系统、会计和财务程序以及另一些证据的过程。其要求有：

①政府的财务报表所提出的东西是公正的；

②政府的财务往来是适当的、合法的；

③数字是准确的；

④所有财务往来都作了适当的记录；

⑤经营政府财务管理的公务人员是称职的。

(2)效率性和经济性的审计

其主要关注政府的支出是否符合经济和效率的原则，是否达到了最大化的结果。这类审计的范围包括：

①需要完成或提供商品或服务的数量；

②成本核算或支出的合理性；

③资金保管和使用的合理性；

④资金来源的合理性；

⑤收费商品或劳务收入的合理性等。

(3)计划绩效审计

计划绩效审计包括检查和判断政府计划和行动的预期结果和效益是否达到，以及立法或行政机关确立的目标是否适当。这种审计工作包括判断下列方面：

①对预期结果产生负面影响的管理薄弱环节；

②对可能更有效或成本更低的达成目标的途径进行选择；

③外部的效益或损失，也就是当初确定计划时没有预计到的效益或损失。

2. 政府审计的类型

(1)事前审计和事后审计

①事前审计

事前审计是在财务往来发生前的审查，主要审查其是否合法。事前审计是日常管理检查和管理深度、细节修改的必要部分，但缺点是：耗费大，繁琐，容易削弱被审计部门的责任性以及造成单位内部之间的摩擦。

②事后审计

事后审计是在会计期终了时对财务往来的审查。它能履行政府审计中的所有审计范围。

(2) 内部审计和外部审计

①内部审计

内部审计是指履行审查的审计者是政府行政部门的成员，其目的是通过提供信息、分析、评价和发表与管理职责及目标有关的意见，以加强管理，以便达到组织的目标。

内部审计的优点：

a. 可以以公正的、贴切的信息为基础，提出建设性的意见，以帮助组织解决管理中的许多问题；

b. 可以及时发现和提供组织的现存问题，有助于组织及时解决和排除管理上的故障；

c. 对于那些职责划分不经济或缺乏效率的组织，内部审计可以起到有效控制的功效；

d. 内部审计可促进组织间更好的信息交流，有助于高层管理者把注意力集中到对既定政策或程序的修改、解释和完善上。

②外部审计

与内部审计相反，外部审计是指由外部机构（如会计师事务所）选派的审计人员对政府财务报表及其反映的财务状况进行独立的评估。

3. 政府审计的程序

(1) 调查阶段

调查阶段是初步获得信息和检查工作的过程，以便于分清问题和掌握审查所必需的详细资料。调查阶段的主要工作包括：①了解审查单位的制度；②学习法规；③初步审查。

(2) 审查阶段

审查阶段要求审查或评价特殊的单位活动或在必要的限度内实现指定的或契约规定的目标的经营情况。按照指定的或契约规定的审计范围，查验该单位的经营和行政程序及实际做法、会计制度、报表、内部审计和下列几个或所有方面促进内部管理控制效果的制度因素：

①支出、收益、收入和资产的效率控制；

②合理说明资金和财政业务往来；

③正确、可信及有用资料的形成及报告；

④符合适用法律、规定和决定的要求；

⑤经营效率；

⑥财力和人力的有效使用；

⑦预期计划和活动目标的成果。

(3) 报告阶段

①报告对象

报告阶段要求将审计结果让有关单位和人员了解。需要了解报告内容的单位或人员主要包括：a. 需要了解审查报告内容的有关立法部门或行政部门和以此为活动依据的单位职员；b. 投资者；c. 一般公众。

②报告内容

审计报告的内容至少包括三个部分：a. 审查范围；b. 调查事实的情况报告或财务报表；c. 审计者的观点或建议。

9.2 课后习题详解

一、概念题

1. 公共预算

答：公共预算是指经过政治程序进行的国家资源配置活动。它表现为一国政府在一定时期内为达成政治、经济和社会目标，依据国家之施政方针，以国家整体资源与国民负担能力为评估基础，所预定的公共财政的收支计划，一般包括公共收入预算和公共支出预算两个部分。政府预算是一种多重面向的政府财务制度。在预算文件中，政府表达了其基本的价值偏好，所欲完成的各项政策、行政措施。政府预算作为政府治理的工具，是政府施政的蓝图。公共预算的主要功能在于对公共部门活动的控制与评价，决定政府部门活动的适当性。作为政府的基本财政计划，公共预算反映着国家的财政收支状况，反映国家的施政方针和社会经济政策，规定政府活动的范围和方向。

2. 复式预算

答：复式预算是指在预算年度内将各类财政资金按经济性质的不同，分别在两个或两个以上的计划表格中加以反映和计算的预算编制方式，通常分为经费预算和资本预算。复式预算的意义有：①推动国家资本积累；②便于考核与投资；③视经济情况发挥调节作用；④增强预算与发展计划的联系性。但复式预算也可能会导致投资结构失衡、资本支出过度膨胀、增加日后财政负担等问题。

3. 绩效预算制度

答：绩效预算制度是基于政府的职能、业务与计划进行预算编制的制度。绩效预算的目的在于便利政府在会计年度内，完成各项工作计划与列举的具体建议，其编制是以政府应做的工作或应提供的服务事项为基础，并总汇表示每一工作与服务的事项所需的成本。

依绩效预算，政府机关绩效预算的编制，采取下列步骤：①决定适当的计划种类；②将计划分割成数个子计划；③针对每一个子计划的细部活动进行评估，以确定所需经费；④汇总所有经费资料编制预算。

绩效预算制度的优点在于：①使计划与预算合一；②使成本与工作对照比较；③使效率与考核相关联。其缺点在于：①忽视政府活动的政治性，尤其是政治回应性；②未能建立成本会计制度与成本意识；③难以确立工作衡量的标准；④对组织之未来目标政策设计无法连贯；⑤对国家资源的整体规划比较忽略。

4. 设计计划预算制度

答：设计计划预算制度是指通过规划把编制计划和预算工作结合起来进行管理的一种预算制度，具体来说，即审视一国长期的政策目标与机会，以及国家当前所达成之目标与可运用之资源，利用一切分析工具，评估各种公共计划书的成本与效益，协助国家最高当局拟定最佳决策，以利国家资源的合理分配的预算制度。这一制度以设计为中心，以分析为手段，以提高行政效率为目标。设计计划预算的编制主要采取以下步骤：①规划政策目标；②制定细目计划；③预算的编列。

5. 零基预算制度

答：零基预算制度是指财政收支计划指标的确定只以新财政年度的实际需求为依据，而不考虑上一财政年度各项支出基数的一种预算。零基预算意味着各机关应致力于追求现行计划的效率和效能，同时亦应提升计划削减或裁并的可能性。零基预算制度的主要程序为：

①划分决策单元；②编拟决策包；③最高决策首长及立法委员根据决策包比较各决策单元之计划并排列计划的优先顺序。

6. 政府会计

答：政府会计是指分析、记录、汇总、评估和说明政府机关的财政活动和财政状况的一门科学和艺术，也是那些对结果感兴趣的人交流信息的艺术。政府会计对于公共管理的意义在于：①政府会计能把可靠的、贴切的和及时的信息提供给决策者和行政官员，为其评估政府的行为和确定未来行动的方向提供了经济数据；②政府会计是记录和预测政府活动成本及收益的工具，对于预算决策、执行是必不可少的条件；③健康的政府会计能够保证公共资源被合理地使用。为了保证建立有效的政府会计，许多国家都建立了严格的政府会计制度、程序和准则。

7. 政府财务报告

答：参见本章复习笔记相关内容。

8. 审计

答：审计是指为了查明有关经济活动和经济现象的认定与所制定标准之间的一致程度，而客观地收集和评估证据，并将结果传递给有利害关系的使用者的系统过程。按审计活动执行主体的性质分类，审计可分为政府审计、独立审计和内部审计三种。

9. 绩效审计

答：绩效审计是指在政府审计过程中，检查和判断政府计划和行动的预期结果和效益是否达到，以及立法或行政机关确立的目标是否适当的工作。绩效审计判断的内容包括：对预期结果产生负面影响的管理薄弱环节；对可能更有效或成本更低的达成目标的途径进行选择；外部的效益或损失，也就是当初确定计划时没有预计到的效益或损失。绩效审计必须围绕经济性、效率性和效益性这三个要素进行。

10. 政府采购

答：参见本章复习笔记相关内容。

二、思考题

1. 公共预算的性质和作用为何?

答：参见本章复习笔记相关内容。

2. 政府预算的原则是什么?

答：参见本章复习笔记相关内容。

3. 试说明不同政府预算制度的特点及优缺点。

答：参见本章复习笔记相关内容。

4. 政府财务报告的目的和作用是什么?

答：参见本章复习笔记相关内容。

5. 政府采购的原则是什么?

答：参见本章复习笔记相关内容。

6. 政府采购有哪些主要方式，其优缺点是什么?

答：参见本章复习笔记相关内容。

7. 政府采购的主要方法是什么?

答：参见本章复习笔记相关内容。

8．理解政府审计的性质、作用和类型。

答：政府审计是指国家审计机关根据国家的法律、制度、规定，依照一定的程序和方法，对政府机关、国家金融机构和企事业单位的财务行为、经济活动，进行检查、审核等监督活动。其性质、作用和类型具体分析如下：

（1）政府审计的性质

政府审计具有法定性、强制性，其目的是对依法应当接受审计的财政收支、财务收支的真实、合法和效益进行审计监督，维护国家财政经济秩序，提高财政资金使用效益，促进廉政建设，保障国民经济和社会健康发展。

（2）政府审计的作用

在政府预算以及财务管理当中，审计发挥着相当重要的作用，主要包括以下几个方面：

①政府审计对财务行政起监督作用，并促进财政监督的实施。我国宪法规定："审计机关对国务院各部门和地方各级政府的财政收支，对国家的财政金融机构和企业事业组织的财务收支，进行审计监督。"

②政府审计对财务行政活动符合有关政策、制度规定起保证作用。通过政府审计，监督各地区、部门和单位对党和国家的方针政策的实施，审查财务行政活动的范围和方向是否正确，检查财政制度和财经纪律是否健全、完善。

③政府审计对财务行政活动的合理性与合法性起保证作用。通过政府审计，对财务行政的合理性与合法性进行监督审查，揭发、纠正、制止和防止财务行政活动中的各种错误和弊端，保护国家财产。

④政府审计有助于提高财务行政的效益。通过政府审计，审查财务行政活动的效益大小，发现问题，改进管理，促进中央和地方各级政府及行政单位提高财政收支效益，促进各级政府高效率地实施行政管理职能。

（3）政府审计的类型

政府审计可以按不同的标准划分为不同的种类，主要有：

①事前审计和事后审计

a．事前审计。指在财务往来发生前的审查，主要审查其是否合法。事前审计是日常管理检查和管理深度、细节修改的必要部分，但缺点是：耗费大，繁琐，容易削弱被审计部门的责任性以及造成单位内部之间的摩擦。

b．事后审计。指在会计期终了时对财务往来的审查。它能履行政府审计中的所有审计范围。

②内部审计和外部审计

a．内部审计。指履行审查的审计者是政府行政部门的成员的审计活动，其目的是通过提供信息、分析、评价和发表与管理职责及目标有关的意见，以加强管理，以便达到组织的目标。

内部审计的好处是：首先，可以以公正的、贴切的信息为基础，提出建设性的意见，以帮助组织解决管理中的许多问题；其次，可以及时发现和提供组织的现存问题，有助于组织及时解决和排除管理上的故障；再次，对于那些职责划分不经济或缺乏效率的组织，可以起到有效控制的功效；最后，可促进组织间更好的信息交流，有助于高层管理者把注意力集中到对既定政策或程序的修改、解释和完善上。

b．外部审计。与内部审计相反，外部审计是由外部机构（如会计师事务所）选派的审计人员对政府财务报表及其反映的财务状况进行独立的评估。为了检查财务报表及其反映的资产与负债的账面情况与政府真实情况是否相符，外部审计人员需要抽查政府的基本财务记录，以验证其真实性和准确性，并分析这些记录是否符合公认的会计准则和记账程序。

9.3　考研真题详解

一、判断题

1. 我国的政府审计机构审计署，经人大产生，受人大监督，并向人大负责。（中财2006年研）

答：这种说法是不正确的，具体分析如下：

我国的政府审计机构审计署，经本级人民政府设立，受上级审计机构和本级人民政府监督，并向上级审计机构和本级人民政府负责。

(1)国家审计署是国务院所属部委级的国家机关，是我国最高审计机关，它具有双重法律地位：一方面，它是国务院的组成部门，要接受国务院的领导和指示，依照和执行国务院的行政法规、决定和命令；另一方面，它又有自己的职责范围，对自己所管辖的事项，以独立的行政主体从事活动，并承担由此而产生的责任。

(2)地方审计机关，是指省、自治区、直辖市、设区的市、自治州、县、自治县、不设区的市、市辖区人民政府设立的审计组织，负责本行政区域内的审计工作。地方审计机关也是根据宪法、审计法有关条文规定设立的，同样也具有法律地位。我国地方审计机关实行双重领导，对本级人民政府和上一级审计机关负责并报告工作，审计业务以上级审计机关领导为主。

2. 公共预算的最终目标是提高财政资金的配置效率，是将稀缺资源有效率地配置去实现公共利益，增进人民福利。（四川大学2012年研）

答：该命题是错误的，混淆了公共预算多个目标间的关系。

(1)公共预算的目标包括：总额控制、配置效率、运作效率和财政问责。

(2)公共预算的最终目标是财政问责。它是公共预算应承担的受托责任，是指政府的财政活动应履行其对公民和社会的承诺，真正做到"取之于民，用之于民"。

二、概念题

1. 公共预算（东财2017年研）

答：公共预算是指经过政治程序进行的国家资源配置活动。它表现为一国政府在一定时期内为达成政治、经济和社会目标，依据国家之施政方针，以国家整体资源与国民负担能力为评估基础，所预定的公共财政的收支计划，一般包括公共收入预算和公共支出预算两个部分。政府预算是一种多重面向的政府财务制度。在预算文件中，政府表达了其基本的价值偏好，所欲完成的各项政策、行政措施。政府预算作为政府治理的工具，是政府施政的蓝图。公共预算的主要功能在于对公共部门活动的控制与评价，决定政府部门活动的适当性。作为政府的基本财政计划，公共预算反映国家的财政收支状况，反映国家的施政方针和社会经济政策，规定政府活动的范围和方向。

2. 公共财政（厦门大学2013年研）

答：公共财政是指在市场经济条件下，为满足社会公共需要而进行的政府收支活动模式或财政运行机制模式。它是国家以社会和经济管理者的身份从市场上取得收入，并将这些收入用于政府的公共活动支出，为社会提供公共产品和公共服务，以充分保证国家机器正常运转，保障国家安全，维护社会秩序，实现经济社会的协调发展的活动。

3. 政府预算(中财 2008 年研)

答：政府预算是指政府为实现其职能，通过法律形式确定的筹集和利用资金的计划。它是立法控制财政的手段和政府会计的基础，也是处理其他财政问题的依据，因而是财务行政的关键和中心内容。

政府预算的内容包括：①预算收支的种类、数量及收支性质和作用；②各级政府处理财政收支问题时的关系；③执行和实现收支计划的法定程序、具体措施和规章制度。

4. 绩效预算(中央民大 2010 年研)

相关试题：绩效预算与新绩效预算(南京大学 2017 年研)

答：参见本章课后习题概念题第 3 题答案。

5. 绩效审计(中央民大 2013 年研)

答：参见本章课后习题概念题第 9 题答案。

6. 政府采购(行政许可)(东财 2013 年研；中央民大 2011 年研)

答：参见本章复习笔记相关内容。

三、简答题

1. 简述公共预算的性质和功能。(人大 2010 年研)

答：参见本章复习笔记相关内容。

2. 提高行政绩效的预算原则有哪些？(人大 2012 年研)

答：基于预算的经济稳定、资源配置及行政管理等功能，现代的预算原则不应再局限于民主政治与监督控制而已，政府行政责任与行政职能的加强更为重要，美国前预算局局长史密斯所倡议的新预算原则有下列八项：

(1)计划原则。即政府所有预算皆应按照计划来编制，预算反映政府计划，两者具有密切关系。

(2)责任原则。行政首长对于预算的责任是使行政机关的计划符合立法部门所反映的民意，并以最低廉的成本来执行计划。

(3)根据报告原则。预算的编制、立法与执行，均应根据政府各机关的财务及业务报告，而非盲目地任意决定预算。

(4)具备适当权力原则。行政机关为有效执行预算，必须具备执行预算的权限及执行职权的必要人员。

(5)多元预算手续原则。政府预算的手续，可依行政活动、工作计划的不同而有差异，无需强求一致。

(6)自由裁量原则。对于政府各支出项目及内容，不宜过分详订并限制留用，在不违反施政方针或目标的前提下，可授予各机关自由裁量的空间，俾更有效率地使用资源。

(7)预算时间弹性原则。为充分发挥预算的经济稳定功能，政府施政计划的实施及经费支出时期，可随总体经济状况作必要而有弹性的调整，例如多年期大规模公共建设的资本性支出，即有其时间弹性的必要。

(8)预算机关关联原则。中央预算机关与各机关执掌预算及计划的部门，应相互保持充分联系、协调与合作的关系。

3. 简述政府预算编制的原则。(人大 2015 年研)

相关试题：我国政府预算编制的原则是什么？(中财 2009 年研)

答：预算编制是预算过程的第一步，是指各部门在财政部门的指导下进行收入和支出测算，编制本部门预算，再由财政部门汇总编制政府预算草案的过程。预算审批是指同级人大审查批准政府预算，赋予其合法性的过程。政府预算的编制必须遵循一定的基本原则。现阶段，按照构建社会主义和谐社会和建立完善公共财政体制的要求，我国政府预算编制的原则主要有：

(1)合法性原则

政府预算的编制要符合《中华人民共和国预算法》和国家其他法律、法规的要求，充分体现党和国家的方针政策。

(2)真实性原则

部门预算收支的预测必须以国家社会经济发展计划和履行部门职能的需要为依据，对每一收支项目的数字指标都应认真测算，力求各项收支数据真实准确。

(3)完整性原则

部门预算编制要体现综合预算的思想。各种预算外资金要严格执行"收支两条线"管理，应将所有收入和支出全部纳入部门预算，改变预算内外资金"两张皮"的状况，取消收支挂钩的预算核定方法，对单位的预算内、外各项财政资金和其他收入，统一管理，统筹安排，统一编制综合财政预算。

(4)科学性原则

部门预算编制要具有科学性，主要体现在：

①预算收入的预测和安排预算支出的方向要科学，要与国民经济社会发展状况相适应，要有利于促进国民经济协调健康、可持续发展。

②预算编制的程序设置要科学，合理安排预算编制每个阶段的时间，既要有充裕的时间保证预算编制的质量，又要注重提高预算编制的效率。

③预算编制的方法要科学，测算的过程要有理有据。

④预算的核定要科学，基本支出预算定额要依照科学的方法制定，项目支出预算编制中要对项目进行遴选，按轻重缓急排序，科学合理地选择项目。

(5)稳妥性原则

部门预算的编制要做到稳妥可靠，量入为出，收支平衡，不得编制赤字预算。收入预算要留有余地，没有把握的收入项目和数额，不要列入预算，以免收入不能实现时，造成收小于支；预算要先保证基本工资、离退休费和日常办公经费等基本支出，以免预算执行过程中不断调整预算。项目预算的编制要量力而行，有多少钱办多少事。

(6)重点性原则

部门预算编制要做到合理安排各项资金，本着"一要吃饭，二要建设"的方针，在兼顾一般的同时，优先保证重点支出。根据重点性原则，要先保证基本支出，后安排项目支出；先重点、急需项目，后一般项目。基本支出是维持部门正常运转所必需的开支，因此要优先安排预算，不能留有缺口；项目支出根据财力情况，按轻重缓急，优先安排党中央、国务院交办的事项，以及符合国民经济和社会发展计划、符合国家财政宏观调控和产业政策的项目。

(7)透明性原则

部门预算要体现公开、透明的原则。对于单位的经常性支出，要通过建立科学的定员定额体系，以实现预算分配的标准化。

(8)绩效性原则

部门预算应建立绩效考评制度，对预算的执行过程和完成结果实行全面的追踪问效，不断提高预算资金的使用效益。中央部门和财政部要将项目完成情况和绩效考评结果分别记入中央部门项目库和财政部项目库，并作为财政部以后年度审批立项的参考依据，以强化对部门预算资金使用过程的监督和使用效益的考核分析，促使预算资金的安排由“重分配”向“雷管弹”转变。

总之，政府预算只有在遵循预算原则的基础上，才能使我国政府预算更加科学、更加合理，从而使得预算真正发挥其应有的作用。完善的预算原则只是成功预算的第一步，只有在预算过程中很好地对原则加以遵守，预算原则才能真正地发挥作用。

4. 政府财务审计的范围及类型。（中央民大 2012 年研）

答： 参见本章复习笔记相关内容。

四、论述题

请详细论述我国政府部门预算编制的主要方法，以及当前我国政府预算执行存在的主要问题。（电子科大 2014 年研）

相关试题：我国预算执行存在的主要问题有哪些？（华南理工 2017 年研）

答：（1）我国政府部门预算编制的主要方法

预算编制过程即资金分配过程。目前，部门预算支出主要包括：人员支出、公用支出和项目支出，每部分支出采用不同的方法编制。具体包括：

①人员支出和公用支出：定额管理。人员支出和公用支出合成为基本支出。定员定额是编制基本支出的基本方法。定员是指根据行政事业单位的工作性质和业务量确定的机构人员的编制数，定额是指各部门履行职能及开展业务工作所需的各项基本费用支出（包括人员和公用经费）的人均额度标准。即：人员经费或公用经费 = 定额 × 定员。

②项目支出。项目支出是部门预算的重要组成部分，是指部门为完成特定的工作任务或事业发展目标，在基本支出预算之外编制的年度项目支出计划。中央部门的项目按照部门预算编报要求分为国务院已研究确定项目、经常性专项业务费项目、跨年度支出项目和其他项目四类。

③绩效评价。中央部门的预算支出绩效考评由财政部负责统一制定绩效考评的规章制度，指导、监督、检查中央部门的绩效考评工作，中央部门负责组织实施本部门的绩效考评工作。对于中央部门而言，绩效考评的对象主要是那些社会效益比较明显的项目，既包括重大项目，也包括一般项目。同时，地方政府也陆续开展了绩效预算改革或支出绩效考评的试点。

（2）我国预算执行存在的主要问题

①执行进度偏慢，导致大量的预算结转。近几年来，中央预算执行一直存在执行偏慢的问题，总体上呈现一种“前慢后快”的特点。这一问题在中央层面和地方预算执行中，都相当普遍。财政支出进度偏慢，一方面会降低财政资金运行效率和使用效益，造成财政资金的闲置、浪费、效益低下以及大量资金的结转，冲击下年预算；另一方面会使得国家的方针、政策不能得到及时有效的落实。

②收支过程中仍然存在违规行为。主要表现在：

a. 违规拨付和支付财政资金，如将预算内资金支付到与本单位无拨款关系的单位；将预算内资金转拨到原来的实拨资金账户；无预算、超预算拨款等。

b. 截留、挪用财政资金，如截留应拨财政资金，挪作他用；挪用行政事业费，弥补行政经费、支付基建工程款、增加职工福利；对外借出财政资金；以预算调整为借口，挪用财政资金；滞留应当下拨的财政资金等。

c．在基本支出中，常见的违规行为包括：无预算的支出；擅自扩大支出范围以提高开支标准；未经批准随意调整基本支出预算；虚列支出套取财政资金等。

d．在项目支出中，常见的违规行为包括：挪用项目资金用于基本支出；对达到政府采购标准的商品和服务支出不执行政府采购程序；对应纳入招标投标的工程项目直接规定工程承包商或施工单位等。

③预算变更的随意性仍然比较大。从我国目前情况看，一些地方和部门部分资金的分配和使用脱离预算管理，预算约束力还不够强，预算调剂的随意性问题仍然比较突出。各国对预算追加都实行严格的审批程序，预算追加必须经立法机构审查批准方可生效。我国目前的预算追加，尤其是年底进行预算追加比较频繁，而且资金量大。最近这些年，我国预算执行年年出现巨额超收收入。但是，由于对预算超收收入的使用管理监督不严，导致大量超收收入随意用于安排支出，导致大量年底预算追加进而结转，同时也助长了各种违规行为的滋生。

第10章　信息资源管理与电子化政府

10.1　复习笔记

【知识框架】

- 信息资源管理与电子化政府
  - 信息与公共管理
    - 信息的本质
      - 信息的含义
      - 信息的特性
      - 决定信息价值的因素
    - 信息技术与信息价值的扩展
    - 公共管理与信息
    - 政府信息管理的范围
  - 公共管理信息系统
    - 管理信息系统及其应用
      - 管理信息系统的含义
      - 管理信息系统的作用
    - 管理信息系统的发展
      - 第一阶段：集中数据处理
      - 第二阶段：面向管理的数据处理
      - 第三阶段：分布式终端用户计算
      - 第四阶段：交互网络
    - 管理信息系统的建立
      - 分析阶段
      - 整合阶段
      - 建制阶段
    - 关于公共管理信息系统
      - 公共管理信息系统的由来
      - 公共管理信息系统的特质
  - 公共管理决策支持系统
    - 决策支持系统的性质
      - 决策支持系统的含义
      - 决策支持系统的性质
    - 决策支持系统的主要框架
      - 语言系统
      - 知识系统
      - 问题处理系统
    - 决策支持系统的建立
  - 电子化政府
    - 电子化政府概述
      - 电子化政府的含义
      - 电子化政府的特质
      - 电子化政府发展的阶段
      - 电子化政府的主要范围
    - 电子化政府：国际的经验与特点
      - 世界电子化政府的发展轨迹
      - 目前电子化政府的特点
    - 中国电子化政府：发展、问题与前景
      - 主要问题
      - 发展方向

【重点难点归纳】

一、信息与公共管理

1. 信息的本质

(1)信息的含义

信息是指已经整理并有用的数据，信息不同于数据，数据就是事实、未经评价的情报或信息的原始资料。一切信息都是由数据组成的，但并非一切数据都能产生消除不确定性而导致较深理解的、专用的、有意义的信息。

(2)信息的特性

①信息永远不因使用而消耗；

②信息可以被许多人同时拥有；

③想防止某些人免费拥有部分信息或获得信息都是非常困难的；

④信息对一个具体使用者的价值只有在其公开后才会确定；

⑤信息不会因经常性使用而枯竭；

⑥信息的技术测量单位，如节、包，对消费者来说没有意义。

(3)决定信息价值的因素

①准确性。指正确的信息和一段时期内可以产生的信息总量之比。

②时效性。信息的本质之一，或者一种信息与其他信息相区别的特性就在于时效性。

③相关性。相关性是指需要知道的信息能指导行动或提供新的知识和理解力。

④完整性。虽然获得了准确、及时、相关的信息，但可能由于信息的不完整而导致决策的失败。

⑤可获得性。信息的使用者所需要的信息必须是可获得的，信息的使用者必须检视其所需要的信息。

⑥效率。信息也是资源，它与别的资源一样，不能免费使用，取得这一资源所付出的费用，必须与它可能创造的价值相比较。

⑦信息的等级。信息的价值同样也会与信息的抽象等级结构有关。信息的数量和完整性是随着信息价值和主观性的增长而下降，信息的等级越高，其价值越大，而信息的等级是随着信息使用者的主观性，也就是对信息的融合程度而变化的。

2. 信息技术与信息价值的扩展

现代信息技术的发展极大地改变了信息的价值。现代信息技术作用于信息并提高其价值的方式、途径有：

(1)信息技术的运用使信息加工的速度大大加快。

(2)信息技术的运用可以把更多的信息源和信息用户连接起来，从而使信息更加丰富、更加完整，对更多的事实、更多的细节以更快的速度获得，无疑会成为组织竞争优势的一个基础。

(3)信息技术的广泛运用，能够极大地促进人类的知识交流。信息技术实现的网络组织形式已经显示了其强大的潜在优势。

(4)信息技术的运用，促进了信息的共享程度，而信息的共享程度则极大地扩展了信息的价值。

(5)信息技术的广泛使用，从整体上可能改变组织，因为它改变一个组织用于解释信息和处理信息的能力，从而促使组织成为一个学习型的组织。

3. 公共管理与信息

在信息时代，公共管理者必须思考这样一些基本的问题：

(1)如何应用现代信息技术快速处理大量信息的能力，以简化行政管理，缩短行政作业时间。

(2)如何应用现代信息技术快速处理大量信息的能力，发挥知识的效用，提高决策的理性程度。

(3)如何应用现代信息技术快速处理大量信息的能力，以协助决策者进行问题分析、方案创造、结果判断与风险管理。

(4)如何应用现代信息技术，提高政府的服务品质。

(5)如何应用信息技术和加强组织的竞争优势，促使组织结构合理化。

(6)如何应用信息科技来改善公共服务的生产力。

(7)如何应用信息技术来加强与公民的互动关系。

4. 政府信息管理的范围

根据学者卡尔森和欧佛门(Garson and Overman)的看法，公共管理者在信息管理方面的工作，主要包括四大类活动：

(1)信息系统管理。包括系统设计、与决策者的界面、资料输入的处理与分析、资料库管理。

(2)电脑应用。包括资料处理、软体发展、硬体购置与管理、电脑辅助指导、信息收集系统、文字处理、决策辅助系统。

(3)平面文件信息系统。包括档案管理、文献管理、图书馆行政、印刷与复印、微软片与档案服务、语音与视听服务。

(4)表格管理与记录安全。包括安全规范与系统、记录存放。

二、公共管理信息系统

1. 管理信息系统及其应用

(1)管理信息系统的含义

管理信息系统是指为管理层有效履行管理功能的需要，所提供信息的系统。它是由资料收集、分析、选择、存储、处理及传播等步骤构成的整个过程与体系。

(2)管理信息系统的作用

①可协助机关决策人员或管理者作决策的能力。经由管理信息系统的运作，可使决策者及管理人员在决策前能充分估计和预测决策后的可能影响，决策后可迅速了解决策执行的情况及其结果，从而可增进其决策的能力。

②可节省机关决策人员或管理者决策的时间、成本及精力。

③可使管理人员便于推动例外管理。经由回馈系统，管理人员可以迅速获知计划执行的重大差异、问题及例外事项。

④可充分发挥管理功能。经由管理信息系统的运作，可充分对决策环境的各项因素作全面详细的评估，以了解和掌握环境因素对组织运作的可能影响。

⑤可使组织原有的信息系统更为有效。由于任何一个组织原来均有某种形态的信息系统存在，而在以电子计算机为主要工具的管理信息系统中，当然更能提供非人力所能有效处理的信息，由此更能使决策、执行及管制等各项活动的品质得到相对提高。

2. 管理信息系统的发展

(1)第一阶段：集中数据处理(1954—1965)。集中处理的标志是批处理，即数据都储存起来再集中处理。

(2)第二阶段：面向管理的数据处理(1965—1980)。信息系统被专门设计成能帮助不同职能部门的管理者作出更好的决策。建立了分离的信息系统部门，远程终端也引入到系统。

(3)第三阶段：分布式终端用户计算(1980—1985)。集中式的数据处理迅速被分布式系统所取代，即部分的或全部的计算机逻辑功能是在中央主机之外实现。管理者变成了终端用户，不得不面对计算机技术和它提高的东西。

(4)第四阶段：交互网络(1990—)。管理者的计算机可以与其他计算机进行通信联系，可以将自己的计算机变成一个终端来进入大型计算机系统，可以共享外面数据库的数据。

3. 管理信息系统的建立

(1)分析阶段

管理信息系统的建制是以管理功能的发挥为着眼点，只有在对管理功能进行充分分析的基础上，才能构建出管理信息系统的基本模式。一般而言，分析的方法主要有：

①可行性分析。可行性分析主要是探讨电脑能否提供足够的利益，是否值得行政机关去做进一步的系统研究。可行性分析必须考虑技术、经济、作业三方面的因素。

②系统分析。系统分析的重点是：a. 确认组织发展的基本目标；b. 根据组织目标建立系统的个别目标，并详细制定其优先顺序；c. 根据既定的优先顺序，作出每一应用系统的输出、输入系统规格。

(2)整合阶段

整合阶段就是将前面管理工作分析与评估所得，组合为一个整体。主要包括系统设计与资源评估两项工作。

①系统设计。指针对电脑信息处理科技的能力，将管理工作系统融入其间，以透过电脑系统的设计与流程安排发挥最快的速度和最大的效果。

②资源评估。指对信息系统所需配备的设备、设备的维修、人力成本、物力成本的效益评估。

(3)建制阶段

建制阶段是指将整合好的系统一步步地建立起来。这一阶段的工作主要包括实际的程序设计和整体绩效的评估。

4. 关于公共管理信息系统

(1)公共管理信息系统的由来

在过去的20多年中，信息与通信技术对公共部门的管理造成了革命性的影响。针对政府部门的管理信息系统，1986年美国雪城大学的波兹曼与布莱特施纳德将管理信息系统(MIS)运用到公共部门，提出了公共管理信息系统(PMIS)的概念。

(2)公共管理信息系统的特质

①经济权威。公共部门因独占行政服务以及公权力，且评估公共组织的经济效率相当困难，因此，经济效率分析不过是众多评估PMIS的重要指标之一。

②政治权威。政治循环以及法规限制影响PMTS的长远规划，且PMIS的设计规划，必须考虑政府各部门之间的互动及互依性，并尽可能与外在环境(公民)需求相结合。

③人事系统。因为PMIS将造成组织冲击，受法律保障的公务员可能拒绝学习新的工作法则，且缺乏足够的诱因留才、用才。

④工作环境。实行PMIS可能改变公共管理的日常工作习惯，且涉及改变组织结构，因此必须有较长的测试和发展时间。

三、公共管理决策支持系统

1. 决策支持系统的性质

(1)决策支持系统的含义

决策支持系统是指利用电子计算机系统处理的信息，以支持决策者针对“非结构化”问题制定决策与执行决策的一套体系。

(2)决策支持系统的性质

①能够支持非结构化的决策

决策支持系统可以将此类半结构化或非结构化的决策分析过程予以结构化，以帮助决策人员作出较适当的决策。

②能够支持整个决策过程

从收集资料、界定问题、拟订方案、比较方案、选择方案，乃至方案实施后的评估等整个决策过程，皆可由决策支持系统加以支持。

③对环境的变化具有弹性、适应力及迅速回应的能力

决策支持系统所掌握的信息，必须随着组织环境的变化，随时随地予以更新修正。对于决策分析准则与模式的应用，也应随着问题的不同而具有改变或修正的能力。同时，必须能快速地回应环境的变化，以争取时效。

④能够提供充分的弹性使决策者可表达主观的认定

⑤能够提供决策者使用“假如……，如何”权变关系的功能

决策者常常需要不断地询问“假如……，如何”的问题，以切实了解各项方案的可能前因与后果，然后评估比较其利弊优劣，再作最后的抉择。而决策支持系统便具有此种功能和特性。

⑥容易使用

决策支持系统必须具备容易使用的特点，以方便非电脑专业人员以交谈的方式使用，同时，应具备以对话形式查询所要求信息的能力。

2. 决策支持系统的主要框架

(1)语言系统

语言系统是指使用者(运用决策支持系统的决策者)个人与电脑系统间相互沟通的媒介系统，通常系指使用者输入电脑系统所使用之程序、指令及陈述，或是电脑系统输出的信号、陈述，通过这些联系人与电脑的沟通语言，决策者才能与电脑进行互动，而这些则关系着决策支持系统的实用性和效果。

(2)知识系统

知识系统是决策支持系统的最重要的组成部分，知识系统的内容应涵盖所有可供决策者参考的大量信息，使决策者能从中获得解决问题的有效知识。知识系统由两部分构成：

①资料库。资料库所储存的是大量的“问题领域”，包括：了解某特定问题的线路、建立模式的方法、选取模式的组合及模式的修正规则、限制条件与相关资料的来源。

②资料库管理系统。它的功能是将资料库中大量的信息与问题领域有系统地组织起来，使用者可以通过它寻找、增删、修正某特定问题及其相关的信息。

(3)问题处理系统

决策支持系统功能的发挥主要取决于问题处理系统，问题处理系统扮演着部分人脑分析、推理和综合的功能，是“语言系统”和“知识系统”之间的一座桥梁。问题处理系统通过语言系统来了解决策者的需要及问题描述，以此作为决策的前提，并从相关的问题领域抽取出恰当的知识信息，以供决策者参考与判断。所以，问题处理系统担负信息的选取、因果模式的建立、决策问题的界定与分析等重要工作。

3. 决策支持系统的建立

(1)进行可行性分析与研究

决策支持系统的推动者应与高层管理人员面谈，以了解组织是否需要建立一套决策支持系统，并进行可行性分析与研究。具体的研究内容包括有关电脑硬体及软体、系统模式、语言及资料库等。

(2)发展适合建立决策支持系统的环境

决策支持系统的推动者负责研究和选择某些能够迅速简易应用于决策支持系统的硬体设备和软体程序，并研究组织整体资料的来源及现状，成立相关的推动单位等。

(3)选定试行决策支持系统的单位

在组织全面建立决策支持系统之前，应选定某一单位试行。

(4)全面建立决策支持系统

根据试行单位的实施情况，进行全面的评估与检讨，并进行必要的修正与调整，然后在整个组织中全面地推动和建立决策支持系统。

四、电子化政府

1. 电子化政府概述

(1)电子化政府的含义

电子化政府是指政府为适应信息时代的发展而采用的一种新型的信息化管理形态，即政府有效利用现代信息和通信技术，通过不同的信息服务设施(如电话、网络、公用电脑站等)，对政府机关、企业、社会组织和公民，在其更方便的时间、地点及方式下，提供自动化的信息及其他服务，从而建构一个有回应力、有效率、负责任、具有更高服务品质的政府。

(2)电子化政府的特质

①倡导科技领先。政府要有效运用现代信息技术，并将其整合到政府管理中去，从而实现政府管理的目标。

②政府信息的公开和可获得性。政府信息化，意味着政府信息的公开化，政府有责任和义务以更便利的方式，以更易理解的语言，让民众能够容易地获得政府的信息，从而创造更高的附加值。

③政府与民众之间的互动机制。政府信息化的目的在于建立起政府机关、企业与民众之间的互动机制，经此互动机制，公民可以获得政府的信息与服务，而政府亦可了解民众的合理需求，从而促使政府更有回应力和责任感。

④更有效率。政府信息化的目标之一，在于通过信息化的过程，改变传统的政府组织形式，使行政程序简单化、统一化，政府业务电脑化、网络化，从而提高政府的效率。

(3)电子化政府发展的阶段

①产生期。政府部门网页开始零星出现在网络上，网页提供的内容相当有限，且大多为静态与基本的资料。

②增强期。网站的内容开始定期更新，同时，政府的各种出版品与法规陆续上网。

③互动期。民众可从网站下载各种申请表格，上网查询重要资料库。提交各种申请表或登录资料等。

④交易期。民众可通过网络与政府进行各种业务招标、报税、线上付款等金融与财务交易的活动，在此阶段，政府网络系统的安全机制与各项交易法规已经相当完备。

⑤完全整合期。借由一个完整的界面，政府提供全面电子化的功能与服务，民众利用政府服务达到完全无障碍的境界。

(4)电子化政府应用的主要范围

①政府对人民：以民众需求为中心，为民众提供质量俱佳的网上申办服务；

②政府对企业：以企业需求为中心，运用网上服务协助企业发展；

③政府对政府：各政府部门通过跨机构的资料分享与业务合作，增进网上政府的效能与效率，为全体公民、企业及各政府单位提供高附加值的、整合式的电子服务。

2. 电子化政府：国际的经验与特点

(1)世界主要国家电子化政府的发展轨迹

①政府利用网络提供线上的信息服务；

②利用网络双向即时的特点，为社会各界提供快速、便捷的沟通互动服务；

③将政府服务上网，向民众提供简单的或者复杂的整合性的线上预约、证明申请核发、网上申办、电子支付等交易服务；

④电子化政府终将因信息科技的推动引发组织结构、行政流程、服务方式、人员技能、行政文化等方面的变革与创新，进而促进政府转型。

(2)目前电子化政府发展的特点

①清晰明确的愿景。先进国家在电子化政府发展过程中，均确立了明确的愿景作为电子化政府发展的指导方向与坐标。

②以公民为中心。电子化政府以公民为中心，提供以民为本的服务。

③顾客关系的管理。引入顾客关系管理，将民众的需求与企业的需求分门别类，并在适应的领域中发展适当的服务项目；深入了解使用者的行为，不断提升政府服务的品质和绩效；提供和定制个性化的服务以及服务提供的方式。

④单一窗口服务。单一窗口是近年来电子政府推动的重点。对民众而言，透过单一窗口，可以容易、快速地获得信息与服务；对政府而言，顾客导向、提高效率、节约成本的目标也易于实现。

⑤创新科技的应用。电子化政府所涉及的最重要的信息技术与应用环境包括：发展PKI(公开金钥匙基础建设)基础框架；发展可攜式的文件；应用符合国际发展趋势的技术标准；建立单一窗口的政府信息化服务；建立便于信息交换的信息标准；建立整合的信息系统环境等。

⑥重视安全与隐私。近年来，许多国家正在推动资料加密、数位签章以认证机构为基础的“公开金钥匙基础建设”，以作为电子化政府以及电子商务的安全机制。

⑦缩短数字鸿沟。电子化政府所提供的服务是普遍化的服务，而不是针对特定群体的服务，因此，普及政府服务，缩短数字鸿沟是各国推动电子化政府的一个重要特点。

⑧促进知识经济的发展。知识经济是以数位化、去密集化、全球化、整合化、个性化、即时性为基本特征的，而这恰恰也是电子化政府的特征所在。

⑨迈向知识管理和知识型政府。知识管理的内涵可用下列公式表示：即 $K=(P+I)S$，其中“K”表示知识，“P”指人，“I”指信息，“S”指分享。这一公式说明知识的积累，必须透过科技将人与信息充分结合，而在分享的组织文化下达到更佳的效果。

⑩新型行政文化的形塑。以政府为本位转变到以公民为本位，强调公民中心和顾客中心；以控制为导向转变为以服务为导向，强调高价值、高满意、迅速、简单、正确、整合的

服务；从政府信息的垄断、限制和封锁到信息的公开化和透明化，强调信息的共享和公民的"知情权"；从专家精英的管理到民主参与的管理，重视问题的公开，意见的表达和决策的参与等。

3. 中国电子化政府：发展、问题与前景

(1) 中国电子化政府的发展的主要问题

①认识上的不足和理论上的滞后

我国更多的将政府信息化视为一个技术问题，未能体认到它是一个涉及在信息社会的政府治理形态的变革问题，因而在实践中，盲目追求技术上的先进，重视硬件的建设和发展，而忽视了政府自身的改革问题。

②政府信息化缺乏明确而强有力的领导

在我国，目前缺乏统一的领导和协调，因而导致各自为政、相互割裂、各行其是，甚至于将其变成了企业性行为。这些都极不利于政府信息化事业统一、协调、健康、稳定的发展。

③政府信息化缺乏明确的愿景和发展方向

对于政府信息化而言，确立一个恰当的、可行的以及可能的战略和目标是十分重要的，但迄今为止，中国政府的信息化缺乏明确的发展战略。

④政府信息公开及政府信息的低度使用问题

从中国目前的情况来看，社会对政府信息的需求与政府的信息供给存在着巨大的差距。有很多信息无论就理论上还是实际利益衡量上，都未能公开，造成政府资源取得上的困难；政府信息公开没有成为一种制度；公民缺乏整合性的获取政府信息的途径，我国政府掌握了80%以上的信息，但因信息公开问题，许多信息得不到利用，从而导致信息资源的浪费。

⑤政府信息化基础结构薄弱

中国政府信息化的基础结构是比较薄弱的，政府信息资源开发、利用的相关技术不足；网络基础设施不够完备；许多政府部门和公共服务机关都没有自己的内部网。即使从现有的政府网来看，在技术上也存在着网络传输速度差、可靠性程度差的缺陷，至于互动性则更差。

⑥政府信息化缺乏基本的法律和制度保障

从目前来看，政府信息化的法制工作发展较为缓慢，主要表现在：保障政府信息化的基本法律缺乏，如政府信息公开法、政府信息资源管理法；原有的一些法律已不能适应信息化时代的要求，如著作权法、专利法、刑法等。

⑦政府信息化与政府服务和管理的整合问题

从我国的情况来看，虽然有一部分政府部门已经开始试图将二者整合起来，但从总体上来看，政府信息化与政府业务、政府服务存在着分离和脱节。

⑧政府信息化与政府改革的整合问题

我国从1998年开始了新一轮的政府改革，但如何有效利用信息技术作为政府再造的工具仍是一个空白和缺失，在一定程度上忽略了政府技术层面的变革对观念、结构层面变革的积极作用。

⑨政府信息化过程中的信息安全问题。信息安全问题仍存在着如下问题：

a. 一些政府部门和人员的信息安全观念和意识较差；

b. 立法滞后，缺乏信息安全法；

c. 没有政府信息系统的统一的安全标准；

d. 信息安全的关键技术和产品研究开发不适应形势的发展；

e. 信息安全的管理制度（如机构、人员、规范等）有待健全和加强。

（2）中国电子化政府的发展方向

①明确中国政府信息化的愿景和目标

中国政府信息化的愿景在于：在政府管理领域，普遍有效地利用现代信息和通信技术，建立一个有效率的、有反应力的、开放的和服务导向的政府。中国政府信息化的目标可定位在以下几个方面：

a. 促进政府信息的公开、流通以及普及应用；

b. 支持政府政策制定和科学决策，以提高政府的政策规划和决策能力；

c. 提升政府对公民的服务水平和服务质量；

d. 促进政府改革，提高政府效率。

②发展公用电子资料库，推进其加值利用

政府信息化的一个重要目标就是，政府所拥有的信息资源能够实现高度的共享，从而实现公共信息资源的加值利用。为此，发展公用资料库并促使其加值利用便成为中国政府信息化的基础工作之一。

③制定涉及政府信息公开的法律制度

政府信息公开具有十分重大的意义，建议国家着手研究、制定政府信息公开以及其他相关的法律制度。

④推动政府信息和通信网络的发展

考虑到政府信息化涉及政治、经济、国家安全等重要问题，有必要考虑建立电子化政府，推动政府信息化的通信网络的基础结构，以作为政府信息交换及资源共享的平台。

⑤推动和发展政府业务的电子化，提升行政服务的水准

政府信息化或电子化政府的基础在于政府业务的电子化，即改变传统的政府机关的办事方式和手段。

⑥建立健全政府信息化组织和协调运作机制

从中国的实际情况出发，建立健全政府信息化组织已成为一个需要认真解决的问题。因此建议：

a. 国家设立政府信息化运作的议事协调机构，负责统一领导、规划、协调全国政府信息化的工作。

b. 各部、委、办局设立法制化的信息单位；地方政府亦设立承担政府信息化职能的机构。考虑到政府机构改革及人员精简，政府信息化部门的设置可以不增加员额而从现有的机构或人力资源中调用。研究与探索政府信息化实施的新机制。

⑦强化信息安全管理

政府机关必须加强政府信息的安全管理工作，以确保国家、组织及人民的权益。

⑧加强公务员现代信息和通信技术的教育与培训

适应政府信息化发展的需要，每一位公务员除了必须具备基本的电脑操作以及应用能力处理政府公务以为民众服务之外，也要适应信息时代的到来，依其专业性质和业务需要，具备较高的信息网络应用的相关能力，这样才能成为一个符合信息时代要求的公务人员。

10.2 课后习题详解

一、概念题

1. 信息

答：信息是指已经整理并有用的数据。信息不同于数据，一切信息虽然都是由数据组成，但并非一切数据都能产生消除不确定性而导致较深理解的、专用的、有意义的信息。信息的价值取决于信息减少不确定性的能力。决定信息的价值的因素包括：信息的准确性、时效性、相关性、完整性、可获得性、效率和信息的等级。

2. 信息管理系统

答：信息管理系统是指为管理层有效履行管理功能提供信息的系统，是由资料收集、分析、选择、存贮、处理及传播等步骤构成的整个过程与体系。信息管理系统的发展始终与信息技术和通信技术的发展相关联，大致经历了四个时期，即集中数据处理、面向管理的数据处理、分布式终端用户计算、交互网络四个时期。信息管理系统的建立大致可以分为分析、整合、建制三个阶段。信息管理系统的作用在于：①增进机关决策人员或管理者作决策的能力；②节省机关决策人员或管理者决策的时间、成本及精力；③使管理人员便于推动例外管理；④充分发挥管理功能；⑤使组织原有的信息系统更为有效。

3. 决策支持系统

答：决策支持系统是指利用电子计算机系统处理的信息，以支持决策者针对"非结构化"问题制定决策与执行决策的一套体系，英文简称DSS。决策支持系统基本结构主要由四个部分组成，即数据部分、模型部分、推理部分和人机交互部分。其特性在于：①能够支持非结构化的决策；②能够支持从收集资料到方案评估的整个决策过程；③对环境的变化具有弹性、适应力及迅速回应的能力；④能够提供充分的弹性使决策者可表达主观的认定；⑤能够提供决策者使用"假如……如何"权变关系的功能；⑥容易使用。决策支持系统为决策者提供分析问题、建立模型、模拟决策过程和方案的环境，调用各种信息资源和分析工具，帮助决策者提高决策水平和质量。

4. 电子化政府

答：参见本章考研真题概念题第2题答案。

二、思考题

1. 信息管理在公共管理中有何重要作用？

答：成功的信息管理对于公共部门来说是绝对需要的和不可缺少的。信息管理在公共管理中有重要的作用，主要体现在以下几个方面：

(1)增进公共部门的决策能力

只有使信息及时、准确地得到处理并传输给决策者，决策者才有准确的信息，从而作出正确的决策。信息管理可以实现对信息迅速高效的处理。更快的速度意味着在给定的时间里可以在更深层次上探求更多决策选择方案，从而更快地得到一个给定选择的方案，从而使管理者能够在同样的时间里做更多的工作，或者以更少的时间完成相同的工作。

(2)增强公共部门的应对能力

及时有效的信息管理便于公共部门对于社会中潜在的问题提前预防，及时对突发情况作出反应，及时处理危机，避免更大的损失，从而维护社会的稳定。

(3)保证公共管理的稳定性

通过信息管理的回馈系统，公共部门可以及时发现公共管理活动的失误和问题，及时纠正政策执行中的变差，确保政府活动的方向，从而提高政府的管理能力，确保管理的稳定性。

(4)节省公共管理活动的成本

信息管理是以先进的信息技术为依托的。信息技术能够高效率地处理大量信息，将政府中各个次级系统的资料加以集中管理，通过共同的资料流程达到经济、迅速、有效使用信息的目的，从而大大地节省了政府开支。

2. 信息技术对公共管理有哪些主要的影响？它是如何促进公共管理的变革的？

答：(1)信息技术对公共管理产生的主要影响

①公共管理环境的优化。公共管理的发展和公共组织的变革，常常由环境的变化而引起。信息技术的发展，使公共管理环境发生了剧烈的变迁，从而引起公共管理系统的深刻变革。

②公共管理价值观的重塑。信息技术的发展为公民、尤其是普通民众参与政治决策和公共管理活动提供了有利的条件和机遇。信息的开放和透明度的增强，使公民对政治和公共管理事务的了解日渐增多，对传统公共管理的核心价值观发出挑战，取而代之的是公平正义与公共管理效率并重，这是信息社会公共管理发展的大势所趋。

③公共管理技术的创新。随着信息技术的发展，人类对信息的提取、传递、储存和处理以令人难以置信的速度提高。公共管理部门可以通过信息网络充分占有决策信息，整合社会利益要求。信息技术的发展使公共管理处于一种网络组织的状态，公共管理决策者和执行者能够更好地与普通民众沟通。

(2)信息技术促进公共管理变革的方式

①公共管理组织结构的扁平化与网络化。信息社会的公共管理组织结构，将对现有的金字塔型和科层制组织结构进行重造，并积极创造新型的组织。扁平的公共管理组织结构强调信息共享，重视横向的联系、沟通与协作，支持与目标联系；重视权力分散、自我管理和民主管理，强调人力资源的开发。扁平的公共管理组织结构适应信息技术的应用，适应动荡的、多变的和复杂的环境，适应多元化和个性化的需求。

②公共管理权力结构分散化。在信息技术革命的冲击下，传统的控制型权力结构分崩离析，被分散化的权力结构所替代。公共管理权力的分散与下移、决策权与执行权分离，有利于公共管理系统机动灵活地应付多元化、复杂化的公共管理环境与公共管理需求。此外，就公共管理民主化的实质而言，公共管理权力来源于人民，公共管理权力的扩散，有利于还权于人民，让人民直接参与公共事务的管理，这正是公共管理民主化所追求的终极目标。

③公共管理决策结构的交互式发展。在信息社会，公众通过信息网络可以对高层的公共管理决策直接发表意见，公共管理部门之间也可以加强联系。网络也可将各部门的决策情况列在一起，让公众进行选择从而形成交互式的公共管理决策机制。同时，信息技术的发展为公共管理决策的科学化与民主化奠定了坚实的物质基础与制度支持。

④公共管理主体的虚拟化。在信息社会，信息网络使公共管理行为的范围几乎不受限制，它把人的交往空间扩展到整个地球和结成网络的群体之间。在虚拟社区里，人们可以直接参政议政，民主的气氛更为浓厚，民主变得更为直接、更为真实。

3. 信息时代对公共管理提出了哪些挑战？

答：信息时代对公共管理提出的挑战表现在以下几个方面：

(1)如何应用现代信息技术快速处理大量信息的能力，以简化行政管理，缩短行政作业时间。

(2)如何应用现代信息技术快速处理大量信息的能力，发挥知识的效用，提高决策的理性程度。

(3)如何应用现代信息技术快速处理大量信息的能力，以协助决策者进行问题分析、方案创造、结果判断与风险管理。

(4)如何应用现代信息技术，提高政府的服务品质。

(5)如何应用信息技术，加强组织的竞争优势，促使组织结构合理化。

(6)如何应用信息科技来改善公共服务的生产力。

(7)如何应用信息技术来加强与公民的互动关系。

4. 政府信息管理有哪些主要的活动?

答：政府信息管理工作就其范围来讲，是极其广泛的。根据学者卡尔森和欧佛门(Garson and Overman)的看法，公共管理者在信息管理方面的工作，包括表10-1所示的四大类活动：信息系统管理、电脑应用、平面文件信息系统、表格管理与记录安全。

表 10-1

大项活动	细目活动
A. 信息系统管理	①系统设计 ②与决策者的界面 ③资料输入的处理与分析 ④资料库管理
B. 电脑应用	①资料处理 ②软体发展 ③硬体购置与管理 ④电脑辅助指导 ⑤信息收集系统 ⑥文字处理 ⑦决策辅助系统
C. 平面文件信息系统	①档案管理 ②文献管理 ③图书馆行政 ④印刷与复印 ⑤微软片与档案服务 ⑥语音与视听服务
D. 表格管理与记录安全	①安全规范与系统 ②记录存放

5. 公共管理信息系统的性质和作用为何?

答：(1)公共管理信息系统的性质

①经济权威。公共部门因独占行政服务以及公权力，且评估公共组织的经济效率相当困难，因此，经济效率分析不过是众多评估PMIS的重要指标之一。

②政治权威。政治循环以及法规限制影响PMTS的长远规划，且PMIS的设计规划，必须考虑政府各部门之间的互动及互依性，并尽可能与外在环境(公民)需求相结合。

③人事系统。因为PMIS将造成组织冲击，受法律保障的公务员可能拒绝学习新的工作法则，且缺乏足够的诱因留才、用才。

④工作环境。实行 PMIS 可能改变公共管理的日常工作习惯，且涉及到改变组织结构，因此必须有较长的测试和发展时间。

(2)公共管理信息系统的作用

①可增进机关决策人员或管理者作决策的能力。经由管理信息系统的运作，可使决策者及管理人员在决策前能充分估计和预测决策后的可能影响，决策后可迅速了解决策执行的情况及其结果，从而可增进其决策的能力。

②可节省机关决策人员或管理者决策的时间、成本及精力。由于管理信息系统是运用管理科学和电脑科学发展出来的有效工具，该工具是由软体运用与硬体操作系统结合而建立起来的一套整体系统，将各个次级系统的资料加以集中管理，通过共同的资料流程达到经济、迅速、有效使用信息的目的，从而大大地节省了决策的时间、成本和精力。

③可使管理人员便于推动例外管理。经由回馈系统，管理人员可以迅速获知计划执行的重大差异、问题及例外事项。

④可充分发挥管理功能。经由管理信息系统的运作，可充分对决策环境的各项因素作全面详细的评估，以了解和掌握环境因素对组织运作的可能影响。

⑤可使组织原有的信息系统更为有效。由于任何一个组织原来均有某种形态的信息系统存在，而在以电子计算机为主要工具的管理信息系统中，当然更能提供非人力所能有效处理的信息，由此更能使决策、执行及管制等各项活动的品质得到相对提高。

6．何谓决策支持系统，其构成为何？

答：参见本章复习笔记相关内容。

7．你是如何理解电子化政府的？电子化政府有何意义？

答：(1)电子化政府的含义

电子化政府是指政府有效利用现代信息和通信技术，通过不同的信息服务设施(如电话、网络、公用电脑站等)，对政府机关、企业、社会组织和公民，在其更方便的时间、地点及方式下，提供自动化的信息及其他服务，从而建构一个有回应力、有效率、负责任、具有更高服务品质的政府。电子化政府的意涵是随着信息技术的发展和在政府管理中的应用程度而不断变化和扩展的。

(2)电子化政府的意义

①提高政府的决策理性和公共政策的品质。政府信息化，可使政府运用所获取和掌握的国家政治、经济、社会发展诸领域的准确的、可靠的信息，以制定正确的决策，做出理性的判断及采取必要的行动，进而提升政府决策和公共政策的水准和质量。

②促进信息流通利用和平等共享。在信息社会中，信息就是力量和财富。政府是最大的信息收集者—信息源，若能充分利用此资源，实现政府信息流通和共享，必有助于国家的整体发展。

③提高政府的反应能力和社会回应力，扩大公民的参与。

④促进政府重组，节约行政成本，提高政府效率。政府信息化，必将对政府组织结构和运作方式发生变革和冲击；政府信息化，促使政府的程序和办事流程更加简明、畅通；政府信息化，节约了人力、物力和财力资源；政府信息化，提高了政府机关的办事效率，凡此种种，均对政府效率的提高起着重大的推动作用。

⑤公开政府信息，实现开放政府。信息公开是民主政治的基础，也是开放政府的根本。

8. 在国际上，电子化政府的发展有何经验？

答：电子化政府是各国的政府再造运动中一个引人注目的策略。根据国际上发展电子化政府的实践来看，其经验可以概括为以下几个方面：

(1)明确发展电子化政府的愿景和目标

各国在发展电子化政府的过程中，均制定了明确的目标和计划。电子化政府的核心是通过信息技术改革政府，从而实现一个开放的、有回应力的、负责任的和有效率的政府。从这个意义上讲，电子化只是一个工具或手段而已。

(2)制定涉及政府信息公开的法律制度

世界各国大都依据本国国情研究、制定了政府信息公开以及其他相关的法律制度。对政府信息公开的原则、公开的标的、公开的方式、请求人、适用机关、例外条款、请求公开的处理程序、信息获取的费用以及救济制度作出明确的界定。

(3)推动政府信息和通信网络的发展

电子化政府的物质基础是政府的信息和通信的基础结构，它包括电缆线、光纤以及其他传送信息的设施或工具。发展电子化政府必须以推动通信网络的基础结构建设作为支持。

(4)推动和发展政府业务的电子化，提升行政服务的水准

发展电子化政府的基础在于政府业务的电子化，即改变传统的政府机关的办事方式和手段。从各国经验来看行政业务的电子化过程不只是单纯地增加硬件、软件设备，更需从政府组织的全面性来了解信息技术的需求、组织目标与管理模式、未来发展方向等，进行整体性、合理性的规划，力求突破现有的运作方式，以更经济、更有效的方法取得政府运作所需要的技术能力以及人力，促进政府信息的流通及整合，提高行政效率与效能。

(5)建立健全专职机构以组织和协调发展电子化政府运作的机制

各国在发展电子化政府时均设立政府电子化运作的议事协调机构，负责统一领导、规划、协调全国政府电子化的工作。

(6)强化信息安全管理

电子环境中的安全是政府必须立即重视的问题，信息安全是信息服务能否健全发展的先决条件。

(7)加强公务员现代信息和通讯技术的教育和培训

从一定程度上来讲，公务员的信息素质以及应用能力的高低是发展电子化政府的关键。为适应发展电子化政府的需要，公务员除了要具备基本的电脑操作应用能力，以便于处理政府公务、为民众服务之外，也依其专业性质和业务需要，具备较高的信息网络应用的相关能力。

9. 中国电子化政府发展目前出现的主要问题是什么？

答：参见本章复习笔记相关内容。

10.3 考研真题详解

一、概念题

1. 电子政务(中央民大2019年研；华中农大2010年研)

答：电子政务是指各级政府机构的政务处理电子化，包括内部核心政务电子化、信息公布与发布电子化、信息传递与交换电子化、公众服务电子化等。电子政务，实质上就是政府机构应用现代信息和通信技术，将管理和服务通过网络技术进行集成，在网络上实现政府组

织结构和工作流程的优化重组，超越时间、空间与部门分隔的限制，全方位地向社会提供优质、规范、透明、符合国际水准的管理和服务。电子政务这个定义包含三个方面的信息：

(1)电子政务必须借助于电子信息和数字网络技术，离不开信息基础设施和相关软件技术的发展。

(2)电子政务处理的是与政权有关的公开事务，除了包括政府机关的行政事务以外，还包括立法、司法部门以及其他一些公共组织的管理事务等。

(3)电子政务并不是简单地将传统的政府管理事务原封不动地搬到网络上，而是要对其进行组织结构的重组和业务流程的再造。电子政务与传统政务之间有着显著的区别。

2. 电子化政府(南航 2018 年研；大连理工 2018 年研；对外经贸 2013 年研；中央民大 2011 年研)

答：电子化政府是指政府为适应信息时代的发展而采用的一种新型的信息化管理形态，即政府有效利用现代信息和通信技术，通过不同的信息服务设施(如电话、网络、公用电脑站等)，对政府机关、企业、社会组织和公民，在其更方便的时间、地点及方式下，提供自动化的信息及其他服务，从而建构一个有回应力、有效率、负责任、具有更高服务品质的政府。电子化政府的特质为：倡导科技领先；政府信息的公开和可获得性；政府与民众之间的互动机制；更有效率。电子化政府的核心是通过信息技术改革政府，从而实现一个开放的、有回应力的、负责任的和有效率的政府。从这个意义上讲，电子化只是一个工具或手段而已。

二、简答题

1. 电子政务与传统政务的区别。(山东大学 2013 年研)

答：传统政务与电子政务区别主要有：

(1)办公手段方面

信息资源的数字化和信息交换的网络化是电子政务与传统政务最显著的区别。传统政务办公模式依赖于纸质文件作为信息传递的介质，办公手段落后，效率低。人们到政府部门办事，要到各管辖部门的所在地，如果涉及到不同的部门，更是费时费力。

(2)业务流程方面

实现行政业务流程的集约化。标准化和高效化是电子政务的核心，是与传统政务的重要区别。传统政务的机构设置是管理层次多，决策与执行层之间信息沟通的速度较慢，费用较多，信息失真率较高，往往使行政意志在执行与贯彻的过程中发生不同程度的偏离，从而影响了政府行政职能的有效发挥，也造成了机构臃肿膨胀、行政流程复杂、办事效能降低等不良后果。

(3)与公众沟通的方式方面

直接与公众沟通是实施电子政务的目的之一，也是与传统政务的又一重要区别。传统政务容易疏远政府与公众的关系，也容易使中间环节缺乏有力的民主监督，以致发生腐败现象。而电子政府的根本意义和最终目标是政府对公众的需求反应更快捷，更直接地为人民服务。

(4)政府管理成本方面

在传统政务中遵循政务边际成本递增法则，社会化任务越重，管理范围越大，相应的管理成本越高。而电子政务遵循的是政务边际成本递减法则。“政务边际成本递减”是指社会管理的中间成本在社会管理范围扩大中相对减少。

2. 具体分析电子化政府有哪几个特质。（北邮 2013 年研）

答： 参见本章复习笔记相关内容。

3. 全球电子化政府的经验。（中央民大 2013 年研）

答： 参见本章课后习题思考题第 8 题答案。

4. 如何认识我国电子政务发展中的问题及其应对？（山东大学 2017 年研）

相关试题：结合我国实际，分析现阶段电子政务中存在的突出问题。（华中农大 2012 年研）

答： 电子政务又称电子化政府，是指政府有效利用现代信息和通信技术，通过不同的信息服务设施（如电话、网络、公用电脑站等），对政府机关、企业、社会组织和公民，在其方便的时间、地点及方式下，提供自动化的信息及其他服务，从而建构一个有回应力、有效率、负责任、具有更高服务品质的政府。电子政务倡导科技领先、政府信息的公开性和可获得性、政府与民众的互动机制以及对效率的追求。

（1）在我国电子政务的发展中仍然存在着一些问题：

①认识上的不足和理论上的滞后

由于所处的发展阶段和发展水平的限制，我们对信息社会的到来，是缺乏足够的认识和体验的。对于电子政务在国家经济和社会整体信息化中的基础地位未能予以充分认识。我们目前缺乏理论上的研究和认知；我们更多地将电子政务视为一个技术问题，未能体认到它是一个涉及信息社会的政府治理形态的变革问题，在实践中盲目追求技术上的先进，重视硬件的建设和发展，而忽视了政府自身的改革问题。

②电子政务缺乏明确而强有力的领导

电子政务主要是国家行为和政府行为，而且是一个综合性的国家和政府行为，因为它涉及政治与政党、立法、行政、司法、中央和地方以及社会公共事务管理的诸多方面，需要统一的、明确的和强有力的领导。而在我国，目前缺乏统一的领导和协调，因而导致各自为政、相互割裂、各行其是。这些都极不利于电子政务事业的统一、协调、健康、稳定发展。

③电子政务缺乏明确的愿景和发展方向

对于电子政务而言，确立一个恰当可行的战略和目标是十分重要的。战略为我们界定了信息化的范围，反映了电子政务的目标，标明了电子政务的长期发展方向。战略指明了我们达到目标的路途和方法。但是，迄今为止，中国政府的电子政务缺乏明确的发展战略。

④政府信息公开及政府信息的低度使用问题

电子政务的一个基本前提在于政府信息的公开化。在现代社会中，不仅政府有获取信息的需求，人民也基于政治参与、经济活动和个人发展，强化了对政府信息的需求。从中国目前的情况来看，社会对政府信息的需求与政府的信息供给存在着巨大的差距。有很多信息无论就理论上还是实际利益衡量上，都应对外公开，但未能公开，造成政府资源取得上的困难。公民缺乏整合性的获取政府信息的途径。我国政府掌握了很多信息，但因信息公开问题，许多信息得不到利用，从而导致信息资源的浪费。

⑤电子政务缺乏基本的法律和制度保障

政府信息化的健康、有序的发展离不开一个完整、统一的法律和制度框架。在国外，为保障政府信息化发展，许多国家均制定并颁布了专门的法律、法规和行政命令。这些法律对政府信息化发展起着重要的保障和规范的作用。从目前来看，我国政府信息化的法制工作发展较为缓慢，截至目前仅出台过《政府信息公开条例》。

⑥电子政务与政府改革的整合问题

从世界范围来看，电子政务始终是与政府的再造相联系，而且是政府再造的一个重要内容和工具。信息化在促进政府行政的现代化、民主化、公开化、效率化等方面起着十分重要的作用。现代信息和通信技术的发展，对政府管理的理念、政府治理的结构、政府程序和工作流程、政府政策和政策制定都发生了重大的冲击，信息化在促进政府反应力、提升政府沟通效率、提高决策质量和水平、精简人力和有效运用人力资源、节约政府开支与经费、扩大公民参与、创新政府服务等方面均显示了其比较优势。我国在如何有效利用信息技术作为政府再造的工具上尚有欠缺，在一定程度上忽略了政府技术层面的变革对观念、结构层面变革的积极作用。也就是讲，电子政务和政府改革与再造未能有机地关联和整合起来，这在一定程度上影响了政府改革的绩效。

⑦电子政务与信息安全

政府信息是需要精心管理的重要资产。信息安全在一定程度上是政府信息化的生命所在。信息安全涉及保密性(控制那些存取信息的人)、完整性(确保信息的更新与修改只能经由授权者进行)、可用性(确保信息授权用户总是能够存取信息)等问题。随着科技的发展，信息安全便成为一个头等重要的大问题。我国政府十分重视信息安全问题，国家领导人多次发出有关信息安全和网络安全的指示，公安部、信息产业部也做了大量实质性的工作。但从目前的情况来看，信息安全问题仍不容乐观，存在着许多问题和漏洞。

(2)应对我国电子政务发展中的问题的措施:

①明确中国政府信息化的愿景和目标

在政府管理领域，普遍有效地利用现代信息和通信技术，建立一个有效率的、有反应力的、开放的和服务导向的政府。中国电子政务的目标可定位在以下几个方面:

a. 促进政府信息的公开、流通以及普及应用。

b. 支持政府政策制定和科学决策，以提高政府的政策规划和决策能力。

c. 提升政府对公民的服务水平和服务质量。

d. 促进政府改革，提高政府效率。

②发展公用电子资料库

电子政务的一个重要目标就是，政府所拥有的信息资源能够实现高度的共享，从而实现公共信息资源的加值利用。由此出发，我们需要根据国家经济、社会发展和政府管理的需要和重点，加快建立政府部门主导的电子公共资料库；规划建置具有整合、示范性质的公共资料库；扩大信息资料的交换与流通。政府各机关应在最大范围内，经合法程序，提供可利用的信息资源。

③制定涉及政府信息公开的法律制度

政府信息公开对于满足公民权利、便利人民监督政府施政、强化政府部门信息流通进而提高行政效能，乃至通过有效信息流通体系进而提高国家竞争力均有十分重大的意义。因此，国家可加速推进政府信息公开方面的立法工作。

⑤推动和发展政府业务的电子化，提升行政服务的水准

电子政务的基础在于政府业务的电子化，即改变传统的政府机关的办事方式和手段。传统的办事方法、公务处理及事务管理，皆可以用现代信息及通信技术加以改变。参照发达国家的经验，我国政府业务的电子化，预期应向以下方面予以推动与发展，如电子公文、电子邮寄、电子采购、电子法规、电子规划管理、电子税务、电子人事、电子工商、电子保健、

电子公共事业服务等。

行政业务的电子化过程不只是单纯地增加硬件、软件设备，更需从政府组织的全面性来了解信息技术的需求、组织目标与管理模式、未来发展方向等，进行整体性、合理性的规划，力求突破现有的运作方式，以更经济、更有效的方法取得政府运作所需要的技术能力以及人力，促进政府信息的流通及整合，提高行政效率与效能。

⑥建立健全电子政务组织和协调运作机制

政府信息服务职能已成为现代政府运作的重要和核心职能之一，电子政务涉及政治、经济、军事、文化和社会生活的各个方面，涉及面很广。从中国的实际情况出发，建立健全电子政务组织已成为一个需要认真解决的问题。国家应设立电子政务运作的议事协调机构，负责统一领导、规划、协调全国电子政务的工作。考虑到政府机构改革及人员精简，电子政务部门的设置可以不增加员额而从现有的机构或人力资源中调用。

⑦强化信息安全管理

信息安全是信息服务能否健全发展的先决条件。在系统运作环境中，使用者、实体设施、应用作业、资料及档案皆应严格管理。政府机关必须未雨绸缪，加强政府信息的安全管理工作，以确保国家、组织及人民的权益。

⑧加强公务员现代信息和通信技术的教育与培训

从一定程度上来讲，公务员的信息素质以及应用能力的高低，是政府信息化能否落实的关键。每一位公务员除了必须具备基本的电脑操作以及应用能力处理政府公务以为民众服务之外，也要适应信息时代的到来，依其专业性质和业务需要，具备较高的信息网络应用的相关能力，这样才能成为一个符合信息时代要求的公务人员。

第 11 章 公共服务的绩效管理

11.1 复习笔记

【知识框架】

- 公共服务的绩效管理
  - 绩效管理的性质与作用
    - 绩效管理的性质
      - 绩效管理的含义
      - 绩效管理的性质
      - 绩效管理的基本功能活动
    - 绩效管理的需要
      - 绩效管理的重要性和必要性
      - 绩效管理在公共管理中的意义
  - 公共部门服务的绩效评估与衡量的一般性指标
    - 绩效指标
    - 绩效指标设计的其他问题
      - 影响绩效指标设计的因素
      - 绩效指标应符合的标准
      - 设计绩效指标的标准
  - 标杆管理与绩效管理
    - 标杆管理
      - 标杆管理的含义
      - 标杆管理与绩效管理的联系
      - 标杆管理的类型
    - 标杆管理的程序
      - 私人部门采用的模式
      - 公共部门实施标杆管理的程序
  - 公共部门绩效管理的问题以及改进策略
    - 公共部门绩效管理存在的问题
    - 绩效管理成功的条件

【重点难点归纳】

一、绩效管理的性质与作用

1. 绩效管理的性质

(1)绩效管理的含义

绩效管理是指收集绩效信息，进行绩效衡量，设计与执行有效管理，推动绩效不断持续改进的整体活动和过程。在公共管理活动中，绩效管理是指对公共服务或计划目标进行设定与实现，并对实现结果进行系统评估的过程。

(2)绩效管理的性质

绩效管理是收集绩效信息，进行绩效衡量，设计与执行有效管理，推动绩效不断持续改进的整体活动和过程。

(3)绩效管理的基本功能活动

①绩效评估。指评估一个组织如何达成以及是否达成目标的系统化过程。评估的可以是组织的绩效、计划的绩效和个人的绩效。对公共部门而言，现在比较重视的是对组织绩效的评估，组织绩效评估是追踪与评估组织绩效的过程。

②绩效衡量。为了进行绩效评估，管理者必须设计一套足以衡量组织目标实现的指标系统，也就是衡量组织绩效的标尺，这样才能进行不同机关与不同时期的比较。

③绩效追踪。指对组织的绩效进行持续性的监测、记录与考核，以作为改进组织绩效的

基本依据。

2. 绩效管理的需要

(1)绩效管理的重要性和必要性

①责任落实

a. 政府的支出必须获得人民的同意并按正当程序支出；

b. 资源必须有效率地利用；

c. 资源必须用于达成预期的结果。与此同时，人们期望政治家能为自己做出的决定负责。

②利害关系人的期望。利害关系人都希望政府的公共政策满足他们的利益。绩效衡量是衡量是否满足不同顾客要求的一个方法。

③对结果导向的强调。公共管理更讲究“结果导向”而非程序、规则导向。公共管理认为，程序和规则固然重要，但最后是否产生好的结果，是否满足公民需求则显得更为重要。

④个人绩效和组织绩效的双重要求。在个人与组织互动日益密切的情况下，仅仅进行个人绩效评估是不够的，个人绩效的提高并不完全导致组织绩效的提高，只有将二者有机结合起来，才能促进组织整体绩效的提高。

(2)绩效管理与评估在当代公共管理中的意义

①绩效管理作为一种诱因机制。组织诱因机制最重要者莫过于将绩效与奖惩相联系。通过绩效评估，使组织的激励约束机制有了依据，建立在绩效评估基础上的奖惩，强化了组织的激励机制。

②绩效管理作为一个管理工具。作为管理工具，其最重要的意义在于在政府运作和管理上加上了成本—效益的考虑，改变了政府机关的浪费现象。从某种角度上说，绩效管理是公共部门进行有效资源配置的一个重要手段。

二、公共部门服务的绩效评估与衡量的一般性指标

1. 公共部门的绩效指标

(1)经济。经济指标是指组织投入到管理项目中的资源水准。经济指标要求的是以尽可能低的投入或成本，提供与维持既定数量和质量的公共产品或服务。

(2)效率。效率简单地可以理解为投入与产出之间的比例关系。效率可以分为两种类型：①生产效率，指生产或提供服务的平均成本；②配置效率，指组织所提供的产品或服务是否能够满足利害关系人的不同偏好。

(3)效果。指公共服务符合政策目标的程度，即公共服务对于标的团体的状态或行为的影响，通常以产出与结果之间的关系加以衡量。效果关心的是“目标或结果”。效果可以分为两类：①现状的改变程度；②行为的改变幅度。

(4)公平。公平指标通常系指接受公共服务的团体或个人所质疑的公正性。公平作为衡量绩效的指标，其关心的主要问题在于接受服务的团体或个人是否均能受到公平的待遇；需要特别照顾的弱势群体是否能够享受到更多的服务。

2. 公共部门绩效指标设计的其他问题

(1)影响绩效指标设计的因素或变项

①所有权。公共部门组织系在共同的限制之下运作，追求的是政治和社会目标，因此绩效衡量的困难性高于私部门。

②交易状态。如警政在经济制度方面就不具备交易状态，而银行便有交易状态。就非交

易状态的组织而言，不宜设定营利性的绩效指标。

③竞争程度。如警政的竞争程度较低，银行的竞争程度由中等趋向高度。对于竞争程度较高的组织而言，为了争取顾客，非财务性的绩效指标便显得格外重要。

④政治责任。受公众监督的组织，其所设定的绩效指标就必须考虑政治责任的有关问题。

⑤异质化程度。指提供不同产品或服务的数量而言。产品单纯的组织较产品异质性高的组织容易设计其绩效指标。如法院的异质性低，而全民健康机构的异质性较高。

⑥复杂化的程度。指组织在提供服务或生产财货时所能动用的技术数量。可动用的技术越多，其相互依赖程度就越高，则绩效所有权就越难被确认。

⑦不确定程度。指手段与目的间的关系，亦即输入资源与达成既定目标间的因果关系。如警政的不确定程度高，而法院的不确定性低。因此，警政绩效指标比法院更不易设计。

⑧权威的结构。指中央与周边的制度性关系。有些组织分支机构众多，有复杂的权威性结构和责任划分。

⑨自主性程度。如有专业社群以专业知识来为组织设定目标、规章以考核绩效，则组织自主性较低。

(2)绩效指标应符合的标准

①界定清楚而有一致性；

②应由组织之所有者来使用，不可依赖外人或环境因素；

③必须和组织的需求与目标有关；

④被评估的单位或个人不可影响绩效指标的运作；

⑤必须有广博性(涵盖管理行为的所有面向)和一定的范围(集中有限数量的绩效指标)；

⑥建立绩效指标所使用的信息必须正确和广泛；

⑦必须为组织的各级人员所接受，符合组织文化。

(3)设计绩效指标的标准

①目标。根据政策成果或预算目标来从事绩效分析是比较普遍的做法，可以避免绩效指标的雷同。

②时间序列。比较相同组织的历史记录也可以克服前述困境。

③进行单位间的比较。

④外部比较。如公私部门对照比较。

三、标杆管理与绩效管理

1.“标杆管理”

(1)标杆管理的含义

标杆管理是指一种追求卓越的管理模式，并将之学习转化，以提高组织绩效的管理工具。其具体模式是不断寻找和研究同类组织的最佳实践，并以此为基准与本组织进行比较、分析、判断，从而使组织自身得到不断改进，创造优秀业绩的良性循环过程。

(2)标杆管理与绩效管理的联系

从绩效管理的角度来看，标杆向组织提供了改进组织绩效的信息。对一个组织而言，绩效的高低与卓越与否，是相比较而言的，在绩效管理中，你必须寻找你所要比较的对象的绩效。通常这些组织的表现优于你的组织，你期望超越这些组织。另一方面，必须试图了解为何这些组织的表现优于你的组织，哪些方法、程序是你想学习并引进的。

(3)标杆管理的类型

①内部标杆。指以企业或政府各部门之间为实施对象。

②外部标杆。主要以竞争者为对象，希望创造组织的成长空间。

2. 标杆管理的程序

(1)私人部门(以 Motorola 公司为例)采用的模式

①决定标杆的标的物；

②确认比较的对象；

③搜集资料；

④分析资料，整合资料和行动方案；

⑤重定标准，重新再来一次。

(2)公共部门实施标杆管理的程序

①决定哪个单位或流程将会是比较的标的物；

②找出衡量成本、品质及效率的指标；

③针对每个标杆，找出表现最好的其他单位；

④衡量这些表现最好的单位之表现；

⑤衡量或界定自己的组织与最好的表现者之绩效落差；

⑥决定缩短落差的行动方案；

⑦执行方案并追踪考核。

四、公共部门绩效管理的问题以及改进策略

1. 公共部门绩效管理存在的问题

(1)绩效管理的一个重要前提就是必须将所有绩效都以量化的方式呈现，再据此进行绩效衡量。但公共部门则面临着如何将公共服务量化的问题。要精确算出“投入/产出比”并不容易，这样便无法衡量“效率”这项绩效。

(2)功能相同的公共组织有地区性的差异，其规模大小亦不一，以同样的绩效指标来衡量组织之间的绩效，并不公平。另外，分散于各个分支机构的绩效，能否总结起来当作中央机构的绩效，不仅在技术上有其困难，在实践上也令人怀疑。

(3)如何订定与品质绩效有关的指标仍是绩效衡量的主要限制。政府服务不仅要关注效率、效果，也要关注服务的品质。问题是大多数公共服务的品质好坏很难用客观具体的数据来衡量。

(4)绩效管理或衡量制度的成效，其主因之一取决于绩效指标的制定是否周延、是否合理、是否客观、是否能涵盖该组织的重要绩效。而负责订定绩效指标的人是否拥有这样的能力，就变得非常重要。许多组织推行绩效管理之所以失败，便是缺乏熟悉这方面的专家所致。

(5)绩效管理做的好不好、是否正确，有赖可靠的信息，如果所收集的信息错误，不够全面，就无法真正反映机关的实际绩效。基于这样的原因，在制定绩效指标时，上下级机关难免会在指标的数量、范围、权重等方面发生争议。

2. 绩效管理成功的条件

(1)管理者要成为组织绩效的中心。绩效中心的作用在于促使绩效管理制度化；收集和传递绩效信息；向高层管理者提供绩效数据。

(2)高层的支持与承诺。要求高层管理者定期地审查组织以及组织管理的绩效，促使组织成员要为绩效的改进负责。明确的高层支持可以使绩效改进具有合法性和有效性。

(3)制定绩效目标和绩效规划。目标可以是宏观的，也可以是具体的。要将总体的目标与实现目标的方法结合起来。

(4)绩效衡量对组织要有意义。绩效衡量是绩效改进中重要的一个环节。绩效衡量并不一定要非常全面，但必须是那些容易理解和计算，并且对管理者和组织成员有意义的。

(5)利用绩效规划和衡量体系使管理者负责任。要通过阐明预期的绩效，比较现有绩效与预期绩效的差距，并运用这些信息评价管理者和组织的绩效等方法，促使责任的实现。

(6)意识到绩效的重要，并促使组织成员参与绩效改进。要促使组织成员认识到绩效的重要性。组织成员要参与到组织绩效改进的进程之中。

(7)要连续不断地发现问题和绩效改进的机会。要通过绩效评估，发现绩效管理存在的问题，并寻找机会加以改进。

11.2 课后习题详解

一、概念题

1. 绩效

答：绩效是指组织为实现其目标而展现在不同层面上的有效输出。绩效是组织期望的结果，包括个人绩效和组织绩效两个方面。组织绩效的实现建立在个人绩效实现的基础上，但是个人绩效的实现并不一定保证组织是有绩效的。绩效作为公共部门中用来衡量政府活动效果的标尺，是一个包含多元目标在内的概念。政府的服务绩效有三个基本面向：经济、效率、效果，而服务产出的品质也是一个关键之处。服务不仅要关注效率、效果，也要关注服务的品质。

2. 绩效管理

答：参见本章考研真题概念题第1题答案。

3. 绩效衡量

答：绩效衡量是指管理者收集组织绩效信息，设计衡量组织绩效的标尺，并据此考查组织实际完成的绩效情况的过程。绩效衡量可以对企业运营状况进行及时的反馈，为企业的改进方向提供切实的依据，其意义在于：①绩效衡量是提高组织经营管理水平，实现组织活动良性循环的必要途径；②绩效衡量是影响组织成员的积极主动性和努力方向的一个重要因素；③绩效衡量是组织开展人力资源规划，以及进行各项人事管理工作的前提和依据。在实践中要注意，绩效衡量使用不当也有可能造成打击组织士气、降低团队效率、妨碍质量改进等负面因素。

4. 绩效评估

答：绩效评估是指一个组织试图达成某种目标，如何达成以及是否达成目标的系统化过程。绩效评估可以是组织的绩效、计划的绩效和个人的绩效。

公共部门绩效评估的内涵可以从三个方面来理解：①微观层面是对个人工作业绩、贡献的认定；②中观层面是政府分支的各部门如何履行其被授权的职能；③宏观层面是整个公共部门或狭义上指政府的绩效的测评，政府为满足社会和公众的需求所履行的职能。组织绩效的评估是公共部门绩效评估的重点。公共部门的绩效评估主要是如何追踪与评估组织绩效的过程。

5. 标杆管理

答：参见本章考研真题概念题第4题答案。

二、思考题

1. 何谓绩效管理？绩效管理有哪些主要活动？

答：参见本章复习笔记相关内容。

2. 公共部门为什么要进行绩效管理？

答：公共部门进行绩效管理的原因主要包括以下几个方面：

(1)责任落实。公共部门对公民至少在以下三个方面的事情上负主要责任：①政府的支出必须获得人民的同意并按正当程序支出；②资源必须有效率地利用；③资源必须用于达成预期的结果。上述这些责任都要求存在某种对绩效评价的方式。如果不能测评政府的绩效，那么就很难知道公共部门是否负起了责任。因此，从实现和落实责任的角度来看绩效管理是重要的。

(2)利害关系人的期望。公共服务具有各种各样的顾客，他们并非是对同一结果感兴趣，公共管理者经常面临着困境，特别是满足了一部分顾客的要求，可能使另一部分人感到不满。利害关系人都希望政府的公共政策满足他们的利益。绩效衡量是衡量是否满足不同顾客要求的一个方法。

(3)对结果导向的强调。在现阶段，公共管理更讲究“结果导向”而非程序、规则导向。传统上公共行政比较强调只重视过程、投入，不重视结果，往往导致形式主义，浪费和官僚主义。公共管理认为程序和规则固然重要，但最后是否产生好的结果，是否满足公民需求则显得更为重要。

(4)个人绩效和组织绩效的双重要求。过去几乎所有的公共部门都进行公务员的个人绩效评估，但在个人与组织互动日益密切的情况，仅仅进行个人绩效评估是不够的，个人绩效的提高并不完全导致组织绩效的提高，只有将二者有机结合起来，才能促进组织整体绩效的提高。

3. 公共部门的绩效标准是什么？

答：参见本章考研真题简答题第2题答案。

4. 公共部门绩效管理面临的主要困难是什么？

答：参见本章复习笔记相关内容。

5. 何谓标杆管理？公共部门如何实行标杆管理？

答：参见本章复习笔记相关内容。

6. 改进公共部门绩效管理的策略有哪些？

答：参见本章复习笔记相关内容。

7. 影响公共部门绩效的主要因素是什么？

答：影响公共部门绩效的主要因素包括外部因素和内部因素两个方面，具体分析如下：

(1)外部因素

①政治因素。一个国家的政治体制决定着公共部门的体制，政治权威决定着行政权威，所以，国家的政治稳定，政治生活民主化、法制化是公共管理活动正常进行的基本条件，也是公共服务高效化的前提。

②经济因素。国家经济发展状况是提高公共部门绩效的物质基础，公共部门组织的结构和功能要与经济发展的类型和水平相适应。公共部门组织体系是否适应经济发展的要求，极大地影响着公共部门绩效。

③社会因素。包括：a. 社会团体对公共部门绩效的影响，比如各种利益集团对行政效

率影响就很大；b. 社会风气对公共部门绩效的影响，党风、政风以及公众整体效率意识，都是影响公共部门绩效的因素。

④地理因素。一个地区的地理环境决定着该地区的交通、邮政、电信等事业的发展条件，也是影响公共部门绩效的重要因素。

⑤科学技术因素。在现代化的公共管理中，能否大幅度提高公共部门绩效，在很大程度上取决于现代科学技术在公共管理中的运用情况。

(2)内部因素

①组织因素。影响公共部门绩效的组织因素主要有：a. 公共部门的设置；b. 职位的设置；c. 公共管理各环节的衔接。

②人员因素。在各管理要素中，人是最为关键的。人员因素对公共部门绩效有直接影响：a. 人与事的关系。能否做到人人有事做，事事有人做，是衡量公共部门绩效的重要指标。b. 公共管理者素质。包括领导者的素质和一般工作人员的素质两个方面。

8. 探讨提高和改善政府绩效的途径和方法。

答：参见本章考研真题论述题第2题答案。

11.3 考研真题详解

一、判断题

效率是公共管理的起点，也是终点。(人大2007年研)

答：这种说法是不正确的，具体分析如下：

公共管理是以政府为核心的公共部门整合社会的各种力量，广泛运用政治的、经济的、管理的、法律的方法，强化政府的治理能力，提升政府绩效和公共服务品质，从而实现公共的福祉与公共利益。可见，公共管理在强调效率的同时，更是强调公共福祉和利益的最大化，并以其作为政府行政的最终目标。

二、概念题

1. 绩效管理(人大2019年研；山东师大2017年研；江苏大学2017年研；中财2016年研)

相关试题：绩效预算与绩效管理(南京大学2013年研)

答：绩效管理是指收集绩效信息，进行绩效衡量，设计与执行有效管理，推动绩效不断持续改进的整体活动和过程。在公共管理活动中，绩效管理是指对公共服务或计划目标进行设定与实现，并对实现结果进行系统评估的过程。绩效管理过程一般包括三个最基本的功能活动，即绩效评估、绩效衡量和绩效追踪。

在公共管理活动中，绩效管理的意义在于：①作为一种诱因机制将绩效与奖惩相联系。通过绩效评估，使组织的激励约束机制有了依据，建立在绩效评估基础上的奖惩，强化了组织的激励机制。②作为一种管理工具，在政府运作和管理上加上了成本—效益的考虑，改变政府机关的浪费。从某种角度上说，绩效管理是公共部门进行有效资源配置的一个重要手段。

2. 绩效评估(对外经贸2014年研)

答：参见本章课后习题概念题第4题答案。

3. 行政效率(南航2014年研；北理2008年研)

答：行政效率是指公共组织和行政工作人员从事公共行政管理工作所投入的各种资源与所取得的成果和效益之间的比例关系。各种资源是指人力、财力、物力和时间以及各种有形无形的资源。成果是指管理成果，包括有形的物质成果和无形的精神成果。效益包括经济效益和社会效益，主要是社会效益。所以，行政效率不仅体现在时效、速度、理想的产出投入比率上，更重要的是体现在社会效益上。行政效率是数量和质量的统一，价值和功效的统一。

行政效率在行政管理中的地位非常重要：行政效率是衡量整个行政管理活动的重要标准，有助于提高政府与社会之间的良性关系；行政效率的高低关系到我国的现代化进程；行政效率也是行政管理学的主体。

4. 标杆管理(人大2015年研；中央民大2012年研)

相关试题：标杆管理和目标管理(南京大学2017年研)

答：标杆管理是指一种追求卓越的管理模式，并将之学习转化，以提高组织绩效的管理工具。其具体模式是不断寻找和研究同类组织的最佳实践，并以此为基准与本组织进行比较、分析、判断，从而使组织自身得到不断改进，创造优秀业绩的良性循环过程。标杆管理的本质是一种面向实践、面向过程的以方法为主的管理方式，标杆管理与流程重组、企业再造一样，其基本思想是系统优化，不断完善和持续改进。标杆是组织根据与比较目标的差距确立的指标系统。一般而言，标杆有两种类型：①内部标杆，主要是以企业或政府各部门之间为实施对象；②外部标杆，主要以竞争者为对象，希望创造组织的成长空间。

5. 政府绩效(中财2017年研；对外经贸2015年研)

答：绩效是效率和效能的总和，效率是投入与产出的比率，效能则是将实际成果与原定的预期成果进行比较，前者适用于能将投入值和产出值量化的场合，后者则可用于那些收益无法用货币来计量的场合。政府绩效是指政府在社会经济管理活动中的结果、效益、效能，是政府在行使其功能、实现其意志过程中体现出的管理能力。具体分为：①政治绩效；②经济绩效；③社会绩效；④文化绩效。政府绩效是对政府行为效果的衡量，是政府能力的基本体现。

三、简答题

1. 政府绩效评估的内涵。(南京大学2018年研)

答：参见本章复习笔记相关内容。

2. 分析政府绩效的一般评估指标。(中国政法大学2006年研)

答：绩效管理是指利用绩效信息协助设定同意的绩效目标，进行资源配置与优先顺序的安排，以告知管理者维持或改变既定目标计划，并且报告成功符合目标的管理过程。绩效管理最核心的环节莫过于绩效评估，而绩效评估最困难者莫过于确立衡量的指标体系。

(1)从理论上讲，建构绩效指标，可以使用一个包括下面四个方面的模式：①输入，包括提高服务所需的资源，如人员、物力、财政；②过程，包括传送服务的路途；③输出，即组织活动或提供的服务；④结果，是指每一个产出或服务所产生的影响。

(2)政府绩效的一般评估指标

①经济

在评估一组织的绩效时，首要的问题便是："某组织在既定的时间内，究竟花费了多少钱？是不是按照法定的程序花费金钱？"这是经济这一指标首先要回答的问题。经济指标是指组织投入到管理项目中的资源水准。经济指标关心的是"投入"的项目，以及如何使投入的项目作最经济的利用。即经济指标要求的是以尽可能低的投入或成本，提供与维持既定数量和质量的公共产品或服务。经济指标并不关注服务的品质问题。

②效率

a. 效率要回答的问题是："机关或组织在既定时间内，预算投入究竟产生了什么样的结果?"效率指标通常包括：服务水准的提供、活动的执行、服务与产品的数目、每项服务的单位成本等。如医院可以计算病人求诊人数；图书馆可以衡量借书册数；大学可以用学生接触老师的时数衡量其成果。因此，效率简单地可以理解为投入与产出之间的比例关系，效率关心的是手段问题，而这种手段经常以货币方式加以表达与比较。

b. 效率可以分为两种类型：一类是生产效率，它是指生产或提供服务的平均成本。另一类是配置效率，指组织所提供的产品或服务是否能够满足利害关系人的不同偏好。也就是讲，在政府部门所提供的种种项目中，如国防、社会福利、教育、健康等，其预算配置比例是否符合民众的偏好顺序。

③效果

a. 以效率作为衡量指标，仅适用于那些可以量化的或货币化的公共产品或服务，而许多公共服务性质上很难界定，更难量化，而分配效率亦不易理解。在此情况下，效果便成为衡量公共服务的一个重要指标。效果关心的问题在于："情况是否得到改善?"这样，效果通常是指公共服务实现标的的程度，又可称为公共服务对于标的团体的状态或行为的影响，如福利状况的改变程度，使用者满意程度，政策目标的成就程度等。

b. 效果是指公共服务符合政策目标的程度，通常以产出与结果之间的关系加以衡量，效果关心的是"目标或结果"。效果可以分为两类：①现状的改变程度，例如国民健康状态、水质的净化程度、道路的耐用程度；②行为的改变幅度，例如以犯罪行为的改善幅度来衡量刑事政策的效果，用接受辅导的病情改善状况来衡量社会工作的效果。

④公平

传统上公共行政与管理重视效率、效果，而不大关心公平问题。自新公共行政以来，公平问题日益受到广泛重视，并成为衡量政府绩效的重要指标。公平作为衡量绩效的指标，它关心的主要问题在于"接受服务的团体或个人都受到公平的待遇吗？需要特别照顾的弱势群体是否能够享受到更多的服务?"因此，公平指标通常是指接受公共服务的团体或个人所质疑的公正性，通常无法在市场机制中加以界定出来。公平的指标相当难以衡量。

总之，以上为评估政府绩效的一般指标，在对政府绩效进行评估时，只有遵守其指标，政府绩效考核才能起到应有的作用。

3. 公共部门绩效评估的意义和作用。(福建师大 2017 年研)

答：公共部门绩效评估作为政府再造的重要内容和根本性措施在政府公共管理实践中的广泛应用，开创了当代公共部门吸收、借鉴私营部门管理方法与经验的先例，为政府改革实践和公共行政学理论研究提供了新的视野，并在相当程度上带来了西方国家政府管理效率的提高和管理能力的增强，各种社会危机和矛盾得到了相对缓和。公共部门绩效评估具有重要的理论意义和实践意义。具体表现在：

(1)绩效评估是公共管理的必要手段。对公共项目实施的实际状况进行了解、考察，分析实际效果与预期目标的偏离程度，进行绩效评估，总结公共政策、项目实施的经验教训，反馈给有关公共管理部门，以便对公共管理项目做出调整、修正，弥补公共管理项目的缺陷，为未来的公共政策实施积累经验，完善和提高公共管理水平。

(2)绩效评估是提高公共部门绩效的动力机制。作为技术层面的绩效评估本身不是目的，它只是为获得更高的业绩水平而使用的手段，是有效提高政府绩效的动力工具。绩效评估有助于实现和落实政府的责任，有助于提高公共服务供给的质量和效率，有助于改善政府公共部门与社会公众之间的关系。

(3)绩效评估有利于政府信誉和形象的提升。绩效评估实际上是一种信息活动，其特点是评估过程的透明和评估信息的公开，把政府在各方面的表现情况做出全面、科学的描述并公之于众，无疑有助于广大群众了解、监督和参与政府的工作。一方面，绩效评估不但可以用以证明政府开支的合理性，而且通过评估可向公众展示政府业绩和政府部门为提高绩效所作的努力，有助于政府合法合理性的巩固强化。同时，政府绩效评估并不只是展示成功，它也会暴露政府的不足和失败，这并不一定损害政府部门的信誉；相反，政府向公众公开所面临的困难和问题，有利于克服公众对政府的偏见，建立和巩固公众对政府的信任。另一方面，具有影响力的绩效评估结果对政府公共部门来说起着重大的监督作用，能够为政策制定者、政府公共部门及其全体职员改进绩效提供有价值的信息和反馈，也为社会公众对不同的政府部门及其所提供的服务进行选择提供了依据和参考系数。社会公众就是通过这种选择来控制和监督公共服务供给的。这也是政府由“暗箱操作”到“阳光行政”的重要途径。

(4)绩效评估是一种有效的管理工具。从实践来看，绩效评估作为一种有效的管理工具在当代公共管理中有下列意义：

①绩效评估可以作为一种诱因机制。通过绩效评估，使组织的激励约束机制有了依据，建立在绩效评估基础上的奖惩，强化了组织的激励机制。

②绩效评估作为一个管理工具最重要的意义在于，在政府运作和管理中加上成本—效益的考虑，减少了政府公共部门的浪费。从某种角度来说，它是公共部门进行有效资源配置的一个重要手段。

③绩效评估是诊断组织发展的一个有力措施。作为管理决策的基础，绩效评估不但能为组织提供有关组织活动进度、物质损耗、工作协调等方面的信息，以适时调整组织的战略目标、人员物质分配等，还能够在组织中营造一种注重业绩的组织文化，使雇员以绩效为目标，时刻校准自己的行为，并为每个雇员发挥积极性、创造性提供基础。

此外，绩效评估及其措施在公共行政实践中的运用，极大地推动了公共管理方法与技能的改进和发展，使得倾听顾客声音、提高服务质量、项目评估、管理信息系统、电子政务等公共管理方法应运而生，为政府公共管理开拓了新的视野。

4. 简述我国公共部门绩效评估面临的主要问题与改进策略。（浙江财大 2017 年研）

相关试题：

(1)绩效评估面临的困难以及改进措施。（厦门大学 2018 年研）

(2)简述公共部门绩效评估面临的困难及其改进的途径。（暨南大学 2011 年研）

答：20 世纪 80 年代以后，实施绩效评估，追求高绩效的公共部门成为公民和政府一致的目标。

(1)公共部门的绩效评估的主要问题

①公共部门的产出难以量化

首先，由于行政组织生产出来的产品或服务是一些“非商品性”的产出，它们进入市场的交易体系不可能形成一个反映其生产机会成本的货币价格，这就带来对其数量进行正确测量的技术上的难度。其次，公共部门缺乏提供同样服务的竞争单位，因此就无法取得可比较的成本与收益数据。最后，以量化形式表现绩效是否适宜也是一个问题。

②公共部门的目标缺乏准确性

主要表现在：一是公共部门绝大多数体制中存在着多重的甚至相互冲突的目标；二是公共部门所设定的目标经常具有抽象性和笼统性；三是有些公共服务的目标过大过高，不仅难以达到意欲实现的绩效目标，也使评估人员的实际操作更加困难。

③公共部门绩效标准指标难以确定

主要表现在：一是难以制定与品质有关的指标仍是绩效评估的主要限制；二是功能相同的公共组织有地区性的差异，其规模、大小亦不一样，以同样的绩效指标来衡量它们之间的绩效并不公平；三是评估标准指标难以摆脱主观判断的片面性。

④评估信息系统的不健全

这集中体现在两个方面：一是信息搜集的困难；二是信息沟通的障碍。

⑤管理者与评估者的对立

由于绩效评估者常常扮演社会和政治的角色，这可能使得评估者同承担一线指挥职能的管理者之间存在紧张的关系。

(2)改进公共部门绩效评估的策略

①引入公民参与机制

改进公共部门绩效评估必须取得民众的关注与参与，民众的关注与参与必定能有效地改进公共部门绩效评估。首先，公民参与意味着公民可以以社会的主人和服务对象的角色对政府绩效提出要求，协助和监督政府机构对它们的开支负责、对它们的行动负责、对它们的承诺负责，去衡量并让公众知道它们到底完成了什么，是否为公众提供了高质量的服务，是否使其真正受益并得到满足。其次，公民参与意味着我们要重新定位公民的作用，他们不再仅仅是传统意义上的投票人、纳税人、服务的接受者，而是公共部门的问题架构者。充当问题架构者的公民能积极参与公共事务，帮助政府机构界定重要问题，提出解决方案，判断目的是否达成。最后，公民参与意味着由公民选择、界定应评估的对象。

②争取高层的支持

公共部门管理理念的变化和绩效评估的最初推行在很大程度上得益于高层领导人的支持，这并不意味着行政首长仅仅阐述绩效评估的重要性，更重要的是，要求高层管理者定期地审查组织以及组织管理的绩效，培养组织成员的绩效意识，并促使组织成员参与绩效评估改进的进程。此外，公共部门的高层决策者和管理者还控制着相当一部分评估资源，如评估数据、评估经费及评估人员(甚至包括他们自身的价值取向、个人偏好)等，没有他们的合作和重视，评估工作难以展开。

③建立绩效评估信息系统

完备的评估资料和数据是开展公共部门绩效评估的基础。公共部门绩效评估所需要的信息量大，涉及的部门多，信息来源渠道广泛，不但需要直接来源于公共部门、社会公众及评估者等的原始资料和数据，而且还需要其他来源的间接材料。

④充分利用电子政府的新载体

一方面，电子政府的信息网络使得行政信息的传递更为迅速及时，反馈渠道更为畅通。另一方面，电子政府为公共部门绩效评估朝科学化、标准化、制度化的方向发展提供了多方面支持。

四、论述题

1. 试论述公共部门绩效管理的指标体系。(安徽师大 2017 年研)

答：绩效是效率和效能的总和。公共管理绩效是将公共管理的产出或效益与公共管理成本(或目标)相比而得到的结果。公共管理的效率与效能越高，公共管理的绩效就越好。绩效管理是在设定公共服务绩效目标的基础上，对公共部门提供公共服务的全过程进行追踪监测，并做出系统的绩效评估的过程。绩效管理是公共管理者的主要职责。

(1)建立公共部门绩效管理体系，应包括三方面内容：

①建立一套有效的绩效评估制度，包括目标任务的确定、考核指标的计算、分析评估、奖惩措施以及监督工作的实施等方面的内容；

②建立科学、合理的绩效管理指标体系；

③把公共部门的绩效管理置于全社会监督之下，而不能仅仅由公共部门自身或上级主管部门说了算。

(2)公共部门绩效管理的指标体系有：

①业绩

业绩指标主要包括以下五方面：

a. 政府部门为社会经济活动提供服务的数量和质量，包括政府直接投资兴建的基础设施数量、政府颁布实施维护经济秩序的法令法规、政府对主导产业的支持程度等。

b. 政府管理目标的实现情况，包括是否充分就业、物价是否稳定、经济是否持续增长、收支是否平衡等。

c. 政策制定水平与实施效果，包括财政政策、货币政策、产业政策等。从财政政策方面来说，包括税收总收入、间接税、社会保险缴款占 GDP 的比重等指标。

d. 政府管理效益，包括税收总额占 GDP 的比重、政府支出占税收总额的比重、外地企业和外资企业投资总额等。

e. 政府管理社会效果，包括公民对社会公平和公正是否充满信心、人们对人身及财产安全受到保护的程度是否满意等。

②效率

公共管理的效率是指在实现既定目标的基础上，所投入的工作量与获得的工作效果之比。公共部门的效率是指公共部门机关和公共管理者从事公共管理活动所取得的成果、社会效益同所消耗的人力、物力、财力和时间的比例关系。对于公共管理效率的测量，可以从数量、质量、时效、费用、能力的发挥水平、系统要素和系统整体的运行状况等方面的指标来测量。

③效能

公共管理的效能是指为公共部门履行职责的状况以及由此产生的种种影响。效能与效率之间的关系表现为：效能统率和制约着效率，效率则服从和服务于效能。效能可分为：

a. 社会效能

它包括两个方面：第一，公共组织制定的目标和采用的手段是否正确，即目标是否体现了国家意志，是否代表了广大人民的利益等；第二，政府组织实现目标的能力，即目标实现的程度和速度。

b. 群体效能

如果行政组织内部结构不合理，内耗不断，或组织活动偏离了组织目标，则群体效能低。可以从以下两个方面对公共部门的效能进行考核：一是行为合理化水平；二是政府机关效能。

④管理成本

公共管理成本是指公共部门管理行为所占用和耗费的资源及其程度，包括两个方面：一是为了维持政府机构运转所产生的费用，二是为了履行其职能所产生的投入，如发展教育、科技等的投入。一般而言，人们所说的公共管理成本指的是第一种含义，具体包括如下三方面：

a. 公共部门占用的人力、物力与财力，包括政府和其他公共部门的职员人数、公务人员与非公务人员的比例、公共部门固定资产总额、公共部门支配资源的程度、支出结构等。

b. 公共部门支出，包括政府一般性支出占 GDP 的比重、政府消费占 GDP 的比重等。

c. 国债，包括中央政府国内外负债及占 GDP 的比重、中央政府预算盈余(或赤字)及其占 GDP 的比重等。

2. 论述公共部门绩效管理的限制因素、成因分析及改进途径。(人大 2013 年研)

相关试题：

(1)我国政府绩效管理现存的主要问题及其原因为何？如何进行优化？(中财 2014 年研)

(2)结合我国实际分析政府绩效管理的问题，并提出对策。(大连理工 2018 年研)

(3)政府绩效考核的问题与对策。(重庆大学 2017 年研)

(4)中国政府绩效管理现状分析及优化。(武汉科大 2017 年研)

(5)结合实际论述中国政府绩效管理存在的主要问题及其优化策略。(华南理工 2015 年研)

(6)请结合实际，论述政府绩效管理在政府效能建设中应发挥的作用，以及当代中国政府绩效管理存在的问题、原因以及优化的对策。(电子科大 2013 年研)

(7)结合我国实际，论述绩效管理在政府管理中的应用及难点。(山东大学 2013 年研)

答：(1)公共部门绩效管理常常存在如下限制因素：

①内部无能的反功能。每一个组织的绩效衡量理论上都应该量身订制，但公共部门内部缺乏具有分析背景的专业人才，使得绩效衡量的工作变得眼高手低。

②政府绩效的因果关系难以确认。公共部门的计划结果往往很难衡量，因为公共产品通常无法分割，所以公共输出不易描述，产出的价格和单位成本也不易衡量。

③公共部门组织很少能控制环境的因素，因此绩效衡量往往只限于直接的输出项。

④政治考量经常是资源配置的重心，所以要获取客观的绩效衡量，仍值得怀疑。

(2)公共部门绩效管理存在限制的成因分析

进行公共部门的绩效管理，特别是进行绩效衡量，是十分困难的。具体而言，绩效管理制度共同的问题在于以下几个方面：

①绩效管理的一个重要前提就是必须将所有绩效都以量化的方式呈现，再据此进行绩效衡量。但公共部门则面临着如何将公共服务量化的问题。要精确算出“投入/产出比”并不容易，这样便无法衡量“效率”这项绩效。另外，即使绩效可以量化，以量化形式表现绩效是否适宜。

②功能相同的公共组织有地区性的差异，其规模大小亦不一，以同样的绩效指标来衡量组织之间的绩效，并不公平。另外，分散于各个分支机构的绩效，能否总结起来当作中央机构的绩效，不仅在技术上有其困难，在实践上也令人怀疑。

③如何订定与品质绩效有关的指标仍是绩效衡量的主要限制。政府服务不仅要关注效率、效果，也要关注服务的品质。问题是大多数公共服务的品质好坏很难用客观具体的数据来衡量。

④绩效管理或衡量制度的成效，其主因之一取决于绩效指标的制定是否周延、是否合

理、是否客观、是否能涵盖该组织的重要绩效。而负责订定绩效指标的人是否拥有这样的能力，就变得非常重要。因此，这个组织是否拥有从事绩效管理能力的专家，就成为绩效衡量的先决条件。许多组织推行绩效管理之所以失败，就是缺乏熟悉这方面的专家所致。

⑤绩效管理做的好不好、是否正确，有赖可靠的信息，如果所收集的信息错误，不够全面，就无法真正反映机关的实际绩效。基于这样的原因，在制定绩效指标时，上下级机关难免会在指标的数量、范围、权重等方面发生争议。因此，充分的沟通是十分重要的。

(3)公共部门绩效管理的改进途径

①管理者要成为组织绩效的中心。中心可以是一个人，也可以是一个群体。绩效中心的作用在于促使绩效管理制度化，收集和传递绩效信息，向高层管理者提供绩效数据。

②高层的支持与承诺。要求高层管理者定期地审查组织以及组织管理的绩效，促使组织成员要为绩效的改进负责。明确的高层支持可以使绩效改进具有合法性和有效性。

③制定绩效目标和绩效规划。一个组织必须在绩效改进方面有明确的目的和目标。目标可以是宏观的，亦可以是具体的。要将总体的目标与实现目标的方法结合起来。尽管适应每个组织的规划可能是千差万别的，但规划本身是必要的，因为它向所有的组织成员阐明了目标，以及如何实现这些目标。

④绩效衡量对组织要有意义。绩效衡量是绩效改进中重要的一个环节。绩效衡量并不一定要非常全面，但它必须是那些容易理解和计算，并且对管理者和组织成员有意义的。

⑤利用绩效规划和衡量体系使管理者负责任。除非得到运用，否则绩效规划和衡量体系没有任何价值。要通过阐明预期的绩效，比较现有绩效与预期绩效的差距，并运用这些信息评价管理者和组织的绩效等方法，促使责任的实现。每一个组织必须研制适合自己的绩效责任体系。

⑥意识到绩效的重要，并促使组织成员参与绩效改进。要促使组织成员认识到绩效的重要性。组织成员要参与到组织绩效改进的进程之中。

⑦要连续不断地发现问题和绩效改进的机会。要通过绩效评估，发现绩效管理存在的问题，并寻找机会加以改进。

此外，绩效管理成功的要件包括：对于绩效资料要有清晰的期望；对于绩效资料的收集要有足够的诱因；对于绩效管理要有熟练的技巧；绩效管理者要有权威性和公正性；最高决策层要认同和支持；必须培养互信自主的实施绩效管理的文化等。

第 12 章　公共危机管理

12.1　复习笔记

【知识框架】

- 公共危机管理
  - 危机的性质与影响
    - 危机的性质与类型
      - 危机的概念
      - 不同种类危机的共同特点
      - 增加灾害和危机发生可能性的因素
      - 危机造成损失可能性增加的因素
    - 危机的影响
      - 危机带来的负面影响
      - 危机带来的有利影响
  - 公共危机管理与全面整合的危机管理模式
    - 全面整合的危机管理体系的概念
    - 全面整合的危机管理体系的构成要素
      - 政治承诺、政治领导与政治支持
      - 全危机的管理
      - 发展途径的危机管理
      - 全过程的危机管理
      - 全面风险的危机管理
      - 整合的危机管理
      - 在充分资源支持基础上危机管理
      - 以绩效为基础的危机管理
  - 公共危机管理的战略
    - 我国在危机管理方面存在的弊端和缺陷
    - 全面的危机管理战略的主要内容
  - 公共危机管理的阶段与政策
    - 危机的疏缓
      - 危机的疏缓的概念
      - 危机疏缓的措施
    - 危机的准备
      - 危机准备的概念
      - 四个问题
      - 应急管理计划的内容
    - 危机的应对
      - 危机应对的主要目标
      - 危机应对阶段的主要工作
    - 危机后的恢复和重建
      - 恢复和重建的概念
      - 恢复和重建的措施

【重点难点归纳】

一、危机的性质与影响

1. 危机的性质与类型

(1)危机的概念

危机是指这样一种紧急事件或者紧急状态，它的出现和爆发严重影响社会的正常运作，对生命、财产、环境等造成威胁、损害，超出了政府和社会常态的管理能力，要求政府和社会采取特殊的措施加以应对。

(2)不同种类危机的共同特点

①危机具有威胁性

危机的出现或者发生，可能会对个体、组织或者社会的基本目标和价值，如生命、财产、安全、秩序、自由等产生威胁。

②危机具有时间的紧迫性

对于当事人或者决策者而言，危机的出现往往出乎意料，留给决策者做出反应和决策的时间十分有限。

③危机的发展具有阶段性

危机的发展往往会经历四个阶段：潜伏期、爆发期、持续期和解决期。

④危机具有不确定性

a. 危机发生的不确定性(包括危机发生的时间和地点)；

b. 危机发展过程和危机状态的不确定性；

c. 危机应对的不确定性；

d. 危机影响和后果的不确定性等。

如果决策者不能减少这种不确定性，有效地掌控危机，危机所造成的损失就可能增大。

⑤危机具有新闻性

对于危机管理者而言，媒体是一把双刃剑，媒体的报道既会对决策者产生广泛的压力，造成负面不良的影响，甚至是导致危机事态扩大的消极影响；同时，媒体的报道也有提供信息、警示公众、防止谣言、增强公众危机意识等积极作用。因此，有效的媒体管理，是危机管理的一个重要组成部分。

⑥危机具有效果的双重性

危机既是危险，也是机会。危机会带来各种损失，但危机也是机会和转机。

(3)增加灾害和危机发生可能性的因素

①人口的增长和人口密度的增加；

②全球气候的变化；

③环境的破坏和恶化；

④科技发展所带来的负面作用和影响；

⑤恐怖主义；

⑥社会压力和冲突的增加。

(4)影响危机和灾变造成损失的可能性增加的因素

①国际化的发展；

②城市化的发展；

③交通的发展和广泛的人口流动；

④各种社会冲突和压力的增加；

⑤社会有效治理能力的缺乏；

⑥社会有效的危机预防和权变管理能力的缺乏；

⑦不发达地区整个社会服务基础设施的薄弱；

⑧贫穷与社会发展的不公正。

2. 危机的影响

(1)危机带来的负面影响

①导致资源的损失

危机会直接造成人们生命和财产的损失；破坏基础设施；由于破坏正常的生产和服务以及增加产品和服务的成本而导致生产和服务提供的损失。间接的损失包括增加债务的负担、增加财政的支出、减少储蓄等。由此导致的结果是经济增长速度的降低和发展计划的延缓。

②导致发展计划的打断

危机打断了政府和社会正常的发展计划，使发展的资源从所计划的领域转移到危机的回应和重建方面，从而使发展从长期的考虑转到满足近期的需要。

③影响投资的气候和环境

危机，特别是在短时间内不断出现的危机，以及时间持续较长的危机都会对投资产生负面的影响。投资者需要一个相对稳定和确定性程度较高的投资气候和环境以降低投资的风险，而危机会引起失业、抑制消费的需求、导致经济的滞胀等，这些都增加了投资环境的不确定性。

④导致政治的不稳定

危机的出现无疑是对国家政治和政府治理的挑战，不适当的政府政策、政府管理的失误、政府对危机缺乏有效的回应、政府和民众之间缺乏有效的沟通、政府责任的丧失等皆会造成政府与社会大众之间的紧张关系，引发政府的信任危机，从而对政治的稳定产生负面的影响。

(2)危机带来的有利影响

①危机的发生隐喻着新的发展机会

无论从历史上还是从现实的情况来看，如果政府和社会保持理性的话，危机的出现所产生的社会经济影响和政治压力往往会转化为变革的推动力和催化剂。

②催发出新的研究领域

导致危机出现的因素和发展的薄弱环节往往会受到政府和社会的关注，从而成为新的发展领域。从公共管理的意义上而言，危机的出现具有发现公共问题，推动公共问题进入政府议程，促使政府制定有效的公共政策、解决公共问题的功能。

③推进政府的改革

危机的出现会促使政府重新评估其制度、政策和行为，改进政府管理之缺失。

二、公共危机管理与全面整合的危机管理模式

(1)全面整合的危机管理体系的概念

全面整合的危机管理体系是指在高层政治领导者的直接领导和参与下，透过法律、制度、政策的作用，在各种资源支持系统的支持下，通过整合的组织和社会协作，通过全程的危机管理，提升政府危机管理的能力，以有效地预防、回应、化解和消弭各种危机，从而保障公共利益以及人民的生命、财产、安全，实现社会的正常运转和可持续发展。全面整合的危机管理体系，代表着一种危机管理的哲学和理念；代表着一种危机管理的基本制度安排；代表着一种危机管理的整合流程；代表着一套危机管理的科学方法。

(2)全面整合的危机管理体系的构成要素

①政治承诺、政治领导与政治支持

a. 政治领导者和高层公共管理者应该有强烈的危机意识、忧患意识；

b. 应该创造一种危机管理的文化和环境；

c. 应该积极地领导变革，通过制度、政策和管理的创新来预防和回应危机；

d. 应该积极地支持各种危机管理的计划和项目，并确立优先发展的次序；

e. 在危机爆发时，政治领导者应该做出快速准确的决断，透过政治动员的力量，整合和调动各种资源回应危机；

f. 应该通过自己的行为，加强与人民的沟通，获取民众的信赖，展现公信力。

②全危机的管理

政府和社会所面临的危机是各种各样的，以下列举几种危害程度较大的危机：

a. 由地质气候引发的危机。典型者包括地震、海啸、洪水、热带风暴、火山爆发、山体滑坡等。

b. 环境因素所引起的危机。典型者包括旱灾、饥荒、环境的恶化、沙漠化、害虫灾害等。

c. 工业和技术系统的失败所引起的灾害和危机。

d. 战争和冲突引发的危机，如军事入侵、暴动、恐怖主义等。

e. 大规模的传染病所引起的公共卫生危机。

③发展途径的危机管理

整合的危机管理模式认为，从本质上而言，一切危机都是人为的。

a. 人类社会必须重新思考自己发展的方式、行为的方式和生活的方式，谋求人与自然的和谐。

b. 人类社会需要重新思考个体、群体、社会、国家之间的相互关系，通过政治、经济、文化的改革建立一个健康的社会；

c. 需要重新思考国家的治理，通过改革不断致力于实现善政和善治。

d. 不仅要考虑现时代的发展和公平，更要考虑后时代的发展和公平。

④全过程的危机管理

a. 疏缓。包括了消除或者减少灾难出现的机会或者影响的一切活动。其基本的出发点在于，一个社会即使不能预防灾难，但也可以通过各种努力减少灾难的损失。

b. 准备。指做出计划，以确定在危机出现的时候如何有效应对危机，包括危机管理规划、危机训练、危机管理的资源准备和储备等。

c. 回应。指危机出现以后，政府向危机的受害者通过危机援助，通过各种反危机的措施，控制和降低危机的损害。

d. 恢复。指通过各种措施，恢复正常的社会运作和秩序。

⑤全面风险的危机管理

危机管理的风险管理是指把风险的管理与政府政策管理、计划和项目管理、资源的管理，亦即政府日常的公共管理的方方面面有机地整合在一起。实施风险的分析和风险的管理包括：

a. 建立风险管理的能动环境；

b. 确认主要的风险；

c. 分析和评价风险；

d. 确认风险管理的能力和资源；

e. 发展有效的方法以降低风险；

f. 设计和建立有效的管理制度进行风险的管理和控制。

危机管理的风险管理的一个基本出发点在于：政府只有在政府政策、规划、资源的管理方面有效地实施了风险的分析与风险的管理，才能有效地预防、疏缓和降低危机所带来的损失。

⑥整合的危机管理

危机管理是政府的职责，各级政府在危机管理中扮演着十分重要的角色，但是，有效的危机管理需要政府、公民社会、企业、国际社会和国际组织之间的协作伙伴关系，其原因在于：a. 危机是没有边界的；b. 受危机影响的是各种利害关系人；c. 危机应对需要调动各种资源。整合的危机管理强调的是一种统一领导、分工协作、利益共享和责任共担的危机管理机制。

⑦建立在充分资源支持基础上的危机管理

全面整合的危机管理系统是建立在各种资源的支持系统的基础之上的。一个现代化的危机管理资源支持系统包括：

a. 危机管理的信息系统和知识系统；

b. 危机管理的人力资源系统和教育与培训系统；

c. 危机管理的财政资源系统；

d. 危机管理的物质资源系统；

e. 危机管理的政策资源系统等。

上述各种资源的生产、分配、共享，以及各种资源的有效配置和使用，直接影响着政府和社会的危机管理能力。

⑧以绩效为基础的危机管理

a. 政府危机管理的指标必须具有可持续性（能够持续较长的时间）、可衡量性（明确界定成功的标准）、能够实现（在政府确定的时间范围内能够达成）、具有相关性（能够满足各种危机和灾变管理的要求）和及时性（满足近期和长远的需要）。

b. 危机管理的绩效指标还必须明确、具有弹性、有机地与政府管理工作相整合、能够被政府部门和社会接受、能够反映国际社会的经验等。

c. 仅有危机管理的绩效指标是不够的，还要进行绩效的管理，这包括绩效的衡量、绩效的监控、以及持续不断的绩效改进等。

三、公共危机管理的战略

1. 我国在危机管理方面存在的弊端和缺陷

(1)政府官员、公共管理者以及整个社会公民的危机管理的意识比较弱；

(2)政府的危机管理缺乏系统的战略和政策规划；

(3)政府的危机管理缺乏组织化的保障；

(4)政府的危机管理缺乏完善的法制的保障；

(5)政府的危机管理缺乏整合和协调的机制；

(6)政府的危机管理缺乏有效的信息支持和信息沟通的机制；

(7)政府的危机管理缺乏制度化的财政资源保障；

(8)政府的危机管理缺乏有效的知识管理系统和支持系统；

(9)政府的危机管理缺乏人力资源的保障；

(10)政府的危机管理与国际和地区组织的合作机制有待完善；

(11)危机管理缺乏系统化和制度化的教育和训练机制。

2. 全面的危机管理战略的主要内容

(1)把危机管理纳入国民经济和社会发展的可持续发展战略之中，在此基础上，制定国家危机管理的战略、政策和规划

①将危机管理同经济的发展结合起来；

②把危机管理同资源和环境保护结合起来；

③把危机管理和文化发展结合起来；

④把危机管理同以人为中心的发展结合起来；

⑤把危机管理同政治和法制的发展结合起来；

⑥把危机管理同社会基础设施的发展结合起来。

总之，要把危机管理的策略有机地整合到国家方方面面的可持续发展的战略之中。国家应考虑制定危机管理的战略和政策，以阐明国家危机管理的目标和基本的政策选择。危机管理的政策要涉及危机的评价、危机的预防、危机的准备、危机的回应、危机后的恢复和重建等各个方面。

(2)建立和完善政府危机管理的组织体系和机构

把危机管理的职能整合到各级政府和各个政府部门的职能体系之中，整合到各级政府和各个政府部门的日常工作之中并建立统一领导、分工协调的危机管理体制是十分必要的。我国有必要在中央政府建立高层次的危机管理的领导、指挥和协调机构。这一机构的职能有：

①制定危机管理的战略、政策和规划；

②进行危机信息管理；

③进行危机风险的评估；

④在非危机时期，负责危机的预防和预警工作；

⑤在危机发生期间，负责领导与协调工作；

⑥负责危机管理的监督管理工作；

⑦对政府管理者和社会公众进行危机管理的教育和培训等。

(3)制定并完善国家危机管理的法律、法规和规章体系

①要在宪法中对紧急状态、紧急状态的确认、紧急状态的实施、政府紧急管理权等做出规定。

②制定统一的“紧急状态管理法”。统一的紧急状态管理法应该就下列主要问题做出明确的规定：紧急状态的确认和宣布；政府的紧急管理权；政府在紧急状态下的回应措施；紧急状态下的法律责任等。

③制定、完善管理和应对各种各样的危机或者紧急突发事件的专门法律、法规。

(4)为政府的危机管理提供充分的物质和财政资源支持

①各级人民政府要把危机管理的预算纳入政府的预算体系之中。

②政府有必要设立必要的专项基金，用于应对各种突发事件和危机，并且建立监督的制度和程序以保证基金的合法、合理及有效的使用。

③政府有必要建立完善各种战略性资源的储备制度。

④建立资源目录，以便在关键时期有效地调动资源。

⑤对危机状态下资源的征用问题加以立法。

(5)建立政府危机管理的信息系统和决策支持系统

政府的危机管理，必须建立在准确、全面、适时的信息基础之上；政府危机管理的政策制定、危机决策离不开决策支持系统的支持。危机管理信息和决策支持系统包括：资料库、知识系统、规范模型、危机的预警系统、电子信息技术的应用平台等。要把现代信息技术运用于政府的危机管理之中，透过科技的力量，提高政府危机管理的能力。

(6)建立有效的危机管理沟通机制

①明智地、及时地进行信息沟通，即使不能防止危机的发生，也可以控制危机及其影响；

②良好的信息沟通，可以加强反危机的协调工作；

③良好的沟通，可以防止信息的误传和谣言的传播；

④在危机发生时，政府与民众的及时沟通还可以起到稳定民心、警示、教育、监督等多种作用。沟通中一定要保障信息的及时、准确和客观，要保证重要通信基础设施的安全和信息沟通渠道的畅通，建立制度化的信息公开和发布制度。

(7)加强危机管理的教育和训练，增强整个社会危机管理的意识

①把危机管理的教育和培训纳入政府官员和公共管理人员的教育和培训之中；

②在高等院校中进行危机管理知识和技能的教育；

③把应对各种突发事件的基本知识和技能的教育作为素质教育的一个组成部分；

④利用各种形式对社会公众进行危机管理知识和技能的传播和教育；

⑤有关政府机构、教育和科研机构要加强危机管理的研究，形成系统化的知识，进行危机教育的需求分析，明确危机知识和管理教育的目标群体，提供教育的资料。

(8)促进危机管理的多边合作和国际合作

在危机管理上，要积极争取国际性的组织和地区性的组织在资金、人员、技术、教育和培训以及道义上的支持，同时加强与国际组织在信息方面的沟通。

四、公共危机管理的阶段与政策

1. 危机的疏缓

(1)危机的疏缓的概念

危机的疏缓是指管理者采取各种各样的预防措施，通过持续不断的努力和行动，以降低或者消除灾害及其影响的风险。危机的疏缓一个重要特点在于其关注长期的预防性工作，而不是着眼于危机发生以后的应对。

(2)危机疏缓的措施

①风险源的确认和控制

对于任何地区或者组织，要根据历史的资料和现实的探查，确认可能出现的灾害的类型，建立风险的档案，确认风险源，在此基础上绘制风险地图。

②通过工程项目防范灾害

一些工程项目，如疏通河道、修建大坝、建设和加固大堤等的确可以预防一些自然灾害如洪水对人们所造成的影响。

③通过有效地管理地区的发展来疏缓风险和灾害

地方政府在规划和管理发展的过程中，可以通过发展规划，如土地使用规划、城市建设规划、市政建设规划、人口控制规划等有效地降低可能的风险。

④通过制定和实施严格的管制措施来疏缓风险和灾害

强化政府的管制历来是各国政府有效疏缓各种灾难和危机的有效措施。这些管制措施涉及经济和社会生活的方方面面，如建筑标准和质量的管制、安全生产管制、食品安全管制、药品安全管制、危险化学物质的管制等。

⑤通过公共信息和教育的途径疏缓风险和灾害

在任何时候，建立一个安全的和具有防卫能力的社会的关键在于公民的风险意识和能

力。通过学校、社区、公共传媒等各种机构，利用各种方式传播危机管理的信息和知识，提高危机管理的意识以及增强危机管理的能力十分重要。

⑥通过政府的财政和诱因政策的途径疏缓风险和灾害

政府的诱因政策在疏缓中发挥积极的作用。诱因政策主要是通过政府的财政补贴和税收发挥作用的。对于有利于提高社会抵御力的项目和事业，政府可以提供补贴，甚至于通过减免税方式予以鼓励；对于那些对公共安全产生不良影响的事业或者行为，政府通过提高税负的办法加以限制等。

2. 危机的准备

(1)危机准备的概念

危机准备是指危机管理的功能性和运作的层面，即直接针对危机的应对及灾后恢复和重建。危机准备包括了制定应急的计划和预案、提前准备应急的资源等。

(2)一个较为系统的危机准备项目需要回答的四个问题

①哪些部门和机构需要参与到危机准备的工作之中？

②什么样的应急和灾害恢复行动是可行的？比如如果要进行人员的疏散和撤离，疏散和撤离的途径是否明确。

③应急组织如何有效地运作，有效地运作需要何种资源？

④应急准备工作是否充分，预案是否得到演练等。

(3)应急管理计划的内容

①基本计划

基本计划是指对一个地区应急管理的一般性说明，包括对目的的阐述、危机情景的假设、危机管理组织及其职责的分配、具体的运作程序、行政与后勤的保障和资源的支持等。

②功能性计划

功能性计划的核心是回答危机出现以后如何有效地运作，即回答需要干什么，谁负责具体的执行的问题，如谁负责指挥和协调，谁负责信息沟通，谁负责预警，谁负责人员的撤离和疏散以及如何进行，谁负责医疗救助等。

③特殊的计划

特殊的计划是指超出常态计划之外的，需要做出特别处理的事件的特殊应对方法。

3. 危机的应对

(1)危机应对的主要目标

包括：①保护人们的生命安全；②降低灾害的最初影响和损失；③最大限度地减少危机产生的次级影响和损失。

(2)危机应对阶段的主要工作

①通知和警示

有关灾害的监测部门需要向有关政府部门和社会公众发出警示和通知。在此时，应急部门处于待命状态，社会公众同时也需要采取相应的行动，如随时了解和掌握危险发展的程度；采取一些准备措施如储存一些必需的资源，准备撤离危险地带等。

②发布警告信息

有些事件出现得很突然，以至于有关机构没有足够的时间发出警示和通知，如危险化学物质的泄漏，天然气井井喷等。因此要立即通过喇叭、广播、电视等传播途径向当地居民发出警告信息，以便使居民采取迅速的预防措施。

③保护生命和财产

一旦危机事件发生，应急部门和社会公众需要立即采取必要的措施和行动保护人们的生命和财产的安全。对于应急部门而言，需要提供的主要服务包括安全保卫、消防、医疗救助、人员搜救、人员撤离、提供临时避难场所等。

④向公众提供基本的生活服务

灾害发生后，向受灾地区的民众提供基本的服务，如衣、食、住、医疗等。

⑤恢复和重建

在灾害发生之后，要立即开始灾后的恢复和重建工作，采取措施恢复正常的生活、生产秩序。

4. 危机后的恢复和重建

(1)恢复和重建的概念

恢复和重建的首要目标是恢复社区的基础设施和基本的社会秩序，要迅速恢复水、电、天然气、交通、通信等与社会公众的生活和生产密切相关的系统的正常运转；最终的目标是确保社区居民的生活质量恢复到灾前的状态。

(2)恢复和重建的措施

①短期措施

主要是救济和安置。救济和安置工作主要包括清理灾害的现场，恢复经济的活动，恢复政府的服务，为灾民提供基础性的公共服务。

②长期的措施

包括灾害后的重建工作和社会经济的发展措施，重建工作包括基础设施的重建，重振地方经济和社会的活力等。灾害后的恢复和重建工作一定要与灾害的疏缓工作紧密地结合在一起，把恢复和重建计划与疏缓计划有机地整合在一起。

12.2 课后习题详解

一、概念题

1. 危机

答：参见本章复习笔记相关内容。

2. 公共危机管理

答：公共危机管理是一种有组织、有计划、持续动态的管理过程，政府针对潜在的或者当前的危机，在危机发展的不同阶段采取一系列的控制行动，以期有效地预防、处理和消弭危机。公共危机管理的重点是：①危机信息的获取和预警；②危机的准备和预防；③危机的控制与回应；④危机的恢复与重建；⑤持续不断的学习与创新等。

3. 全面整合的危机管理体系

答：参见本章复习笔记相关内容。

4. 风险管理

答：风险管理是指运用系统的方式，确认、分析、评价、处理、监控风险的过程。风险是指发生可预期的损失的可能性(probability)。风险管理的基本程序包括风险识别、风险计量、风险监测、风险控制和风险管理效果评价等环节。风险管理的策略大致可概括为风险分散、风险对冲、风险转移、风险规避和风险补偿五种策略。

5. 公共危机管理战略

答：公共危机管理战略是指在政府处理公共危机事件时所制定的一系列的规划、执行、追踪和控制组织战略的过程。实践证明要构建现代化的危机管理体系，全面提升政府和整个社会的危机管理能力，首先应确立明确的公共危机管理的战略。具体做法和目标有：①把危机管理纳入国民经济和社会发展的可持续发展战略之中，在此基础上，制定国家危机管理的战略、政策和规划；②建立和完善政府危机管理的组织体系和机构；③制定并完善国家危机管理的法律、法规和规章体系；④为政府的危机管理提供充分的物质和财政资源支持；⑤建立政府危机管理的信息系统和决策支持系统；⑥建立有效的危机管理的沟通机制；⑦加强危机管理的教育和训练，增强整个社会危机管理的意识；⑧促进危机管理的多边合作和国际合作。

6. 发展途径的危机管理

答：发展途径的危机管理是指其所重视的是整个社会的危机管理能力的建设和发展，也就是社会做出有效的规划，应对潜在危机、管理和减弱危机的影响以及尽可能地预防危机出现和重演的能力的提高。更重要的是，发展途径的危机管理强调要从人类和持续发展的角度理解和进行危机的管理。整合的危机管理模式认为，从本质上而言，一切危机都是人为的。原因有以下几点：①人类社会必须重新思考自己发展的方式、行为的方式和生活的方式，谋求人与自然的和谐；②人类社会需要重新思考个体、群体、社会、国家之间的相互关系，通过政治、经济、文化的改革建立一个健康的社会；③需要重新思考国家的治理，通过改革不断致力于实现善政和善治；④人们不仅要考虑现时代的发展和公平，更要考虑后时代的发展和公平。

7. 全过程的危机管理

答：全过程的危机管理是指政府在进行危机管理的过程中，要注意危机发生发展的生命周期。危机的发生和发展有其生命的周期，危机管理也是一个系统的过程和循环。一个完整的危机管理过程包括四个基本的阶段：①疏缓。危机的疏缓包括了消除或者减少灾难出现的机会或者影响的一切活动。其基本的出发点在于，一个社会即使不能预防灾难，但也可以通过各种努力减少灾难的损失。②准备。危机的准备是指做出计划，以确定在危机出现的时候如何有效应对危机，包括危机管理规划、危机训练、危机管理的资源准备和储备等。③回应。危机的回应是指危机出现以后，政府向危机的受害者通过危机援助，通过各种反危机的措施控制和降低危机的损害。它包括了许多重要环节，如警示、隔离与移民、搜寻和援救、灾难评价、紧急救助、基本设施的提供、沟通和信息管理、安全保障等。④恢复。危机的恢复是指通过各种措施，恢复正常的社会运作和秩序。

显然，危机管理的四个基本的阶段是相互联系和不断循环的。

8. 全面风险的危机管理

答：全面风险的危机管理，或称危机管理的风险管理是指这样一种危机管理的主张与行为，即把风险的管理与政府政策管理、计划和项目管理、资源的管理，亦即政府日常的公共管理的方方面面有机地整合在一起。实施风险的分析和风险的管理过程包括：①建立风险管理的能动环境；②确认主要的风险；③分析和评价风险；④确认风险管理的能力和资源；⑤发展有效的方法以降低风险；⑥设计和建立有效的管理制度进行风险的管理和控制。危机管理的风险管理其基本出发点在于：政府只有在政府政策、规划、资源的管理方面有效地实施了风险的分析与风险的管理，才能有效地预防、疏缓和降低危机所带来的损失。

9. 整合的危机管理

答：整合的危机管理是指危机管理的责任人，如中央政府、各级地方政府、公民社会、企业、国际社会和国际组织之间在处理公共危机事件时采用整合各方资源的管理方式，以获得危机管理效率的最大化。采取整合危机管理的原因是：①危机是没有边界的；②受危机影响的是各种利害关系人；③危机应对需要调动各种资源。整合的危机管理强调的是一种统一领导、分工协作、利益共享、责任共担的危机管理机制。

二、思考题

1. 什么是危机？危机具有哪些基本的类型和特征？

答：(1)危机是指这样一种紧急事件或者紧急状态，它的出现和爆发严重影响社会的正常运作，对生命、财产、环境等造成威胁、损害，超出了政府和社会常态的管理能力，要求政府和社会采取特殊的措施加以应对。

(2)不同种类危机的共同特点

①危机具有威胁性

危机的出现或者发生，可能会对个体、组织或者社会的基本目标和价值，如生命、财产、安全、秩序、自由等产生威胁。

②危机具有时间的紧迫性

决策者要在有限的时间内做出快速的反应，而在信息不对称的情况下，决策者往往面临着巨大的压力。

③危机的发展具有阶段性

危机的发展，也有其周期。危机的发展往往会经历四个阶段：潜伏期、爆发期、持续期和解决期。

④危机具有不确定性

危机的不确定性主要表现在：a. 危机发生的不确定性(包括危机发生的时间和地点)；b. 危机发展过程和危机状态的不确定性；c. 危机应对的不确定性；d. 危机影响和后果的不确定性等。如果决策者不能减少这种不确定性，有效地掌控危机，危机所造成的损失就可能增大。

⑤危机具有新闻性

危机往往成为新闻媒体追逐报道的热点，因此也往往成为社会关注的焦点。对于危机管理者而言，媒体是一把双刃剑，媒体的报道既会对决策者产生广泛的压力，造成负面不良的影响，甚至是导致危机事态扩大的消极影响；同时，媒体的报道也有提供信息、警示公众、防止谣言、增强公众危机意识等积极作用。

⑥危机具有效果的双重性

危机既是危险，也是机会。危机会带来各种损失，但危机也是机会和转机，如果决策者直面危机，危机可以促进一个组织或者社会在价值取向、制度、公共政策、管理等方面的不断创新和进步。

2. 在当代社会，公共危机多发的原因有哪些？危机给社会发展和人们生活会带来哪些负面的影响？

答：参见本章复习笔记相关内容。

3. 什么是危机管理？危机管理的重点是什么？

答：(1)危机管理是指一种有组织、有计划、持续动态的管理过程，政府针对潜在的或者当前的危机，在危机发展的不同阶段采取一系列的控制行动，以期有效地预防、处理和消弭危机。

(2)危机管理的重点

①建立政府危机管理的信息系统和决策支持系统

危机管理信息和决策支持系统包括：资料库、知识系统、规范模型、危机的预警系统、电子信息技术的应用平台等。要把现代信息技术运用于政府的危机管理之中，透过科技的力量，提高政府危机管理的能力。

②危机的准备与预防

危机准备是指危机管理的功能性和运作的层面，即直接针对危机的应对及灾后恢复和重建。危机准备包括了制定应急的计划和预案、提前准备应急的资源等。应急管理计划的内容如下：

a. 基本计划。指对一个地区应急管理的一般性说明，包括对目的的阐述、危机情景的假设、危机管理组织及其职责的分配、具体的运作程序、行政与后勤的保障和资源的支持等。

b. 功能性计划。指回答危机出现以后如何有效地运作，即回答需要干什么，谁负责具体的执行的问题，如谁负责指挥和协调，谁负责信息沟通，谁负责预警，谁负责人员的撤离和疏散以及如何进行，谁负责医疗救助等。

c. 特殊的计划。指超出常态计划之外的，需要做出特别处理的事件的特殊应对方法。

③危机的回应

指危机出现以后，政府向危机的受害者通过危机援助，通过各种反危机的措施，控制和降低危机的损害。包括了许多重要环节，如警示、隔离与移民、搜寻和援救、灾难评价、紧急救助、基本设施的提供、沟通和信息管理、安全保障等。

④危机后的恢复与重建

指开始于危机的应对阶段，一直持续到社区恢复到正常的生活状态。在有些情况下，恢复和重建可能需要很长的时间。恢复和重建的措施有：

a. 短期措施。主要是救济和安置。救济和安置工作主要包括清理灾害的现场，恢复经济的活动，恢复政府的服务，为灾民提供基础性的公共服务。

b. 长期的措施。包括灾害后的重建工作和社会经济的发展措施，重建工作包括基础设施的重建，重振地方经济和社会的活力等。灾害后的恢复和重建工作一定要与灾害的疏缓工作紧密地结合在一起，把恢复和重建计划与疏缓计划有机地整合在一起。

⑤持续不断的学习与创新。政府在处理各种公共危机的过程中，不断得到新的经验和教训，开展广泛的学习，不断提高自身对公共危机事件管理的能力，健全公共危机管理系统，完善公共危机应对战略。

4. 试分析全面整合的危机管理体系的基本特征及构成要素。

答：(1)全面整合的危机管理体系的含义

全面整合的危机管理体系是指在高层政治领导者的直接领导和参与下，透过法律、制度、政策的作用，在各种资源支持系统的支持下，通过整合的组织和社会协作，通过全程的危机管理，提升政府危机管理的能力，以有效地预防、回应、化解和消弭各种危机，从而保障公共利益以及人民的生命、财产、安全，实现社会的正常运转和可持续发展。

全面整合的危机管理体系，代表着一种危机管理的哲学和理念；代表着一种危机管理的基本制度安排；代表着一种危机管理的整合流程；代表着一套危机管理的科学方法。

(2)全面整合的危机管理体系的基本特征和构成要素

①政治承诺、政治领导与政治支持

有效地预防、准备、回应和化解危机，保障人民的生命、财产和安全，保障社会的稳定是政府的基本职能，也是政府的基本政治责任之一。这就要求政治领导做到以下几点：

a. 政治领导者和高层公共管理者应该有强烈的危机意识、忧患意识；

b. 应该创造一种危机管理的文化和环境；

c. 应该积极地领导变革，通过制度、政策和管理的创新来预防和回应危机；

d. 应该积极地支持各种危机管理的计划和项目，并确立优先发展的次序；

e. 在危机爆发时，政治领导者应该做出快速准确的决断，透过政治动员的力量，整合和调动各种资源回应危机；

f. 应该通过自己的行为，加强与人民的沟通，获取民众的信赖，展现公信力。

②全危机的管理

政府和社会所面临的危机是各种各样的，以下列举几种危害程度较大的危机：

a. 由地质气候引发的危机。典型者包括地震、海啸、洪水、热带风暴、火山爆发、山体滑坡等。

b. 环境因素所引起的危机。典型者包括旱灾、饥荒、环境的恶化、沙漠化、害虫灾害等。

c. 工业和技术系统的失败所引起的灾害和危机。

d. 战争和冲突引发的危机，如军事入侵、暴动、恐怖主义等。

e. 大规模的传染病所引起的公共卫生危机。

危机管理要从单一危机管理的方式转化为全危机管理的方式，这包括了制定统一的战略、统一的政策、统一的危机管理计划、统一的组织安排、统一的资源支持系统等。全危机管理有助于利用有限的资源达到最佳的效果。

③发展途径的危机管理

整合的危机管理模式认为，从本质上而言，一切危机都是人为的。一方面，发展途径的危机管理所重视的是整个社会的危机管理能力的建设和发展，也就是社会做出有效的规划应对潜在危机、管理和减弱危机的影响以及尽可能地预防危机出现和重演的能力的提高；另一方面更重要的是，发展途径的危机管理强调要从人类和持续发展的角度理解和进行危机的管理。

a. 人类社会必须重新思考自己发展的方式、行为的方式和生活的方式，谋求人与自然的和谐；

b. 人类社会需要重新思考个体、群体、社会、国家之间的相互关系，通过政治、经济、文化的改革建立一个健康的社会；

c. 需要重新思考国家的治理，通过改革不断致力于实现善政和善治；

d. 不仅要考虑现时代的发展和公平，更要考虑后时代的发展和公平。

④全过程的危机管理

危机的发生和发展有其生命的周期，危机管理也是一个系统的过程和循环。一个完整的危机管理过程包括四个基本的阶段：

a. 疏缓。包括了消除或者减少灾难出现的机会或者影响的一切活动。其基本的出发点在于，一个社会即使不能预防灾难，但也可以通过各种努力减少灾难的损失。

b. 准备。指做出计划，以确定在危机出现的时候如何有效应对危机，包括危机管理规划、危机训练、危机管理的资源准备和储备等。

c. 回应。指危机出现以后，政府向危机的受害者通过危机援助，通过各种反危机的措施，控制和降低危机的损害。它包括了许多重要环节，如警示、隔离与移民、搜寻和援救、灾难评价、紧急救助、基本设施的提供、沟通和信息管理、安全保障等。

d. 恢复。指通过各种措施，恢复正常的社会运作和秩序。

显然，危机管理的四个基本的阶段是相互联系和不断循环的。

⑤全面风险的危机管理

危机管理的风险管理是指把风险的管理与政府政策管理、计划和项目管理、资源的管理，亦即政府日常的公共管理的方方面面有机地整合在一起。实施风险的分析和风险的管理包括：

a. 建立风险管理的能动环境；

b. 确认主要的风险；

c. 分析和评价风险；

d. 确认风险管理的能力和资源；

e. 发展有效的方法以降低风险；

f. 设计和建立有效的管理制度进行风险的管理和控制。

危机管理的风险管理的一个基本出发点在于：政府只有在政府政策、规划、资源的管理方面有效地实施了风险的分析与风险的管理，才能有效地预防、疏缓和降低危机所带来的损失。

⑥整合的危机管理

危机管理是政府的职责，各级政府在危机管理中扮演着十分重要的角色，但是，有效的危机管理需要政府、公民社会、企业、国际社会和国际组织之间的协作伙伴关系，其原因在于：

a. 危机是没有边界的；

b. 受危机影响的是各种利害关系人；

c. 危机应对需要调动各种资源。整合的危机管理强调的是一种统一领导、分工协作、利益共享、责任共担的危机管理机制。

⑦建立在充分资源支持基础上的危机管理

全面整合的危机管理系统是建立在各种资源的支持系统的基础之上的。一个现代化的危机管理的资源支持系统包括：

a. 危机管理的信息系统和知识系统；

b. 危机管理的人力资源系统和教育与培训系统；

c. 危机管理的财政资源系统；

d. 危机管理的物质资源系统；

e. 危机管理的政策资源系统等。

上述各种资源的生产、分配、共享，以及各种资源的有效配置和使用，直接影响着政府和社会的危机管理能力。

⑧以绩效为基础的危机管理

全面危机管理所强调的是以绩效为基础的管理，为了实现有效的危机管理，政府必须设立危机管理的绩效指标。

a. 政府危机管理的指标必须具有可持续性(能够持续较长的时间)、可衡量性(明确界定成功的标准)、能够实现(在政府确定的时间范围内能够达成)、具有相关性(能够满足各种危机和灾变管理的要求)和及时性(满足近期和长远的需要)。

b. 危机管理的绩效指标还必须明确、具有弹性、有机地与政府管理工作相整合、能够被政府部门和社会接受、能够反映国际社会的经验等。

c. 仅有危机管理的绩效指标是不够的，还要进行绩效的管理，这包括绩效的衡量、绩效的监控、以及持续不断的绩效改进等。

5. 结合实际分析我国政府公共危机管理存在的问题。

答：我国政府和社会经受住了各种各样灾难和危机的考验，并且在危机管理方面积累了丰富的经验。但是，实事求是地分析，我国政府的危机管理与公民的期望还有较大的差距，其问题主要存在以下几个方面：

(1)政府官员、公共管理者以及整个社会公民的危机管理的意识比较弱

政府官员以及公共管理者通常不把危机管理视为自己的首要任务，他们的公共危机管理的意识比较弱，过分考虑自己的经济指标而忽略社会的公共危机治理是我国政府公共危机管理的一个首要问题。同时，社会民众也缺乏危机管理的意识，缺乏对政府危机管理的监督，从而不利于整个社会危机管理意识的形成。

(2)政府的危机管理缺乏系统的战略和政策规划

事实上，导致危机发生的正是某些特定的社会、文化、经济和政治环境。尽管人们不能消除危机，但是人们可以消除危机产生的原因，防止危机的扩大和恶化。因此，把危机管理纳入国民经济和社会发展的可持续发展战略之中是十分重要的。要把危机管理同经济的发展结合起来，把危机管理同资源和环境保护结合起来，把危机管理和文化发展结合起来，把危机管理同以人为中心的发展结合起来，从而，克服我国以往的缺乏管理战略和规划的弊端。

(3)政府的危机管理缺乏组织化的保障

考虑到中国的具体情况，国家有必要在中央政府建立高层次的危机管理的领导、指挥和协调机构。这一机构的主要职能在于：

①制定危机管理的战略、政策和规划；

②进行危机信息管理；

③进行危机风险的评估；

④在非危机时期，负责危机的预防和预警工作；

⑤在危机发生期间，负责领导与协调工作；

⑥负责危机管理的监督管理工作；

⑦对政府管理者和社会公众进行危机管理的教育和培训等。

(4)政府的危机管理缺乏完善的法制的保障

我国已经制定和颁布了一些应对危机状态的法律和法规。但是，从整体上来看，法律法规体系尚不完整。

(5)政府的危机管理缺乏制度化的财政资源保障

各级人民政府要把危机管理的预算纳入政府的预算体系之中；政府有必要设立必要的专项基金，用于应对各种突发事件和危机，并且建立监督的制度和程序以保证基金的合法、合理及有效的使用。

(6)政府的危机管理缺乏有效的知识管理系统和支持系统

政府的危机管理，无论是危机的预防、准备，还是危机的回应和危机后的重建，必须建立在准确、全面、适时的信息基础之上；政府危机管理的政策制定、危机决策也离不开决策支持系统的支持。危机管理最大的特点之一在于危机的不确定性和环境的复杂性，所以建立一个行之有效的管理信息系统是我国亟需解决的问题。

(7)政府的危机管理与国际和地区组织的合作机制有待完善

在危机管理上，要积极争取国际性的组织和地区性的组织在资金、人员、技术、教育和培训以及道义上的支持，同时加强与国际组织在信息方面的沟通。

6. 全面的公共危机管理战略应包含哪些主要内容?

答: 参见本章复习笔记相关内容。

7. 探讨公共危机管理的过程与应对措施。

答: 参见本章复习笔记相关内容。

12.3 考研真题详解

一、概念题

1. 公共危机(中财2009年研)

答: 公共危机是指突如其来，攸关公共利益，对于组织的存在与发展具有重大影响的、急需管理者快速应对的事件。由于它涉及国家、社会、公众的整体利益，波及对象覆盖社会范围内的整个公共环境中的组织、群体、个人或公共设施，一旦发生，破坏性会很大，所以其处理主体主要是政府公共部门，尤其是警察与军队负有重要的责任。公共危机除了有紧急、不确定性突发、威胁性大、非程序化决策性等特点外，还呈现出危机扩散信息化、危机成因国际化和危机制造组织化等新特点。

从基本动因的角度分析，公共危机可以分为两大类：①由自然灾害及人为因素引起的突发性事件，前者如水旱灾害，地震、飓风、疫情，后者如化学品泄漏、通讯网络事故、交通事故、工程事故、生物技术灾难、食物中毒等；②由社会中的某种对抗因素引发社会冲突行为而导致的社会失衡和混乱，由一定的社会问题引发，如战争、暴力对抗、恐怖主义事件等。

2. 公共危机管理(河海大学2013年研)

答: 参见本章课后习题概念题第2题答案。

3. 全面整合的危机管理体系(北邮2013年研)

答: 参见本章复习笔记相关内容。

二、简答题

1. 什么是公共危机管理? 公共危机管理包含哪四个阶段?(中财2010年研)

答: (1)危机管理是指一种有组织、有计划、持续动态的管理过程，政府针对潜在的或者当前的危机，在危机发展的不同阶段采取一系列的控制行动，以期有效地预防、处理和消弭危机。危机管理的重点包括：①建立政府危机管理的信息系统和决策支持系统；②危机的准备与预防；③危机的回应；④危机后的恢复与重建。

(2)公共危机管理的四个阶段，参见本章复习笔记相关内容。

2. 简述全面整合的危机管理体系的基本特征和构成要素。(人大2014年研)

答: 参见本章课后习题思考题第4题答案。

第 13 章　公共管理的新策略

13.1　复习笔记

【知识框架】

- 公共管理的新策略
  - 公共服务的民营化
    - 民营化的意涵
      - 民营化的含义
      - 民营化的主要目的
      - 关于民营化的争论
    - 民营化的类型：撤资、委托、替代
    - 民营化的限制及其问题
      - 民营化的优点
      - 公共服务的民营化的限制
      - 民营化的缺点
  - 非营利组织与公共服务
    - 非营利组织的性质
      - 非营利组织的含义
      - 非营利组织的特点
    - 非营利组织的类型
    - 非营利组织与公共服务
      - 非营利组织的特征
      - 非营利组织的主要功能
    - 非营利组织与公共管理的互动
      - 非营利组织对公共管理的影响
      - 政府发挥的作用
    - 非营利组织提供公共服务的限制
      - 非营利组织“失灵”的可能性
      - 非营利组织发展的困境
  - 公共部门的目标管理
    - 目标管理的含义
    - 目标管理的基本形态
    - 目标管理的实施
    - 目标管理在公共部门应用的限制
  - 公共部门的全面质量管理
    - 全面质量管理的意涵
      - 全面质量管理的含义
      - 全面质量管理的特征
      - 与传统管理的区别
    - 公共服务的质量标准
    - 政府全面质量管理的推行
  - 公共管理的顾客导向
    - 顾客导向的意涵
      - 顾客的含义和分类
      - 顾客导向的含义
      - 顾客导向的积极作用
    - 顾客导向的公共管理的推动
      - 美国的例子
      - 澳大利亚的例子
    - 顾客导向与公共管理形态的改变

【重点难点归纳】

一、公共服务的民营化

1.　民营化的意涵

(1)民营化的含义

民营化是指由市场或民间部门参与公共服务的生产及输送的过程，即政府部门通过契约外包、业务分担、共同生产或解除管制等方式，将部分职能转由民间部门经营，政府只须承担财政筹措、业务监督，以及绩效成败的责任。公共服务民营化的类型主要有：撤资、委托、替代。

(2)公共服务民营化的主要目的

①利用市场经济的“经济原则”与“效率原则”，改善并提高政府公共服务的水平和质量；

②针对某些政府职能和政府业务，给予删减或终止，以缩小政府活动和政府职能的范围。

(3)关于民营化的争论

①支持民营化者以公共选择理论为依据，认为政府失灵经常出现，而民营化意涵某种程度的“再市场化”。通过民营化方式，可以减少官僚体系的繁文缛节、政府的过度膨胀，可以提高政府公共服务的品质与效能。

②民营化的反对者认为，民营化不但会侵害主权的完整性，而且还会腐蚀民主政治的根基。因为，民主政治的基础乃是政治社群意识，民营化会动摇这种整体意识。另外，市场组织的营利取向，亦容易使公共服务在效率的观念下，忽略公共责任和公共利益。

2. 民营化的类型

(1)民营化基本类型

①撤资

公营事业或资产移转至民间。此种移转型之民营化可经由出售、无偿移转及清理结算等策略进行。而出售及无偿移转的对象可以是事业机构现有的员工、产品的使用者或服务对象、社会大众，以及市场上现有的其他私人企业，或事业机构原有之所有人。而对于经营绩效不佳的公营事业，则可通过削减预算、关闭工厂以及出售资产等方式使之退出市场。

②委托

政府部门委托私营部门承担部分或全部财货与服务的生产活动，但政府继续承担监督的责任。政府委托外包的形式有：

a. 签约外包。即政府将部分货品或服务委托民间提供办理。

b. 特许权。指由政府提供给私营部门经营权，但政府保留“价格率之核准权”，而费用由使用者支付。如申请者超过一家，则可在竞标的情形下，由民众、政府共同决定核准权。

c. 补助。即由政府通过免税、低利贷款、直接补助等形式，以形成“诱因操作”。

d. 抵用券。由政府核发给有资格使用的民众，以指定消费某类货品(如食物、房租)。通常社会福利救济就是通过此种方式来实施。

e. 强制。由政府以命令的方式要求私营部门支付强制性的服务，如失业保险金即是由私营部门支付分担或共同承担若干社会安全责任。

③替代

当大众认为政府所提供的生产或服务不能满足社会的需求，而民间私营部门则意识到此种需求时，私营部门就可替代政府提供某种生产或服务，以满足社会大众的需求。替代的形式有：

a. 功能不足之替代。如当社会治安日趋恶化，而警力又明显不足时，就可由民间保安公司替代。

b. 退离之替代。由于私人企业规模及市场占有的逐渐扩张，公共部门缩减规模及资源的投入，以利私人企业的发展。

c. 放松管制之替代。即经由法令的修订，允许私人企业对原本由公有独占的市场环境进行竞争和挑战。

3. 公共服务民营化的限制及其问题

(1)民营化的优点

①成本降低。竞争的市场可以提升管理的效率和降低生产的成本。

②提高服务质量。在社会服务领域，非营利组织所承包的服务比公共部门提供的服务好。

③选择机会增加。通过公共服务的民营化，政府的政策可以促进不同输送系统的发展，使公民可以有选择服务的机会。

④整合民间资源用于国家发展。公共服务的民营化，也可以解决政策资金不足、智慧不足、管理能力不足等问题，有效地将民间资源整合到国家发展之中。

⑤示范效果。由于大部分公共服务不具有市场性，缺乏竞争的压力，借由公共服务的民营化，可以对政府及政府人员造成压力，促使他们改进绩效。

(2)公共服务的民营化的限制

①从其限度来看，由于政府部门与市场部门在本质上的差异，政府的许多业务和服务很难民营化，如含有国家主权的业务和事关国家安全的业务。

②民营化可提供的“信息的详细性”对于可以采用何种类型的民营化，亦均有不同限制。

(3)民营化的缺点

①关于公共责任。民营化可能会忽视社会责任和公共利益。

②特权与贪污。民营化可能为不法的官商勾结提供便利条件。

③公共服务的不公正。在公共服务转至民间机构后，往往会导致社会服务等级化。

④规避巧用。民营机构取巧规避不具有经济效益的项目，而只进行较有利的事项。

⑤管理问题。在民营化过程中，因信息不对称等原因，政府部门往往缺乏对被委托者的有效监控，便容易出现“逆向选择”和道德风险问题。

二、非营利组织与公共服务

1. 非营利组织的性质

(1)非营利组织的含义

非营利组织是指组织设立的目的不在于获取利润，且净盈余不得分配，由志愿人员组成的，实现自我管理的，具有独立、公共和民间性质的组织或团体。

(2)非营利组织的特点

①正式的组织。它必须有某种程度的制度化，同时要得到国家法律的合法承认。

②民间的组织。它必须与政府组织分开，但最主要的在于其在基本结构上是民间组织，不能为政府控制。

③非利益的分配。它不是专为组织本身生产利润，非营利组织在特定的时间中聚集利润，但是要将其使用在机构的基本任务上，而不是分配给组织内的财源提供者，这是非营利组织与私人企业的最大不同之处。

④自己治理。非营利组织能监控自身的活动，它们有内部的治理程序，不受外部的控制。

⑤志愿性的团体。非营利组织包括某些程度的志愿参与机构活动的导引或是事务的管

理，特别是志愿人员组成负责领导的董事会。

⑥公共利益的属性。非营利组织为公共目的服务，并提供公共财产。

2. 非营利组织的类型

非营利组织国际分类将非营利组织分为12大类：

(1)文化娱乐：文化艺术、休闲娱乐、服务俱乐部等；

(2)教育研究：中小学、高中以上以及其他教育和教育研究等；

(3)健康：医院康复、医疗机构、心理健康与咨询、其他健康服务；

(4)社会服务：社会服务、紧急救护、收入支持与维持等；

(5)环境：环境、动物等；

(6)发展与住宅：经济社会与社区发展、住宅、就业训练等；

(7)法律宣传与政治：公民与宣传组织、法律服务、政治组织等；

(8)慈善中介与自愿性服务：募款服务、支援服务组织等；

(9)国际活动：国际救护组织、人权组织、发展协会组织等；

(10)宗教：如天主教、基督教、犹太教等；

(11)商业与专业协会：如商业协会、劳工联盟、专业组织等；

(12)其他。

3. 非营利组织与公共服务

(1)非营利组织的特征

行政学者全钟燮认为非营利组织有六个显著特征：

①非营利组织与大多数政府部门一样，均为服务导向；

②非营利组织可以成为政府与服务对象之间的桥梁；

③非营利组织乃行动取向，针对服务对象直接提供服务；

④较之企业或政府组织，非营利组织的结构通常较少(甚至没有)层级节制，更具弹性；

⑤非营利组织通常被作为检验创新理念或试验社会替代方案的场所；

⑥多数非营利组织，如消费者或环境保护团体不仅关心公、私组织的服务和产品质量，更关注其对消费者或社会的影响，它们扮演的正是捍卫公共利益的角色。

(2)非营利组织的主要功能

①发展公共政策。非营利组织能够发现许多公共问题，其通过广泛运用影响力，影响政府的决策等。对于长期的政策，通过持续的分析研究，为政府政策制定和决策提供意见或建议。

②监督市场。在政府无法充分发挥功能的领域，非营利组织可以扮演市场超然的监督者的角色。在许多方面，非营利组织可以直接提供选择方案，提供更高品质的产品给社会。

③监督政府。非营利组织可以不断地提醒政府与公民，使政府与公民尽到其责任，更关心公共事务。

④直接提供公共服务。对于政府无法履行的公共服务和社会福利的职能，非营利组织可以弥补其不足。

⑤维护良好的社会价值。非营利组织对公共服务的奉献精神，对人、自然、社会的关怀与关爱，对平等权利的重视，对参与的重视等，均体现了民主社会的基本价值。

⑥促进积极的公民精神和扩大社会参与。非营利组织所倡导的是积极的公民精神，非营利组织为公民参与公共事务提供了重要的途径，也为培养积极的公民精神提供了场所。

4. 非营利组织与公共管理的互动

(1)非营利组织对公共管理的影响

①公共行政与管理意涵的扩大。公共行政与管理不再是政府单方面行使权力实施治理的过程，而是整合包括非营利组织的更多民间自愿，实现对社会的良好治理。

②公共管理的价值。公共管理不仅仅要重视效率、经济、效能等问题，更要重视“公共性”问题。

③对公共服务的强调。传统上公共行政与公共管理比较重视控制，重视管制，而缺乏公共服务的精神，而非营利组织是一个以服务为导向的组织，这值得公共组织学习。

④设计更民主、开放的公共组织。非营利组织的最重要的特征在于信息的共享，强调权力的非集中化，强调自主负责，强调参与与对话，强调合作，强调学习和创新，这些恰恰是政府组织所缺乏的。

⑤参与机制的建立。公共管理部门如何建立有效的参与渠道，将非营利组织的热情引导到公共事务的治理方面，值得研究。

(2)政府在促进非营利组织的发展和服务提供方面发挥的作用

①补助。在国外，政府一直是非营利组织经费的主要补助来源。

②租税诱因。各国对非营利组织通常采取税收减免与慈善捐赠扣除等诱因，来鼓励非营利组织的发展。

③委托公共事务。政府可以委托非营利组织办理公共事务，这样可以鼓励其参加公共事务，同样亦可减轻政府的负担。

④法律管制。政府制定非营利组织管理的法律、法规，规范非营利组织，并使其发挥正面的功能。

⑤辅导监督。政府在鼓励非营利组织发挥正面功能的同时，也要监管非营利组织，以防止发生违法的事情。

5. 非营利组织提供公共服务的限制

(1)非营利组织“失灵”的可能性

①公益的特殊性。有些组织可能发展为极端的、排他性极强的只为特殊群体服务的组织。

②公益的父权性。指可能为少数人控制，变成图利私人的组织。

③公益的业余性。从事公益活动的常常是志愿服务者，可能热心有余而专业不足。

(2)非营利组织发展的困境

①任务困境。非营利组织的社会、文化或经济任务为何，其是否应该与政府或企业保持密切或独立的关系等。

②财务困境。非营利组织的经费来源如何解决，民间个人或企业的捐助、政府的补助以及自行经营业务与收费之比例应该如何分摊等。

③权力困境。非营利组织可以影响政府或盈利部门决策过程之底线为何。

④效能困境。非营利组织本身的效能为何，如何改进其组织效能等。

⑤治理困境。非营利组织在不影响其创造社会秩序多元主义的前提下，是否对不同的利害关系团体负责，如何担当治理过程中的责任精神等。

三、公共部门的目标管理

1. 目标管理的含义

目标管理是指由参与管理制定目标，并经过自我管理和自我控制等管理方式，建立各级人员的责任心和荣誉感，最终以实现组织绩效的一套管理系统。

2. 目标管理的基本形态

(1)目标设定。每一位行政人员应与其管理者对于工作的结果达成协议，然后以书面形式将组织目标、单位目标与个人目标分别呈现出来，分清相互之间的关系及排定优先顺序。

(2)预算。目标的达成与资源配置相联系，通过预算以金钱的形式将目标予以落实。

(3)自主性。自主性乃是目标执行过程中赋予组织成员适当的权力与责任，使其在执行目标时，可以控制自己的行为及活动，依其自定的工作方式，主动解决问题，并对结果负责。

(4)反馈。通过信息的反馈以保证目标能如期达成或适当修正。

(5)奖赏。基于激励原理，为促进目标的达成，奖赏系统的设计是不可或缺的，如果缺乏适当的奖赏，目标管理亦不会成功。

3. 目标管理的实施

(1)目标管理与生产力改善方案必须仔细规划。尤其是运用于大型、复杂的组织，更应特别予以注意。事实上，在任何目标管理方案实施之前，都应在有限的范围先行适用。

(2)方案的参与者必须事先准备。为保证目标管理能够发挥出功效，参与人员必须对目标管理的哲学基础——强调自我控制——以及其主要内涵有所了解。

(3)参与者需要指导纲领以协助设定目标。目标设定是目标管理的核心，亦是目标管理的困难所在。目标设定得太高，容易造成参与者的挫折感，而目标设定得过低则缺乏挑战性，需要有一个指导纲领以协助设计有意义、合理的，同时具有挑战性的目标。

(4)目标网络必须能够被了解。个别目标应配合整体目标网络，只有了解整个目标网络的意涵，组织的整体目标才能实现。

(5)目标的达成可能无法正确地指出绩效表现的好坏。目标的达成并不一定表示绩效卓著，因此，在衡量绩效时，管理者无法控制的外在因素往往不列入考核之中。

(6)目标的时间周期是重要的。目标设定通常以一年为期(或更短)，为避免目光短浅与副作用的产生，目标管理应配合长期计划来实施。

(7)目标管理的主管人员在设定目标与执行方案等困难任务中起着重要作用。目标管理的主管人员若能由职位高、有名望的人出任，将有助于目标管理方案的施行。

(8)将目标管理直接运用于奖赏系统会引起负面的边际效果。由于管理者可能会试着操纵以增加其报酬，因而容易忽略了与其目标直接相关的重要活动。

(9)目标管理亦有缺乏弹性的可能性。目标管理的适度运用应可促进工作弹性，然而目标规划是一个持续的过程，在变动的环境中需要一再的评估。目标既不能轻易改变亦不能一成不变，需根据计划的变动而加以调整。

(10)管理系统应加以监测且至少在一开始时要保持单一。目标管理方案的成功需要持续的监控与评估其效能。另外，为避免管理事务的错综复杂，管理系统应该尽量保持单纯，至少在一开始时应做到这一点。

(11)高层主管人员积极投入所设定的所有目标并传达到组织中的较低层级。

(12)管理的生产力需要加以衡量。目标管理不仅是一项管理工具，也是一个管理过程，可用以衡量管理的生产力。

(13)组织气候必须支持生产力的追求。目标管理的达成有赖于良好的组织氛围的支持与配合。

(14)高层管理人员必须对目标管理与生产力改善作出承诺。管理界的一个普遍共识就是：成功的目标管理方案需要高层主管人员的承诺。

(15)目标管理必须被视为一个管理系统。目标管理不是管理者工作的额外负担，而是一种管理方式，其目的在于使管理者更有效能并提升其专业潜力。

4. 目标管理在公共部门应用的限制

目标管理在政府部门应用时遇到的问题有：

(1)目标管理在封闭体系的组织中较易管理，但对于变动而且难以预测的动荡环境则不易使用。因为此时目标往往难以设定。

(2)目标管理存在信任问题。在传统行政组织中，目标往往是高层领导制定的，一般人员很少有参与机会，在执行过程中，一般人员也少有裁量权，目标管理要打破这种状况，也是不容易的。

(3)公共部门的目标往往比较模糊，不易量化，其结果也不容易衡量。

(4)公共目标的制定过程，并非是一个理性选择的过程，而是一个政治过程，往往充满了多元目标的冲突。

(5)目标管理的实施往往以一年为周期，这种强调短期目标的管理，可能忽视了组织长期目标发展的规划。

四、公共部门的全面质量管理

1. 全面质量管理的意涵

(1)全面质量管理的含义

全面质量管理是指一种全员参与的、以各种科学方法改进组织的管理与服务，通过高素质和不断改进的产品和服务，获取顾客满意的管理理念、制度和方法。

(2)全面质量管理的特征

①全面质量管理的范围，包括组织、社会及社群，以最佳客观标准作为评价标准。

②全面质量管理系质量改善的整体制度，改善质量的方法，依据事实的决策而非主观臆断。

③全面质量管理的内容，不仅限于顾客(使用者)所得到的产品或服务的质量，也包括改善组织内部绩效的一切作为。

④全面质量管理认为质量是组织内部一切业务的必然结果，所有部门及成员皆应参与；组织不但有追求质量的制度，也需要追求高质量的文化。

⑤全面质量管理是一种管理方法，要求一切的工作、程序能全程无误地完成。

(3)传统管理与全面质量管理的区别(见表13-1)

表13-1　传统管理与全面质量管理的区别

	传统管理	全面质量管理
①组织文化	个人主义、专业分工、独断领导、利润至上、追求生产力	集体努力、跨部门合作、教导授能、顾客满意、追求品质
②沟通方式	下行沟通	下行沟通、平行沟通、斜向沟通、多向沟通
③意见表达和参与方式	主管裁定、建议制度	正当程序、品质管理小组、态度调查
④工作设计	效率、生产力、标准化作业程序、狭窄的控制幅度、详尽的工作说明书	品质、顾客导向、革新、宽广的控制幅度、自主化的工作范围、充分授能
⑤训练项目	工作相关技能、单一部门业务技术性质知识、生产力	广泛技能知识、跨部门业务、诊断问题与解决问题的相关知识、生产力与品质

续表

	传统管理	全面质量管理
⑥绩效评估	个人目标、由主管考核	团体目标，由顾客、同事以及主管三者共同考核，强调品质与服务
⑦薪资制度	以个人为单位争取功绩、加薪以及福利	以团队为基础发放酬赏、财务酬劳、非财务性质的表扬
⑧卫生医疗与工作安全	处理问题	预防问题、安全计划、保健计划、员工互利
⑨考选升迁与职业生涯发展	由主管考选，狭窄的工作技能，以个人绩效决定升迁，单一部门的直线式生涯途径	由同事考选，解决问题的能力，以团队表现决定升迁，不同部门的水平式生涯途径

2. 公共服务的质量标准

(1)绩效。绩效是民众在接受政府部门所提供的服务时，首先考虑的最重要面向。

(2)专业特色。这是补充基本的政府产品与服务品质的第二项标准。

(3)可信度。对于许多民众而言，最重要的品质标准是服务或产品应具有的可信度。“可信度”是指一项产品或服务，在某一特定期限之内，能符合民众期望的可能性。

(4)持久性。指某一服务或产品对民众所带来利益的持续时间的长短。

(5)一致性。指政府所提供的产品或服务，其成效是否符合预先所设标准的程度。

(6)及时性。指政府所提供的服务或产品，必须能够及时地满足民众的需求，或是政府能够及时地解决民众所遭遇的问题。

(7)变动性。指政府所提供的产品或服务是否会根据时间空间的改变而适时转变。

3. 政府全面质量管理的推行

(1)政府全面质量管理的推行的实施步骤

①高层人员之领导与支持。全面质量管理最重要的构成要素是来自于高层人员的领导与支持。高层人员必须直接且积极地投入，并为建立一个鼓励变革、创新，以工作为荣以及为了公共利益而持续不断地改进的组织环境而努力。

②策略性规划。策略性规划的目的在于促使组织进行持续性的质量改善，并使之成为组织日常运作的重要组成部分，进而建立一个动态的和参与的规划过程。

③以顾客为导向。一个具有高绩效的政府部门能够较好地满足民众的期望，因此积极地影响公众对政府施政措施的满意，正确地发掘公众的需求，即成为全面质量管理的重点。

④考评与分析。对品质的考评与分析，其直接目的在于降低错误与浪费，改进服务的成本与效能，提升服务的品质，最终确保组织能够切实掌握民众的需求和意向。

⑤训练与奖惩。加强员工的训练与培训，建立适当的奖惩标准，对于推动组织服务质量的改进有着重要的推动作用。

⑥赋予组织成员活力与团队合作。工作过程的改善只有在所有的组织成员以及各个功能部门均积极投入努力的情形下，才能获得全面的成功。

⑦品质保证。使工作人员着重分析前一阶段的供应者所提供的相关信息，并且与民众建立起“伙伴关系”，才能真正保证服务品质符合民众的期望与需求。

(2)行政机关在推动全面质量管理时改善服务品质的标准的指标

①可靠性。民众在第一次提出要求时，机关是否能立即提供正确无误的服务；能否遵守对民众的承诺；能否在指定的时间内完成对民众的服务。

②回应性。当顾客需要服务时，组织能否提供便捷、迅速而亲切的服务；能否全力配合民众时间上的紧迫性。

③能力。机关人员是否具备执行职务所需的专业知识和技能。

④服务通道。机关服务民众的通道是否通畅；民众能否非常方便地与机关打交道；机关的服务时间和服务地点是否方便民众。

⑤服务礼貌。机关人员在提供服务时，是否彬彬有礼、和蔼可亲；是否尊敬、体贴、善待民众。

⑥沟通。机关人员能否耐心地听取民众的陈述；能否充分了解事情的来龙去脉；能否详细地向民众说明相关的法律法规，并尽力为民众解决问题。

⑦可信度。机关人员的行为表现是否让民众信赖；机关人员能否处处以民众的利益为先；机关能否真正树立起“全心全意为人民服务”的良好形象。

⑧安全感。政府应提供给民众安全、自由的环境，能够保护民众的生命、财产与隐私权不受侵犯。

⑨善解人意。政府机关应了解、悉知民众的愿望，全力满足民众的需求。机关工作人员能够做到“视民如亲”。

⑩有形性。即服务过程中的外观。即机关的硬体设备是否适用；行政人员的衣着仪表是否美观得体。

五、公共管理的顾客导向

1. 顾客导向的意涵

(1)顾客的含义和分类

对企业而言，顾客是指具有消费能力或消费潜力，会购买产品或服务的人。对于政府机关而言，顾客是指受公共政策和公共管理行为影响的人，一般可分为：

①外部顾客。指组织的最后政策产出之直接受益者，或者间接受益者，也就是行政机关直接或间接接触的对象。一般称为人民，或俗称为老百姓。

②内部顾客。指公共组织内部参与组织管理和运作的成员，他们是公务员，是为民提供具体服务的服务者和行动者。

(2)顾客导向的含义

顾客导向是指组织及其组织成员站在顾客的立场上，仔细评估组织的管理绩效，以追求顾客满意为基本目标。具体而言，顾客导向的意涵为：

①实行“站在顾客立场上思考”。组织所关心的是顾客而非组织；重视问题而非产出。

②将顾客视为主要资产。组织真正的资产不在收支平衡或盈利的增加，而是顾客。当组织失去顾客的同时，也就失去了其他资产。

③顾客满意即组织目标。顾客的满意就是组织的目标，工作的重点在于达成顾客的合理期待和愿望。

④建立与顾客之间的长期互动关系。加强与顾客的直接互动，了解顾客的期望，并将此信息作为改进工作和管理的方向。

(3)顾客导向的积极作用

①顾客导向的组织可促使服务提供者，对顾客真正负起应有的责任；

②顾客导向的组织使组织成员在决策时，能减少政治因素的不当干预；

③顾客导向的组织可激发出组织成员更多的创新行为；

④顾客导向的组织可对民众提供更广泛的选择；

⑤顾客导向的组织其产出较能符合大众的需求，不容易形成浪费；

⑥顾客导向的组织能培养顾客的选择能力，并协助其了解本身应有的地位和权益；

⑦顾客导向的组织可创造出更多公平的机会。

2. 顾客导向的公共管理的推动

(1)美国的例子

美国的顾客服务标准包括七项内容：

①确认行政机关的实然顾客与应然顾客；

②调查顾客所期望的服务项目与品质，了解顾客对现有项目的满意度；

③公告服务标准，并据以衡量成效；

④效法企业标杆，提升顾客服务标准；

⑤给予顾客多元的服务与输送方式；

⑥务求信息、服务以及申诉制度简明易用；

⑦提供畅通的顾客申诉途径。

(2)澳大利亚的例子

澳大利亚确立了实践型文官体系的顾客服务标准，由七项原则构成：

①了解标的顾客所在；

②善待顾客之公务人员；

③顾客为主的洽谈处理公务场所；

④周延之申诉处理程序；

⑤“顾客价值”导向之绩效评估与标的；

⑥电话及柜台应对技巧；

⑦永续改善的精神。

3. 顾客导向与公共管理形态的改变

(1)决定施政目标的标准由专家决定，转变为对公民所需的考虑，即以人民的需要和价值作为组织行动的指导，使公共资源的投入与执行政策的过程，均能达到顾客期望的结果。

(2)以成本效益为基础的效率标准，转变为对服务质量以及民众评价的重视。

(3)从依法行政转变为“产品质量”的评估与改进，即从消极的控制转变为积极的服务。

(4)管理理念由控制员工转化为获取员工的认同。

(5)从对特定“功能”“权威”及“结构”的服从，转变为对“使命”“服务”“顾客”以及成果的高度认同。

(6)责任由法规强制，转变为公务人员自主性的建立与认同。

(7)由一味地遵循“法规”“程序”，转变为对问题彻底理解并找出解决问题的方法。

(8)从一条鞭式的管理，转变为寻求民众的支持与认同。

13.2 课后习题详解

一、概念题

1. 公共服务的民营化

答：参见本章复习笔记相关内容。

2. 签约外包

答：签约外包是指政府与私营企业、非营利组织签订协议(合同)，将部分货品或服务委托民间公司提供办理的一种公共服务民营化的基本类型。在外包过程中，政府是安排者，私营企业或非营利组织是生产者或服务的提供者，由政府支付费用。签约外包可以降低政府营运成本，提高公共服务品质，集中人力资源，提高顾客满意度，将政府解放出来以更专注于核心业务。通过签约外包安排的公共服务一般集中在这样一些领域：公共工程、卫生和社会福利，以及一般性政府业务，如法律服务、文书工作和计算机服务等。

3. 特许权

答：特许权是指由政府提供给私营部门，如水电、瓦斯及交通运输业者经营权，但政府保留“价格率之核准权”，而费用由使用者付费的一种公共服务民营化的基本类型。如果申请者超过一家，则可在竞标的情形下，由民众、政府共同决定核准权。特许权经营适用的领域包括城市基础设施、政府管制的特殊行业、城市公共服务，如电力、天然气、自来水、广播电视、电信、公交、道路与桥梁建设等。政府特许经营增加了公共服务(垄断性)市场的可竞争性，改进了生产效率和分配效率，更好地满足了公众对基础设施的需求。

4. 非营利组织

答：参见本章考研真题概念题第2题答案。

5. 目标管理

答：参见本章考研真题概念题第3题答案。

6. 全面质量管理

答：参见本章考研真题概念题第4题答案。

7. 顾客导向的公共管理

答：顾客导向的公共管理是指在公共管理过程中，运用企业管理中顾客至上的精神和方法进行公共管理实践的理念。顾客导向的公共管理要求政府把民众尊为顾客，尽量提供高质量的服务，以顾客需要为施政方向，规划各项施政方针，以此获取人民的支持。顾客导向公共管理的目的是改变传统上政府的权威心态和政府为尊的状况，为民众提供更好的服务。顾客导向公共管理的关键是了解目标顾客及其需求，以及实现需求的方法。相比传统的公共管理，顾客导向的公共管理更加具有透明度和整体性。

二、思考题

1. 何谓公共服务的民营化？公共服务民营化有哪些主要类型？

答：参见本章复习笔记相关内容。

2. 公共服务民营化有何优点和缺点？

答：参见本章复习笔记相关内容。

3. 何谓非营利组织？非营利组织的特征是什么？

答：参见本章复习笔记相关内容。

4. 非营利组织在公共服务的提供方面有何作用和限制？

答：(1)非营利组织在公共服务提供方面的作用

在公共服务方面，非营利组织发挥的作用主要在于以下几个方面：

①发展公共政策。非营利组织在直接参与社会事务的处理过程中，能够发现许多公共问题。同时，非营利组织通过广泛运用影响力，如提供信息、陈述请愿、参与诉讼、直接代表，影响大众传媒，影响政府的决策等。对于长期的政策，通过持续的分析研究，为政府政

策制定和决策提供意见或建议。

②监督市场。在政府无法充分发挥功能的领域，非营利组织可以扮演市场超然的监督者的角色，如消费者权益保护。在许多方面，非营利组织可以直接提供选择方案，提供更高品质的产品给社会。

③监督政府。虽然政府组织有防止弊端的机制，但仍不能完全保证公正无私。非营利组织可以不断地提醒政府与公民，使政府与公民尽到其责任，更关心公共事务。

④直接提供公共服务。对于政府无法履行的公共服务和社会福利的职能，非营利组织可以弥补其不足，尤其是在社会服务、文化教育、医疗卫生、社区发展、社会互动等方面发挥极大的功能。

⑤维护良好的社会价值。非营利组织对公共服务的奉献精神；对人、自然、社会的关怀与关爱；对平等权利的重视；对参与的重视等，均体现了民主社会的基本价值，通过自己的行为，倡导和维护着社会正面的价值观。

⑥促进积极的公民精神和扩大社会参与。非营利组织所倡导的是积极的公民精神，这种精神强调公民应积极主动地介入公共事务，对社会应有仁德与爱心；对社会要承担个人的道德责任；要有利他主义的精神。这种精神代表的是民主社会最重要的精神。更重要的是，非营利组织为公民参与公共事务提供了重要的途径，也为培养积极的公民精神提供了场所。

(2)非营利组织在公共服务提供方面的限制

由于非营利组织是民间组织，在涉及运用公权力领域，其提供的服务的能力受到限制。这种限制主要表现在以下几个方面：

①公益的特殊性。有些非营利组织可能发展为极端的、排他性极强的，只为特殊群体服务的组织。

②公益的父权性。非营利组织可能为少数人控制，变成图利私人的组织。

③公益的业余性。从事公益活动的常常是志愿服务者，可能热心有余而专业不足。

5. 非营利组织对公共管理提出了什么样的挑战?

答：非营利组织对公共管理提出的挑战主要包括：

(1)公共行政与管理意涵的扩大。公共行政与管理不再是政府单方面行使权力实施治理的过程，而是整合包括非营利组织的更多民间自愿，实现对社会的良好治理。

(2)公共管理的价值。公共管理不仅仅要重视效率、经济、效能等问题，更要重视“公共性”问题。

(3)对公共服务的强调。传统上公共行政与公共管理比较重视控制，重视管制，而缺乏公共服务的精神，而非营利组织是一个以服务为导向的组织，这值得公共组织学习。

(4)设计更民主、开放的公共组织。非营利组织的最重要的特征在于信息的共享，强调权力的非集中化，强调自主负责，强调参与和对话，强调合作，强调学习和创新，这些恰恰是政府组织所缺乏的。

(5)参与机制的建立。公共管理部门如何建立有效的参与渠道，将非营利组织的热情引导到公共事务的治理方面，值得研究。

6. 中国非营利组织的发展现状和问题为何?

答：在我国，完全符合西方标准的非营利组织几乎不存在，但又确实存在一些从行为和运作机制上不同于政府又不同于企业的社会组织，从推动和促进非营利部门的发展的角度出发，定义限制得并不严格。一般认为只要是依法注册的正式组织，从事非营利性活动，满足志愿性和公益性要求，具有不同程度的独立性和自治性，即可称为“中国的非营利组织”。中国非营利组织的发展可以从现状和问题两个层面进行分析，具体内容如下：

(1) 中国非营利组织发展的现状

在我国，非营利组织主要是指在民政部门登记注册的社会团体、基金会和民办非企业单位。截至2002年底，全国共登记社会团体13.3万个，民办非企业单位11.1万个。然而，由于处于社会转型期，我国的非营利组织又有着自身的特点。在改革开放以后发展起来的中国非营利组织中，有两种来源不同的类型：

①自上而下的非营利组织。其与政府改革相关联，在相当程度上是政府改革和政府职能社会化的产物，因此它们的主要的社会资源包括人、财、物、信息、管理和相应的组织资源等，主要来自党和政府的相关机构等受权力控制的垄断领域。

②自下而上的非营利组织。它们与市场经济的发展以及与之相关联的经济、社会民主化进程有关，是公民有组织地参与经济过程、社会过程乃至政治过程的产物，所以它们主要的社会资源包括人、财、物、信息、管理和相应的组织资源等，主要来自市场、社会、海外等开放的竞争世界。

这样两种截然不同的资源来源及其所形成的非营利组织，体现了转型时期中国公民社会的两条不同的发展道路。一方面，大量的非营利组织还很难真正成为独立于政府的自治组织，尤其进入法律登记体系的非营利组织，许多还保留着政府或事业单位的色彩；而一些具有独立性的社会自发组织，被排除在法律体系之外，生存空间受限。另一方面，管理和社会监督机制很不健全，存在较严重的非营利组织的盈利行为，影响了非营利组织的社会公信度。

(2) 当前中国非营利组织发展的问题

当前中国非营利组织发展的现状和问题集中在以下四个方面：

①资源不足

a. 相当一部分非营利组织资金严重不足，无法开展正常的活动，其中有不少组织处在名存实亡的“休眠状态”；

b. 也有一些组织为了维持生存发展，在通过各种渠道开展与其自身业务不相干的经营性活动或者违法活动；

c. 在人力资源方面，绝大多数受到政府支持的自上而下的非营利组织中，基本的工作人员几乎都来自政府机构，其中有许多是从第一线退下来的离退休人员；

d. 很多自下而上的非营利组织则没有或几乎没有固定的人才渠道，定员和编制极为有限，主要依靠志愿者开展活动，这导致了普遍存在的制度不健全、管理不科学、家长制等问题。

②能力不足。这里所说的能力是综合来看的，包括一个组织的活动能力、管理能力、创新能力、扩张能力和可持续发展能力等。中国的非营利组织一般来说规模比较小，资金筹措能力比较低，动员社会资源的能力也就比较弱，加上组织管理不规范、不透明、不民主，又缺乏评估和社会监督，使得其难以得到社会的广泛认同和普遍的社会公信，不能发挥应有的积极作用。

③缺乏自治。这些组织，不仅其主要的资源来源于党政机关，且在观念、组织、职能、活动方式、管理体制上等方面，都严重依赖于政府，甚至依然作为政府的附属机构发挥作用。即使民间自发建立的非营利组织，由于要挂靠在业务主管单位上，也会受到政府各方面

的限制和干涉。这种状态随着政府改革的进一步深入，不仅束缚了自身的手脚，也严重束缚了政府的手脚。

④发展不平衡。中国非营利组织的发展在区域之间、城乡之间和不同领域之间，呈现巨大的差距。

7. 何谓目标管理？公共部门如何实施目标管理？

答：参见本章复习笔记相关内容。

8. 目标管理在公共部门的应用有何限制？

答：参见本章复习笔记相关内容。

9. 何谓全面质量管理？如何在政府部门推行全面质量管理？

答：(1)全面质量管理的含义

全面质量管理是指一种强调顾客中心、绩效中心、前馈控制、全面管理的现代化的管理典范。它是一套以强调全员参与为特征、提倡用各种科学方法改进组织的管理与服务，并通过高素质和不断改进的产品和服务，获取顾客满意的系统的管理理念、制度和方法。一般而言，全面质量管理都是以战略、远景、作业三者为主。

(2)政府部门推行全面质量管理的途径

在政府部门推行全面质量管理包括七个实施步骤，具体如下：

①高层人员之领导与支持。政府部门在推行全面质量管理的过程中，高层领导必须自始至终亲自参与，必须给组织的未来树立一个可达成的远景，必须建造一个开放的且具有信任感的组织气候，为全面质量管理的推行赋予动力。

②策略性规划。目的在于促使组织进行持续性的质量改善，并使之成为组织日常运作的重要组成部分，进而建立一个动态的和参与的规划过程。

③以顾客为导向。一个具有高绩效的政府部门能够较好地满足民众的期望，因此积极地影响公众对政府施政措施的满意，正确地发掘公众的需求，即成为全面质量管理的重点。

④考评与分析。对品质的考评与分析，其直接目的在于降低错误与浪费，改进服务的成本与效能，提升服务的品质，最终确保组织能够切实掌握民众的需求和意向。

⑤训练与奖惩。加强员工的训练与培训，建立适当的奖惩标准，对于推动组织服务质量的改进有着重要的推动作用。适当、适时的奖励可以振奋工作人员的士气与满意感，进而促使组织服务品质的改善。

⑥赋予组织成员活力与团队合作。一旦高层人员认同并支持全面质量管理的实施，使组织达成品质承诺的最重要要素，乃为组织所有成员的投入、赋予活力以及团队合作。工作过程的改善只有在所有的组织成员，以及各个功能部门均积极投入努力的情形下，才能获得全面的成功。

⑦品质保证。在全面质量管理的过程中，品质保证即是自工作过程之始为开端，从资源的输入阶段即防止问题的产生，而不是传统管理中问题发生后才进行控制与检查。

10. 全面质量管理与传统的管理有何区别？

答：全面质量管理与传统的管理的区别主要包括以下九个方面：

(1)组织文化方面。全面质量管理主张集体努力、跨部门合作、教导授能、顾客满意和追求品质；传统的管理主张追求生产力、个人主义、专业分工、独断领导和利润至上。

(2)沟通方式方面。全面质量管理采用下行沟通、平行沟通、斜向沟通和多向沟通；传统的管理采用下行沟通。

(3)在意见表达和参与方式上。全面质量管理主张正当程序、品质管理小组和态度调查；传统的管理主张主管裁定和建议制度。

(4)在工作设计上。全面质量管理要求品质、顾客导向、革新、宽广的控制幅度、自主化的工作范围和充分的授能；传统的管理要求效率、生产力、标准化作业程序、狭窄的控制幅度和详尽的工作说明书。

(5)在训练项目上。全面质量管理主张广泛的技能知识、跨部门业务、诊断问题与解决问题的相关知识、生产力与品质；传统的管理强调工作相关技能、单一部门业务技术性质知识和生产力。

(6)在绩效评估方面。全面质量管理要求团体目标由顾客、同事以及主管三者共同考核，强调品质与服务；传统的管理要求个人目标由主管考核。

(7)在薪资制度方面。全面质量管理以团队为基础发放酬赏、财务酬劳和非财务性质的表扬；传统的管理以个人为单位争取功绩、加薪以及福利。

(8)在卫生医疗与工作安全方面。全面质量管理主张预防问题，实施安全计划、保健计划和员工互利计划；传统的管理注重问题发生后的处理。

(9)在考选升迁与职业生涯发展方面。全面质量管理由同事考选、注重解决问题的能力，以团队表现决定升迁，施行不同部门的水平式生涯途径；传统的管理主要由主管考选，注重狭窄的工作技能，以个人绩效决定升迁，施行一种单一部门的直线式生涯途径。

11. 公共部门的质量标准是什么？

答：参见本章复习笔记相关内容。

12. 何谓顾客导向，顾客导向的公共管理有何积极作用？

答：参见本章复习笔记相关内容。

13. 公共部门如何才能以顾客为导向？

答：公共部门要实现以顾客为导向，就要对公共管理理念、管理方式进行变革。变革主要包括以下几个方面：

(1)以人民的需要和价值作为组织行动的指导。这意味着确定施政目标的标准由专家决定转变为对公民所需的考虑，使公共资源的投入与执行政策的过程，均能达到顾客期望的结果。

(2)重视服务质量。以成本效益为基础的效率标准，转变为对服务质量以及民众评价的重视。

(3)重视评估与改进。从依法行政转变为“产品质量”的评估与改进，即从消极的控制转变为积极的服务。

(4)获取员工的认同。管理理念由控制员工转化为获取员工的认同。

(5)注重效果。强调从对特定“功能”“权威”及“结构”的服从，转变为对“使命”“服务”“顾客”以及成果的高度认同。

(6)建立公务人员对责任的自主性和认同。责任由法规强制，转变为公务人员自主性的建立与认同。

(7)培养使命感。由一味地遵循“法规”“程序”，转变为对问题彻底理解并找出解决问题的方法。

(8)寻求民众的支持与认同。从一条鞭式的管理，转变为寻求民众的支持与认同。

13.3 考研真题详解

一、判断题

非营利组织的出现是对政府失灵和市场失灵的反映。(人大 2007 年研)

答：这种说法是不正确的，具体分析如下：

非营利组织在现代国家的出现，被喻为“影子政府”，可见其影响之大。学者萨拉门提出“第三者政府”理论，认为非营利组织的出现不是对政府与市场失灵的反映，而是一种提供集体财货和服务的优先机制。而“第三者政府”乃是针对现代政府行动的转变与多样性，在公共服务的提供上，必须依赖于许多非营利组织，并且随着“政府失灵”和“市场失灵”的出现，非营利组织在公共服务和公共管理中扮演着越来越重要的角色，为公共服务和公共管理提供了不同于传统的新途径。

二、概念题

1. 民营化(中财 2017 年研；人大 2014 年研；首都师大 2014 年研；中央民大 2011 年研)

答：参见本章复习笔记相关内容。

2. 非营利组织(南航 2017 年研；武大 2012 年研)

答：非营利组织是指组织设立的目的不在于获取利润，且净盈余不得分配，由自愿人员组成的，实现自我管理的，具有独立、公共和民间性质的组织或团体。非营利组织的目标通常是支持或处理个人关心或者公众关注的议题或事件，涉及艺术、慈善、教育、政治、宗教、学术、环保等多个领域。其特点包括：①正式的组织。它必须有某种程度的制度化。②民间的组织。它必须与政府组织分开，但最主要在于其在基本结构上是民间组织，不能为政府所控制。③非利益的分配。它不是专为组织本身生产利润，非营利组织在特定的时间中聚集利润，但是要将其使用在机构的基本任务上。④自己治理。非营利组织能监控自身的活动，它们有内部的治理程序，不受外部的控制。⑤志愿性的团体。非营利组织包括某些程度的志愿参与机构活动的导引或是事务的管理，特别是志愿人员组成负责领导的董事会。⑥公共利益的属性。非营利组织为公共目的服务，并提供公共财产。

3. 目标管理(湖南大学 2018 年研；中南财大 2016 年研；福建师大 2014 年研；北科 2011 年研)

答：目标管理是指由参与管理制定目标，并经过自我管理和自我控制等管理方式，建立各级人员的责任心和荣誉感，最终以实现组织绩效的一套管理系统。目标管理是一个管理系统，并非一个孤立的途径和方法，其基本形态包括：目标设定、预算、自主、反馈、奖赏等。

(1)目标管理的基本特点。包括：①组织目标、各级管理目标、个人目标密切结合，形成目标连锁以利于实现总体目标；②组织中的上级和下级管理人员一起制定共同目标，实现目标管理主要采取职工自主管理、自我控制的方法，以利于发挥职工的主动性、创造性；③根据预期目标规定个人的主要职责范围、应达到的成果，并作为评定、考核个人贡献的标准，以利于调动职工的积极性。

(2)目标管理发挥的作用。包括：①降低成本，提高工作效率，增加生产力；②使管理层次明朗化，促进沟通，全员参与，增进团结；③能实现“人尽其才，才尽其用”的管理效果。

4. 公共部门全面质量管理(人大 2016 年研)

答：全面质量管理是一种全员的、以各种科学方法改进组织的管理与服务，并通过高素质和不断改进的产品和服务，获取顾客满意的系统的管理理念、制度和方法。全面质量管理都是以战略、愿景、作业三者为主，它是一种强调顾客中心、绩效中心、前馈控制、全面管理的现代化的管理典范。公共部门全面质量管理是全面质量管理在公共部门的应用，全面质量管理在公共部门实施有七大步骤：①高层人员之领导与支持；②策略性规划；③以顾客为导向；④考评与分析；⑤训练与奖惩；⑥赋予组织成员活力与团队合作；⑦品质保证。

5. 顾客导向（北邮 2016 年研；中央民大 2010 年研）

答：参见本章复习笔记相关内容。

三、简答题

1. 民营化的主要内涵。（首都经贸 2015 年研）

答：参见本章复习笔记相关内容。

2. 政府与非营利组织的联系。（华南师大 2013 年研）

答：参见本章复习笔记相关内容。

3. 何谓顾客导向？它对公共管理形态有什么影响？（人大 2012 年研）

相关试题：

(1) 公共管理顾客导向的内涵。（人大 2019 年研）

(2) 顾客导向的实现途径。（华南师范 2013 年研）

答：参见本章复习笔记相关内容。

四、论述题

1. 结合实践谈谈非政府组织在公共服务方面中的功能及其与政府的互动。（华北电力大学 2007 年研）

答：(1) 非政府组织的主要功能

①发展公共政策。非政府组织能够发现许多公共问题，其通过广泛运用影响力，影响政府的决策。对于长期的政策，通过持续的分析研究，为政府政策制定和决策提供意见或建议。

②监督市场。在政府无法充分发挥功能的领域，非政府组织可以扮演市场超然的监督者的角色。

③监督政府。非政府组织可以不断地提醒政府与公民，使政府与公民尽到其责任，更关心公共事务。

④直接提供公共服务。对于政府无法履行的公共服务和社会福利的职能，非政府组织可以弥补其不足。

⑤维护良好的社会价值。非政府组织对公共服务的奉献精神，对人、自然、社会的关怀与关爱，对平等权利的重视，对参与的重视等，均体现了民主社会的基本价值。

⑥促进积极的公民精神和扩大社会参与。非政府组织所倡导的是积极的公民精神，非政府组织为公民参与公共事务提供了重要的途径，也为培养积极的公民精神提供了场所。

(2) 非政府组织与政府的互动

政府与非营利组织之间的关系，不是冲突关系，在提供公共服务方面，可以发展合作伙伴关系，通过两者的合作，提高公共服务提供的效率和质量。

①非政府组织对政府的影响

a. 公共行政与管理意涵的扩大。公共行政与管理不再是政府单方面行使权力实施治理的过程，而是整合包括非政府组织的更多民间自愿，实现对社会的良好治理。

b. 公共管理的价值。公共管理不仅仅要重视效率、经济、效能等问题，更要重视“公共性”问题。

c. 对公共服务的强调。传统上公共行政与公共管理比较重视控制，重视管制，而缺乏公共服务的精神，而非政府组织是一个以服务为导向的组织，这值得公共组织学习。

d. 设计更民主、开放的公共组织。非政府组织的最重要的特征在于信息的共享，强调权力的非集中化，强调自主负责，强调参与与对话，强调合作，强调学习和创新，这些恰恰是政府组织所缺乏的。

e. 参与机制的建立。公共管理部门如何建立有效的参与渠道，将非政府组织的热情引导到公共事务的治理方面，值得研究。

②政府在促进非政府组织的发展中发挥的作用

非营利组织的发展也需要得到政府部门的扶助和管理。从世界各国的经验来看，政府在促进非营利组织的发展和服务提供方面发挥的作用主要有：

a. 补助。在国外，政府一直是非营利组织经费的主要补助来源。据萨拉门估计，美国联邦政府在1980年对非营利组织的补助金多达404亿美元，而私人捐献则为255亿美元。

b. 租税诱因。各国对非营利组织通常采取税收减免与慈善捐赠扣除等诱因，来鼓励非营利组织的发展。

c. 委托公共事务。政府可以委托非营利组织办理公共事务，这样可以鼓励其参加公共事务，同样亦可减轻政府的负担。

d. 法律管制。政府制定非营利组织管理的法律、法规，规范非营利组织，并使其发挥正面的功能。

e. 辅导监督。政府在鼓励非营利组织发挥正面功能的同时，也要监管非营利组织，以防止发生违法的事情。

2. 联系实际，论述非营利性组织在公共服务中的作用及其自身发展所存在的问题。（人大2010年研）

相关试题：非营利组织在公共服务中的作用及局限。（中央民大2016年研）

答：非营利组织是指组织设立的目的不在于获取利润，且净盈余不得分配，由志愿人员组成的，实现自我管理的，具有独立、公共和民间性质的组织或团体。

（1）非营利组织有六个特色：正式的组织、民间的组织、非利益的分配、自己治理、志愿性的团体、公共利益的属性。

（2）非营利组织在解决公共问题时的作用当中，有六个显著特征：

①非营利组织与大多数政府部门一样，均为服务导向。

②非营利组织可以成为政府与服务对象之间的桥梁。

③非营利组织乃行动取向，针对服务对象直接提供服务。

④非营利组织结构通常较少（甚至没有）层级节制，更具弹性。

⑤非营利组织通常被作为检验创新理念或试验社会替代方案的场所。

⑥非营利组织扮演捍卫公共利益的角色。

（3）非营利组织在公共服务方面的主要功能

①发展公共政策。非营利组织在直接参与社会事物的处理过程中，能够发现许多公共问题，同时，非营利组织通过广泛运用影响力，如提供信息、陈述情愿、参与诉讼、直接代表，影响大众传媒和政府决策等。对于长期的政策，通过持续的分析研究，为政府政策制定

和决策提供建议。

②监督市场。在政府无法充分发挥功能的领域，非营利组织可以扮演市场超然的监督者的角色，如消费者权益保护。在许多方面，非营利组织可以直接提供选择方案，提供更高品质的产品给社会。

③监督政府。非营利组织可以不断提醒政府与公民，使政府与公民尽到其责任，更关心公共事务。

④直接提供公共服务。对于政府无法履行的公共服务和社会福利的职能，非营利组织可以弥补其不足，尤其是在社会服务、文化教育、医疗卫生、社区发展、社会互动等方面发挥极大的功能。

⑤维护良好的社会价值。非营利组织对公共服务的奉献精神；对人、自然、社会的关怀与关爱；对平等权利的重视；对参与的重视等，均体现了民主社会的基本价值，它们通过自己的行为，倡导和维护着社会正面的价值观。

⑥促进积极的公民精神和扩大社会参与。非营利组织所倡导的是积极的公民精神，这种精神强调公民应积极主动地介入公共事务，对社会应有仁德与爱心；对社会要承担个人的道德责任；要有利他主义的精神。这种精神代表的是民主社会最重要的精神。更重要的是，非营利组织为公民参与公共事务提供了重要途径，也为培养积极的公民精神提供了场所。

(4)非营利组织自身发展所存在的问题

①非营利组织的民间性质，使其不能提供一些公共服务，如涉及国家安全、公共安全、法律执行等领域的公共服务。此外，在涉及权力运行的领域，其提供公共服务的能力受到限制。

②非营利组织存在“失灵”的可能性，表现在以下几个方面：

a. 公益的特殊性。有些组织可能发展为极端的、排他性极强的只为特殊群体服务的组织。

b. 公益的父权性。有些组织可能为少数人控制，变成图利私人的组织。

c. 公益的业余性。从事公益活动的常常是志愿服务者，可能热心有余专业不足。

③非营利组织的发展在当代遇到的困境：

a. 任务困境。例如：非营利组织的社会、经济或文化任务的内容，与政府或企业的关系的类型(密切或独立)。

b. 财务困境。主要包括：非营利组织的经费来源，民间或企业的捐助、政府的补助或自行经营业务与收费的比例应该如何分摊。

c. 权力困境。非营利组织可以影响政府或营利部门决策的底线问题。

d. 效能困境。例如：非营利组织本身的效能、改进非营利组织效能的方法。

e. 治理困境。非营利组织是否要在不影响其贡献社会次序多元主义的前提下，对不同的利害关系团体负责，如何担当治理过程中的责任精神。

第 14 章　公共管理中的责任与伦理

14.1　复习笔记

【知识框架】

- 公共管理中的责任与伦理
  - 公共管理中的责任：性质、重要性及困难
    - 责任的性质与意涵
      - 公共管理责任的性质
      - 公共管理责任的内涵
    - 责任与民主政治
    - 维持公共管理责任的困难
    - 责任机制
  - 责任的行政控制机制
    - 传统管理取向的责任机制
    - 行政监督权
    - 行政监察
      - 行政监察的含义
      - 行政监察的特点
    - 审计
      - 审计的含义
      - 审计的作用
    - 行政复议
      - 行政复议的含义
      - 行政复议的优点
      - 行政复议的缺陷
  - 立法控制与责任
    - 议会对行政的控制权
    - 人民代表大会对政府的监督
  - 司法控制与责任
    - 政府的诉讼责任
      - 政府的诉讼责任的含义
      - 政府承担诉讼责任的情况
      - 政府承担诉讼责任的标准
    - 政府的侵权赔偿责任
      - 政府的侵权赔偿责任的特点
      - 政府承担赔偿责任的要件
  - 公民参与责任的维护
    - 公民参与的作用
    - 公民参与的机制
      - 公开听证
      - 民意调查
      - 咨询委员会
      - 利益群体
    - 有效的公民参与系统的要素
      - 公民的主体性
      - 知情的公民
      - 参与途径
  - 公共管理职业与职业伦理
    - 公共管理职业伦理及其重要性
    - 公共管理职业伦理的内容
    - 公共管理伦理的实现

【重点难点归纳】

一、公共管理中的责任：性质、重要性及困难

1．责任的性质与意涵

(1)公共管理责任的性质

公共管理责任是公民对政府的良好期待，属于国家责任的一种，既不是孤立的单纯道德

意义上的，也不是完全法律意义上的，而是具有多种善恶价值判断，涉及国家、政府和人民利益关系。公共管理责任既是一种制度，又是一种伦理。公共管理责任可分为主观责任和客观责任。

(2)公共管理责任的内涵

①回应。指公共组织快速了解民众的需求，不仅包括“回应”民众先前表达的需求，更应洞识先机，以前瞻主动的行为研究问题，解决问题。

②弹性。指政府所面对的是公众，而不同人的需求、认知与偏好不可能完全相同。政策的规划和执行要充分考虑各种不同因素，不可死板。

③胜任能力。指行政行为必须谨慎，不能草率，必须考虑后果，不能顾前不顾后。政府的行为必须有效率、有效能。

④正当法律程序。指政府必须依法而治，而不是恣意而治。

⑤负责。指当行政人员或政府机关有违法、失职的事情发生时，必须要有人对此负起责任。

⑥廉洁。一方面是指政府要坦白公开，即在政策的制定与执行的某些阶段要公开，接受外界的监督；另一方面，则要求政府的公共管理者不能利用权力谋取不正当的利益。

2. 责任与民主政治

(1)在民主的社会中，政府组织是由大众所创立，为了大众而设立，需要对大众负责。从这个意义上说，民主政治既是民意政治、法治政治，更是责任政治。从某种程度上讲，民主制度的根本便是责任。公民与政府之间的关系，可以视为一种委托—代理人之间的关系，这种关系实际上是一种责任系统，其中政府组织行使其职权，而公民则允许政府组织如此作为，但条件是不得滥用职权以及行为者能够承担责任。

(2)在任何社会中，均存在着这样一个趋势，权力越是集中于社会上的任何一个组织或人，越存在着滥用的可能性。公共部门权力的增长，一方面无疑会增强政府的权能，运用恰当的话，可以造福于民众。但另一方面，若这些特性发展过度，那又会造成政府的擅权跋扈，严重危害到民主政治的前途。最好的解决问题的办法是：授予政府多少权力，必须课以相等的责任。

3. 维持公共管理责任的困难

(1)专业知识与信息。由于公共管理者有特殊的专业知识和信息，所以比监督者更有优势，可以躲避来自监督者的监督。

(2)专职地位的优势。绝大部分公共管理者都是全职的，而外部监督者无法全身心地观察与掌握他们所做的一切。

(3)人事制度的保护性质。众多国家对公务员的工作都采取极大的保障，虽然对公务员的惩诫和开除是有可能的，但是也是相当困难的，一些情节轻微的贪污受贿行为可能倾向于不惩罚，一般的违法行为也往往不了了之。

(4)反制法则。指决策者或高级官员越是致力于控制下级的行为，部属就越致力于付出更大的心力去规避或反制这些控制。

(5)协调问题。立法、司法、行政三部门有各自的职能、角色和利害关系，缺乏协调使彼此的监督制衡容易造成监督能力的丧失。

(6)政治指导的缺乏。在美国，政治并没有为公共管理者提供全面的政治指导。政党是分裂的，政治的指导是不明确的。

(7)组织结构和功能的分割。公共组织的权力、结构和功能是分割的，政府的功能和职责亦是重叠交叉的，而且许多问题的解决需要不同机关彼此分工与配合，因此便产生了行政责任的多头问题，责任不易明确。

(8)公共管理的规范和范围的庞大。公共部门雇用了大量的人员，从事各种各样的活动，每天花费大量的经费，这使得监督变得十分困难。

4. 责任机制

责任机制是指旨在实现责任的一套制度安排或确保责任实现的途径。责任机制的核心是监督和制约。公共事业管理责任机制可以从正式与非正式、内部和外部两个相互联系的途径出发进行构建。正式确保途径是指宪法、法律、行政规章所明确的责任归属机制，非正式确保途径是指没有法律的明确规定，起源于个人伦理道德、公民偏好、政治过程等的责任约束机制。吉伯特构建了四种达成行政责任的途径(见表 14-1)。

表 14-1　吉伯特四种达成行政责任的途径

	内部	外部
正式的	行政控制	立法法院
非正式的	职业规范	利益集团
	代表性官僚	公民参与
	公共利益	大众传媒
	道德	

二、责任的行政控制机制

1. 传统管理取向的责任机制

(1)高度的专业化分工。组织强调横向的区域分工和单位分割。基层由负责执行日常任务的工作岗位组成，根据功能性质将这些工作岗位归类为单位。单位内的活动，直接由较高岗位的职业负责。

(2)明确的权责分配。每个层级和单位皆有明确的权力和责任，各执其掌，各负其责。

(3)完备的规则和程序。管理者会致力于建立完善的措施、组织规范，以规范组织成员的行为，减少组织中的离异行为。组织成员的行为受精心设计的规则和程序的指引。

(4)科层节制。组织形态系一层级节制的体系，依地位高低规定人员的命令服从关系。

(5)重视文件和资料的处理工作。组织的一切活动，应尽量用文字加以记录，有健全的资料处理制度。

2. 行政监督权

(1)指挥。在隶属关系下，上级机关为使下级机关有所作为或不作为，而对下级以命令或训示的方式作出意见表示。

(2)指示或指导。在无隶属的情形下，上级或有权机关就其主管业务范围，在下级执行业务时，作出意见表示，以发生监督作用。

(3)认可或核准。凡下级机关执行业务，应先经上级同意或承认，始能取得合法效力。

(4)备案或备查。凡下级机关制定行政措施或法律性质的文件，应向上级提出报告，使上级知悉了解，并保留事后审查的权力。

(5)视察。上级机关派专员就下级业务或特定案件，做实地调查。

(6)审核。上级机关对下级呈报的各种报表，查核其内容有无违法或不合理之处，而分别予以批准、反驳或据以衡量其业务绩效。

(7)撤销、变更、废止。上级机关对下级机关制定的规范性文件或行政行为，认为有违法、不当者，可视情况予以撤销、变更或废止。

(8)奖惩。上级机关根据视察或考核的结果，或下级的绩效表现，对被监督机关或人员给予奖赏或惩处。

(9)争议解决。下级机关发生权限或意见争议，上级机关予以裁决或调解，使其彼此之间能够协调合作。

(10)行政立法与解释。上级机关制定或颁布行政法律规定，并作解释，对下级机关有直接拘束力。

3. 行政监察

(1)行政监察的含义

行政监察是指行政系统中，专司监察职能的机关对行政机关及其工作人员以及国家行政机关任命的其他人员的行政活动及行政行为所进行的监督检查活动。

(2)行政监察的特点

①监察机关均有相对独立的地位，均隶属于政府的独立机构，有独立的权限，不受任何机关的限制。

②监察机关均有独立的监督权限，主要包括检查权、调查权、纠正权、弹劾权，甚至逮捕权。

③各国均有行政监察的立法，对行政监察的职责、权限、程序作了明确的规定。

④监察工作的重点均在反腐倡廉，维护政府的责任。

4. 审计

(1)审计的含义

审计是指对公共部门各机关一切财务事项的记录、报告与验证。由专职机关作系统的审查，以鉴定其收支事项的正确程度以及财务行为是否忠诚，并考核其绩效。审计可分为外部审计与绩效审计。

(2)审计的作用

①从消极角度来看，作为财务控制的手段，确保公共资金用于适当的地方，以发现不法行为。

②从积极角度来看，审计为公共管理者提供的信息可用于改进公共管理的效率，发现并杜绝公共财务制度的问题所在。

5. 行政复议

(1)行政复议的含义

行政复议即公民、法人和其他组织认为行政机关的不法行为侵害了其合法权益时，请求该行政行为的行政机关或其上级行政机关审查该行政行为的合法性与适当性，以排除不法行政行为或补救公民、法人和其他组织受损的合法权益的活动。

(2)行政复议的优点

①范围广泛，既包括违法行为，又包括不当的行政行为；

②补救措施更为有效，复议机关可以撤销、变更或者代替原行政机关的决定；

③程序简便、迅捷；

④保证行政机关能利用其专门知识和行使法律授予的自由裁量权；

⑤为行政机关提供了纠错的机会，减少了司法审查的需要；

⑥在一定程度上保护了行政机关的自主性，防止司法过度的干预行政。

(3)行政复议的缺陷

①行政机关内部解决争议可能出现偏见；

②公民的信赖关系也不易建立。

三、立法控制与责任

1. 议会对行政的控制权

(1)质询权

质询权是指议员对于政府的某项决策以个人或集体名义，一般通过书面形式，向行政机关领导提出询问或质问，要求答复。质询的内容十分广泛，凡是与政府政策、公职有关的事项均可提出质询。质询权一般分为询问和质问，后者的后果比前者的严重。

(2)调查权

调查权是各国立法机关普遍行使的一项重要监督权。调查权分为经常性的国内调查和临时性调查。调查权的行使往往由专门的调查委员会行使，调查的范围往往涉及法律执行、政府官员的违法失职行为。调查的结果可能导致对官员的弹劾或对政府的不信任。

(3)弹劾权

弹劾权是议会(国会)对政府高级官员的违法失职行为，由众议院(或下院)提出诉讼，由参议院(或上院)或宪法法院进行审判的制裁权。弹劾的对象主要是高级政府官员。弹劾的范围一般限定在与职务有关的违法犯罪行为方面。

(4)不信任表决权

议会对于政府的重要政策议案、财政议案、条约缔结等拒绝通过，或对政府某项重大决定通过不信任案，甚至政府必须辞职。

除此之外，有些国家的议会还有一些其他手段如批评、举行听证会，行使否决权等来对政府进行监督。

2. 人民代表大会对政府的监督

(1)听取和审议政府工作报告

①人民代表大会听取和审议政府的全面工作报告。全国和地方各级人民代表大会每年举行例会时，听取和审议政府工作报告，并通过相应的决议，评价、总结政府过去一年的工作目标。它是听取和审议工作报告中最重要的一个层次，具有宏观、全面的特点。

②人大常委会听取和审议政府某一方面的专题报告。全国人大常委会和县以上地方各级人大常委会，每两个月举行一次例会，一般都要听取政府工作某一方面的专题报告。在审议工作报告时，常委会委员对政府的工作进行评价，肯定成绩，提出批评和建议，询问政府有关部门。

③人大专门委员会或工作委员会听取政府有关部门的情况汇报。

(2)审查和批准国民经济计划和财政预算、决算

人大及其常委会审查批准计划、预算，其实质是从最基本的方面制约、监督政府，一般来看，计划、预算的审查和批准包括三个阶段：

①初步审查。全国人大会议举行的一个月前，国务院有关主管部门应就国民经济和社会发展计划执行情况，国家预算以及预算执行情况的主要内容，向全国人大财政经济委员会和有关的专门委员会汇报，由其进行初步审查。

②正式审议。全国人大全体会议听取国务院关于此问题的报告，由各代表团和专门委员会进行审议，表决批准。全国人大通过有关决定，批准计划和预算及其报告。

③监督执行。在批准之后，人大要对计划、预算的执行情况进行监督，对计划和预算在执行过程中所作的部分调整，人大常委会也要审查和批准。

(3)审查政府的法规、决定和命令

全国人大常委会有权撤销国务院制定的同宪法、法律相抵触的行政法规、决定和命令，省、自治区、直辖市以及省、自治区人民政府所在地的市和经国务院批准的较大的市的人大及其常委会应有权撤销本级人民政府不适当的规章。

(4)质询和询问

质询是指人民代表依据宪法和法律规定对政府机关提出质问，要求被质问机关在法定时间内以法定的形式进行答复的活动。

我国质询制度的基本点包括：

①提质询案的时间应在人大会议或常委会会议期间；

②提质询案必须符合法定的人数；

③质询案以书面的形式提出；

④质询的对象主要是政府及其有关部门，还可以质询法院和检察院；

⑤受质询的机关必须负责答复。

(5)视察和检查

①视察。人大代表通过视察了解政府的工作情况，并对政府的工作提出建议、批评和意见，以监督政府的工作。视察的主要目的是联系群众、了解情况，为在会议上审议议案、制定和修改法律、决定等重大问题做准备。视察有个人视察和集体视察两种方式。

②检查：

a. 全国人大及其常委会认为在必要的时候，可以组织关于特定问题的调查委员会，并根据调查委员会的报告，作出相应的决议。

b. 执法检查就是对法律的实施情况进行检查和监督。其目的是为了保证宪法、法律、行政法规在各自的行政辖区范围内得到贯彻和执行。

(6)建议、批评和意见

全国和地方各级人大代表有权向本级人大或其常委会提出对全国或本行政区域范围内各方面工作的建议、批评和意见，由有关机关、组织研究处理并负责答复。

这是人民代表参政议政、表达人民意愿的一种形式。人大代表的建议、批评和意见，对政府的工作具有广泛的监督作用。它有利于政府多渠道地吸收各方面的合理意见，有利于政府全面考虑问题，有利于政府作出正确决策，同时也有利于促进政府不断改进其工作。

(7)受理申诉和检举

人民群众对政府的规范性文件或决定，对政府侵犯公民合法权益的行为，对政府组成人员的违法犯罪行为可以向各级人大常委会提出建议、意见、申诉或检举。人民群众提出的批评、建议、申诉、控告或检举，由人大常委会办公厅信访局统一受理，并负责分类处理。

人民群众提出意见、建议、申诉和控告的主要渠道有：

①向人大代表和委员提出，由其转交有关信访部门；

②以来信方式直接向全国人大常委会提出，信访部门负责接受；

③公民亲自来访，信访部门负责接待。

(8)罢黜职务

行使罢免权是国家权力机关对行政工作人员进行监督的又一种形式。全国人民代表大会有权罢免国务院总理、副总理、国务委员、各部部长、各委员会主任、审计长、秘书长。地方组织法规定，地方各级人民代表大会有权罢免本级人民政府的组成人员。

四、司法控制与责任

1. 政府的诉讼责任

(1)政府的诉讼责任的含义

政府的诉讼责任制度各有差异和不同，但其本质是一致的，即司法机关经法人、公民申请，依法审查行政机关行政行为的合法性及适当性，从而追究政府机关的违法责任。在我国，依据《行政诉讼法》的基本精神，行政诉讼责任是指公民、法人或其他组织认为行政机关的具体行政行为侵犯其合法权益，依法向人民法院起诉，由人民法院依法审理，并追究法律责任。

(2)政府承担诉讼责任的情况

依据《行政诉讼法》的规定，政府在下列情况下，必须承担诉讼责任：

①政府行政机关违法拘留、罚款、吊销许可证、责令停产停业、没收财物；

②政府违法限制人身自由或者对财产的查封、扣押、冻结；

③政府侵犯法律规定的经营自主权；

④政府行政机关拒绝颁发许可证和执照；

⑤政府行政机关不履行保护人身权、财产权法定职责；

⑥政府行政机关没有依法发给抚恤金；

⑦行政机关违法要求履行义务；

⑧行政机关侵犯其他人身权、财产权。

(3)政府承担诉讼责任的标准

在中国，判断政府行政机关具体行政行为是否承担行政诉讼责任的标准在于：

①行政机关作出的具体行政行为的证据是否确凿充分；

②行政机关适用法律法规是否正确；

③行政机关的行政行为是否符合法定程序；

④行政机关是否超越职权；

⑤行政机关是否滥用职权；

⑥行政处罚是否显失公正。

2. 政府的侵权赔偿责任

(1)政府的侵权赔偿责任的特点

①逐步扩大了政府赔偿责任的范围，政府赔偿的范围覆盖了几乎所有的行政领域。

②通过扩大对政府官员过失的解释，扩大过失的范围，减轻受害人的举证责任而放宽了政府赔偿的条件。

③建立了客观过失的概念，只要公务员管理不完善，有缺陷，即构成过失，国家应承担赔偿责任。

④确立了无过错责任或结果责任原则，作为过错原则的补充等。

(2)政府承担赔偿责任的要件

①损害必须是行政机关和行政机关工作人员的行为造成的。经国家法律、法规授权的组

织或行政机关委托的组织违法行使职权造成损害的，政府也必须承担赔偿责任。

②损害必须是行政机关或行政机关的工作人员行使职权时造成的。

③损害必须是违法行为造成的。

④损害必须是现实的、已经产生的或必然产生，即损害与违法行为有直接联系。

五、公民参与责任的维护

1. 公民参与的作用

(1)公民参与可以反映公民的需求与偏好，提高政府的代表能力和回应力。

(2)公民参与使公共管理者知晓公民对公共组织绩效的评估意见。

(3)参与也向公民提供了信息，这些信息有助于公民作出判断：政府应该做些什么。

(4)参与促使政府的改善，增强公民对政府的信心，同时也增强对政策合法性的认同和支持。

2. 公民参与的机制

(1)公开听证。在涉及公共利益和公民利益的政策、规划和决策上，应举行公开听证，广泛听取社会公众和相关利益群体的意见，以保证政策、规划、决策更符合民意，更符合公众的利益。

(2)民意调查。进行民意调查是促进政府责任的基础工作，民意反映公众对政府的期待，对政府政策的评价，对政府行为和绩效的评估。

(3)咨询委员会。应吸收外界人员参加，发挥其作用：加强公民与政府的联系，改善行政机关和外界的关系；可以扩大行政机关作出合理决定的范围；可以利用外部专家的知识，使决策更加科学化。

(4)利益群体。其作为参与机制的特点有：

①利益集团并不一定完全代表公共的利益，但在一定程度上有能力将成员的愿望转变为政治需要；同时亦可起到监督政府的作用。

②利益集团的观点往往是狭隘的，甚至是自私的，因而常常牺牲公共的利益。

3. 有效的公民参与系统的要素

(1)公民的主体性

在一个社会的治理体系中，必须真正确立公民的主体地位，政府的正当性和合法性要有公民的同意。

(2)知情的公民

①公民要具有参与公共事务处理的能力。一个参与的公民必须具备公共事务相关的知识与资讯，行政机关应保障公民的知情权，使公民具有获取信息的可能，具备参与的能力。

②公民具有积极参与的态度。若态度积极，则一切社会活动和公共管理便可大大加强。若公民对公共事务冷淡，则未能控制政府，使其擅权跋扈。

(3)参与途径

参与需要参与途径，如果一个社会缺乏公民直接或间接地参与公共事务的途径，那么参与也是不可能实现的。

六、公共管理职业与职业伦理

1. 公共管理职业伦理及其重要性

(1)公共管理职业伦理的含义

公共管理的职业伦理是指公共管理中一些有约束性的价值观，一些在公共管理领域不可取消的标准和人格态度。

(2)公共管理职业伦理的重要性

①公共管理职业伦理可以影响公共管理者的内在取向，改变公共管理者的心态乃至心灵，引导他们由一种错误的行为向一种新的行为方面的转变。

②在公共管理活动中，职业伦理可以提供最大限度激励人们获取更大胜利的可能，鼓励高尚的公共官员的出现，创造和强化一种更好的公共管理秩序，促进负责任的行动。

③公共管理的职业伦理对于责任的实现必不可少，因为行政责任最终取决于公务人员伦理的自觉性。公共管理者肩负着更大的公民信托，伦理产生的影响很大。

2. 公共管理职业伦理的内容

(1)提供公共福利

公共组织的行为不能损害普遍的人类价值，而应促进这些价值。这包括：满足公民合法和合理的需要；促进公共利益；改善人民的生活质量；避免或尽量避免其行为给公民造成的损害；使人民能够享受到公共服务带来的好处。

(2)忠实地执行法律

公共管理者应该崇尚宪法；尊重立法部门制定的法律；接受政府的限制；遵守行政的规定；追求正义和公正。公共管理者应该成为宪法和法律尊严的捍卫者，宪法和法律价值的体现者，法律的忠实执行者。

(3)承担公共责任

在公共管理领域的公共管理者要为公共负责，要为其行为负责，要为其应该做但又没有做的事负责。具体而言，公共责任要求：

①公共管理要成为公共利益的保护者、公民财产和公共财产的保护神，要像对待自己私人事务那样精心对待公共的事务。

②公共管理行为要尽可能的公开和透明。

③公共管理者有义务了解政府政策、法律的意图，并有义务向公民解释报告和宣传。

④公共管理者要诚实信用，要致力于建立公民与政府的信任关系，而不能说谎、欺骗、愚弄公民。

⑤公共管理者要回应公民的需求。

(4)为社会树立典范

公共管理者要为公众树立一个追求崇高理想，具有各种美德，具有人情和人性，节俭等特征的道德人格。

(5)追求专业的卓越

公共管理是一门职业，公共管理者应该成为出色的职业工作者，追求职业的卓越，要有奉献于公共服务的精神，并将此作为自己毕生的职业。要求公共管理者：

①有职业召唤的精神；

②应该始终不渝地学习，掌握公务职业所需的知识、技能；

③应该通过研究、试验、创新促进职业艺术的发展；

④应该提高公共政策制定的能力；

⑤应该采取企业式管理的方式，以更经济、更有效率、更有效能的方式提供公共服务；

⑥应该与各种各样有损职业声誉的官僚现象作斗争。

(6)促进民主

公共管理要鼓励民众的参与，反对一切对民主制度造成损害的行为。民主的公共管理要求：

①公共管理者要改变主仆关系，要将自己视为为公众提供服务的仆人；

②公共管理者要致力于维护公民的权利和自由，而不是限制公民的权利和自由；

③公共管理者在制定政策和决策时要广泛地听取社会大众的声音；

④要鼓励、尊重公民的参与，并为公民参与公共事务创造条件；

⑤公共管理者要反对一切对民主制度造成损害的行为；

⑥要超越特殊利益集团的利益。

3. 公共管理伦理的实现

(1)政治承诺。通常是通过政治言论加以表达，通过政治领导者树立榜样加以证明，通过分配适当的资源加以支持。

(2)立法框架。其是为公共管理者确立道德标准，并强制其实施的法律和规章。在促进公共管理伦理方面，发挥着控制的功能。

(3)负责任的机制。需要一套行政的政策和程序，即负责的机制，来控制公务员的日常行为。如一套行政程序，对绩效的评估和审计，协商机制和外部控制。

(4)行为准则。其是对公共服务的价值的陈述，是对公共服务角色的描述，它包含着公务员的责任、义务。行为准则应该能够明确地指导公务员的行为。

(5)职业的社会化。其是公务人员习得公共服务的伦理、价值、道德和行为准则的过程。主要的社会化机制包括教育、培训以及高级领导的良好表率。

(6)公共服务的条件。公共部门应该在公务员的录用、晋升等方面体现公平和公正，应该为公务员提供较好的工资和待遇。

(7)建立协调伦理活动的组织。为了促进公共服务的伦理，有必要建立一个负责公务伦理的机构，该机构可以扮演不同的角色，如监督者，监督、调查公务人员不道德的行为；咨询和建议者，为公务伦理建设提供建议和咨询；促进者，通过教育、宣传等活动积极促进伦理建设。

(8)公共参与与监督。它是反腐败、反对不道德行为的强有力的手段。

14.2 课后习题详解

一、概念题

1. 责任

答：责任是指一种职责和任务，有三层含义：①使人担当起某种职责和职务；②分内应做之事；③未做好分内应做之事而承担的过失。责任伴随着人类社会的出现而出现，有社会就有责任，身处社会的个体成员必须遵守，带有强制性。责任有个人的责任和集体的责任。个人的责任是指一个完全具备行为能力的人(成年人)所必须去履行的职责；集体的责任是指一个集体必须去承担的一种职责。责任的追究一般以法律有明文规定的为准。

2. 责任机制

答：责任机制是指旨在实现责任的一套制度安排或确保责任实现的途径。责任机制的核心是监督和制约。公共事业管理责任机制可以从正式与非正式、内部和外部两个相互联系的途径出发进行构建。正式确保途径是指宪法、法律、行政规章所明确的责任归属机制，如上级的行政命令、议会的立法、法院的判决。非正式确保途径是指没有法律的明确规定，起源于个人伦理道德、公民偏好、政治过程等的责任约束机制。内部、外部的区别在于启动责任的来源，若来自于行政部门内部，则属内部途径；若来自于行政部门以外的外部环境(如议会、法院、新闻等)，则属外部途径。

3. 行政监督

答：参见本章考研真题概念题第1题答案。

4. 行政监察

答：参见本章复习笔记相关内容。

5. 行政复议

答：参见本章考研真题概念题第3题答案。

6. 立法监督

答：立法监督是指国家权力机关依照法律赋予的权限，在创制法律、法规过程中，为保证法律、法规与宪法不相抵触，保证法律、法规的客观公正，保障立法工作的顺利进行而建立的制约监督机制。不同国家的政体和国家结构形式是不同的，由此产生国家立法机关在地位和职权方面的差别。西方国家的立法机关多拥有立法权、财政权、监督权、弹劾权、调查权、不信任表决权和条约权，这些权力构成对政府直接的立法监督。在我国，立法监督是指各级人民代表大会及其常务委员会对国家行政机关及其工作人员的行政管理活动实施的监督。人民代表大会的监督遵守集体行使职权，公开监督，依法监督的原则。人民代表大会监督政府的方式和内容包括：①听取和审议政府工作报告；②审查和批准国民经济计划和财政预算、决算；③审查政府的法规、决定和命令；④质询和询问；⑤视察和检查；⑥建议、批评和意见；⑦受理申诉和检举；⑧罢黜职务。

7. 司法审查

答：司法审查，又称违宪审查，是指国家通过司法机关和司法程序对行政执法活动的合法性进行的审查。司法审查的理论依据是：宪法是国家的根本大法，具有最高法律效力，是(议会、政府)立法执法的基础和根据，宪法至上，法律和法令从形式到内容都不得同宪法条文相抵触；司法机关(主要是最高法院或宪法院)是保障宪法的机关，对宪法有最后的解释权，议会、政府的法律、法令如果违反宪法，司法机关可以裁决该项法律、法令违宪而无效。司法审查的方式包括：①事后审查。指在规范性文件颁布实施之后审查。大多数国家采取事后审查的方式。②事前审查。指在规范性文件颁布实施以前，先由宪法监督机关审查。采取事前审查制度的国家很少。

8. 行政诉讼

答：行政诉讼是指公民、法人或者其他组织认为行政机关的具体行政行为侵犯其合法权益，依法向人民法院提起诉讼，由人民法院依法进行审理和判决的活动。行政诉讼是国家法制监督的一种特殊的、有效的方式，需满足四个方面的要件：

(1)原告是认为行政机关和行政机关工作人员的具体行政行为违法，并侵犯其合法权益的公民、法人或者其他组织。

(2)被告是具有行政管理职能的行政机关，或者法律、法规授予一定行政管理权限的组织，不包括立法机关、司法机关、军事机关和党政机关。

(3)可提起行政诉讼的是行政争议。行政争议是因行政机关和行政机关工作人员行使行政权力，同公民、法人或者其他组织之间产生的争议。

(4)行政争议是因行政机关和行政机关工作人员的具体行政行为所引起。对抽象行政行为有异议的，不能提起行政诉讼。

9. 行政赔偿

答：行政赔偿，又称行政赔偿责任，是指国家行政机关和行政机关工作人员在行使职权过程中，对公民、法人或其他组织的合法权益造成损害时所应承担的法律责任。政府承担赔偿责任须符合下列要件：①损害必须是行政机关和行政机关工作人员的行为造成的。经国家法律、法规授权的组织或行政机关委托的组织违法行使职权造成损害的，政府也必须承担赔偿责任；②损害必须是行政机关或行政机关的工作人员行使职权时造成的；③损害必须是违法行为造成的；④损害必须是现实的、已经产生的或必然产生，即损害与违法行为有直接联系。

10. 公民参与

答：公民参与，又称公众参与或公共参与，是指有参与愿望的公民通过一定的途径试图影响公共政策和公共生活的一切活动。公民参与的含义主要包括：①公民参与的主体是普通公民或者由公民组成的团体；②公民参与的目标是影响政府，企图影响政府对"社会价值的权威性分配"；③公民参与分析的是公民试图影响政府的实际行为；④作为一个限度，公民参与指的是发生在"体系内部"的活动，是一些影响政治的合法行为，表现为体制内的非暴力行为。在各国实践中，公民参与的形式多种多样，在促进政府责任方面，现存的主要机制包括：公开听证、民意调查、咨询委员会、利益群体。公民参与的作用在于：①公民参与可以提高政府的代表能力和回应力；②了解公民意见，公民参与使公共管理者知晓公民对公共组织绩效的评估意见；③向公民提供公共管理信息；④改善政府形象。

11. 听证制度

答：听证制度是指行政机关在做出影响相对人权利义务决定时，应听取相对人的意见的制度。听证制度是行政程序法的核心，包括行政主体在作出影响行政相对人合法权益的决定前，由行政相对人表达意见、提供证据的程序和行政主体听取意见、接受证据的程序。尽管各国现行的行政程序法在内容上存在着差异性，但都确立了行政听证制度。各国听证制度的内容基本都包括：告知和通知、公开听证、委托代理、对抗辩论和制作笔录。

12. 职业伦理

答：参见本章考研真题概念题第5题答案。

二、思考题

1. 公共管理责任的性质和内涵是什么？

答：参见本章复习笔记相关内容。

2. 如何理解民主政治便是责任政治？

答：责任政治是民主政治的基本特征之一，现代民主都是间接民主，这意味着由人民的代表而不是全体人民自己亲自加入政治权力机构、管理公共事务，在人民的代表与全体人民之间存在授权与被授权的关系，这种关系的存在使民主政治表现出责任政治的属性。民主政治便是责任政治的内涵可以从以下几个方面理解：

(1)在民主的社会中，政府组织是由大众所创立，为了大众而设立，以及需要对大众负责。从这个意义上说，民主政治既是民意政治、法治政治，也是责任政治。从某种程度上讲，民主制度的根本便是责任。公民与政府之间的关系，可以视为一种委托—代理人之间的关系，其中公民同意某些人作为其代表行使统治权和管理权，但前提是公民的利益得到满足。政府与公民之间的委托—代理人关系，实际上是一种责任系统，其中政府组织行使其职权，而公民则允许政府组织如此作为，但条件是不得滥用职权以及行为者能够承担责任。

(2)责任是抑制公共部门权力的增长，维护民主的保障机制。在任何社会中，均存在着这样一个趋势，权力越是集中于社会上的任何一个组织或个人，越存在着滥用的可能性。在现代世界，公共部门(无论是东西方国家)和公共管理拥有的权力现已极为庞大，除非社会设法消除权力增长的诱因，否则公共部门的权力仍将继续增长。公共部门权力的增长，一方面无疑会增强政府的权能，如果运用得恰当，可以造福于民众。但另一方面，若这些特性发展过度，那又会造成政府的擅权跋扈，严重危害到民主政治的前途。所以，授予政府多少权力，必须课以相等的责任。

3. 分析维持和实现公共管理责任的主要困境。

答： 参见本章复习笔记相关内容。

4. 何谓责任机制，实现公共管理责任的主要机制是什么？

答： (1)责任机制的内涵(参见本章复习笔记相关内容)

(2)实现公共管理责任的主要机制

实现公共管理责任的主要机制包括行政控制机制、立法控制机制、司法控制机制、公民参与和公共管理的职业伦理。具体内容如下：

①行政控制机制：

a. 科层制。科层制本身便是一个责任机制，其确保公共管理责任的途径有：高度的专业化分工；明确的权责分配；完备的规则和程序；科层节制；重视文件和资料的处理工作。

b. 行政监督。其方式包括：指挥；指示或指导；认可或核准；备案或备查；视察；审核；撤销、变更、废止；奖惩；争议解决；行政立法与解释。

c. 行政监察。为了保证行政责任的实现，许多国家均在行政机关内部设立了专门的监察机关，监督行政机关以及公务员的行政行为。监察工作的重点在于反腐倡廉，维护政府的责任。

d. 审计。审计是对公共部门各机关一切财务事项的记录、报告与验证，由专职机关作系统的审查，以鉴定其收支事项的正确程度以及财务行为是否忠诚，并考核其绩效。

e. 行政复议。指公民、法人和其他组织认为行政机关的不法行为侵害了其合法权益时，请求该行政行为的行政机关或其上级行政机关审查该行政行为的合法性与适当性，以排除不法行政行为或补救公民、法人和其他组织受损的合法权益的活动。

②立法控制机制。它是实现行政责任的政治途径，立法控制主要是通过议会对行政机关的监督来实现的。在当代资本主义国家，立法机关对行政的控制主要是通过以下几个方式实现的：质询权、调查权、弹劾权、不信任表决权。此外，有些国家的议会还有一些其他手段如批评、举行听证会，行使否决权等来对政府进行监督。

在中国，人民代表大会制度是保证行政责任的主要制度。人民代表大会监督政府的方式和内容主要有以下几个方面：听取和审议政府工作报告；审查和批准国民经济计划和财政预算、决算；审查政府的法规、决定和命令；质询和询问；视察和检查；建议、批评和意见；受理申诉和检举；罢黜职务。

③司法控制机制与责任。司法审查和司法救济乃是保证行政责任最有力的手段和机制。主要是通过司法机关追究政府诉讼责任、侵权赔偿责任的方式来实现。

④公民参与。公民参与又称公众参与或公共参与，是指有参与愿望的公民通过一定的途径试图影响公共政策和公共生活的一切活动。现有的主要机制包括：公开听证、民意调查、咨询委员会和利益群体。

⑤公共管理的职业伦理。指公共管理中一些有约束性的价值观，一些在公共管理领域不可取消的标准和人格态度。公共管理职业伦理的主要内容包括：提供公共福利、忠实地执行法律、承担公共责任、为社会树立典范、追求专业的卓越和促进民主。

5. 如何通过公共管理本身落实责任？

答：通过公共管理本身落实责任，就需要依靠公共组织内部责任机制。从某种程度来看，公共组织本身就是一个责任机制。通过公共管理落实责任可以从以下几个方面着手：

(1)科层制

科层制本身便是一个责任机制，通过高度的专业化分工、明确的权责分配、完备的规则和程序、科层节制和健全的资料处理制度确保公共管理责任。作为落实责任的手段，其优势在于：①保证公共管理的专业水平和能力；②规则和程序能起到控制的效果；③不存在含糊不清的责任归属问题；④促进组织的效率。

(2)行政监督

公共组织之中，上级对下级基于隶属关系具有控制的权力，以维持与下级之间的命令—服从关系，最终达到责任的目的。行政监督的方式包括：指挥；指示或指导；认可或核准；备案或备查；视察；审核；撤销、变更、废止；奖惩；争议解决；行政立法与解释。

(3)行政监察

为了保证行政责任的实现，许多国家均在行政机关内部设立了专门的监察机关，监督行政机关以及公务员的行政行为。监察工作的重点在于反腐倡廉，维护政府的责任。

(4)审计

审计是指对公共部门各机关一切财务事项的记录、报告与验证。由专职机关作系统的审查，以鉴定其收支事项的正确程度以及财务行为是否忠诚，并考核其绩效。审计作为维护行政责任的重要环节，其作用体现在两个方面：①从消极角度来看，它作为财务控制的手段，确保公共资金用于适当的地方，以发现不法行为；②从积极角度来看，审计为公共管理者提供的信息可用于改进公共管理的效率，发现并杜绝公共财务制度的问题所在。

(5)行政复议

行政复议是指公民、法人和其他组织认为行政机关的不法行为侵害了其合法权益时，请求该行政行为的行政机关或其上级行政机关审查该行政行为的合法性与适当性，以排除不法行政行为或补救公民、法人和其他组织受损的合法权益的活动。

6. 立法控制的主要途径和方法是什么？公共管理的立法控制可能遇到哪些问题？

答：(1)立法控制的主要途径和方法

①质询权。指议员对于政府的某项决策以个人或集体名义，一般通过书面形式，向行政机关领导提出询问或质问，要求答复。质询的内容十分广泛，凡是与政府政策、公职有关的事项均可提出质询。质询权一般分为询问和质问，后果亦不同。询问是议员向政府就某事发问，被询问的政府官员必须给予回答，但不能引起辩论。质问所提出的问题比较严重，一般需要辩论，辩论后还可能进行信任投票，如果不信任投票占多数，就会导致政府危机。

②调查权。它是各国立法机关普遍行使的一项重要监督权。调查权分为经常性的国内调查和临时性调查。调查权的行使往往由专门的调查委员会行使，调查的范围往往涉及法律执行、政府官员的违法失职行为。调查的结果可能导致对官员的弹劾或对政府的不信任。

③弹劾权。它是议会(国会)对政府高级官员的违法失职行为，由众议院(或下院)提出诉讼，由参议院(或上院)或宪法法院进行审判的制裁权。弹劾的对象主要是高级政府官员；

弹劾的范围一般限定在与职务有关的违法犯罪行为方面。

④不信任表决权。议会对于政府的重要政策议案、财政议案、条约缔结等拒绝通过，或对政府某项重大决定通过不信任案，甚至政府必须辞职。

除此之外，有些国家的议会还有一些其他手段如批评、举行听证会，行使否决权等来对政府举行监督。

(2)公共管理立法控制的问题

卓越的公共管理，需要立法与行政机关的密切配合，行政责任的维护也有赖于立法的控制。公共管理立法控制可能遇到问题主要包括：

①党派利益和压力集团的影响。受狭隘的党派利益、利益集团的压力等因素，通过议会实现责任也仅是一个良好的愿望。

②议会企图管理一切的倾向。议会固然应该纠正行政部门的弊端，但不能企图由自己去管理一切事情，在议会的控制和行政自主之间谋求平衡，亦是公共管理的重要议题。

7. 在中国，权力机构对政府监督的主要方式有哪些？权力机构的监督遇到哪些主要的困难？

答：(1)中国权力机构监督政府的主要方式(参见本章考研真题简答题第2题答案)

(2)中国权力机构监督面临的困难

人民代表大会对政府的监督，是从依法治国的高度所进行的全面监督，监督的内容包括政府行为的合法性、合理性和政府工作人员是否遵守法律、廉洁奉公等。人民代表大会作为监督机构面临的困难主要包括：

①人大监督的认识还没有真正到位

一些被监督者还缺乏自觉接受监督的观念，在行为上有时还规避人大监督。

②监督制度不完善

我国借鉴了西方议会的监督手段，而没有相应的会期制度和代表(议员)制度。我国宪法和法律规定的这些监督方式也都是在会议上行使的，集体行使职权是我国人民代表大会的一项基本原则。但我国的人大及其常委会会议会期往往比较短。

③现行的一些体制不协调

a. 人大与党委的关系。人大的监督对象是“一府两院”，不包括党委。但是现实中，由于党政职能尚未明确分开，党委和政府联合发文作出决定的现象仍大量存在，对这种党委行为和政府行为共为一体的做法，人大难以监督。

b. 人大与“一府两院”的关系。人大监督的同级地方政府，不仅接受同级党委的领导，还要接受上级人民政府的领导，执行上级人民政府的决定。人民法院也要受上级人民法院的监督，上级人民法院有权改变下级人民法院的判决。下级人民检察院对上级人民检察院也存在着行政服从的管理关系。这种现存的纵向领导和监督体制，给人大监督带来一定的难题。

c. 人大与政府一些职能部门的关系。经过机构改革，工商、税务、技术监督等与人民群众生活密切相关的政府职能部门，实行了垂直领导，从行政关系上脱离了地方政府。但这些部门的工作仍是地方政府工作的重要内容，地方人大还能否进行监督，如果可以监督，该如何监督，也需要在体制上进行探讨。

④地方人大的自身建设不适应人大监督工作的需要

地方人大面对庞大的政府各部门、法院和检察院，显得机构不够，人员缺乏。地方人大及其常委会的组成人员在素质上也不适应人大监督工作的需要。

8. 如何理解“没有救济，便没有权利”？

答：“没有救济，便没有权利”是现代法治社会极其重要的权利原则。如果一个人拥有一项权利，他就必然要有维护和保持该权利的方法。相应地，当一个人权利遭受侵害，也必须获得一定的救济。没有法律救济的保障，权利等于虚设。对于这句话可以从以下几个方面进行理解：

(1)在法理学研究中，“没有救济，便没有权利”是权利的核心要素。权利体现了人的某种要求，而救济则是这种要求得以实现的手段。人们即使在没有法律保障的“权利”或法律失灵的时候，也要通过私力救济来实现各种要求。然而私力救济往往难以应对社会生活中诸多复杂的情况，也容易引发以暴制暴，破坏社会秩序。所以法律在规范权利的同时，也垄断了救济的权力。从另一个角度说，法律要对权利加以规范，就必须同时配以救济途径，否则，人们依然会诉诸私力救济而令法律的权威遭到损害。

(2)在具体的法律制度中，“有权利必有救济”的原则总是与正当程序原则相结合。如英国1215年《大宪章》第三十九条规定，任何自由人，如未经其同级贵族之依法裁判，或经国法判决，皆不得被逮捕、监禁、没收财产、剥夺法律保护权、流放，或加以任何其他损害；美国联邦宪法第五修正案关于“未经相应法律程序，不得剥夺任何人之生命、自由或财产”的规定，既是对救济的行使做出的程序限制，同时也是为实现法律程序而提供的救济途径。对于法律救济来说，正当程序能够加强救济手段的合理性，也能避免私力救济通常会带来的无序和暴力；对于正当程序来说，有效的救济有助于实现正当程序的最终目标。

(3)在现代社会中，救济对权利的意义更加重要。权利总是以正面肯定的方式出现在法律中，而社会生活的多样性则难以从正面肯定的角度一一穷尽，于是法律对于权利的规定常有抽象化的倾向，在日益复杂的现代社会中尤其如此。但是权利若过于抽象，就缺乏可操作性，与日常生活的距离也会越拉越大。法律救济则是从反面确定对权利的保障，往往针对具体的侵害做出规定。只有通过相关的救济途径，在法律的程序中针对具体问题进行评价和判断，才能将“平等权”落实到现实生活中。反过来，如果仅有“平等权”的抽象规定而没有相应的救济途径，现实生活中各种具体的“歧视”问题也就无法得到解决。

9. 分析“公民参与”与公共管理的关系。

答：公民参与和公共管理的关系表现为公民参与对公共管理的促进作用，主要包括以下几个方面：

(1)公民参与可以提高政府的代表能力和回应力。公民的参与可以反映公民的需求与偏好，使行政部门的政策与行为能与社会中的大多数公民的需求相契合，回应公民的需求。

(2)了解公民意见。公民参与使公共管理者知晓公民对公共组织绩效的评估意见。

(3)向公民提供公共管理信息。公民参与也向公民提供了信息，这些信息有助于公民作出判断：政府应该做些什么。

(4)改善政府形象。公民参与促使政府的改善，增强公民对政府的信心，同时也增强对政策合法性的认同和支持。

10. 如何理解公共管理职业伦理的性质。

答：公共管理职业伦理是指公共管理中一些有约束性的价值观，一些在公共管理领域不可取消的标准和人格态度。公共管理职业伦理的性质是由公共管理活动的特殊性决定的，具体表现为：

(1)公共性。公共性是公共管理的职业伦理区别于一般伦理道德的本质特性。公共管理的职业伦理是一种关于公私利益关系的观念体系。如何处理公私关系成为判断行政主体道德与否的伦理标准，从公共利益出发公正行事是公共管理的职业伦理的根本之所在。

(2)务实性。指公共管理职业伦理的意识和规范，要通过公共管理实践来实现，通过行政活动、行政关系、行政态度、行政作风、行政效果等表现出来。一般来说，行政行为与公共管理伦理要与地位、职责、权利和义务相一致。公共管理的职业伦理是一种关于权利义务关系的规范体系。公共管理必须承担的基本准则是公共利益服务的义务。所有其他的义务和价值观都必须服从于这一基本准则带来的责任。

(3)示范性。公共管理职业伦理是现实社会的主体道德，依据的是国家和社会公认的、共同的道德观念和理想，其共同原则和基本精神具有社会普遍性，公共管理主体其行为和风貌不仅为社会大众所关注，而且渗透到社会生活的各个方面。公共管理职业伦理也会形成巨大的影响，直接对社会大众起示范效应和导向作用，并影响民德和民风，

(4)法律约束性。由于公共管理的特殊性质，部分的公共管理职业伦理规范是以法律的形式出现的，以制度的形式对公共管理活动进行约束。公共管理的职业伦理作为一种约束机制，不仅可以加强对行政权力的制约，而且可以作为一种提高公共管理部门权力合法性的观念力量，影响到公众对于行政权力的认同感和支持程度，获取较高的社会支持与服从。这种内在的职业伦理控制机制与外在的民主控制机制相结合，才能形成公共管理制度化的利他主义机制。

(5)文化性。公共管理的职业伦理是一种特定的公共管理文化层面，会随着文化环境的改变而发生变化。因此必须要用发展的眼光看待公共管理的职业伦理。从发展的眼光看，公共管理的职业伦理既是以特定的公共管理文化为基础的，同时又是公共管理文化的重要层面之一。

11. 公共管理职业伦理的基本精神和要求是什么?

答：参见本章复习笔记相关内容。

12. 美国第一任总统华盛顿曾对前来求一官半职的好友，讲过这样一段引人深思的话："您是我和我家人非常要好的朋友，但我与您的私交对此事(谋取官职)恐怕没法帮上忙。我不是乔治·华盛顿，我是美国总统；就华盛顿个人立场而言，我可以为您做任何事情，但是，就总统职位而言，我无能为力。"你是如何理解这段话的？作为公共管理者，我们如何区分个人行为与职务行为，个人利益与公共利益？

答：(1)华盛顿的这段话是阐释了公共管理者在公共管理中的职业伦理。公共管理的职业伦理，是指公共管理中一些有约束性的价值观，一些在公共管理领域不可取消的标准和人格态度。我们承认公共管理者是人，作为个人，我们要求他们应具备一般人做得到的道德。但作为一个职业，公共管理有其更高的职业伦理要求。因为公共管理者肩负着更大的公民信托。华盛顿的这段话体现了公共管理者职业伦理的两个方面的内容：

①忠实地执行法律

法律如果得不到执行，它便没有任何意义。没有意义的法律是对政府的嘲弄。不确定性和不可靠性会败坏政府的信誉，武断会导致权力的滥用和腐败。如果法律得不到执行，秩序便会让位于混乱。人们喜欢一个法治的政府，而不喜欢一个凌驾于法律之上的人治政府。因此，公共管理者应该崇尚宪法；尊重立法部门制定的法律；接受政府的限制；遵守行政的规定；追求正义和公正。公共管理者应该成为宪法和法律尊严的捍卫者，宪法和法律价值的体现者，法律的忠实执行者。公共管理者之所以受到人们的尊重，是因为人们相信他们尊重法

律，如果公共管理者执法犯法，那又怎能期望普通公民遵纪守法。华盛顿的这番话正是他作为公共管理者遵守法律的典范。

②为社会树立典范

公共管理职业，之所以是公共的，也是因为它的一言一行都受到公民的关注，公共管理者是一个公众人物，其言行对社会起着示范的作用。在私人生活领域可以接受的行为可能是公共领域所不能容忍的行为。政府如果要想改变公民的行为，它本身就必须通过实践为公众树立榜样。公共管理者要为公众树立一个追求崇高理想，具有各种美德，具有人情和人性，节俭等特征的道德人格。华盛顿的这番话是在美国建国当初政党分肥制的情况下发表的，表明了华盛顿作为公共管理者所做出的示范作用。

(2)公共管理者要追求的是社会公众的利益，但并不否认个人利益，而是把个人利益置于公共利益之下，把小团体、部门、单位的利益置于公众利益之下。在社会主义基本经济制度中，个人利益与集体利益、集体利益与公共利益在本质上是一致的，只有实现了公共利益、集体利益，才能更好地实现个人利益。由于社会主义的公有制把公共组织人员与其他社会成员的利益紧密联系起来，统一起来，消除了公共利益、集体利益、个人利益的矛盾，为公共人的形成准备了基本的生长基础。因此，社会主义公共管理者要把具体维护社会主义公有制作为实现公共利益最大化的首要目标。

14.3 考研真题详解

一、判断题

行政外部监督是指来自行政监察机关和行政审计机关的监督。(中财2006年研)

答：这种说法是不正确的。行政监察机关和审计机关的监督属于行政内部监督。

行政外部监督是指行政管理组织以外的各种监督主体对行政机关及工作人员的管理活动所进行的多渠道的、多种形式的异体监督。外部监督体系主要包括权力机关的监督、司法机关的监督、政党监督、社会监督等形式。

二、概念题

1. 行政监督(南航2016年研；南昌大学2016年研；中财2015年研)

相关试题：行政法制监督(电子科大2016年研)

答：行政监督，又称行政调查，是指行政组织内部的部分成员基于合法的监督权对另一些组织成员进行了解、协助、指导或控制，以推进组织目标达成的行为。在多数情况下，行政监督表现为行政上级或行政主管对下级工作状况的监督。行政监督的作用方式包括：①指挥；②指示或指导；③认可或核准；④备案或备查；⑤视察；⑥审核；⑦撤销、变更、废止；⑧奖惩；⑨争议解决；⑩行政立法与解释。行政监督的主要目的在于防止及矫正违法不当的行政行为，同时也兼具积极的作用，有助于责任的维护与实现。

2. 行政立法(山东师大2017年研；中财2014年研)

答：行政立法是指国家行政机关依法定权限和程序制定、颁布具有法律效力的规范性文件的活动，简言之为行政机关立法。狭义的行政立法行为是行政权作用的一种表现方式，是就行政机关实施行政行为与相对人所形成的关系结构来说的。与其对应的有行政执法行为、行政司法行为，它有别于立法机关(即国家权力机关)的立法行为和其他行政行为。它的基本原则有：①立法应当遵循宪法的基本原则，以经济建设为中心，坚持社会主义道路，坚持人民民主专政，坚持中国共产党的领导，坚持马克思列宁主义、毛泽东思想、邓小平理论和

"三个代表"的重要思想，坚持改革开放。②立法应当依照法定的权限和程序，从国家整体利益出发，维护社会主义法制的统一和尊严。③立法应当体现人民的意志，发扬社会主义民主，保障人民通过多种途径参与立法活动。④立法应当从实际出发，科学合理地界定公民、法人和其他组织的权利与义务、国家机关的权力与责任。⑤坚持原则性和灵活性相结合。

3. 行政复议(中财 2014 年研；人大 2010 年研；中央民大 2010 年研)

答：行政复议是指公民，法人或其他组织通过行政救济途径解决行政争议的一种方法。具体是指，当公民、法人和其他组织在认为行政机关的不法行为侵害了其合法权益时，有权请求该行政行为的行政机关或其上级行政机关审查该行政行为的合法性与适当性，以排除不法行政行为或补救公民、法人和其他组织受损的合法权益。行政复议作为确保行政责任的重要途径，其优点在于：①范围广泛，既包括违法行为，又包括不当的行政行为；②补救措施更为有效，复议机关可以撤销、变更或者代替原行政机关的决定；③程序简便、迅捷；④保证行政机关能利用其专门知识和行使法律授予的自由裁量权；⑤为行政机关提供了纠错的机会，减少了司法审查的需要；⑥在一定程度上保护了行政机关的自主性，防止司法过度的干预行政。其缺陷在于：①行政机关内部解决争议可能出现偏见；②公民的信赖关系也不易建立。目前各主要国家均有行政复议的制度，行政复议制度在维护行政责任方面起了很大作用，既可以纠正违法，又可以给公民权益以救济。

4. 听证制度(人大 2013 年研)

答：参见本章课后习题概念题第 11 题答案。

5. 公共管理职业伦理(中财 2005 年研)

相关试题：公共管理伦理(中财 2017 年研；对外经贸 2015 年研)

答：职业伦理是指人们在职业活动领域中所应遵循的一些有约束性的价值观、不可取消的标准和人格态度，简单说来就是指某一特定职业的道德规范和准则。公共管理的职业伦理是指公共管理中一些有约束性的价值观，一些在公共管理领域不可取消的标准和人格态度。公共管理职业伦理的主要内容包括：①提供公共福利；②忠实地执行法律；③承担公共责任；④为社会树立典范；⑤追求专业的卓越；⑥促进民主。

三、简答题

1. 行政内部监督的内容有哪些？(中财 2005 年研)

答：行政机关内部监督体系分为两大类型：一是非专门监督，它是指上级行政机关对下级行政机关实行的监督；另一类是专门监督，它是指政府主管部门对下级政府相应的工作部门、有隶属关系的企事业单位的行政活动实行的监督。

(1)非专门监督，包括一般监督、职能监督、主管监督。

①一般监督

一般监督是指有隶属关系的行政机关之间产生的相互监督，即行政机关内部的纵向监督。行政机关内部上级机关对下级机关的监督是最直接、最有力的监督，因为上级机关与下级机关之间是领导和被领导、指挥和服从的关系。我国宪法和地方人民政府组织法都规定：全国地方各级人民政府都是国务院统一领导下的国家行政机关，都服从国务院。县级以上人民政府领导所属各工作部门和下级人民政府的工作，改变或撤销所属各工作部门和下级人民政府的不适当的命令、指示或决定等。上级机关可以通过行政的、经济的、组织的手段，实现迅速有效的监督，保证政令畅通、依法行政。上级行政机关对下级行政机关的监督形式主要有：工作检查、工作指导、工作督促、工作报告、专案调查等。下级行政机关对上级行政机关也可以实行监督，如对上级行政机关的错误决定、命令也可以提出批评、建议。

②职能监督

职能监督是指政府具体职能部门就其主管的工作，在各自职权范围内对同级政府其他工作部门及工作人员、有领导或指导关系的企事业单位的行政活动的某一方面实行的监督，如人事监督、财政监督、税收监督等。

③主管监督

主管监督是指政府主管部门对下级政府相应的工作部门、有隶属关系的企事业单位的行政管理活动和其他管理活动实行的监督。上级政府设立的职能机关与下级政府设立的相同职能的机关之间是业务指导或者领导的关系。我国地方人大地方人民政府组织法规定：省级人民政府的各工作部门受同级人民政府统一领导，并且按照法律或者行政法规的规定受国务院主管部门的业务指导或者领导。市、县级人民政府的各工作部门受同级人民政府统一领导，并且依照法律或者行政法规的规定，受上级人民政府主管部门的业务指导或领导。地方各级人民政府还有权监督设立在本行政区域内不属于自己管理的国家机关、企业、事业单位的工作，使其遵守和执行法律和政策。

(2)专门监督，包括行政监察、行政复议和审计监督。

①行政监察

行政监察是指行政机关内部设立的专门监察机构对国家行政机关及其工作人员的行政活动实施的一种内部监督。《行政监察法》规定县级以上人民政府设立行政监察机关，并建立举报制度，根据需要可以向本级政府所属部门派出监察机构或监察人员；规定监察机关对本级政府各部门及国家公务员、本级人民政府以及本级人民政府各部门任命的其他人员、下一级政府及其领导人员，实施监察；还规定：国家行政监察机关具有检察权、调查权、监察建议权、作出监察决定行政处分权。监察机关为行使监察职能，履行下列职责：a. 监察国家行政机关在遵守和执行法律、法规和人民政府的决定、命令中的问题；b. 受理对国家行政机关、国家公务员和国家行政机关任命的其他人员违反行政纪律行为的控告、检举；c. 调查处理国家行政机关、国家公务员和国家行政机关任命的其他人员违反行政纪律的行为；d. 受理国家公务员和国家行政机关任命的其他人员不服主管行政机关给予行政处分决定的申诉，以及法律、行政法规规定的其他由监察机关受理的申诉；e. 法律、行政法规规定由监察机关履行的其他职责。

②行政复议

我国于1990年公布《行政复议条例》，并在县级以上各级地方政府建立行政复议机关(设在政府法制工作机构内或与法制工作机构合署办公)。其主要职能是维护和监督行政机关依法行使职权，防止和纠正违法或不当的具体行政行为，保护公民、法人和其他组织的合法权益，1999年《行政复议法》颁布实施，使行政复议工作更为完善。

③审计监督

审计监督是指国家审计机关根据国家的法律、制度、规定，依照一定的程序和方法，对政府机关、国家金融机构和企事业单位的财务行为、经济活动，进行检查、审核等监督活动。我国现阶段审计监督的主要内容是：a. 政府财政收支、预算外收支；b. 企业财务收支、成本费用、财务成果、财经纪律；c. 财产物资管理；d. 经济效益。审计监督具有独立性和权威性。

2. 简述国家权力机关实施行政监督的主要形式。（山东大学2017年研）

答：在中国，人民代表大会制度是保证行政责任的主要制度。人民代表大会监督政府的主要形式包括：

（1）听取和审议政府工作报告

①人民代表大会听取和审议政府的全面工作报告。全国和地方各级人民代表大会每年举行例会时，听取和审议政府工作报告，并通过相应的决议，评价、总结政府过去一年的工作目标。它是听取和审议工作报告中最重要的一个层次，具有宏观、全面的特点。

②人大常委会听取和审议政府某一方面的专题报告。全国人大常委会和县以上地方各级人大常委会，每两个月举行一次例会，一般都要听取政府工作某一方面的专题报告。在审议工作报告时，常委会委员对政府的工作进行评价，肯定成绩，提出批评和建议，询问政府有关部门。

③人大专门委员会或工作委员会听取政府有关部门的情况汇报。人大各专门委员会或工作委员会根据需要，可以听取政府有关部门的情况汇报。这一层次具有辅助性的特点，主要功能在于帮助各委员会及时了解、掌握有关情况。审议好有关议案。

（2）审查和批准国民经济计划和财政预算、决算

政府的一切工作都是建立在一定的计划和预算的基础上，人大及其常委会审查批准计划、预算，其实质是从最基本的方面制约、监督政府。一般来看，计划、预算的审查和批准包括三个阶段：初步审查、正式审议和监督执行。

（3）审查政府的法规、决定和命令

全国人大常委会有权撤销国务院制定的同宪法、法律相抵触的行政法规、决定和命令，省、自治区、直辖市以及省、自治区人民政府所在地的市和经国务院批准的较大的市的人大及其常委会应有权撤销本级人民政府不适当的规章。这些是人大及其常委会监督政府的一个重要手段。

（4）质询和询问

质询是指人民代表依据宪法和法律规定对政府机关提出质问，要求被质问机关在法定时间内以法定的形式进行答复的活动。

我国质询制度的基本点包括：①提质询案的时间应在人大会议或常委会会议期间；②提质询案必须符合法定的人数；③质询案以书面的形式提出；④质询的对象主要是政府及其有关部门，还可以质询法院和检察院；⑤受质询的机关必须负责答复。

（5）视察和检查

①视察。人大代表通过视察了解政府的工作情况，并对政府的工作提出建议、批评和意见，以监督政府的工作。视察的主要目的是联系群众、了解情况，为在会议上审议议案、制定和修改法律、决定等重大问题做准备。视察有个人视察和集体视察两种方式。

②检查。我国宪法规定，全国人大及其常委会认为在必要的时候，可以组织关于特定问题的调查委员会，并根据调查委员会的报告，作出相应的决议。执法检查就是对法律的实施情况进行检查和监督。其目的是为了保证宪法、法律、行政法规在各自的行政辖区范围内得到贯彻和执行。

（6）建议、批评和意见

依据全国人大组织法和地方组织法的规定，全国和地方各级人大代表有权向本级人大或其常委会提出对全国或本行政区域范围内各方面工作的建议、批评和意见，由有关机关、组

织研究处理并负责答复。

(7)受理申诉和检举

主要渠道有：①向人大代表和委员提出，由其转交有关信访部门；②以来信方式直接向全国人大常委会提出，信访部门负责接受；③公民亲自来访，信访部门负责接待。

(8)罢黜职务

行使罢免权是国家权力机关对行政工作人员进行监督的又一种形式。我国《宪法》第63条规定全国人民代表大会有权罢免国务院总理、副总理、国务委员、各部部长、各委员会主任、审计长、秘书长。地方组织法规定，地方各级人民代表大会有权罢免本级人民政府的组成人员。

3. 简述公共管理职业伦理的内容。(北科2013年研)

相关试题：公共管理职业伦理最主要的几个方面。(北邮2016年研)

答：参见本章考研真题论述题第3题答案。

4. 如何促进公共管理伦理的实现?(中财2005年研)

答：参见本章考研真题论述题第4题答案。

四、论述题

1. 试论公共管理的责任内涵以及这一责任的具体实现机制。(人大2012年研)

相关试题：公共管理的责任机制的基本内涵。(简答题，中央民大2010年研)

答：(1)公共管理的责任内涵

①行政学者费斯勒和凯特认为：行政责任具有两个方面：其一是负责，表现为忠实地遵守法律，遵守上级的命令和经济与效率的标准。其二是道德的行为，即坚守道德的标准，避免出现不符合伦理道德的行为。

②公共伦理学家库伯将行政责任分为主观责任和客观责任。主观责任意指忠诚、良心以及认同。主观责任来自公共管理者对责任的感受和信赖；主观责任强调我们之所以去做某事，乃是源于内在的驱动力。客观责任是指法律以及上级交付的客观应尽的义务责任，意指负责任；对组织规划、政策和标准的负责；对服务于公共利益的义务。

③公共管理学者斯塔林认为，行政责任的内涵具有以下方面：

a. 回应。回应一词是指公共组织快速了解民众的需求，不仅包括“回应”民众先前表达的需求，更应洞识先机，以前瞻主动的行为研究问题，解决问题。

b. 弹性。公共管理者在制定和执行政策的过程中，不可忽略与政策目标的实现有关的团体、地方性的或者情境的差异。

c. 胜任能力。责任同样要求公共政策的规划和执行应受到客观标准的指引。行政行为必须谨慎，不能草率，必须考虑后果，不能顾前不顾后。

d. 正当法律程序。在法律上，正当法律程序的精义在于：未经正当法律程序，不能剥夺任何人的生命、自由与财产。简言之，政府必须依法而治，而不是恣意而治。

e. 负责。负责的意义是指当行政人员或政府机关有违法、失职的事情发生时，必须要有人对此负起责任。

f. 廉洁。廉洁一方面是指政府要坦白公开，即在政策的制定与执行的某些阶段要公开，接受外界的监督。另一方面，则要求政府的公共管理者不能利用权力谋取不正当的利益。

(2)公共管理责任的实现机制

责任机制是旨在实现责任的一套制度安排或确保责任实现的途径。责任机制包括两个层面：正式与非正式、内部与外部。正式确保途径是指宪法、法律、行政规章所明确的责任归属机制，如上级的行政命令、议会的立法、法院的判决。非正式确保途径是指责任的要求起源于个人伦理道德、公民偏好、政治过程等。内部、外部的区别在于启动责任的来源，如来自行政部门内部，则属内部途径；如来自行政部门以外的外部环境（如议会、法院、新闻等），则属外部途径。

公共管理责任的实现机制主要有：

①行政控制机制。行政控制是实现行政责任的重要途径。科层制本身便是一个责任机制；行政监督权的行使、行政监察、审计、行政复议均是有效的行政控制机制。

②立法控制机制。立法控制是实现行政责任的政治途径，其主要是通过议会对行政机关的监督来实现的。在中国，人民代表大会制度是保证行政责任的主要制度。

③司法控制机制。司法审查和司法救济乃是保证行政责任最有力的手段和机制。它主要是通过司法机关追究政府诉讼责任、侵权赔偿责任的方式来实现。

④公民参与机制。公民参与是实现行政责任的基础。

⑤伦理和道德机制。公共管理的职业伦理对于责任的实现必不可少，因为行政责任最终取决于公务人员伦理的自觉性。

各实现机制的具体内容，参见本章复习笔记相关内容。

2．理论联系实际，论述行政监督的作用和意义。（中财2007年研）

答：（1）行政监督的概念

行政监督有狭义和广义之分。狭义的行政监督是指行政机关内部上下级之间，以及专设的行政监察、审计机关对行政机关及其公务人员的监督。广义的行政监督是指执政党、国家权力机关、司法机关和人民群众等多种社会力量对国家行政机关及其公务人员的监督。行政监督的特征有：

①监督对象是行政机关的行政行为和行政工作人员的职务行为。

②监督主体是国家权力机关、司法机关、国家特设的行政机关、政党、社团组织和人民群众等。

③监督性质是监督主体对行政机关及其工作人员的一种法制监督。

④监督的目的在于保障社会主义民主和法制，促进行政机关及其工作人员依法行政，合理行政，改善和强化行政管理，提高行政效率，推进廉政建设。

（2）行政监督的作用

行政监督在本质上是对行政权力的运行进行制约、限制和检查。

①行政监督是贯彻执行党的方针、政策和法律法规的保证。行政管理是执行行政行为，行政监督就是按照党的方针政策和法律法规来检查行政管理活动，发现问题，纠正问题，保证不折不扣地贯彻执行党的方针政策和法律法规。

②行政监督能及时地发现和纠正问题，及时地采取改进措施和补救措施。行政管理涉及社会各个方面的事物，出现一些问题在所难免。行政监督的这种作用是行政管理不可或缺的必要步骤，是民主行政和民主政治的重要内容。

③行政监督是行政管理提高行政效率的有力保证。行政组织的内部监督，主要是行政效率的监督。行政效率问题是政府的核心问题之一。由于官僚制本身既是提高效率的途径，又是造成效率缺损的主要成因，所以行政监督是提高行政效率的重要保证。

④行政监督是为政清廉和加强政府合法性的保证。行政监督是确保用人唯贤，防止用人

唯亲的主要手段。用人唯亲是腐败的关系网和保护伞。一个国家出现大规模的腐败现象，根源就是吏治腐败。腐败的行为必然危及政府的合法性。行政监督就是加强廉政建设，加强政府的合法性。

⑤加强行政监督可以造就一支高素质的国家公务员队伍。对国家公务员的行政行为的合法性和有效性的监督，是行政监督的重要内容。行政监督可以提高国家公务员的政策水平和法律意识，加强他们的执法水平和自律意识，提高他们的政治素质和业务素质。

(3)行政监督的意义

鉴于我国行政管理活动中缺乏法制性，以及存在严重的以权谋私等腐败现象，加强行政监督就具有十分重要的意义。

①加强和完善我国行政监督机制是实行行政管理法制化的有力措施和保证。行政管理法制化，要求行政机关和行政人员依法行政，依法设置行政机关和编制行政人员，依法行使行政权力和进行行政管理。加强对这些方面的监督，完善这方面的法律制度建设，是行政管理法制化的保证。

②加强和完善行政监督机制是实现行政机关和行政人员为政清廉的重要保证。加强监督，规范行政机关和行政人员的行为，对其违法违纪行为，进行严格监督，严格奖惩制度，查办公职人员违法乱纪案件，制裁违法违纪者，才能清除腐败现象，保持政府公职人员廉洁自律，改善行政管理，建立良好政风。

③加强和完善行政监督机制也是保护公民合法权益的重要保障。行政管理活动是国家行政机关和行政人员直接行使国家权力，把法律、政策实施于民。行政监督机关和监督法规的任务之一，就是依法受理和处理行政机关和行政人员侵犯公民合法权益的案件，以保护公民的合法权益不受侵犯。

3. 联系我国政府反腐败斗争的实际，论述当代中国行政伦理规范的内容。（中财 2009 年研）

相关试题：简述当代中国行政伦理规范的基本内容。（简答题，华南理工 2015 年研）

答：行政伦理根据行政行为主体确立。从主体性角度分析，行政伦理由两个层面构成：从国家公务员个体作为行政伦理主体的意义上，行政伦理是指国家公务员的行政道德意识、行政道德活动以及行政道德规范现象的总和。从行政机关群体作为行政伦理主体的意义上，行政伦理是指行政体制、行政领导集团以及党政机关在从事各种行政领导、管理、协调、服务等事务中所遵循的政治道德和行政道德的总和。

联系到我国政府的反腐败斗争，近年来相继通过的《中国共产党党员领导干部廉洁从政若干准则（试行）》《关于党政机关县（处）级以上领导干部收入申报的规定》《国务院工作规则》《建立健全教育、制度、监督并重的惩治和预防腐败体系实施纲要》等相关规章制度，既有效促进了中国特色的党风廉政和反腐败法规制度体系的逐步建立，也从根本上推进了中国建立起健全有效的行政伦理体系。从制度伦理与美德伦理同时着手，促使当代中国行政伦理迅速转轨。将两种类型的伦理规范进行统一的归纳，大致可以概括如下：

(1)从私人德性转变为公德主导

对于我国各级国家机关工作人员，尤其是负有领导职责的工作人员而言，需要将自己手中的权力用来为公众服务。在长期的儒家传统官德思想浸润中，官员们习以为常地认为，这种谋求大众幸福的为官原则，是基于自己内心的道德自觉。“当官不为民作主，不如回家卖红薯”就是流行的为官准则。

但在今天的中国，仅仅基于个人德性修养的为官清廉原则，不足以保持官员和公共机构对于行政伦理规范的谨言慎行。今天中国行政伦理必须建立在公权公用的现代政治基准上面。公德的优先性与主动性远远胜于私德的绝对性与内省性。这是中国行政伦理从传统到现代变迁最为显著的标志。公平正义之作为行政伦理的核心价值就此鲜明地凸显出来。

(2)从为民众服务发展到为公民尽责

在传统范畴里，掌握国家权力的人们总是以自己为大众服务而占据高尚的道德平台。

对于今天的国家公务人员而言，不论职位高低或功劳大小，都必须努力实践全心全意为公民服务的行政宗旨。从整体角度看，为公民尽责的原则现实地体现为为人民服务的精神实质。忠于人民利益，排除个人私利，其内涵主要体现在四个层次上：

①关心人民疾苦，扶鳏助寡，恤孤瞻独，广泛联系群众，尤其是工农群众。

②尊重人民权利，甘做人民公仆，认真倾听、搜集、分析、接受和采纳群众意见。

③注重人民利益，将人民利益摆在首位，不损害人民群众利益，并自觉、主动地尽一切努力为人民群众谋利益。

④维护人民利益，始终不渝地与人民群众站在一起，同一切危害人民利益的人与事作不调和的斗争，甚至不惜献出自己的生命。

总之，要坚持群众路线，真诚倾听群众呼声，真实反映群众愿望，真情关心群众疾苦，多为群众办好事、办实事，做到权为民所用、情为民所系、利为民所谋。

(3)从信念责任转变为职业责任

中国传统的行政伦理规范推崇的责任形态是信念责任。信念责任的特点就是重视道德动机，不问或不重视在某种德性理念促成的行为实施之后的后果。因此，一个非常高尚的国家权力掌握者常常以高尚动机驱动下的行为，为治理对象带来灾难性的后果。

现代责任形态是一种职业责任形态，它需要的不是掌权者的高尚动机，需要的是他们对行为后果承担一切责任。为此，职业责任显示出虽不高尚却很实在的道德特质：

①诚实守信，言行一致，即做老实人，办老实事，讲老实话；

②坚持真理，守正不挠，即重事实，守原则，讲道德；

③解放思想，积极探索，即一切从实际出发，以实践为本；

④勇于改革，善于开拓，履行道德责任。此外，实事求是的原则还要求反对形式主义、官僚主义，反对弄虚作假。一切基于虚无缥缈的高尚却不切实际的伦理幻想，都必须被杜绝在行政伦理之外。公权公用不是高尚表现，而是职业要求。

(4)从清廉的理念转变为清正廉洁的实际行为

清正廉洁的实质是公权公用的问题，核心是清除腐败，国家行政人员的清廉具有十分重大的意义。

在古代社会，清廉大致是一种政治道德理念，实际上实现为官清廉的难度是非常之高的。这是古代制度疏密缺乏保障所必然导致的现象。在现代社会，为官清正廉洁不是官员或公共机构的信念定位，而是权力维持其公信力的基础。缺乏公信力的权力，就难以维持自己的公共权威，无法长期聚集掌握权力必需的社会资源。

胡锦涛同志在中共十七大报告中指出：坚决惩治和有效预防腐败，关系人心向背和党的生死存亡，是党必须始终抓好的重大政治任务。全党同志一定要充分认识反腐败斗争的长期性、复杂性、艰巨性，把反腐倡廉建设放在更加突出的位置，旗帜鲜明地反对腐败。坚持标本兼治、综合治理、惩防并举、注重预防的方针，扎实推进惩治和预防腐败体系建设，在坚决惩治腐败的同时，更加注重治本、预防、制度建设，拓展从源头上防治腐败工作领域。严格执行党风廉政建设责任制。坚决纠正损害群众利益的不正之风，切实解决群众反映强烈的问题。坚决查处违纪违法案件，对任何腐败分子，都必须依法严惩，决不姑息。

当代中国行政伦理建设还有很长的路要走，以上行政伦理规范内容的实现还需要政府、社会、公民的共同努力。相信在不久的将来，一个负责的、具备高尚行政伦理的政府将会带领中国走向富强、民主、文明、和谐的明天。

4. 结合我国廉政实践，论述公共管理的职业伦理要求和实现机制。（人大2015年研）

答：(1)公共管理职业伦理的含义

公共管理的职业伦理，是指公共管理中一些有约束性的价值观，一些在公共管理领域不可取消的标准和人格态度。公共管理者是人，作为个人，要求他们应具备一般人做得到的道德。但作为一个职业，公共管理有其更高的职业伦理要求，因为公共管理者肩负着更大的公民信托。

(2)公共管理职业伦理的要求

①提供公共福利。公共组织的行为不能损害普遍的人类价值，而应促进这些价值。这包括：满足公民合法和合理的需要；促进公共利益；改善人民的生活质量；避免或尽量避免其行为给公民造成的损害；使人民能够享受到公共服务带来的好处。

②忠实地执行法律。法律如果得不到执行，它便没有任何意义。因此，公共管理者应该崇尚宪法；尊重立法部门制定的法律；接受政府的限制；遵守行政的规定；追求正义和公正。公共管理者应该成为宪法和法律尊严的捍卫者，宪法和法律价值的体现者，法律的忠实执行者。

③承担公共责任。具体而言，公共责任要求：

a. 公共管理要成为公共利益的保护者，公民财产和公共财产的保护神，他们要像对待自己私人事务那样精心对待公共的事务；

b. 公共管理行为要尽可能的公开和透明；

c. 公共管理者有义务了解政府政策、法律的意图，并有义务向公民解释报告和宣传；

d. 公共管理者要诚实信用，要致力于建立公民与政府的信任关系，而不能说谎、欺骗、愚弄公民；

e. 公共管理者要回应公民的需求。

④为社会树立典范。公共管理者是一个公众人物，其言行对社会起着示范的作用，必须通过实践为公众树立榜样。公共管理者要为公众树立一个追求崇高理想，具有各种美德，具有人情和人性，节俭等特征的道德人格。

⑤追求专业的卓越。公共管理是一门职业，公共管理者便应该成为出色的职业工作者，追求职业的卓越，他们要有奉献于公共服务的精神，并将此作为自己毕生的职业。有职业召唤的精神；他们应该始终不渝地学习，掌握公务职业所需的知识、技能；应该通过研究、试验、创新促进职业艺术的发展；他们应该提高公共政策制定的能力；应该采取企业式管理的方式，以更经济、更有效率、更有效能的方式提供公共服务；他们应该与各种各样有损职业声誉的官僚现象作斗争……总之，要在追求职业卓越的过程中确认自己的价值。

⑥促进民主。民主不仅是一种政治制度，也是一种公共管理的价值，更是一种公共管理的方式。在公共管理领域，民主的公共管理要求公共管理者要改变主仆关系，要将自己视为为公众提供服务的仆人；公共管理者要致力于维护公民的权利和自由，而不是限制公民的权

利和自由；公共管理者在制定政策和决策时要广泛地听取社会大众的声音；要鼓励、尊重公民的参与，并为公民参与公共事务创造条件；公共管理者要反对一切对民主制度造成损害的行为；要超越特殊利益集团的利益。

(3)公共管理职业伦理的实现机制

①政治承诺。如果没有政治承诺的支持，公共管理伦理的倡导便不可能获得成功。政治承诺通常是通过政治言论加以表达，通过政治领导者树立榜样加以证明，通过分配适当的资源加以支持。政治领导者(民选的官员)在促进道德方面发挥重要作用，首先，作为政治家，他们有义务向其选民负责；作为立法者，他们掌握着必要的权力实施他们的要求。作为个人或群体，政治领导人可以通过树立良好的道德典范促进伦理的行为，通过自身的榜样消除公众的怀疑和不信任。

②立法框架。立法框架乃是为公共管理者确立道德标准，并强制其实施的法律和规章。在促进公共管理伦理方面，它发挥着控制的功能。

③负责任的机制。法律固然重要，但更重要的是需要一套行政的政策和程序，即负责的机制，来控制公务员的日常行为。如一套行政程序。对绩效的评估和审计，协商机制和外部控制(立法或司法)。理想的责任机制在于使公务员不道德的行为更容易发现并得到控制。

④行为准则。在公共服务领域，行为准则既可以是法律的文件，亦可以是纯粹的行政宣言。行为准则是对公共服务的价值的陈述，是对公共服务角色的描述，它包含着公务员的责任、义务。行为准则应该能够明确地指导公务员的行为。

⑤职业的社会化。职业社会化是公务人员习得公共服务的伦理、价值、道德和行为准则的过程。主要的社会化机制包括教育、培训以及高级领导的良好表率。

⑥公共服务的条件。改善公共服务的条件对于公共管理伦理的提升十分重要。公共部门应该在公务员的录用、晋升等方面体现公平和公正，应该为公务员提供较好的工资和待遇。

⑦建立协调伦理活动的组织。为了促进公共服务的伦理，有必要建立一个负责公务伦理的机构。这个机构可以扮演不同的角色，如监督者监督、调查公务人员不道德的行为；咨询和建议者，为公务伦理建设提供建议和咨询；促进者，通过教育、宣传等活动积极促进伦理建设。

⑧公共参与与监督。实践证明，公众的参与与监督是反腐败、反对不道德行为的强有力的手段。

(4)结合我国实际，加强公共管理职业伦理建设

①认真履行监督检查职责，推动科学发展重大决策部署的贯彻落实。要开展对中央扩大内需、促进经济增长政策措施执行情况的检查，保证中央政策措施落实到位。

②加强对领导干部的教育和监督，保证权力正确行使。要增强领导干部廉洁自律意识，抓好领导干部廉洁自律各项规定的贯彻落实。要加强党内监督，增强党内监督实效。

③加大查办案件工作力度，着力解决重点领域的腐败问题。要严肃查处领导机关和领导干部中滥用职权、贪污贿赂、腐化堕落、失职渎职的案件，决不让腐败分子逃脱党纪国法的惩处。要加大预防腐败力度，切实提高监管水平。

④切实解决群众反映强烈的突出问题，坚决维护群众切身利益。要重点解决群众反映强烈的问题，既要深入开展纠风专项治理，又要形成防治不正之风的长效机制。

5. 论述负责任行为的构成要素以及推进公共管理伦理建设的途径。(湘潭大学2017年研)

答：(1)负责任行为的构成要素

①个人道德品质

a. 伦理决策技巧。培养伦理决策技巧，要学会将决策模式应用到案例研究中，清楚地认识所面临的伦理问题，然后以行为决策的方式得出解决问题的答案。

b. 职业道德内化。理论预设是：只有将伦理法规中所体现的伦理准则与公共行政人员的工作实践联系起来加以讨论，行政人员才能找到适宜的行为守则。

c. 德性。它是个人保持符合道德规范的行为所必备的道德品质，但公共管理伦理学必须要研究如何界定和选择具有德性的人来当公务员以及如何培养那些已经在职的公务员的德性。

d. 职业价值观体系。价值观是关于行为和目标的信仰，其与关于什么是想要的和什么是不想要的观念联系更为紧密。

②组织制度

在公共管理领域，组织制度是行政人员个人在其中发挥作用的重要的工作环境之一，对行政人员的道德行为产生重大的影响。思考组织制度和道德行为关系的重要性在于：既有助于保护个人的伦理自主性，同时也对自己的行为提供合法性解释。

③组织文化

在组织文化中，组织领导是最明显的伦理角色模范。负责任的行政领导应该能够根据自己所信奉的价值观而采取行动，并让行动与价值观相一致。负责任的领导树立积极的组织伦理准则，树立职员对其领导的信任。

④社会期待

a. 公众参与。在行政责任履行过程中，公众参与起到了两个关键作用：

第一，保证公共行政人员的脑子里有公众意识，保证了政府是人民的政府(即民享政府)这一首要原则；

第二，有助于澄清和明确法律和政策的意图。

b. 公共管理必须在广义的法律和公共政策的框架之内进行。在行政责任中，法律和政策是一种对行政人员的行为进行外部控制的力量，即它们界定了行政自由裁量权的最大范围。

(2)推进公共管理伦理建设的途径

①强化公共管理伦理教育

a. 加大公共管理伦理建设的力度，提高公务员对公共管理伦理的认知水平，使公务员认识到良好的公共管理伦理是为政之本。

b. 加强公务员思想政治教育。教育公务员树立科学的世界观、人生观、价值观，树立共产主义的理想信念，并把共产主义理想信念和现阶段的历史任务与本职的行政工作结合起来。

c. 强化公务员的道德自律意识。道德是他律和自律的统一。自律是内在的约束机制，只有提高自律意识，才能将外在的强制变为内在的自觉，形成良好的道德习惯。

d. 公共管理伦理教育的内容应当体现时代精神，把握时代的脉搏，内在地显示时代的本质和历史发展趋势。同时，公共管理伦理精神又要汲取本民族的文化传统的优秀成分，体现民族特征，改造和健全公共管理伦理教育系统，创造一种把法制教育、文化知识教育和道德教育整合贯通、协调互补的新教育机制。

②加快公共管理伦理立法

公共管理伦理立法是把伦理行为上升为法律行为，使伦理具有与上层建筑的政治、法律同等的地位。在现代国家中，应成立从中央到地方各级道德仲裁委员会或道德法监督局、廉政伦理行为督导办公室等执法、监督机构。对于这些道德执法、监督机构，国家政府应赋予调查、质询、听证、配合检察机关对不法行为者提起公诉和追究法律责任等特权。

③加强新时期的官德建设

官德，即从政道德，是为官当政者从政德行的综合反映，包括思想政治和品德作风等方面的素养。官德是一种特殊的职业道德，基于一般的社会道德规范，又高于一般的社会道德规范。

新时期领导干部的“德”可以概括为理论修养、政治修养、道德修养、纪律修养和作风修养等五个修养。

④发展公民社会对行政活动的干预和监督

政府活动有以下两个基本方面：

a. 政府工作，是指政府作为公共政治生活以及一般公共生活的组织者与服务者的活动，这方面的基本问题是政府工作的效率与质量的问题，即政府“是不是把该做的事做好了”的问题。

b. 政府行为，与政府作为公共政治生活及一般公共生活的组织者与服务者的活动有关，其基本问题是政府是否能获得广大民众的基本信任的问题，它包括两层相互联系的含义：一是指政府“所做的事是不是该做”；二是指“该做的事是不是做了”。

第15章 企业型政府与政府再造

15.1 复习笔记

【知识框架】

- 企业型政府与政府再造
  - 政府再造的内涵与背景
    - 再造的意涵
    - 政府再造
      - 政府再造的内涵
      - 政府再造的性质
    - 当代政府再造的背景
  - 企业型政府的基本理念
    - 企业家、企业家精神与公共企业家
    - 企业型政府
      - 企业型政府的含义
      - 企业型政府的特征
      - 公共企业家的创新策略
  - 企业型政府的实现策略及其限制
    - 奥斯本和盖布勒政府再造的策略
    - 奥斯本和普兰斯特克政府再造的“五C策略”
      - 核心策略
      - 影响策略
      - 顾客策略
      - 控制策略
      - 文化策略
    - 企业型政府理论的评价
      - 企业型政府理论的积极意义
      - 企业型政府理论的局限性
  - 企业型政府与政府再造实践
    - 美国政府再造的主要策略
    - 英国政府再造的主要策略
    - 新西兰政府再造的主要策略
  - 面向21世纪的中国政府再造
    - 1990年之前中国政府改革的反思
    - 21世纪中国政府改革再造的战略选择

【重点难点归纳】

一、政府再造的内涵与背景

1. 再造的意涵

(1)“再造”一词是美国管理大师哈默和钱皮提出来的，认为“再造”是对组织流程的基本问题进行反思，并对其进行彻底的重新设计，以便在成本、质量、服务和速度等衡量组织绩效的重要尺度上取得剧烈的改善。

在此定义中，主要观点为：

①剧烈性。再造带来的并非是微不足道的改善或进步，而是要使组织绩效实现大幅度的突破。

②彻底的。再造并非改进现有状况，而是重新创造，深入到事物的根基。

③流程。指一组结合在一起的能为顾客创造价值的机关工作。

④重新设计。重新设计组织过程。

(2)哈默(1995)认为，再造的一些错误观点要予以纠正：

①再造并不是缩小规模。缩小规模意味着缩减工作或人员，以减轻财政负担。再造是从头开始重新设计工作，再造要裁减的是工作，而不是岗位或人员。

②再造不是组织重组。再造的中心工作是工作如何做，而不是机构如何设置。

③再造不是赶时髦和预期的灵丹妙药，再造是一项彻底的新原则，推翻以层级节制和专业分工来设计工作的理念。

④再造是一革命。这场革命基于从头至尾的整个过程和为顾客创造价值上。

2. 政府再造

(1)政府再造的内涵

政府再造是指通过变革组织目标、组织激励、责任机制、权力结构以及组织文化等手段的综合运用促使公共体制和公共组织进行根本性的转型，以大幅提高组织效能、效率、适应性以及创新能力的过程。政府再造的目标在于建立一个非官僚化并且具有创新精神与活力、以市场及公众需求为导向的具有较高工作效率的政府。

(2)政府再造的性质

①政府改革将涉及改变国家与社会、政府与市场、政府与市民、政府与企业诸多关系的调整，涉及政府治理的观念、结构、方式和方法的变革；

②既涉及政府内部组织、运作程序的调整，更涉及外部关系的调整；

③在这个意义上，政府再造是一场革命，一场对政府自身的革命。政府再造的本质乃是通过再造工程，提升政府治理能力，从而促进社会的发展和进步。

3. 当代政府再造的背景

(1)政府角色膨胀。自从第二次世界大战之后，政府职能急剧扩张，政府角色不断膨胀，但是政府出现了失灵，干了许多自己干不了也管不了的事。

(2)财政状况的恶化。20世纪70年代石油危机之后，国家经济繁荣和发展受到了影响，各国日益庞大的债务负担，对国家财政构成了压力，需要通过变革政府以控制财政赤字。

(3)新右派意识形态的影响。针对国家干预和福利国家的弊病，以公共选择为代表的新右派不断抨击，认为政府失灵不亚于市场失灵，主张改革政府，通过市场机制提供公共服务。

(4)国际化与国际竞争的压力。20世纪国际经济自由化趋势所造成的竞争压力日渐加剧，要求政府必须提出前瞻性的经济和社会政策。

(5)官僚主义和民众对政府的不满。世界各国政府都出现了诸如墨守成规、衙门作风等的官僚病症，导致了政府的“信任赤字”。

二、企业型政府的基本理念

1. 企业家、企业家精神与公共企业家

(1)企业家。企业家并非专指私营部门的从业者。企业家是指能够将低产值的经济资源转移至较高的生产力领域，并获取较大丰收者。

(2)企业家精神。企业家精神即创新，也就是应用创新的方法使用资源，以使生产力及效用最大化。

(3)公共企业家的五个基本特征

①公共企业家善用组织内部的资源及力量，实现公共目标。

②公共企业家专精某些社会关注的领域，他们善于应用传媒、国会听政，以及其他各种会议，倡导其专精的领域，在“理”与“势”方面，成为某些公共政策的代言人。

③公共企业家会积极运用组织中的影响力，争取成功，而非消极坐视官僚体系成为腐败无能的来源。

④公共企业家善用民意市场，塑造“舍我其谁”的形象。企业型官员不但擅长突显问题的重要性，亦善用自己的知识与能力，塑造专业形象，以及民众对其解决问题的信心。

⑤公共企业家会设法扩展专属的公共政策的范围。

2. 企业型政府

(1)企业型政府的含义

企业型政府是指由一群富有企业家精神的公共管理者组成的能够运用各种创新的策略，使原本僵化的官僚体制恢复活力，并有效运用资源提高政府效率的政府部门。

(2)企业型政府的特征

①重视成本效益关系。企业型政府改变过去只关心投入而不关心产出的做法，强调政策、规划、项目的成本效益关系，要求以最小的投入，获取最大的效益。

②强调顾客导向。政府的公共服务的提供应有强烈的当事人取向，施政目标应以公民的需求为考虑，视顾客为关怀的对象，强调对顾客负责，并以顾客满意为衡量公共服务质量的标准。

③强调市场机制，重视选择和竞争。主张通过市场机制的发挥，提供公共服务；使民间机构与政府共同生产，提供多种选择机会。

④授予权能。企业型政府主张给予公共管理者以行政自由裁量权来完成计划，由于创新的政策与管理，必须使公共管理者充分了解其工作目标，这意味着裁量权的扩大，同时也包含着支持与容忍错误。

⑤创新与改革。企业型政府要求解除规则枷锁，打破结构惯性，活化官员思维。主张公共企业家运用各种创新策略达到管理的目标。

(3)公共企业家的创新策略

包括：①创造新任务；②主动发掘机会；③勇于承担风险；④行政首长的支持；⑤建立外部联盟，组织内部团队；⑥善用舆论压力；⑦具有说服力的领导风格；⑧组织文化的塑造。

三、企业型政府的实现策略及其限制

1. 政府再造的十项策略(奥斯本和盖布勒)

(1)导航性的政府。政府的职责在于规划远景，建立发展的方向和机关的使命与目标，并从中担任催化剂的角色，而实际推动的工作则可交由民间来执行。

(2)竞争性的政府。政府该扬弃过去公共服务的独占心态，鼓励民众参加提供公共服务，而由顾客进行裁判和选择，可刺激政府机关改进其管理方法，提高服务水平与服务品质。

(3)任务导向的政府。政府固然要依法行政，但更要使民众得到福祉，在合法的范围内，行政机关的运作应以目标和任务为导向，发挥创造性，以弹性、高效、便捷的方法完成其任务。

(4)结果导向的政府。企业型政府强调工作的实际结果，预算和绩效并重，通过明确的绩效标准奖励成功，并从失败的经验教训中继往开来。企业型政府通常运用绩效管理和全面质量管理的方法，以实际的结果为工作的重点，建立以结果为导向的管理体制。

(5)顾客导向的政府。企业型政府的运作应以顾客为导向，检讨并改变传统服务生产与传输的老方法，建立顾客回应系统，及时倾听顾客的意见，满足顾客的需求。

(6)有企业心的政府。企业型政府则强调如何增加利润的观念，认为应发挥企业经营的精神，进行有效的投资，通过开源，以获取更多的收益，解决窘困的错误状况，达到自给自足的境地。

(7)分权化的政府。企业型政府讲求分权的管理观念，授权地方政府或派出机关发挥因地制宜的管理作用。对内讲求参与管理的观念，授予部属一定的决定的权力，并通过集体的参与增强组织的凝聚力和向心力，提高组织的生产力和工作效率。

(8)属于社区的政府。政府应该提供有效的意见表达通道，鼓励民众关心并参与公共事务。

(9)预防性的政府。企业型政府重视策略的思考和长期性的规划，能够针对未来可能发生的问题，事先制定对策，增强危机管理的能力，做到防患于未然。

(10)市场导向的政府。企业型政府在市场竞争机制下具有资源有效运用的理念，开放公共服务的市场，通过法令的规范和信息的流通，使民间组织共同分担营运的风险，协助政府处理公共事务，刺激政府机关工作效率的提高。

2. 政府再造的“五C策略”(奥斯本和普兰斯特克)

(1)核心策略(Core Strategy)。政府DNA的首要成分即决定公共系统与组织的目的为何。任何目标不明确或目标过于多元与冲突的组织，皆难以获得高绩效。

(2)影响策略(Consequences Strategy)。引进市场、竞争、契约外包等观念，加强公务人员之诱因以创造更高的绩效。引进影响的三大途径为企业管理、竞争管理及绩效管理。

(3)顾客策略(Customers Strategy)。改造组织与顾客之间的关系，了解顾客的需求，变更组织的结构以符合并顺应顾客的需要。

(4)控制策略(Control Strategy)。将重大的决策制定权从官僚层级体制手中下放至社区。也就是从以往惯用的繁琐法规与命令式的控制，转变为与社区或执行组织分享任务与职责来达成控制之目的。

(5)文化策略(Culture Strategy)。此处的文化是指员工的价值、规范、态度与期望，目的在于确保每一政府部门的每一位员工均能产生为顾客提供有价值的服务、为顾客服务是他们的工作责任的思想。

3. 企业型政府理论的评价

(1)企业型政府理论的积极意义

企业型政府理论提供了一个认识政府的新视角，在重新审视当代政府角色、正确认识政府职能等方面为人们提供了重要的启示。该理论一经问世就在美国产生了重大的影响。始于1994年9月的美国克林顿政府行政改革，正是以企业家政府理论为指导的。结合我国今天的改革实践，企业型政府理论的很多方面依然具有生命力，并且对我国的改革实践还有一定的指导意义。

(2)企业型政府理论的局限性

①学者贝龙和戈尔对于企业型政府提出四种反思：

a. 在企业型政府理念中，存在着企业自主性与民主责任性之冲突；

b. 公共企业愿景与市民参与价值之间的冲突；

c. 企业秘密性与民主开放性之间的冲突；

d. 企业风险承担与民主的公共财处置责任之间的冲突。

②学者凯顿亦认为，由于对政治与制度环境的忽视，企业型政府将使改革推动者产生错误假定：

a. 将公共管理视为单独功能，而忽略其中包含的政治问题；

b. 认为企业之成功经验是好的经验；

c. 以大致的营利观点评价行政绩效，将忽视其可能对社会环境造成的破坏。

③学者泰瑞亦提出企业型政府的三项限制：

a. 公共企业家偏好问题；

b. 公共企业家崇尚变革与创新，然而许多变革与创新未必带来组织的正面发展；

c. 公共企业家有反传统的倾向，轻视存在了好几个世纪的价值与信仰。

四、企业型政府与政府再造实践

(1)美国政府再造的主要策略

①顾客至上，民众优先

a. 要求联邦各机构遵守新颁布的"顾客服务标准"，加速改善对纳税人的服务；

b. 促进公共服务机关间的竞争，逐步消除公营独占事业，统一联邦机构的成本会计标准；

c. 创造市场经济活动，推动公营事业私有化；

d. 利用自由市场机制来解决问题，以市场机能取代政府的直接管制。

②删减法规，简化程序

a. 有效简化预算过程，将联邦政府财政收支改为两年预算，允许各部会保留 50% 当年未用完之行政经费。

b. 人事制度分权化，逐步取消繁琐的《联邦人事手册》，简化联邦人事分类制度，并赋予各部会在用人与薪资上更多的弹性。

c. 简化联邦政府采购方式，将联邦政府的采购管制从严规定部分，改为指导原则。

d. 调整各级行政部门调查官的职责，将从严的作业审查原则，改为以协助促进行政管理。

e. 解除过度的管制规章，预定在三年内消除半数以上政府机构的各项管制性规章。

f. 授权各州及地方政府，给地方政府以选择权，使之弹性运用联邦政府的管制规定。

③授予权能，追求成果

a. 充分授权并扩大管理者的权限。

b. 联邦公务员必须担负工作成败责任，机关必须设定明确的可以衡量的成果目标，并定期提出成果报告。

c. 给公务员提供适当的训练及设备器材以帮助其达成任务目标，为此赋予各联邦机构筹措并运用员工的训练经费，发展联邦政府机关通用的信息科技策略。

d. 加强工作环境品质，提高担任公职的均等机会，并促进公务员多样化。

e. 促进管理与劳工的合作关系，成立国家合作关系委员会，专门负责管理人员和联邦受雇者之间的合作与联系。

f. 发挥领导能力，联邦各机构应有明确的职责，积极推行品质管理的相关训练。

④节约成本，提高效能

a. 消除不必要的开支，赋予总统更大的裁减政府支出的权力，裁撤不必要的机构，削减过时的计划。

b. 扩增联邦政府的征收金额，扩大各部会自行设定规费与运用规费的权力，开放联邦机构，委托民间机构追讨政府债务。

c. 鼓励投资以提高生产力，允许联邦各机关成立创新投资基金以从事长期性投资。

d. 运用企业再造工程的方式降低计划成本，发展全国性的信息系统，以电子政府的方式传送服务与提供信息，行政管理委员会负责协助各部会重新设计更好的施政计划。

(2)英国政府再造的主要策略

①效率稽核

撒切尔首相执政后，在首相办公室成立了一个“效率小组”，对各行政部门的特定问题，如增进效率、消除浪费等进行小规模调查，其主要目的在于发现、改善政府机关阻碍行政效率的因素，并提出改进的建议。

②财务管理改革方案

1982 年 5 月内阁提出了“财务管理改革方案”，并由财政部和“管理暨人事局”成立一个“财务管理小组”来推动这项方案的进行。“财务管理改革方案”是一种绩效管理和目标管理式的财务预算运用模式，强调机关内各业务主管有权进行分权式的财务管理，同时要负管理成败之责任。

③续阶方案

“效率小组”在 1988 年向首相提出了一份“改善政府的管理：续阶改革”计划，并自 1988 年 2 月起依照计划内容正式推动。这份报告中针对政府各部门的运作情况列举了七项发现，并从这些发现当中建议三个改革的方向与做法：

a. 强化有效的政策与服务之提供：建议各部会成立附属机关，专门负责执行该部会所提供的服务项目，二者并订定类似契约关系的工作纲领。

b. 执行服务提供者应具备相关的经验与技术：故建议实施适当的训练计划，确保服务的品质。

c. 改革持续在部门中进行，并形成一种持久的压力：建议指定一位常务次长级官员出任专案管理者。

④公民宪章

1991 年梅杰继任英国首相后，一方面持续过去撒切尔夫人的改革做法，另一方面则向国会提出“公民宪章”的改革构想与计划，并且在内阁办公室的“公共服务与科学局”下成立了一个“公民宪章小组”负责推动这项革新方案。“公民宪章”的主要目的在于改善公共服务的品质、增进资源运用的最大效益，期望将任何公共服务接受者视为消费者，赋予自由选择服务提供者的权利。它主要标榜四项主题：提升服务品质；享用服务时有更多的选择机会；人民可以要求知晓服务标准；确保经费运用的妥适性。

⑤民营化

民营化是撒切尔内阁在针对政府机关的功能进行全面改革时的一项手段。经过权衡后，将所有必须民营化的国营事业民营化。撒切尔内阁在 11 年的任期中，共出售 40% 的国营企业。

(3)新西兰政府再造的主要策略

新西兰政府的改革范畴相当广泛，并不局限于行政改革，而是扩及金融、货币、劳动市场、选举、政治等层面。新西兰推动改革的组织主要为：国家公务委员会、财政部、首相与内阁部。新西兰的政府再造的策略主要由预算与财务管理制度改革与民营化两部分组成。具体内容如下：

①预算与财务管理制度

a. 开源节流。新西兰政府主要是以增税的方式来削减预算赤字，一方面以扩大税基、降低税率来增加税收；另一方面也削减公共支出，包括对民间企业的直接补助支出、社会服务、教育、健康医疗补助等。

b. 财政法。于1989年通过，主要是将私部门公司会计的架构应用于政府预算制度之中。首先将过去重视资源的输入改为重视服务产出，现金会计预算制度改为权责会计制。

c. 财政责任法。于1994年通过，用以规范政府债务规模，及确保政府资产的适当使用，要求政府应提供相关资料给国会，了解未来3~10年政府的财政政策方向；同时，鼓励各部门实行全面质量管理(TQM)。

②民营化

新西兰政府自1986年起进行民营化，其民营化可分为三个阶段：

a. 1986年首先通过国有企业法，将政府部门中的商业活动和其他政府业务分离；其中，比较重要的政府商业活动则改组为政府拥有公司或国有企业，并进一步要求这些国有企业负起经营之责，及回归税制。

b. 除责成国有企业设定获利目标外，并推动解除管制计划。撤除国营企业所有原依法独占的优势，使其与民间公司处于公平竞争的地位，以增加竞争的方式改变管理环境，进而提高经营效率。

c. 将国有企业移转民营

民营化之后，首先对1987年所改组的9个国有企业造成了重大的冲击，这些国有企业开始有成本观念并进行了人员的精减，实现了利润的增加，产生较好效果。

五、面向21世纪的中国政府再造

1. 1990年之前中国政府改革的反思

(1)政府改革的被动适应性远远大于主动的前瞻性

历次的政府改革，都不同程度地出于财政、机构、人员、官僚主义的压力，是政府迫不得已才进行的改革，即政府改革是消极的，缺乏主动性、自主性和前瞻性。

(2)政府改革视角的偏狭

通常认为，政府改革便是机构改革，政府改革的视角点是在机构、人员的调整上。政府改革最少会涉及三个方面的改革，即结构性变革、工具层的变革、价值层面的变革。仅仅改变政府的结构，是无法达到改革目的的。

(3)缺乏对政府改革理论上的反思

历次政府改革都反映出改革的理论准备和反思不足。对于政府改革的一系列重大理论问题的研究滞后，如公共行政的性质；政府的职责；政府与企业的关系；政府与社会的关系；中央与地方的关系；政府治理方式等都缺乏系统的理论上的认知，这影响着对政府改革的思考，并限制着战略和政策的选择。

(4)政府改革孤立于政治和社会系统

行政部门的问题是政治、经济、文化、法律多种因素的体现，政府再造不仅仅局限于政府组织之内，而应与政治改革、经济改革、司法改革、立法改革、社会组织改革相呼应。但之前的改革并未意识到这点。

(5)效率主义改革典范的局限

①效率行政使行政发展与改革的视野狭隘，致使行政发展的目标无法落实，需知道缺乏消费者效用的效率是没有意义的。

②效率行政可能忽视了民主、公平、社会正义、责任的价值。

③效率行政将行政矮化为政府执行的工具，忽略了政策规划、制定与执行过程中的公民参与。

④效率行政易使行政权过分集中而腐化或使之沦为宰制人民的工具。

2. 21 世纪中国政府改革再造的战略选择

(1)从效率行政典范到民主行政典范：政府治理典范的变革

民主行政典范代表着一种新的、不同于传统的行政理性的典范，民主行政典范并不反对效率行政典范的理念与做法。民主行政包含的内容有：

①民主国家的基石在于民主原则与民主行政，并使民主哲学能渗入其行政机制之中，政府是经人民的共识建立的，政府是手段，而人民是目的，“将人民放在事物的中央”，是民主行政的基本出发点；

②政府是公共利益的代表，政府必须超越特殊之利益集团；

③政府不仅要重视行政资源的有效运用，亦应重视公共服务的公平，实现社会正义；

④强调政府决策的开放性，重视社会公民的参与；

⑤强调与他人共享权力，采取共赢的，而非你输我赢的取向；

⑥政府扮演成长、创造、转变、整合的角色，而非慈祥的父母或训诫式家长的角色；

⑦鼓励多元和创新而非无差别的一致和顺从等。

(2)从控制导向的管理到服务导向的管理

①转变的原因

a. 在控制导向的管理体制下，政府扮演了更多的生产者、监督者、控制者的角色，为社会和民众提供公共服务的职能和角色被淡化。

b. 控制导向的管理体制模式忽视了公共管理的内在价值，使政府存在的正当性受到质疑和诘难，也导致官僚主义和人民对政府部门的支持和信心的下降。

②转变的内容

a. 施政目标由机关和专家决定到由民众希望和合法期待来决定；

b. 以成本—效益为基础的效率考量，转变为民众评估的考量；

c. 由政府以控制为要务转变为以传输服务为要务；

d. 由对特定“功能”“权威”“结构”的服从，转变为对“使命”“顾客”“成果”的认同；

e. 从一味强调按章办事到强烈的当事人取向；

f. 从独断专横的领导到民众参与领导。

(3)从以政府为本位和中心到亲市场的政府

①转变的原因

以政府为本位和中心的政府管制模式导致了：

a. 社会经济的死乱循环；

b. 社会资源和财富的浪费；

c. 普遍的“搭便车”和效率低下；

d. 官僚主义、寻租和政治腐败；

e. 政府膨胀。

②转变的内容

a. 政府在生产和产品的分配方面的作用应大幅度削弱，由公共部门提供产品和服务仅是一个例外而并非惯例。只有在市场失灵的领域，政府的干预才是合情合理。

b. 必须停止对民营经济活动的限制和直接控制，相反应大力促使其发展。

c. 政府本身不要过分地深入介入金融部门，应促使银行进行商业化运作，否则极易引发市场风险。

d. 政府应致力于提供法律和体制上的环境。

(4) 从强势国家的单独治理到国家与社会共同治理

①转变的原因

a. 现代中国政府所面临的复杂性、动态性与多元性的环境；

b. 公共问题的日趋复杂性；

c. 社会行动之间的相互依赖性，使得政府的不可治理性的可能性增大；

d. 政府的治理过程绝非政府单方面行使权力的过程，更为重要的是政府与整个社会的互动过程；

e. 政府、社会、公民的共治已成为当代重要的治理模式。

②转变的内容

需要让民间力量释放出来，整合民间不同领域的力量，将民间资源导入国家和社会发展的行列，形成国家建设的协作网络，以达到国家发展的目的，具体过程为：

a. 确立行政参与、民营化或商业化；

b. 政府生产性和服务性功能的转移；

c. 共负社会责任；

d. 契约化和委托体制等多种方式。

(5) 从政企不分、政府管制到政企分开、放松管制

①转变的原因

中国传统的政企关系最大的特点在于政企不分，政府直接干预企业的经营活动导致了：

a. 不能形成科学的投资体制；

b. 容易造成责任不清和决策失误；

c. 难以发挥市场在资源配置中的基础作用；

d. 部门职能重叠、政出多门、相互扯皮、办事效率低下。

②转变的内容

①考虑到市场经济下的政府职能和范围，国有企业应逐步从竞争性生产和经济领域退出，通过产权处置的方法，压缩国有企业的规模。

②政府的公共管理职能和企业的经营管理职能实行最彻底的分离，使企业成为真正的市场主体。

③更多地引入竞争，通过贸易自由化，放松准入，停止补贴和转移支付等方法促使企业更具竞争性。

④硬化国有企业的预算，特别是通过投资改革，使其向更商业化的信贷靠近，限制软贷款的获得等方法，使其有压力和活力。

⑤改变国有企业管理者与政府之间的关系来改善激励机制。一方面赋予企业经营者以更

大的自由权，另一方面引入新的监督机制，如稽查制度、业绩评议、管理合同等。

(6)从权力集中到适度的地方分权

①转变的原因

a. 中央集权有着自身无法克服的弱点，目前中央集权又面临着多方面的挑战：现代社会发展的非均衡性；多元价值与利益的共存；民主政治的发展；社会变革的加速和信息的不完全等。

b. 分权的比较优势在于：有助于保护个人的权利和自由；社会系统免受中央当局决策失误的影响；确保政府决策更符合地方实际；使地方当局能更好选择适合地方条件和需要的公共计划；由于赋予其自主权，存在着发挥主动性和创造性的广阔天地；不同地方之间的竞争能够产生改进公共服务质量的效果；存在着政府政策创新的可能性。

②转变的内容

在调整权力结构时，要赋予地方必要的权力，让地方有更多的因地制宜的灵活性，发挥地方发展经济的积极性和创造性。与此同时，也要加强中央的权威。

(7)从机械式的官僚组织到有机式的适应型组织

①转变的原因

传统的政府机构是一个典型的机械式组织，其缺陷有：

a. 机构缺乏弹性，无法适应环境变化；

b. 层级太多影响行政效率；

c. 机关规模缺乏标准；

d. 机关官多兵少，不成比例；

e. 规矩多造成例行公事，缺乏主见，职能部门之间囿于本位观念，互不协调，甚至相互制掣；

f. 权力集中造成缺乏民主参与，造成机关人员“多做多错，少做少错，不做不错”之风气；

g. 官员对上级负责，忽视人民意见；

h. 机关运作中抓权、扩权现象屡见不鲜等。

②转变的内容

a. 对环境开放，建立一种具有弹性、回应力的公共组织，并发展一种将大众视为顾客、消费者的公共服务导向；

b. 实行政策制定与执行的分离，强调战略的管理；

c. 改变组织机构，使组织结构扁平化，减少管理的层次和环节；

d. 改变组织内部集权的结构，向下级授予权能，使其承担责任；

e. 以制度性的对话、知识和专门技能作为权力的来源；

f. 减少不必要的繁文缛节；

g. 重视决策的参与和组织的参与；

h. 建立网状型的沟通与联系；

i. 以团队精神而非命令与服从达到整合与控制；

j. 建立跨部门和跨功能的组织。

(8)从人治到法治

具体而言，法治政府的内涵包括：

①法治政府崇尚秩序并反对无政府状态

a. 从发生学的角度来看，政府的产生是出于人类对秩序的要求；

b. 对法治政府秩序的追求，就必然反对无政府状态。

②法治政府要求法律具有普遍性

a. 一个社会和政府所应遵循的法律应当具有普遍性，这种普遍性意味着法律是由用以安排或裁量大量人类行为的模式或尺度构成的，而不是由用以处理单一的个别的情形的命令构成的。法律的普遍性也意味着法律的普遍遵守和人人在法律面前的平等。

b. 法律的普遍性并不仅仅意味着法律是一般的、公开的和相对稳定的法律，它并不排斥特别法，但是“特别法应由公开的、稳定的、明确的一般规则所指引”。可以说，法律的普遍性是一个法治政府所应具有的最基础的形式要素。

③法治政府要求体现实质正义

a. 法治政府承认法律的最高权威，要求政府依照法律行使权力，并且法律必须符合一定的标准，包含一定的内容，体现正义；

b. 一个法治的国度需要正视正义观念具有的主要实质性价值；

c. 保障公民的权利和自由是实质法治区别于形式法治的关键所在。

④法治政府的核心在于政府受法律的约束和控制

a. 法治政府不是强调政府要维护和执行法律的秩序，而是政府本身要服从法律制度，而不能不顾法律或重新制定适应本身利益的法律。

b. 权力总是不断地争夺法律的实质，需要通过法律来制约权力。

15.2 课后习题详解

一、概念题

1. 再造

答：参见本章复习笔记相关内容。

2. 政府再造

答：政府再造是指通过变革组织目标、组织激励、责任机制、权力结构以及组织文化等手段的综合运用促使公共体制和公共组织进行根本性的转型，以大幅度提高组织效能、效率、适应性以及创新能力的过程。政府再造的目标在于建立一个非官僚化并且具有创新精神与活力、以市场及公众需求为导向的具有较高工作效率的政府。政府再造的本质乃是通过再造工程，提升政府治理能力，从而促进社会的发展和进步。20 世纪 80 ~ 90 年代以来各国政府再造的显著特征是企图将政府塑造为企业型政府。

3. 企业家与企业家精神

答：(1)企业家是指能够将低产值的经济资源转移至较高的生产力领域，并获取较大收益的人。这一概念最早来源于 19 世纪法国经济学家萨伊。1815 年，萨伊在其《政治经济学概论》一书中第一次将企业家列入经济发展的要素之一，并认为企业家并非专指私营部门的从业者。

(2)企业家精神是指人们竞相成为企业家的一种行动精神，就是着手工作，寻求机会，通过创新和开办企业实现个人目标并满足社会需求，能评估及接受开创新事业风险的精神。企业家精神是企业家作为特殊职业群体，在组织建立和经营管理企业的过程中所共同具有的综合才能，是一种重要而特殊的无形生产要素。

企业家精神的内涵可以从以下几个方面来理解：①创新是企业家精神的灵魂；②冒险是企业家精神的天性；③合作是企业家精神的精华；④敬业是企业家精神的动力；⑤学习是企业家精神的关键；⑥执著是企业家精神的本色；⑦诚信是企业家精神的基石。企业家精神象征着一种与普通人明显区分的个人禀赋，而不仅仅体现为实际财富或地位的多寡高低，这种禀赋使得企业家自然成为社会福利增进责任的主要承担者，成为推动经济发展与制度变迁的强大动力。企业家是企业人格化的象征。

4. 企业型政府

答：参见本章考研真题概念题第 2 题答案。

5. 法治政府

答：参见本章考研真题概念题第 4 题答案。

二、思考题

1. 何谓政府再造？如何理解政府再造的性质？

答：参见本章复习笔记相关内容。

2. 分析当代世界各国政府再造的原因。

答：当代世界各国的政府再造有其深刻的政治、经济、文化变化的背景，可以说，政府再造是政府因应外在环境变迁而求适应的一个过程。当代政府再造的原因包括以下几个方面：

(1)政府角色膨胀。自第二次世界大战后，受国家干预和福利国家观点的影响以及计划经济的影响，政府的职能急剧扩张，政府角色不断膨胀。政府虽然管的事情很多，但是社会问题却同样层出不穷，因而引发人民对政府治理能力的怀疑，即政府失灵问题，政府干了许多自己干不了也管不了的事情，这迫使人们重新思考并调整政府的角色问题。

(2)财政状况的恶化。工业化国家向福利国家的发展，政府支出不断膨胀，这需要有良好的经济环境和财政能力的支持，然而，20 世纪 70 年代石油危机，影响了经济的繁荣和发展，这对政府的财政构成了巨大的压力，各国面对日益庞大的债务负担，纷纷寻求开源节流、平衡预算之道。由于人民的纳税负担较重，仅依赖增税以缩减预算赤字有困难，因此，通过改革政府以控制财政赤字，便成为一个可行的手段。

(3)新右派意识形态的影响。针对国家干预和福利国家政府的弊病，以公共选择为代表的新右派对此进行不断的抨击，认为政府失灵不亚于市场失灵，强调市场机制，主张将政府的角色、功能和规模缩小，主张通过市场机制提供公共服务。

(4)国际化与国际竞争的压力。国际经济自由化趋势所造成的竞争压力日渐加剧。国际经济竞争的压力迫使一个国家的政府不仅必须和他国的法律制度和政策相协调，而且必须以更有效率的方式，以更强的能力应付复杂多变的经济环境。除此之外，政府还必须提出前瞻性的经济和社会政策，以面对市场的竞争。

(5)官僚主义和民众对政府的不满。几乎世界上所有的政府都不同程度地患有官僚病症。墨守成规、衙门作风、繁文缛节、形式主义、滥用权力、腐败，这些问题的存在，极大地损害了政府的公信力，导致了政府的“信任赤字”，甚至于“合法性危机”，为重振政府的威信，“去官僚化”便成为各国改革的一个重要内容。

3. 何谓企业型政府？企业型政府的基本理念是什么？

答：参见本章复习笔记相关内容。

4. 如何评价企业型政府理论？

答：参见本章复习笔记相关内容。

5. 当代各国政府再造的主要策略是什么?

答: 参见本章复习笔记相关内容。

6. 20世纪中国政府改革有哪些经验和教训?

答: 20世纪中国政府改革的经验和教训主要表现在以下几个方面:

(1)政府改革的被动适应性远远大于主动的前瞻性

历次的政府改革,都不同程度地出于财政、机构、人员、官僚主义的压力,政府迫不得已才进行改革,政府改革是消极的,往往是事到临头,才忙于应付,缺乏主动性、自主性和前瞻性。

(2)政府改革视角的偏狭

一直以来,一提起政府改革,便将其等同于机构改革,政府改革的视角点是在机构、人员的调整上。似乎政府改革就是撤并机构,精简人员。事实上,政府改革或再造涉及多个面向和维度。政府改革最少会涉及到以下几个方面的变革:①结构性变革,如组织结构的重组,层级的简化,人员的精简;②工具层的变革,它涉及到政府治理方式、方法以及公务员做事的方式;③价值层面的变革,涉及到政府人员的心灵改革。而仅仅改变政府之结构,是无法达到改革目的的。

(3)缺乏对政府改革理论上的反思

历次的政府改革,都反映出改革的理论准备和反思不足。对于政府改革的一系列重大理论问题,如公共行政的性质;政府的职责;政府与企业的关系;政府与社会的关系;中央与地方的关系;政府治理方式,包括政府改革的目的本身,都缺乏系统的理论上的认知。改革在理论上的滞后,影响着我们对政府改革的思考,并限制着我们战略和政策的选择。

(4)政府改革孤立于政治和社会系络

政府改革不能、也不可能游离于整个社会的系络之外。从更为广泛的意义上来看,立法、行政、司法、社会组织、政党、经济组织均是一个社会的共同管理者,任何一个组织都不可能游离于其他组织之外而孤立地存在。观察和处理行政问题,不可孤立地对待。行政部门的问题是政治、经济、文化、法律多种因素的体现。因此,政府再造不仅仅局限于政府组织之内,而应与政治改革、经济改革、司法改革、立法改革、社会组织改革相呼应。

(5)效率主义改革典范的局限

检视过去的政府改革,主导我国政府改革的是行政理性模型。这种改革典范是以提高政府工作效率为核心价值的。政府行政必须是有效率的,效率也是重要的。但是效率主义的改革典范也存在着缺陷和不足。主要表现在:

①效率行政使行政发展与改革的视野狭隘,致使行政发展的目标无法落实,需知道缺乏消费者效用的效率是没有意义的;

②效率行政可能忽视了民主、公平、社会正义、责任的价值;

③效率行政将行政矮化为政府执行的工具,忽略了政策规划、制定与执行过程中的公民参与;

④效率行政易使行政权过分集中而腐化或使之沦为宰制人民的工具。

7. 中国政府改革的主要议程是什么?

答: 参见本章复习笔记相关内容。

8. 探讨中国政府改革的前景。

答: 中国政府改革是一场革命,其本质涉及调整政府与市场、政府与企业、政府与社会、中央与地方、政府与公民之间的关系。中国政府改革是一个关系再造的过程。关于改革的前景可以从以下几个方面进行分析：

(1)我国政府改革面临的挑战

①市场经济转型带来政府职能转变方面的挑战。中国市场经济已经初步建立，市场经济需要有良好的制度基础，如经济自由、产权保护、政治和平与法治，这四项制度基础的建设是中国政府职能转变的难点。

②市场经济的建立带来政府公共服务职能和社会管理职能的挑战。市场经济的转型，一方面要求政府职能转变，从微观管理向宏观调控转变；另一方面，也要求政府提供一些基础性公共服务，并为社会自治提供制度基础。

③政府组织结构调整的挑战。虽然通过五次机构改革，中国国务院政府组成机构已经大大地减少，但是与成熟和发达国家相比，中国政府机构数量仍然过于庞大。

④政府自身建设和政府运行的挑战。在政府自身建设和运行方面，主要是强调制度建设、程序建设和机制建设，制度建设方面主要是强调政府的各种行为有法可依，程序建设方面主要是强调政府运行流程精简、有效和合理，机制建设方面主要是强调约束政府机关和人员的行为，使得他们的行为受到监督。

⑤如何通过启动政治体制改革来为政府改革提供动力的挑战。在未来的中国政府改革中，如何将政府改革纳入政治体制改革，如何通过启动政治体制改革来为中国政府改革提供动力和机会，也仍然是中国政府改革面临的非常重要的挑战。

(2)我国政府改革展望

当前，政府治理状况已成为国家竞争力的重要因素，而政府再造是提升国家竞争力的有效途径之一。大政府时代已经结束，小而能的政府是政府再造的目标。“小”是相对于过去政府庞大而言，指的是政府权力适当、政府组织结构较小，政府人员精简，政府预算规模较小，政府职能精简，“能”则是指政府有高绩效，公共管理民主化，政府更加负责任、具有回应力，政府更加守法、廉洁、公正。

当前的国际趋势和上述的现实挑战预示着中国政府未来改革的努力重点。挑战也是机遇，如果在未来10年或20年中，我国政府能够正确地面对这些挑战，采取恰当的措施，那么政府就可以通过自身的改革，为市场经济进一步发展、公共服务的改善、公民社会的建立，以及政治体制改革提供良好的基础和平台。要正确面对这些挑战，我国政府就要在回顾过去、展望未来的基础上进行长期思考，理解发展的长期趋势，了解当前行动的空间，着眼于当前的行动，针对当前所面临的具体问题，提出短期的实质性的可行对策和长期改革的战略，从而确保政府进行稳定成功地变革，为中国的经济社会发展，提供政府体制的良好条件。应该有理由相信，经过政府改革，一个民主的、法治的、负责任的、有能力的、公正的、廉洁的、高绩效的政府能够得到建立和发展。这样的政府必将带领中国进入新纪元。

15.3　考研真题详解

一、判断题

建立企业型政府是1960年以来兴起的新公共管理运动的重要观点之一。（中财2004年研）

答：这种说法是不正确的，具体分析如下：

(1)自从20世纪80年代以来，为迎接国际化和国际竞争的挑战，解决越来越复杂的国内社会问题，化解政府的各种弊病，世界各国均开展了大规模的政府改革或政府再造运动。这一运动波及亚洲、欧洲、美洲、大洋洲以及非洲。

与80年代前的改革不同，这轮改革的主导理论是企业型政府理论，主张模仿企业，强调创新、积极、弹性来改造传统的官僚体系，将企业经营上重视成本、顾客满意等策略注入政府运作之中，使政府运作更有效率、更具品质，从而成为一个“具有企业精神的政府”。

(2)企业型政府是新公共管理理论的重要内容之一。企业型政府是指政府部门由一群富有企业家精神的公共管理者组成，他们能够运用各种创新的策略，使原本僵化的官僚体制恢复活力，并有效运用资源提高政府的效率。简言之，凡是能够运用创新策略，有效运用资源，实现高绩效的政府即为企业型政府。

二、概念题

1. 政府再造(南京大学2018年研；华南师大2016年研；河北大学2015年研；对外经贸2014年研；中财2014年研；华中农大2011年研；北邮2009年研)、**政府再造**(人大2013年研)

答：参见本章课后习题概念题第2题答案。

2. 企业型政府(北邮2013年研；中央民大2013年研；中财2010年研)

相关试题：

(1)企业家政府(北科2014年研；中山大学2012年研)

(2)企业型政府理论(华中农大2012年研)

答：企业型政府是指在公共行政改革过程中运用企业家精神和企业理论改造传统运作方式，使其具有顾客至上、成本意识和创新精神的政府。企业型政府由一群富有企业家精神的公共管理者组成，他们能够运用各种创新的策略，使原本僵化的官僚体制恢复活力，并有效运用资源提高政府的效率。企业型政府是当代政府再造的核心理念。凡是能够运用创新策略，有效运用资源，实现高绩效的政府都可称为企业型政府。

3. 政府再造的“五C策略”(北邮2012年研)

答：参见本章复习笔记相关内容。

4. 法治政府(人大2015年研)

答：法治政府是指按照法治的原则运作的政府，政府的一切权力来源、政府的运行和政府的行为都受法律规范和制约。法治政府的概念是相对“人治政府”“专制政府”而言的，是崇尚法律，并对法律负责的政府。法治是这样一种治理状态或秩序，在这一治理状态中，存在着法的普遍性和有效适用性，法律之于政府权力具有优先的、至上的权威，或者说政府应由法律规制并服从法律，最终公民的自由权利得到维护、保障并扩大。具体而言，法治政府的含义包括：①法治政府崇尚秩序并反对无政府状态；②法治政府要求法律具有普遍性；③法治政府要求体现实质正义；④法治政府的核心在于政府受法律的约束和控制。

5. 治理(华中师大2015年研；首都经贸2015年研；对外经贸2013年研；厦门大学2013年研；东财2012年研)

答：治理又称网络管理或网络治理，是指为了实现与增进公共利益，政府部门和非政府部门(私营部门、第三部门或公民个人)等众多公共行动主体彼此合作，在相互依存的环境中分享公共权力，共同管理公共事务的过程。对政府部门而言，治理是从统治到掌舵的变化；对非政府部门而言，治理是从被动排斥到主动参与的变化，是一种以公共利益为目标的社会合作过程，国家在这一过程中起到了关键但不一定是支配性的作用。网络治理强调多中心的公共行动者通过制度化的合作机制，可以相互调适目标，共同解决冲突，增进彼此的利益。从这一意义上讲，治理实质上是一种合作管理。

三、简答题

1．简述企业型政府的基本特征。（武大2012年研；中央民大2010年研）

答：企业型政府的基本特征包括：

(1)重视成本效益关系。企业型政府改变过去只关心投入而不关心产出的做法，强调政策、规划、项目的成本效益关系，要以最小的投入，获得最大的效益。

(2)强调顾客导向。政府的公共服务的提供应有强烈的当事人取向，施政目标应以公民的需求为考虑，视顾客为关怀的对象，强调对顾客负责，并以顾客满意为衡量公共服务质量的标准。

(3)强调市场机制，重视选择和竞争。主张通过市场机制的发挥，提供公共服务；使民间机构与政府共同生产，提供多种选择机会。

(4)授予权能。企业型政府主张给予公共管理者以行政自由裁量权来完成计划，由于创新的政策与管理，必须使公共管理者充分了解到其工作的目标，这就意味着裁量权的扩大，同时也包含着支持与容忍错误。

(5)创新与改革。创新乃是企业型政府的主要特征。企业型政府要求解除规则枷锁，打破结构惯性，活化官员思维，主张公共企业家运用各种创新策略达到管理的目标。

2．企业型政府的限制(或反思)。（北邮2012年研）

答：参见本章复习笔记相关内容。

四、论述题

1．什么是政府再造的“5C”策略？阐述21世纪中国政府再造的战略选择。（人大2006年研）

相关试题：理论联系实际，论述21世纪中国政府再造的战略选择。（中财2005年研）

答：当代世界各国的政府再造，有其深刻的政治、经济、文化变化的背景，从某种角度来看，政府再造是政府因应外在环境变迁而求适应的一个过程。

(1)政府再造的“五C策略”

①核心策略(Core Strategy)。政府DNA的首要成分即决定公共系统与组织的目的为何。任何目标不明确或目标过于多元与冲突的组织，皆难以获得高绩效。

②影响策略(Consequences Strategy)。引进市场、竞争、契约外包等观念，加强公务人员之诱因以创造更高的绩效。引进影响的三大途径为企业管理、竞争管理及绩效管理。

③顾客策略(Customers Strategy)。改造组织与顾客之间的关系，了解顾客的需求，变更组织的结构以符合并顺应顾客的需要。

④控制策略(Control Strategy)。将重大的决策制定权从官僚层级体制手中下放至社区。也就是从以往惯用的繁琐法规与命令式的控制，转变为与社区或执行组织分享任务与职责来达成控制之目的。

⑤文化策略(Culture Strategy)。此处的文化是指员工的价值、规范、态度与期望，目的在于确保每一政府部门的每一位员工均能产生为顾客提供有价值的服务、为顾客服务是他们的工作责任的思想。

(2)中国政府再造的现状与存在的问题

为了适应变化了的中国社会的需要，从80年代以后中国共进行了四次较大规模的政府改革，即1982年、1988年、1992年和1998年的政府改革。客观的分析，经过几轮政府的改革，确实取得了一些明显的成效，但是冷静地分析以往的政府改革，特别是第四轮之前的改革，我们同样发现，政府改革本身也存在着一些误区或缺陷。这种缺陷主要表现在以下几个方面：

①政府改革的被动适应性远远大于主动的前瞻性

历次的政府改革，都不同程度地出于财政、机构、人员、官僚主义的压力，是政府迫不得已才进行的改革，其主动性、自主性和前瞻性不够。

②政府改革视角的偏狭

多少年以来，一提起政府改革，便将其等同于机构改革，政府改革的视角总是在机构、人员的调整上。给人一种印象，似乎政府改革就是撤并机构，精简人员。

③缺乏对政府改革理论上的反思

历次的政府改革，都反映出对理论的准备和反思不足。对于政府改革的一系列重大理论问题，都缺乏系统的理论上的认知。改革在理论上的滞后，影响着对政府改革的思考，并限制着战略和政策的选择。

④政府改革孤立于政治和社会系统

政府再造无疑是一种大规模、普遍性、彻底性，关联政党与政治、立法、司法、社会组织等多种环境系统改革的政府再造，而不仅仅局限于政府组织之内，应与政治改革、经济改革、司法改革、立法改革和社会组织改革相呼应。

⑤效率主义改革典范的局限

检视过去的政府改革，主导我们改革的是行政理性模型，即行政改革的核心在于有效率的行政。客观地讲，政府行政必须是有效率的，效率也是重要的。但是效率主义的改革典范也存在着缺陷和不足。

(3)21世纪中国政府再造的战略选择(参见本章复习笔记相关内容)

综上所述，政府治理状况是构成国家竞争力的重要因素，而政府再造是提升国家竞争力的有效途径之一。历史发展表明，大政府时代已经结束，小而能的政府是政府再造的目标。此处“小”是相对于过去政府庞大而言，意指政府权力适当、政府组织结构较小，政府人员精简，政府预算规模较小，政府职能精简，“能”则是意指政府有高绩效，公共管理民主化，政府更加负责任、具有回应力，政府更加守法、廉洁、公正。可以相信：经过政府再造，一个民主的、法治的、负责任的、有能力的、公正的、廉洁的、高绩效的政府能够得到建立和发展。这样的政府必将带领中国进入新纪元。

2. 结合十八届三中全会决议，论述我国政府改革的战略选择。(人大2014年研)

答：我国正在经历一个深层的转变，党的十八届三中全会阐述了关于全面深化改革的战略部署和全面深化改革的若干重大问题，作出了一系列重大决定，为我国政府改革的战略选择指明了方向：

(1)建立新型的反腐机制

①各地法院独立出地方政府和地方政法委，由北京通过最高法直接领导，拨款、人事都由最高法院决定。

②把监察局和反贪局从行政序列中独立出来，变成一个独立的由上至下的独立机构，不受地方政府和党委领导。

③中纪委直接管理反腐败局，各省市分支机构直接由总局领导，拨款和人事由总局决

定。各地方反贪腐局官员采取三年任期，定期调换。

④加强人大的作用。加强人大代表豁免权，并立法赋予更大的弹劾权力。

(2)地方政府职能转变

主要精神是减少政府干预权力，对各级政府事权进行大幅度调整。

①精简机构和人员，减少对经济和社会事务的直接管理。

②通过大的政策对社会及宏观经济进行管理，完善社会主义市场经济，让市场发挥更大的作用。

③地方政府需要精简五分之一的机构人员。减少经济事务和社会事务的政府机构，地方政府官员业绩与GDP脱钩。

④鼓励社会组织积极参与社会事务，放宽对非政府组织建立的审批，并逐步过渡到登记制度。鼓励社区组织、行业同业组织、社会服务组织等的发展。

⑤减少地方政府对市场的干预程度，禁止采取地方市场区隔，杜绝地方企业垄断地方行业现象。

(3)从管理国家到治理国家的新跨越

①政府是公共利益的代表，政府必须超越特殊之利益集团。

②政府不仅要重视行政资源的有效运用，也应重视公共服务的公平，实现社会正义。

③强调政府决策的开放性，重视社会公民的参与。

④强调与他人共享权力，采取共赢的，而非你输我赢的取向。

⑤政府扮演成长、创造、转变、整合的角色，而非慈祥的父母或训诫式家长的角色。

⑥鼓励多元和创新而非无差别的一致和顺从。

(4)精简政府机构

中国目前的五级行政体系中，每一级都拥有自己的财政预算和人员编制。近几年在900多个县镇推行的试点将这一体系由五级精简为三级(中央、省、县)。精简政府，裁减无用的重复职能部门，并节省开支。

(5)加快转变政府职能

①健全宏观调控体系。

a. 深化投资体制改革，确立企业投资主体地位。

b. 完善发展成果考核评价体系，纠正单纯以经济增长速度评定政绩的偏向。

②全面正确履行政府职能。

a. 进一步简政放权，深化行政审批制度改革，最大限度减少中央政府对微观事务的管理。市场机制能有效调节的经济活动，一律取消审批，对保留的行政审批事项要规范管理、提高效率。

b. 政府要加强发展战略、规划、政策、标准等制定和实施，加强市场活动监管，加强各类公共服务提供。

c. 加强中央政府宏观调控职责和能力，加强地方政府公共服务、市场监管、社会管理、环境保护等职责。

d. 推广政府购买服务，凡属事务性管理服务，原则上都要引入竞争机制，通过合同、委托等方式向社会购买。

e. 加快事业单位分类改革，加大政府购买公共服务力度，推动公办事业单位与主管部门理顺关系和去行政化，创造条件，逐步取消学校、科研院所、医院等单位的行政级别。

f. 建立事业单位法人治理结构，推进有条件的事业单位转为企业或社会组织。建立各类事业单位统一登记管理制度。

③优化政府组织结构。

a. 优化政府机构设置、职能配置、工作流程，完善决策权、执行权、监督权既相互制约又相互协调的行政运行机制。

b. 严格绩效管理，突出责任落实，确保权责一致。

c. 统筹党政群机构改革，理顺部门职责关系。积极稳妥实施大部门制。优化行政区划设置，有条件的地方探索推进省直接管理县(市)体制改革。

d. 严格控制机构编制，严格按规定职数配备领导干部，减少机构数量和领导职数，严格控制财政供养人员总量。推进机构编制管理科学化、规范化、法制化。

(6)为地方财政提供可持续来源

为保证县级政府能拥有资金用于提供公共服务，可能需要允许地方政府获得税收，同时割断他们对土地财政的依赖。

(7)创造途径让私人部门参与到基础设施建设当中

要鼓励民营企业参与到基础设施建设中来。这需要通过民营企业与地方政府签订明确的合同来将地方政府的债务公开化。

(8)建立强而有力的组织保证和人才支撑

①坚持党管干部原则，深化干部人事制度改革，构建有效管用、简便易行的选人用人机制，使各方面优秀干部充分涌现。打破干部部门化，拓宽选人视野和渠道，加强干部跨条块跨领域交流。破除“官本位”观念，推进干部能上能下、能进能出。

②完善和落实领导干部问责制，完善从严管理干部队伍制度体系。深化公务员分类改革，推行公务员职务与职级并行、职级与待遇挂钩制度，加快建立专业技术类、行政执法类公务员和聘任人员管理制度。

③建立集聚人才体制机制，择天下英才而用之。打破体制壁垒，扫除身份障碍，让人人都有成长成才、脱颖而出的通道，让各类人才都有施展才华的广阔天地。

④完善党政机关、企事业单位、社会各方面人才顺畅流动的制度体系。健全人才向基层流动、向艰苦地区和岗位流动、在一线创业的激励机制。

⑤坚持党的群众路线，建立社会参与机制，充分发挥人民群众积极性、主动性、创造性，充分发挥工会、共青团、妇联等人民团体作用，齐心协力推进改革。

3. 论述西方国家“政府再造”理论对我国的启示。(东财2013年研)

答：(1)西方国家的“政府再造”

20世纪80年代，西方国家开始了一场声势浩大的新公共管理运动，或称政府再造运动。它以引进市场方法改造政府部门为主要特征，如对公有企业实行私有化，强调结果和顾客导向的管理、下放权力、政府业务合同外包、绩效评估等。作为政府管理重要组成部分的人事管理也在这场改革浪潮中发生了重大的变化，对传统的公务员制度造成了巨大的冲击。西方新公共管理运动中人事管理改革的内容主要包括：

①政治中立原则日渐式微

政治中立是传统公务员制度的一个核心价值观。为了克服“政党分赃制”造成的党派利益高于公共利益和政府工作缺乏连续性的弊端，西方公务员制度建立初期就确定了公务员的政治中立原则。其基本思想是公务员不应该有明显的政治倾向，不能参加党派活动，要能为任何一个具有合法地位的执政党政府服务。为了保证政治中立原则，在公务员的选拔任用方面实行功绩制。它以能力为主要依据，不受政治干预，且一经任用，任何人不能随意解雇，不因政党的轮换而进退。这种职业的保障性可使公务员免受政治压力的干扰，公正严格地执行政策。

新公共管理强调政府应该像企业那样面向市场，以顾客为导向满足公众对公共物品的需求，政府及其雇员要对结果负责。为此，政府就需要下放权力，增强执行部门和雇员的自主性和决策权。随着权力的下放，责任机制发生了重大的变化。在传统的议会主权和部长责任制下，各部部长就政策和部门内部的操作管理向议会承担个人责任，公共责任性通过公务员—部长—议会这种单一的责任链条机制加以落实，公务员只对部长负责。而现在，首席执行官每年需向部长、内阁、总审计长和议会等提交报告，因而出现了全新的责任机制。这一机制虽然有利于对政府机构的控制和提高资源利用的效率，但传统的政治中立价值观却受到严峻的挑战。

②政府雇佣关系重塑

在传统的政府雇佣关系中，政府以主权者的身份确定任用资格和雇用条件，被任用当事人没有讨价还价的权利，但一个人一旦被政府雇用，就获得了法律规定的职业保障权利，任何人不能随意对之解雇。其特点表现为：一是雇前法律地位的不对等性，二是雇后的职务常任。

新公共管理的倡导者认为，公务员的工作可以分为两类：一是给政治领导者提供政策建议，二是执行政策和提供公共服务。为了让公务员能大胆、无顾虑地进行前一类工作，需要职务常任。但是，后一类工作多为事务性和技术性工作，它跟企业的市场行为没有根本的区别，换言之，并不是所有的政府工作都需要职务常任，谁能够提供高效的公共产品和公共服务，谁就可以来竞争。此外，新公共管理改革强调下放权力，给予责任人更大的用人自主权。显然，原来的职务常任制难以适应这一要求。于是，一种更为灵活的用人制度—合同聘用制应运而生。最典型的合同聘用制是，政府进行战略规划，确定若干年内要完成的任务，然后把这些任务分解到各个部门，并据此从政府系统内部和外部招聘执行官，以固定期限合同的形式确定双方的权利和义务。

新的雇佣关系带来的另一个重要变化就是绩效管理和绩效工资的出现。在传统的政府雇佣关系下，没有科学和系统的绩效管理，导致报酬制度和晋升方式缺乏激励作用。新公共管理运动倡导以结果为导向，其重要的一环就是要建立和完善绩效管理制度，实行绩效工资制度。

③政府人事管理职能再造

传统的政府人事管理部门的主要任务就是按照法律的规定，保护雇员的政治中立和职业安全，从而使公务员公正执法，其职能往往局限于人事管理本身，如职位分类、人员招聘、职务升降、工资制度的安排、社会保障、公平就业以及员工工作记录等，以技术性和程序性工作为主。在政府再造运动中，这些传统的职能仍然存在，但其内容却发生了很大的变化，特别是增加了过去所没有的一些新职能和新方法：

a. 政治职能凸显。传统的政府人事部门的工作相对独立，其管辖权不受政治干预，较少涉及政策解释功能，也较少涉及与外部组织的关系问题以及价值冲突问题。但在政府再造的背景下，人事部门越来越多地被卷入政治议题之中，政治功能凸显。

b. 灵活的雇佣关系带来人事管理的新职能和新方法。新职能主要包括：成本—效益分析和比较，决定哪些业务适合外包；合同谈判、合同管理和合同监督等。新方法主要有：现代素质测评方法；新的绩效考核方法，如目标管理法、360度考核和绩效薪酬设计等；新的薪酬水平决定方法，如集体谈判和个人谈判等。此外，随着权力的下放，人事管理权有从职能部门向直线部门转移的趋势。这就要求人事部门要更好地理解组织的战略目标，掌握综合知识和具备综合管理能力，养成从全局战略和组织绩效导向的角度看问题的习惯，突破传统科层制程序化的瓶颈，从而更好地协助直线人员做好人事管理工作。

(2)西方国家“政府再造”理论对我国的启示

鉴于新公共管理的理念，中国的公务员制度建设应当着眼于以下几个方面的转变：

①引进市场竞争机制，坚持以市场为基础配置人才资源

在这一方面，我国要比西方国家滞后，因为现在我国仍是以权力为中心的运作方式为主，随意性和无序性较大，公开度低，容易导致暗箱操作。因此，首先应该从以权力为中心向规则为中心转变。政府应该是规则的提供者，即为人力资源的开发、流动、竞争提供合法的途径，而且让全社会都知道形成这种环境的合法途径的存在；应该规则透明，而不是某些人可以用做特权的工具。只有这样，政府才能在与市场经济的发展相适应的公正、平等竞争的环境中更加有效地回应社会的需求。在提供规则之外，政府还应当是规则的维护者和监督者。提供规则固然重要，但规则是否得到执行以及执行的程度如何，是更为重要的问题。对于人力资源流动中出现的违反规则的现象和问题，应根据规则予以制裁，维护规则的尊严，同时，对个人的合法权益也就能够予以保护。当然，政府作为规则的提供者、维护者和监督者，并不意味着政府可以随心所欲地运用这些规则。恰恰相反，这些规则的存在也为政府规定了发挥作用的环境和边界。政府提供规则的意义在于营造公正、平等的环境，在这种环境中，政府策划也是有限的权力，换言之，这些规则中没有规定应当由政府承担的权力，政府就不应当在要求社会遵守规则的同时而擅自超越规则。作为与市场、组织和个人选择并存的配置方式，政府对人力资源的管理权是有限的，只能在属于自己的边界内活动，只能在人力资源的流动配置活动中当裁判，而不能同时当教练又当球员。只有这样，才能够促进人力资源的合理配置。

②建立公正透明、竞争择优的人才评价制度

人才评价制度是人才培养和人才成长的指路牌。社会评价体系提倡什么，人们就会朝着什么方向发展。如果以官职高低作为人才评价的最高标准，社会上谋官求禄的人就会增多；如果以创新作为人才评价的最高指标，社会就会充满创造和活力。科学合理的人才评价制度和指标，能够为人才提供值得追求的，符合社会经济发展要求的人生目标，优化社会的人才资源结构；而过时的、形式的、脱离社会实际需要的人才评价标准，则会带来人力资本的巨大浪费。人才评价制度的建立，要求我国改变传统公务员评价制度中存在的论资排辈、长官意志等现象，设立科学规范的人才评价指标体系，通过公开、公平的竞争机制，对人才进行评价。

③加强公务员的培训计划，建立服务型政府

要使一种理念真正地运用到实际，主要在于个人价值观的转变，而这也是最难的一个方面，因为一直以来人们都受“官权至上”理念的影响，没有意识到自己是国家的主人，对政府官员有所敬畏，而官员则认为他们是高人一等，所以要改变这样的一种价值观非常困难。建立一个服务型的政府是新公共管理理论所强调的一个方面，而这也就意味着作为政府的公务员，也要有服务的意识。加强对公务员的培训教育，提高公务员队伍的素质，是服务型政

府建设的重要途径。公务员队伍政治素质和业务水平的高低决定了政府服务水平的高低。他们的理念、信念、世界观、价值观，他们的为人民服务意识、勤政廉政意识、创新意识，他们的文化素养、科学知识、应用能力，都关系到执政和服务效能。加强对公务员的培训教育是十分重要的，培养公务员一种责任心理，对事情负责，对人民负责。

④建立一种责任机制，形成一种谁做事谁负责的风气

公务员服务的对象是大众，其宗旨就是为人民服务。但现在一些公共部门的职员对来访的人员爱理不理，他们仗着自己有点权力就耀武扬威，这跟公务员的形象完全不符，跟新公共管理的理念也完全不符。如果不改变，将会对整个政府未来的发展造成不好的影响。

⑤建立法制完备、执法严明的人才权益保障制度

这是新公共管理中对“公平”价值追求的体现。公务员也需要政府提供必要的帮助和保护，以维护其合法利益，保证市场经济的正常秩序。政府还要实行机会均等的原则，对符合条件的公民应允许其进入公务员队伍。人才权益保障制度应包括两个方面：a. 通过健全法制，加强对公务员基本的人身权利、经济权利、政治权利以及安全、受尊重等精神权利的保护；b. 要通过完善知识产权保护制度等，保护人才的创新成果不受侵害。